HERVÉ RYSSEN

LO SPECCHIO DEL GIUDAISMO
L'inversione accusatoria

Hervé Ryssen

Hervé Ryssen (Francia) è uno storico e un ricercatore approfondito del mondo intellettuale ebraico. È autore di dodici libri e di diversi documentari video sulla questione ebraica. Nel 2005 ha pubblicato *Speranze planetarie*, un libro in cui dimostra le origini religiose del progetto globalista. *Psychoanalysis of Judaism*, pubblicato nel 2006, mostra come l'ebraismo intellettuale presenti tutti i sintomi della patologia isterica. Non si tratta di una "scelta divina", ma della manifestazione di un disturbo che ha le sue origini nella pratica dell'incesto. Freud aveva pazientemente studiato la questione sulla base di quanto osservato nella propria comunità.

La Francia ospita una delle più grandi comunità ebraiche della diaspora, con una vita culturale e intellettuale molto intensa. Hervé Ryssen ha potuto sviluppare il suo ampio lavoro sulla base di numerose fonti storiche e contemporanee, sia internazionali che francesi.

LO SPECCHIO DEL GIUDAISMO,
L'inversione accusatoria

Le miroir du Judaïsme, l'inversion accusatoire,
Levallois-Perret, Baskerville, 2009

Tradotto e pubblicato da
Omnia Veritas Limited

www.omnia-veritas.com

© Omnia Veritas Limited - Hervé Ryssen - 2024

Tutti i diritti riservati. Nessuna parte di quest'opera può essere riprodotta in qualsiasi forma senza la previa autorizzazione scritta dei titolari *del copyright*. La violazione di questi diritti può costituire un reato di copyright.

PARTE PRIMA **13**

IDENTITÀ EBRAICA 13
1. Il paradosso ebraico 13
Ambiguità ebraica 13
Patriottismo guerriero 18
Uscire dal servizio militare 25
Travestimento 33
Solidarietà istintiva 42
L'ebreo, solo contro tutti 48
2. La missione degli ebrei 55
Speranza messianica 55
La guerra contro le nazioni: immigrazione e miscegenazione 59
Propaganda cosmopolita I: La società multirazziale 68
Propaganda cosmopolita II: lo scaricabarile 79
La conquista musulmana 89
L'anticristianesimo 101
Il bolscevismo 106
Ebraismo corrosivo 110
Diritti umani 118
Disprezzo per i goyim 122
Giudaismo apocalittico 127

PARTE SECONDA **137**

PSICOPATOLOGIA DEL GIUDAISMO 137
1. La grande solitudine degli ebrei 137
Un enigma in mezzo alle nazioni 137
La geremiade ebraica: 4000 anni di pura sofferenza 142
L'ebreo errante. Israeliti neuropatici 153
2. Favola isterica 160
Favola isterica I 160
Favola isterica II 172
Favola isterica III 183
I favolosi Goyim: ebrei sintetici 191
3. La mentalità cosmopolita 202
Il processo di colpevolizzazione dei goyim 202
Umiliare e infangare l'avversario 210
Le orecchie di Haman 215
Una patologica volontà di potenza 220
Truffatori e trafficanti 229
L'enigma dell'antisemitismo 232
L'inversione accusatoria 241

PARTE TERZA **249**

PSICOANALISI DEL GIUDAISMO 249
1. Deviazioni sessuali 249
Omosessualità militante 249
Le origini del femminismo 257

  La distruzione del patriarcato 262
  Travestiti e transessuali 268
  Stupratori e squilibrati 274
  Pedomaniaci.. 280
 2. La setta incestuosa *288*
  Tra padre e figlia... 288
  Tra padre e figlio 297
  Tra una madre e il suo bambino... 300
  Tra fratelli e sorelle... 306
 3. Il mito del complesso di Edipo *315*
  Lo sviluppo della psicoanalisi 315
  La psicoanalisi in questione 323
 4. L'inversione accusatoria... *328*
  La genesi incestuosa di un genocidio 328
  L'ebreo diabolico 331
  I malati diventano medici.. 334
 5. La liberazione dell'ebreo *342*
  La prigione ebraica 342
  L'ebreo suicida 347
  Dimenticare l'ebraismo 351

ALTRI TITOLI **365**

Gli ebrei sono sparsi in tutti i Paesi del mondo, anche se risiedono principalmente nei Paesi di origine europea. La maggior parte di loro è di origine ashkenazita, cioè quelli provenienti dall'Europa centrale e orientale che sono partiti in ondate successive a partire dalla fine del XIX secolo. Una minoranza, anch'essa diffusa in tutto il mondo, proviene dal bacino del Mediterraneo: sono gli ebrei "sefarditi". Ma ci sono anche ebrei neri in Etiopia, chiamati Falasha, così come ebrei in India e in Cina, che si dichiarano "perfettamente integrati". Quindi gli ebrei non sono una razza.

Anche l'ebraismo non è una religione - o non solo - poiché molti ebrei si dichiarano atei e non per questo si sentono meno ebrei. In particolare gli ebrei marxisti, che costituivano l'élite di punta di tutti i movimenti comunisti nei Paesi occidentali. Erano atei militanti fanatici, fedeli seguaci della dottrina istituita da uno di loro: Karl Marx.

Infatti, è assolutamente impossibile definire l'identità ebraica senza spiegare la "missione" del "popolo eletto" su questa terra. Tutto diventa più semplice quando si comprende il progetto politico-religioso insito nell'ebraismo e che riguarda "tutta l'umanità". Tuttavia, è stata la psicoanalisi freudiana a permetterci di andare al cuore del problema, svelandoci l'oscuro segreto della comunità ebraica. Bastava leggere con uno specchio.

PARTE PRIMA

IDENTITÀ EBRAICA

1. Il paradosso ebraico

Nella maggior parte dei casi, gli ebrei si dichiarano "perfettamente integrati" nei Paesi in cui vivono. Tuttavia, tutte le testimonianze che abbiamo raccolto suggeriscono, dietro un'identità di facciata, che si sentono anche molto ebrei e molto attenti agli interessi della comunità ebraica e dello Stato di Israele.

Ambiguità ebraica

Molti intellettuali ebrei hanno espresso la loro difficoltà a definire l'identità ebraica. [1] Jacob Talmon, un noto filosofo ebreo, scrisse ad esempio a proposito dell'ebraismo: "Dopo tremila e cinquecento anni, non riusciamo ancora a definire chi ne fa parte e chi no".

Lo storico "ungherese" François Fetjö si interrogava su cosa costituisse la natura dell'ebreo: "Tutti pensano di saperlo, ma nessuno può dirlo", scriveva. È come se lui stesso si ostinasse a essere indefinibile, a sfuggire ai limiti dei concetti. Esiste, questo è innegabile; ma in cosa consiste, è un popolo, una razza? [2] Gli etnologi gli negano questa caratteristica".

Nahum Goldmann è stato un'importante personalità ebraica del XX secolo. È stato il fondatore del Congresso ebraico mondiale, che ha presieduto dal 1938. Dal 1956 al 1968 combinò la carica di presidente del Congresso ebraico mondiale con quella di presidente dell'Organizzazione

---

[1] Jacob-Leib Talmon, *Destin d'Israël*, 1965, Calmann-Lévy, 1967, p. 137.
[2] François Fetjö, *Dieu et son juif*, Éditions Pierre Horay, 1997, p. 29.

sionista mondiale. ³ Nel 1976 pubblicò un libro il cui titolo era perfettamente appropriato: *Il paradosso ebraico*. Nella prefazione al libro si legge: "Questo instancabile combattente per la causa ebraica ha esercitato la sua vivacità, la sua seduzione e il suo umorismo sui più grandi statisti. Da Roosevelt ad Adenauer, da Mussolini a Litvinov, da Ben Gurion a Kissinger, si è confrontato e talvolta ha influenzato decine di leader che hanno segnato la storia del nostro tempo".

Quando gli è stata chiesta la sua definizione di ebraismo, Nahum Goldmann ha risposto: "Non esiste una definizione che sia completamente soddisfacente... Ricordo di aver tenuto una conferenza quando ero studente durante la quale ho proposto più di venti definizioni: l'ebraismo è una religione, un popolo, una nazione, una comunità culturale, ecc. Nessuna di esse era assolutamente accurata.

Il popolo ebraico è il popolo più paradossale del mondo", ha aggiunto Goldmann. Non è né migliore né peggiore degli altri, ma unico e diverso nella sua struttura, storia, destino e carattere da tutti gli altri popoli, e paradossale nelle sue contraddizioni". Goldmann ha spiegato: "Il pensiero ebraico, la filosofia ebraica e l'ideologia ebraica sono costituiti da molteplici contraddizioni. Siamo allo stesso tempo il popolo più separatista e il più universalista del mondo. Da un lato, abbiamo sempre rifiutato di rinunciare alla nostra identità... Dall'altro, non ci sono moralisti più universali dei profeti". ⁴Anche se ha designato gli ebrei come "suo popolo", il Dio ebraico è universale, il Dio di tutta l'umanità".

Certamente, lo stesso Nahum Goldman è stato il primo ad essere "paradossale", almeno in apparenza. In tutti i Paesi in cui vivono, sosteneva, gli ebrei sono buoni cittadini: "Gli ebrei non erano un popolo senza terra, perché gli ebrei assimilati erano buoni francesi, o buoni tedeschi, o buoni inglesi, e così via". Perché era un vero patriota tedesco: "Durante la Prima guerra mondiale, scriveva, gli intellettuali denunciavano il militarismo prussiano. Ma io, educato in Germania, ero un patriota tedesco". Tanto da ricevere i ringraziamenti del cancelliere tedesco dell'epoca: "Ho ricevuto una lettera dal cancelliere tedesco che mi esprimeva la sua gratitudine per tutto quello che ero riuscito a fare per la patria durante le ostilità". In effetti, Goldmann era protetto dalla polizia e gli antisemiti dovevano stare attenti: "Questo signore è un grande patriota. Inoltre, è una figura importante e se in futuro lo disturberete, dovrete vedervela con me". ⁵Ero diventato un protetto della polizia di Monaco".

---

³ Nahum Goldman, *La Paradoja judía*, Ed. Losada, Cristal del tiempo, Buenos Aires, 1979 (fuori catalogo) (nota del traduttore, di seguito NdT).
⁴ Nahum Goldmann, *Le Paradoxe juif*, Stock, Paris, 1976, p. 15, 81-84.
⁵ Nahum Goldmann, *Le Paradoxe juif*, Stock, Parigi, 1976, pag. 110, 28-30.

Eppure Nahum Goldman, il "patriota tedesco", ha espresso la profondità della sua identità: "Ben Gurion mi rimproverò un giorno di essere un ebreo errante. Risposi che alcune persone hanno le loro radici in se stesse, senza bisogno di trapiantarle in una terra particolare. Questo è certamente uno dei miei tratti predominanti: ovunque mi trovi, porto con me le mie radici. Mi adatto immediatamente e, da quando ho memoria, non mi è mai mancata questa possibilità: all'età di cinque anni ho lasciato la Lituania, dove sono nata nel 1895, per stabilirmi a Francoforte, e niente sarebbe stato più facile. È vero che ho avuto un'infanzia perfettamente felice. Dopo la mia nascita nella cittadina di Wisznewo, i miei genitori andarono a studiare in Germania, perché sotto il regime zarista in Lituania solo un numero molto limitato di ebrei era ammesso alle università. [6]Mio padre e mia madre emigrarono quindi a Könisberg, poi a Heidelberg e infine si stabilirono a Francoforte".

Ecco un dialogo con il ministro francese Barthou che Goldmann ha riprodotto nel suo libro: "Sono un ebreo errante, ho risposto. Nato in Lituania, cresciuto in Germania, a volte vivo in Svizzera o in Francia, ho quattro o cinque passaporti. I nazisti mi hanno denaturalizzato per alto tradimento, rendendomi un apolide.

-Ascoltami", rispose Barthou, "ho un'offerta per te. In genere sono necessari cinque anni di residenza nel nostro Paese per ottenere la cittadinanza francese, ma una vecchia legge consente al Presidente della Repubblica di naturalizzare alcune persone dopo tre anni, se il Ministro della Giustizia lo propone. Lei possiede un appartamento a Parigi da tre anni, quindi possiamo trovare una soluzione.

-Le sono molto grato", dissi, "ma le parlerò francamente: ho una grande ammirazione per la Francia, la sua letteratura e la sua civiltà: mi piace vivere a Parigi; ma il mio amore per la Francia non è abbastanza grande da combattere per lei. Il mio dovere è combattere per il popolo ebraico. Ora, fra tre o quattro anni sarete in guerra e, in Francia, la popolazione è mobilitata fino a cinquantacinque anni; come presidente dell'esecutivo del CJM non potevo disertare, perché gli antisemiti avrebbero immediatamente approfittato di questo atto contro di me. Ho quindi preferito non rischiare e rinunciare alla mia nazionalità francese. Barthou mi strinse la mano e mi rispose: "La ringrazio per la sua franchezza. Si faccia naturalizzare da qualche Stato dell'America Latina: non fanno mai la guerra, nemmeno quando la dichiarano!". Così Barthou mi aiutò a ottenere il posto di console honduregno a Ginevra e a beneficiare di un passaporto diplomatico honduregno... In realtà, l'unico successo tangibile che ottenemmo contro la Germania di Hitler fu quello di costringerlo a dimettersi dalla SDN

---

[6] Nahum Goldmann, *Le Paradoxe juif*, Stock, Paris, 1976, p. 19.

condannando la politica antiebraica dei nazisti. [7]Fu allora che Goebbels mi fece denunciare per alto tradimento".

In un altro passaggio del suo libro, racconta un'intervista del dopoguerra con il Segretario di Stato del Presidente Truman, un ebreo di nome Dean Acheson, che era "piuttosto antisionista". All'epoca, Goldmann lavorava per la creazione dello Stato di Israele. Qui adattò la sua identità alle circostanze: "Risposi: "Mi ascolti, signor Acheson, non parlo come ebreo, ma come americano. [8]Sono un cittadino americano".

Goldmann aveva confessato all'inizio del suo libro, smussando il più possibile le asperità: "Anche se non vogliono ammetterlo, c'è sempre la questione della doppia lealtà. [9] Ho avuto il privilegio di conoscere personalmente diversi statisti ebrei, come Leon Blum, Henry Kissinger, Pierre Mendès France, Bruno Kreisky e altri, e, sebbene fossero veri patrioti nei loro rispettivi Paesi, sono convinto che la loro origine ebraica li abbia fatti meravigliare, anche se solo inconsciamente".

Roger Cukierman è stato dal 2001 al 2008 presidente del Crif, il Consiglio di rappresentanza delle istituzioni ebraiche in Francia. Era un ebreo originario della Polonia, diventato presidente della Banca Edmond Rothschild. Si può quindi dire che fosse "iper-integrato" nella società francese, almeno dal punto di vista sociale e finanziario. Nel suo libro *Ni fiers, ni dominateurs* (*Né orgogliosi, né dominatori*), pubblicato nel 2008, ha scritto: "Gli ebrei francesi rivendicano il diritto alla solidarietà con lo Stato di Israele. In duemila anni di vita in Francia, gli ebrei hanno dimostrato la loro integrazione e la loro lealtà. [10]Non hanno nulla da dimostrare". Ma ha anche espresso alcuni "paradossi": "Mio padre, come la maggior parte degli ebrei, non esita ad accettare le sue contraddizioni filosofiche.[11] Nonostante sia anticlericale, si sente obbligato a celebrare il mio *bar-mitsvah*.[12] Un vecchio insegnante, elegante e dignitoso, il signor Berger, è venuto per tre mesi a insegnarmi i rudimenti dell'ebraico e il testo da leggere in sinagoga".

Vediamo qui che un ebreo "integrato" non solo continua a coltivare e a rafforzare per sé e per i suoi figli l'identità ebraica, ma lavora anche

---

[7] Nahum Goldmann, *Le Paradoxe juif*, Stock, Parigi, 1976, pagg. 57-61.

[8] Nahum Goldmann, *Le Paradoxe juif*, Stock, Paris, 1976, p. 46.

[9] Nahum Goldmann, *Le Paradoxe juif*, Stock, Paris, 1976, p. 17.

[10] Roger Cukierman, *Ni fiers, ni dominateurs*, Edition du Moment, 2008, p. 77.

[11] Il Bar-mitzvah è il rito della maggiore età nell'ebraismo. Secondo la legge ebraica, prima che i bambini raggiungano una certa età, i genitori sono responsabili delle azioni dei loro figli. Quando i bambini ebrei raggiungono questa età, si dice che "diventano" *b'nai mitzvah*, a quel punto iniziano a essere responsabili delle proprie azioni. Tradizionalmente, il padre di un *ba-mitzvah* ringrazia Dio di non essere più punito per i peccati del figlio (NdT).

[12] Roger Cukierman, *Ni fiers, ni dominateurs*, Edition du Moment, 2008, p. 23.

attivamente per indebolire l'identità delle persone che lo hanno accolto, in questo caso attraverso l'anticlericalismo.

Il tanto mediatizzato Bernard-Henri Lévy, un (nuovo) "filosofo francese", ci aveva già spiegato che nessuno era più francese di lui. E proprio per questo si era permesso di vilipendere l'intelligenza francese nel modo più insultante nel suo saggio intitolato *L'ideologia francese*, pubblicato all'inizio degli anni Ottanta. [13]Rispondeva a Raymond Aron, che si era allarmato di fronte a tanto vetriolo nei confronti del Paese che lo ospitava: "Sono sicuro che mi avete letto con troppa attenzione per ignorare che è come francese e come francese che, come qualsiasi altro filosofo francese, mi sono avventurato in questa ricerca sulla Francia nera".

Vent'anni dopo, in un altro libro intitolato *Récidives*, pubblicato nel 2004, scrive di provare "un attaccamento estremo a Israele... Ho scritto cento volte, diceva il filosofo, che Israele e la diaspora sono come il cuore e la coscienza l'uno dell'altra, che l'uno è il sostegno, il pilastro, la fonte dell'altro - e viceversa... Sono ebreo, naturalmente, per il mio attaccamento a Israele. [14]Sono ebreo quando, come tutti gli ebrei del mondo, il mio cuore batte all'unisono con quello di tutti gli israeliani minacciati... Quando il mondo intero crede che i missili Scud stiano per cadere su Tel-Aviv, io vengo qui istintivamente, quasi senza pensarci... perché Israele rimane lo Stato rifugio del popolo ebraico".

Allo stesso modo, ecco cosa ha dichiarato l'influente economista liberale Alain Minc sul settimanale *Marianne* del 13 gennaio 2003, a pagina 14: "Per cominciare, vorrei chiarire che non mi posiziono come ebreo ma come cittadino francese. I miei legami con Israele sono sporadici. Il conflitto arabo-israeliano mi preoccupa quanto quello in Iraq". E sul quotidiano *Le Figaro* del 18 febbraio 2005, lo stesso Alain Minc ha dichiarato: "Come ebreo, di solito non interferisco nella vita della cosiddetta comunità ebraica. La colpa è probabilmente della mia tendenza istintiva all'universalismo...". Era il suo modo di essere "francese".

Stéphane Hessel era un altro francese "più francese dei francesi", del tipo "perfettamente integrato" ma allo stesso tempo "universalista". Nato in Polonia nel 1917, era arrivato in Francia all'età di sette anni ed era diventato un alto diplomatico francese. Nel suo libro pubblicato nel 2008, il cui titolo *Cittadini senza frontiere* era piuttosto evocativo, ha evidenziato lo stesso paradosso: "Dal momento in cui sono entrato nella scuola alsaziana al sesto anno, ero assolutamente certo che la Francia, con la sua cultura e la sua lingua, sarebbe stata il mio Paese. Non ho mai messo in discussione questa scelta... Sapevo che sarei stata francese. Per me la

---

[13] Bernard-Henri Lévy, *Questions de principe, deux*, Grasset, 1986, p. 306. Sull'*ideologia francese*, si veda *Speranze planetarie*.
[14] Bernard-Henri Lévy, *Récidives*, Grasset, 2004, p. 405, 408, 415, 421

Francia era simbolicamente riassunta nel motto "*Liberté, Egalité, Fraternité*"". Ma tre pagine dopo, alla domanda del giornalista: "Quali sono gli insegnanti che hanno significato di più per lei? Hessel risponde: "C'è il signor Lehman, il mio insegnante di filosofia. Ma quello che mi ha impressionato di più è stato un insegnante di letteratura di nome Paul Bénichou, che ho avuto al secondo anno di liceo"... [15]Al liceo avevo già avuto un insegnante eccezionale, Fischer, che ci insegnava latino e francese e aveva un modo di presentare la storia e la letteratura francese che mi è servito per tutta la vita". Evidentemente, per Stéphane Hessel la Francia si riduceva al piccolo mondo chiuso delle persone appartenenti alla sua comunità.

Patriottismo guerriero

L'apparente paradossalità dell'identità ebraica trova un inizio di spiegazione se si guarda al contesto in cui gli interessati esprimono il loro patriottismo. Ci si rende subito conto che questo patriottismo di facciata appare solo quando sono in gioco gli interessi della comunità. Molti ebrei nei Paesi "democratici" si dichiarano effettivamente "patriottici" e sventolano la bandiera nazionale con fervore, ma solo in determinate circostanze.

Il famosissimo romanziere Paul-Loup Sulitzer, i cui libri sono stati tradotti in quasi tutte le lingue, ha lasciato questa interessante testimonianza su suo padre, Jean Sulitzer, un ebreo rumeno giunto in Francia all'inizio del XX secolo: "Il giovane immigrato ha solo il suo talento e il suo coraggio, ma è determinato a sfruttarli al massimo". E come tutti gli ebrei, si sa, "non ha un soldo in tasca". Ma ha la "passione di vincere". Prima di fare fortuna è stato venditore in un'azienda di rimorchi. Nel 1939 era diventato un "ricco industriale". Era "profondamente patriottico e disgustato dalla disfatta e dalla rassegnazione nazionale", scrive Paul-Loup Sulitzer. Jean Sulitzer avrebbe senza dubbio preferito che i francesi combattessero i tedeschi fino all'ultimo uomo. Era un "ribelle" che "si rifiutava di scendere a compromessi". Si unì a una rete di resistenza e fu decorato con "la Croix de guerre e diverse altre medaglie".

Come suo padre, anche Paul-Loup Sulitzer era un vero patriota. Otto pagine più avanti scrive: "Vado in Israele per visitare i kibbutzim... Sono affascinato dall'epopea idealista che pervade la creazione di questo

---

[15] Stéphane Hessel, *Citoyen sans frontières*, Fayard, 2008, p. 28, 31. I cognomi dei professori citati sono tutti di origine ebraica. Gli esempi di questa ambiguità identitaria, così specifica dell'ebraismo, sono innumerevoli e rimandiamo il lettore ai nostri libri precedenti.

giovane Stato. Provo per gli ebrei la stessa solidarietà che provo per qualsiasi minoranza massacrata o oppressa. [16] Ciò che mi affascina di Israele è la qualità umana e la prodigiosa diversità delle persone che vi ho incontrato".

Anche il famoso storico Pierre Vidal-Naquet aveva un padre molto patriottico. Nelle sue *Memorie*, parla di suo padre Lucien, avvocato: "Non ha mai smesso di considerare l'armistizio come un crimine. Lucien è un membro della Resistenza e la solidarietà di Margot è incrollabile. Questa è la sua reazione di francese. Ma Lucien è anche un ebreo francese che, "in quanto francese, sente l'insulto che ha ricevuto per il fatto di essere ebreo"...[17] Appena tornato a Parigi e a Palazzo, grida il suo rifiuto della sconfitta e il suo disprezzo per i padroni del momento e per coloro che hanno accettato il suo discorso".

Anche il famoso attore americano Kirk Douglas è stato un altro grande "patriota". Ciò che scrisse nelle sue memorie è molto rivelatore del patriottismo modulabile degli ebrei, che reagiscono esclusivamente in base ai loro interessi: "Sapevo, anche se non in termini concreti, della persecuzione degli ebrei. Ma la guerra in sé sembrava molto lontana. E quando sei giovane, appena ventenne, leggi di tutte queste cose, ma sei più interessato a ottenere il lavoro che ti farà diventare una stella di Boradway... Con Hiler sentivo un'ondata di patriottismo e un'altra ondata di ebraismo per quello che stava succedendo in Europa. Non avevamo un quadro preciso delle atrocità, ma ne sapevamo abbastanza. Hitler voleva dominare il mondo, sradicare gli ebrei: "*Deutschland über Alles*". [18] Io volevo bombardare il nemico". Fu così che si arruolò in marina e divenne ufficiale di collegamento - un incarico ad alto rischio - prima di iniziare la sua brillante carriera cinematografica.

In un altro passaggio del suo libro, Nahum Goldman riconosce che il suo patriottismo tedesco prima della Prima guerra mondiale aveva un motivo: "Per tutti gli ebrei del mondo, le cose erano semplici: la Russia zarista era il peggior nemico degli ebrei e dell'ebraismo, e poiché i tedeschi erano in guerra con la Russia, noi eravamo quindi filotedeschi. [19] Il mio background personale rafforzava questa idea e i miei articoli tendevano a giustificare l'ideologia germanica".

Naturalmente, dopo l'ascesa al potere di Hitler nel 1933, Nahum Goldman non fu più un patriota. I suoi articoli pangermanisti del passato: "Oggi non li scriverei", ammise.

---

[16] Paul-Loup Sulitzer, *Laissez-nous réussir*, Stock, Poche, 1994, p. 21, 25, 33
[17] Pierre Vidal-Naquet, *Mémoires I, 1930-1955*, Seuil, pag. 102.
[18] Kirk Douglas, *Il figlio dello straccivendolo* (1988), Cult Books, 2021, p. 78, 84
[19] Nahum Goldmann, *Le Paradoxe juif*, Stock, Parigi, 1976, p. 28-30.

Durante la guerra d'Algeria, il patriottismo degli intellettuali ebrei francesi era leggermente diverso. Nel 1953, Jean-Jacques Servan-Schreiber fu il fondatore del settimanale *L'Express*, che in seguito ebbe una notevole influenza sulla formazione dell'opinione pubblica francese. Françoise Giroud (Gourdji), membro del comitato di redazione del giornale, ricorda l'impulso patriottico che mobilitò l'intero staff de *L'Express*: "Tempi strani", scrive. Facevamo giornalismo militante. Volevamo influenzare il corso degli eventi, e innanzitutto lottare contro la potenza coloniale. Eravamo qui per salvare la Francia!... Jean-Jacques continuava a ripeterlo, e noi non eravamo lontani dal pensarla così. Ero il più giovane di una ventina di volontari, tutti giovani eccezionali ed entusiasti che si erano messi al servizio della Francia".

Jean Daniel, direttore del *Nouvel Observateur*, conferma pienamente questo stato d'animo: "Per Jean-Jacques, il successo del suo giornale era una questione di patriottismo. Aveva il dono di trasformare tutto ciò che intraprendeva in un atto di guerra. Sua sorella Brigitte, eroina della Resistenza, si credeva Giovanna d'Arco e prendeva tutto a cuore. [20] E Françoise Giroud precisa la natura di questo combattimento: "Eravamo nel mezzo di una battaglia contro le torture commesse in quel luogo, di cui erano stati denunciati diversi casi". Insomma, dobbiamo capire che il patriottismo de *L'Express* consisteva essenzialmente nel denunciare le azioni dell'esercito francese.

La testimonianza di Alexandre Minkowski illustra perfettamente l'ambiguità della personalità ebraica e il discorso paradossale dell'intellettuale ebreo. Alexandre Minkowski era un famoso medico ebreo, molto in vista nei media francesi degli anni Settanta. Era anche un vero patriota francese, più francese dei francesi. Nel suo libro *Un juif pas très catholique* (*Un ebreo non molto cattolico*), pubblicato nel 1980, raccontò la sua storia. I suoi genitori erano emigrati dalla Polonia prima della Seconda guerra mondiale e si erano stabiliti in Alsazia. Era entrato nella scuola alsaziana, in un ambiente protestante, ma fu la religione cattolica a cui si legò. "Il cattolicesimo era probabilmente la religione del mio cuore. La mia tata, una donna di origine beaucese che consideravo la mia seconda madre, me lo aveva fatto conoscere. A casa, questo aspetto cattolico della mia vita rimaneva clandestino; si esprimeva pienamente solo durante le vacanze che trascorrevo spesso nel suo villaggio. Lì non mancavo mai a una messa e avevo persino fatto amicizia con il sacerdote, che doveva aver visto in me un'anima da salvare". [21] Alexandre Minkowski, come si vede, stava diventando un vero francese e un buon cattolico: "Cristo (il migliore

---

[20] Françoise Giroud, *Leçons particulières*, Fayard, 1990, `. 113, 114, 183
[21] Alexandre Minkowski, *Un juif pas très catholique*, Ramsay, 1980, pagg. 37, 38.

degli ebrei) è una figura alla quale sono rimasto profondamente legato", scriveva.

Nel 1930, Minkowski si recò in visita ai genitori nel suo paese natale, la Polonia: "Il viaggio che feci a Varsavia quando avevo circa tredici anni rafforzò i miei sentimenti. Non mi piaceva tutto, la gente, il cibo, le abitudini. Il mio ricordo di quel viaggio è ancora legato a una terribile impressione di sporcizia. Le strade, le case, quello che mangiavo, tutto mi sembrava dubbio. E mi sembrava che io stesso fossi perennemente sporco per questo motivo. Un giorno mio padre mi portò a Nalewski, nel cuore del quartiere ebraico. Fu una delle esperienze più traumatiche della mia infanzia. Ho ancora l'immagine di un brulichio di persone in uniforme, vestite con gli stessi abiti neri, una schiera di uomini con barbe sporche e caftani insozzati. Camminammo tra la folla. Mio padre era in silenzio. Non aveva idea dell'enorme, terribile shock che stavo subendo. C'erano pochissime donne per le strade. Passammo in mezzo a una massa compatta di uomini che mi ricordavano i becchini. E ovunque, la costante impressione di sporcizia. I bambini, spesso pallidi e magri, con la testa mezza rasata, le tempie incorniciate da lunghi riccioli di seta. Erano vestiti anche peggio degli adulti, con abiti poveri e rattoppati. Guardandoli, mi resi improvvisamente conto che se i miei genitori non avessero mai lasciato la Polonia, sarei stato come loro. La mia pietà si trasformò in repulsione.[22] L'idea che io, un bambino così bello e ben vestito, stessi per diventare uno di quei disgraziati, mi fece sprofondare in un abisso di dubbi che cercai subito di colmare ripetendomi a ogni passo che ero francese, innegabilmente francese".

Alexandre Minkowski ha poi confessato: "Non potrei capire l'uomo che sono diventato senza riflettere sulle influenze convergenti che hanno segnato la mia infanzia e che, intimamente intrecciate, sono state il cristianesimo, il patriottismo e un amore smodato per la Francia. Questi tre elementi si sono fusi nella mia mente e nei miei occhi formando quell'ideale tangibile che era il mio Paese. Per me la Francia non era solo una terra, un popolo o una storia. Come Dio, che si dice non possa essere rappresentato, era un'entità astratta, così perfetta che non potevo immaginarla in termini concreti. Rispetto a questa favolosa divinità che vegliava sulla mia infanzia, Dio stesso non era per me che un personaggio secondario. I valori culturali in generale, e l'ebraismo in particolare, passavano naturalmente in secondo piano. Servire il mio Paese era il mio unico obiettivo. Volevo servirlo, come dice il proverbio, "con tutti i miei mezzi, con tutte le mie forze e con tutto il mio cuore". E questo significava, in attesa dell'opportunità di sacrificare la mia vita per esso, lavorare sodo

---

[22] Alexandre Minkowski, *Un juif pas très catholique*, Ramsay, 1980, p. 145, 146.

e riuscire in tutto per farlo con onore. I miei successi scolastici e universitari, le posizioni di vertice per cui ho lottato, non avevano altro scopo: diventare il miglior francese al servizio di un Paese che non aveva eguali al mondo, e questo, naturalmente, in tutta umiltà. Così mi sentivo francese, in una misura inimmaginabile. E non un francese qualsiasi: un francese quasi cattolico e, per di più, un po' protestante. Insomma, un francese davvero degno dell'ammirazione generale. Quanto alle mie origini, le avevo quasi dimenticate. Non avevano importanza. Le consideravo un perdonabile errore di gioventù. Per gli altri, invece, e soprattutto per i miei compagni di corso alla Facoltà di Medicina, restavo prima di tutto un ebreo. Ma ero così simpatico, avevo assimilato così bene la loro sacrosanta cultura patriottica, che dicevano di me: "Questo Minkowski non è un ebreo come gli altri". Il che significava sostanzialmente che, nonostante le mie origini, non ero un tipo troppo disgustoso. E questo mi andava bene, mi piaceva il suo atteggiamento: corrispondeva totalmente all'idea che avevo di me stesso". [23] Quindi sarebbe stato sbagliato dubitare del patriottismo di questo Minkowski: "Mi sentivo così francese all'epoca che non riuscivo ancora ad assimilare la Guerra dei Cento Anni".

Alexandre Minkowski era dunque un francese come tutti gli altri, e forse anche un po' di più. Ma già le frasi successive cominciano a sollevare dubbi, e tutta l'ambiguità della personalità ebraica emerge gradualmente dietro la cortina delle apparenze: "Tuttavia, scrivevo, per puro orgoglio, rivendicavo anche la mia ebraicità. Questo atteggiamento ambiguo aveva un vantaggio: mi rendeva praticamente immune dall'antisemitismo. E Dio sa quanto fosse virulento a quel tempo, soprattutto alla facoltà di medicina. Ero completamente insensibile all'odio che trasmetteva, perché non mi toccava affatto... Avevo persino rapporti quasi amichevoli con fanatici di estrema destra. Tuttavia, e questa è un'altra delle mie ambiguità, non ero davvero un fascista. [24] Per quanto possa sembrare incredibile, stavo per sferrare un colpo sul boulevard Saint-Michel contro i *Camelot du roi*".

In effetti, il patriottismo di questo Minkowski era di natura un po' speciale, universalista. Cioè un patriottismo "aperto", per nulla "chiuso in se stesso": "Credevo profondamente nelle idee di sinistra che i miei genitori, convinti radical-socialisti, mi avevano insegnato attraverso il loro amore per la patria. [25] D'altra parte, sebbene non mi piacessero gli antisemiti - perché già

---

[23] Alexandre Minkowski, *Un juif pas très catholique*, Ramsay, 1980, pp. 49-53.
[24] *La Fédération nationale des Camelots du roi*, nota anche semplicemente come *Camelots du roi* ("Militanti del Re"), è stata un'organizzazione paramilitare della Terza Repubblica francese attiva tra il 1908 e il 1936, che operava come forza giovanile e d'urto del movimento d'azione francese (NdT).
[25] Alexandre Minkowski, *Un juif pas très catholique*, Ramsay, 1980, p. 51.

disapprovavo ogni forma di razzismo - credevo che gli ebrei fossero condannati all'assimilazione incondizionata".

Dopo le visite mediche e il collegio, Minkowski andò a prestare il servizio militare a Chamonix con i cacciatori alpini. Ma alla fine degli anni Trenta la guerra era pericolosamente vicina: "Morire per la patria, anche se cominciavo a desiderarlo un po' meno, mi sembrava ancora la conclusione ideale di una carriera senza macchia". Nel 1940 sbarcò in Marocco con il corpo di spedizione. Alexandre Minkowski fu insignito della Croix de Guerre, ma curiosamente non ci raccontò nulla dei suoi fatti d'arme.

In questa guerra contro i nazisti, i francesi si erano comportati da vigliacchi. È qui che Minkowski rivela la sua natura profonda, in cui traspare un certo disprezzo per i nativi: "Con la sconfitta, tutto l'immaginario della mia mitologia infantile si era trasformato davanti ai miei occhi in un mucchio di fuggiaschi. Gli stessi eroi di Verdun, quei semidei, quei superuomini, avevano accettato un pietoso armistizio e si erano rifiutati di continuare a combattere. I miei sogni si erano disintegrati con la Francia. Eppure non ebbi nemmeno per un attimo la minima voglia di ribellarmi, né all'ingiustizia che si stava consumando nei confronti dei miei fratelli [ebrei], né alla viltà dimostrata da tutti. Ripresi tristemente i miei studi e il mio collegio da dove li avevo lasciati, senza il minimo rimorso di coscienza, tanto era evidente che quella era la mia strada.[26] Forse, dopo tutto, ero uno di quei piccoli borghesi egoisti, così tipicamente francesi, che Sartre chiamava 'bastardi'".

È quindi in quanto ebreo che Minkowski voleva che i francesi continuassero la guerra contro la Germania. "L'11 novembre 1940, giorno in cui si commemorava l'armistizio, partecipai in prima linea alla manifestazione davanti all'Arco di Trionfo. Nella mia mente non era ancora un atto di resistenza, ma di fedeltà ai miei ricordi. Poi tornai in ospedale dove, orgoglioso di aver sfidato il nemico nel bel mezzo dell'occupazione, raccontai al reparto ciò che avevo visto. Ci fu un silenzio di tomba nel reparto, tutti tacquero, e fu allora che uno degli specializzandi, il dottor Motte, lasciò cadere queste parole che ancora sento: "sono sempre gli stranieri che si intromettono in cose che non li riguardano". Un terremoto non mi avrebbe scosso di più".

Leggendo le sue parole, sembrava che fosse tornato all'ebraismo a causa dei francesi che lo consideravano ancora uno straniero. "Improvvisamente scoprii quello che ero sempre riuscito a nascondere loro: quella gente mi odiava, ero per loro un oggetto di abiezione. E improvvisamente capii tutto quello che dovevano aver detto alle mie spalle: che ero il peggiore e il più infame degli ebrei. La cosa strana è che non reagii immediatamente. Il

---

[26] Alexandre Minkowski, *Un juif pas très catholique*, Ramsay, 1980, p. 55.

colpo mi aveva stordito e paralizzato, il mio mondo era crollato per sempre e tutti i miei punti di riferimento erano svaniti. Ero impotente, distrutto. Mi ci sono voluti mesi per riprendermi da questo cataclisma, per rimettermi in piedi e ricomporre lentamente i pezzi che ancora rimanevano dentro di me, ma questa volta in un ordine diverso. Non sono mai riuscito a vedermi come un piccolo francese buono, un piccolo ragazzo buono, una persona buona.[27] E qui devo ringraziare coloro che mi hanno aiutato in questo difficile processo di ricostruzione, e mi riferisco ai miei compagni della Resistenza, che allora venivano chiamati terroristi".

Negli anni '70, Alexandre Minkowski divenne un famoso medico. Il paradosso ebraico esplode ancora una volta: "Torniamo a quegli articoli su di me nella stampa cattolica. Non solo mi lodavano come medico, ma, come uomo, mi adornavano di qualità quasi bibliche. Un articolo suggeriva addirittura che ero "un cristiano senza saperlo". Devo ammettere che quest'ultima osservazione mi ha commosso infinitamente di più di tutti gli elogi superlativi che l'hanno accompagnata, al punto che da allora ho pensato seriamente di convertirmi". Questo a pagina 90. Sette pagine dopo, alla fine del capitolo, Minkowski scrive: "Stavo saltando sul carro di uno dei miei temi preferiti, quello del corpo a corpo tra ebrei e protestanti: predicavo la resistenza al cattolicesimo imperialista o all'imperialismo cattolico, come dir si voglia...[28] Era una specie di appello alla santa unione, una specie di 'programma comune' religioso".

Alexandre Minkowski, medico ebreo agnostico, giunse infine alla sua conclusione. Un giorno partecipò a una festa ebraica, la festa di Sukkot: "Volevo quasi unire la mia voce alla loro, ero così commosso. Per quanto cercassi di ragionare, non riuscivo a controllare l'emozione che mi assaliva... Per la prima volta nella mia vita, forse, mi sentivo ebreo, totalmente, senza la minima restrizione. Tutti i miei pregiudizi erano caduti davanti a questi uomini così sicuri di sé, così saldamente ancorati alla loro fede e alla loro identità, e allo stesso tempo così non settari, così non dogmatici, tolleranti e rispettosi delle particolarità di ciascuno. Non solo mi riconoscevo come ebreo, ma ero felice di esserlo, di appartenere a un popolo capace di una tale apertura mentale, di una tale apertura di cuore. Non potevo più resistere. Mi abbandonai a una felicità dolce, quasi infantile.[29] Avevo riscoperto le mie radici".

---

[27] Alexandre Minkowski, *Un juif pas très catholique*, Ramsay, 1980, p. 55, 56. Gli ebrei erano molto numerosi nella resistenza antifascista, chiamata anche "Resistenza francese", così come i comunisti. A questo proposito, si veda *Fanatismo ebraico*.
[28] Alexandre Minkowski, *Un juif pas très catholique*, Ramsay, 1980, p. 90, 97.
[29] Alexandre Minkowski, *Un juif pas très catholique*, Ramsay, 1980, p. 136.

Uscire dal servizio militare

Per molto tempo gli ebrei sono stati criticati in tutto il mondo per aver evitato il servizio militare e per la mancanza di coraggio in combattimento. Se il primo rimprovero è senza dubbio giustificato, è molto più aleatorio accusare tutti gli ebrei di codardia. La verità è che molti di loro possono mostrare grande ardore e coraggio, ma solo quando sono in gioco gli interessi della comunità ebraica. Altrimenti, non ci si dovrebbe aspettare nulla da loro. Infatti, perché rischiare la vita per difendere un Paese che non è il loro?

Gli storici ebrei spesso insistono sull'antisemitismo e sui pogrom per spiegare la grande emigrazione di ebrei dalla Russia agli Stati Uniti alla fine del XIX secolo. Solzhenitsyn, nel primo volume della sua opera *Duecento anni insieme*, spiega che bisogna tenere conto anche di altri fattori, in particolare della nazionalizzazione di tutte le distillerie di alcolici da parte dello Stato russo nel 1896, che privò un gran numero di famiglie ebree del loro reddito.

Per quanto riguarda gli ebrei dell'Impero austro-ungarico, essi fuggivano soprattutto dalla coscrizione. Nel 1927, il famoso romanziere Joseph Roth spiegò che il diritto di cittadinanza e l'arruolamento degli ebrei nell'esercito li aveva resi così timorosi che alcuni avevano preferito partire per gli Stati Uniti o automutilarsi: "È difficile trovare una famiglia ebrea dell'Est che non abbia un cugino o uno zio in America. Uno è emigrato un giorno di vent'anni fa. Stava scappando dal servizio militare. Oppure ha disertato dopo essere stato dichiarato idoneo. Se gli ebrei orientali non avessero così tanta paura, potrebbero giustamente vantarsi di essere il popolo più antimilitarista del mondo. Per molto tempo le loro patrie, la Russia e l'Austria, non li hanno considerati degni di prestare servizio militare. Solo quando gli ebrei ottennero pari diritti civili furono costretti ad arruolarsi nei ranghi... E quando fu detto loro del grande onore di poter combattere, esercitarsi e cadere sul campo di battaglia, la costernazione li colse. Chi si avvicinava ai vent'anni e godeva di buona salute, tanto da far supporre che sarebbe stato dichiarato idoneo, fuggiva in America. Chi non aveva soldi si automutilava. L'automutilazione era diffusa tra gli ebrei orientali da decenni prima della guerra. Coloro che erano molto spaventati dalla vita del soldato si facevano mozzare un dito, tagliare i tendini dei piedi e versare del veleno negli occhi. Divennero eroici storpi, ciechi, storpiati, spezzati, si sottoposero alle più ingrate e brutte sofferenze. Non volevano servire. Non volevano andare in guerra e caderci... Non era solo stupido morire per uno zar o un imperatore, ma era un peccato vivere lontano dalla Torah e contro i suoi comandamenti. Era un peccato mangiare carne di maiale, portare un'arma di sabato, fare l'istruzione, alzare la mano contro un innocente e uno straniero. Gli ebrei orientali erano i pacifisti più eroici. Hanno sofferto per il pacifismo. Sono diventati volentieri storpi.[30] Nessuno ha ancora cantato l'atto eroico di questi ebrei".

Lo scrittore austriaco Franz Werfel era un altro di questi ebrei "perfettamente integrati" che preferivano defilarsi quando arrivava il momento di combattere. Ecco cosa scrive di lui la giornalista Françoise Giroud (Gourdji): "Mobilitato nel 1914 come sottufficiale d'artiglieria, viene ferito mentre è in licenza e salta da una funicolare. Condannato dalla corte marziale per mutilazione volontaria, fu inviato sul fronte russo. Grazie all'intervento non richiesto di un membro dell'aristocrazia, il conte Harry Kessler, che ammira la sua poesia - sempre la famosa *Protektion* - riesce a tornare a Vienna, dove viene assegnato al servizio stampa dell'esercito. Una situazione del tutto rilassata. [31]Vive all'Hotel Bristol e ha molto tempo libero a disposizione". Ovviamente, questo "grande scrittore" era tornato dalla guerra vivo. D'altra parte, non sapremo mai come l'implacabile polemista Karl Kraus - "il re di Vienna" - sia riuscito ad allontanarsi dal teatro delle operazioni.[32] Françoise Giroud si limitò a dirci che aveva scritto "un'opera di dodici ore dopo una sospensione volontaria durante la Prima guerra mondiale".

Anche il famoso scrittore Stefan Zweig era riuscito a fuggire. Nonostante fosse "perfettamente integrato" e "più austriaco degli austriaci", Stefan Zweig, come molti suoi coetanei, scelse di evitare il servizio nazionale durante la Prima guerra mondiale: "Fin dal primo momento mi sentii al sicuro nel mio cuore come cittadino del mondo; fu più difficile per me trovare il giusto atteggiamento come cittadino di una nazione. Benché avessi raggiunto l'età di trentadue anni, per il momento non avevo alcun obbligo militare, perché ero stato dichiarato inutile a tutti gli esami, cosa di cui ero stato molto contento... In tutte le situazioni di pericolo, il mio atteggiamento naturale è sempre stato quello di evitarle". Grazie a una buona "spina", il grande scrittore ebbe l'opportunità di trovare un "buon nascondiglio", lontano, lontanissimo dal fronte: "Il fatto che un amico, un ufficiale di alto grado, lavorasse nell'archivio rese possibile il mio impiego lì".

Anche il suo amico, lo scrittore Rainer Maria Rilke, non era pronto per la lotta: "A Vienna mi ero allontanato dai miei vecchi amici e non era il momento giusto per fare nuove amicizie. Con Rainer Maria Rilke ho avuto solo poche conversazioni, perché ci capivamo intimamente.[33] Riuscimmo anche a convincerlo a unirsi al nostro archivio di guerra solitario, poiché

---

[30] Joseph Roth, *Judíos errantes*, Acantilado 164, Barcellona, 2008, p. 103-104.
[31] Françoise Giroud, Alma Mahler, Editorial Noguer, Barcellona, 1990, p. 161.
[32] Françoise Giroud, Alma Mahler, Editorial Noguer, Barcellona, 1990, p. 68.
[33] Stefan Zweig, *Il mondo di ieri; Memorie di un europeo*, Acantilado 44, Barcellona, pagg. 118, 119, 122.

sarebbe stato la persona più inutile come soldato a causa dei suoi nervi ipersensibili, ai quali la sporcizia, i cattivi odori e i rumori provocavano un vero e proprio disagio fisico".

Una scena di uno dei suoi romanzi, *Mendel il libraio*, pubblicato nel 1929, era piuttosto rivelatrice della vera identità di Stefan Zweig. Durante la Prima Guerra Mondiale, il suo personaggio Buchmendel deve presentarsi all'ufficio della censura militare per presentare i suoi documenti: "Non riuscivo a capire. Diavolo, aveva le sue carte, i suoi documenti? E dove. Tutto quello che aveva era un biglietto da visita da commesso viaggiatore". Il comandante fece crescere sempre di più le rughe sulla fronte. Doveva chiarire una volta per tutte la questione della sua nazionalità. E suo padre cos'era, austriaco o russo? Jakob Mendel rispose con calma che era, ovviamente, russo. E lui? Oh, aveva attraversato clandestinamente il confine russo trentatré anni fa per non dover fare il servizio militare. Da allora viveva a Vienna. Il comandante si spazientì sempre di più: quando aveva ottenuto la cittadinanza austriaca, chiese Mendel, e a quale scopo? Non si era mai preoccupato di queste cose, quindi era ancora un russo? [34]E Mendel, che da tempo era annoiato a morte da queste domande, rispose con indifferenza: "In realtà, sì"."

Gli ebrei che si unirono all'esercito russo nel 1915 non erano molto più combattivi. Il grande scrittore russo Aleksandr Solzhenitsyn ha citato un testimone: "Durante le offensive, di solito stavano nelle retrovie; quando l'esercito si ritirava, stavano davanti. Più di una volta hanno seminato il panico nelle loro unità".[35] E aggiunge: "Non si può negare che i casi di spionaggio e di passaggio al nemico non fossero infrequenti".

E queste inclinazioni rimasero invariate per tutta la Seconda Guerra Mondiale. Anche quando la guerra corrispondeva esattamente agli interessi della comunità, gli ebrei sembravano rifuggire dalle zone di ostilità. "Una cosa era evidente, scrive Solzhenitsyn, esprimendo qui il sentimento generale: non si vedevano molto in prima linea. [36]Erano molto più numerosi negli staff delle retrovie, nell'ufficio del quartiermastro, nell'intero corpo medico, in molte delle unità tecniche di stanza nelle retrovie e, naturalmente, tra il personale amministrativo, gli addetti all'intera macchina della propaganda, comprese le orchestre di varietà itineranti e le troupe di artisti per il fronte".

È noto che circa 200.000 soldati ebrei perirono nelle file dell'Armata Rossa durante il conflitto. Ma in proporzione, questa cifra era quattro volte inferiore a quella del resto dei soldati sovietici. [37]Il "mito" dell'ebreo che

---

[34] Stefan Zweig, *Mendel, el de los libros*, Acantilado, Barcellona, 2009, pagg. 40-41.
[35] Alexandre Soljénitsyne, *Deux siècles ensemble, tome I*, Fayard, 2002, p. 532.
[36] Alexandre Soljénitsyne, *Deux siècles ensemble, tome II*, Fayard, 2002, p. 391.
[37] Si leggano ad esempio le testimonianze di Marek Halter e Samuel Pisar in *Planetary*

si "nascondeva" a Tashkent, la capitale dell'Uzbekistan, una città dove la vita era bella, aveva probabilmente qualche base nella realtà.

Un'altra soluzione, molto più comune, era quella di corrompere i funzionari. Ecco cosa disse Joseph Roth degli ebrei nell'Impero austro-ungarico: "In ogni caso, i medici militari venivano corrotti. Molti medici militari si arricchirono, lasciarono l'esercito e si dedicarono all'esercizio privato della loro professione, che consisteva in parte nella corruzione". È chiaro che la manovra presentava dei rischi, e Joseph Roth scrisse: "È possibile corromperli, come se la corruzione fosse una cosa facile! Si sa se la corruzione non porterà a un tremendo processo che finirà in prigione? Tutto ciò che si sa è che tutti i funzionari possono essere corrotti. O meglio: che tutti gli uomini sono corruttibili. La corruzione è una caratteristica della natura umana [Roth stava generalizzando il suo caso, nda]. Ma ciò che non si può mai sapere è quando qualcuno confesserà la corruzione, o se confesserà la corruzione.[38] È impossibile sapere se il funzionario che ha già preso soldi dieci volte non vi denuncerà l'undicesima semplicemente per dimostrare che le dieci volte precedenti non li ha presi, in modo da poterne prendere altri cento".

Mark Zborowski ha difeso lo stesso discorso nel suo grande studio sulle comunità ebraiche dell'Europa orientale: "Sanno per esperienza che i Goyim capiscono il valore del denaro, quindi il sistema di corruzione è il normale ausilio alle transazioni con i funzionari pubblici".[39] Lo shtetlj avalla una teoria diffusa nell'Europa orientale: un buon funzionario pubblico è colui che può essere corrotto".

Nahum Goldmann, il "patriota" tedesco, ha spiegato un altro sotterfugio che ha permesso ad alcuni ebrei di evitare il servizio militare: "Una legge esentava dal servizio solo i bambini. Nelle comunità ebraiche, la registrazione civile era tenuta dal rabbino.[40] Nella mia famiglia, mio nonno si chiamava Leibman, mio padre Goldmann e mio zio Szalkowitz".

Jacques Le Rider, storico ebreo specializzato in letteratura mitteleuropea, ha presentato un altro tipo di "accusa" contro gli ebrei dell'epoca: "Fino al 1916, le autorità asburgiche, ansiose di mantenere a tutti i costi la coesione della monarchia, censurarono le opinioni suscettibili di esacerbare le tensioni tra le nazionalità, così come quelle apertamente antisemite. Ad esempio, la polemica lanciata nel 1916 dagli antisemiti contro gli ebrei

---

Hopes. "A quel tempo l'URSS era l'unico Paese disposto ad accogliere i rifugiati ebrei, anche se ne inviava la maggior parte nelle sue regioni asiatiche". Shlomo Sand, *L'invenzione del popolo ebraico*, Ediciones Akal, 2011, p. 13.
[38] Joseph Roth, *Judíos errantes*, Acantilado 164, Barcellona, 2008, p. 104, 110.
[39] Mark Zborowski, *Olam*, 1952, Plon, 1992, p. 218. Shtétlj: città o villaggio ebraico dell'Europa orientale.
[40] Nahum Goldmann, *Le Paradoxe juif*, Stock, Paris, 1976, p. 25.

orientali, in particolare i galitzi, che si sottraevano agli obblighi militari nascondendosi dietro gli studi per diventare rabbini, non venne ripresa dall'amministrazione civile o militare...A partire dal 1917, tuttavia, la censura si allentò nei confronti degli articoli antisemiti e divenne comune vedere ebrei definiti "profittatori di guerra", medici militari ebrei accusati di riservare un trattamento preferenziale ai feriti ebrei mentre quelli non ebrei venivano rimandati al fronte, e così via. [41] L'esplosione dell'antisemitismo raggiunse il suo apice nel 1918, quando gli ebrei vennero usati come capri espiatori, presumibilmente responsabili di tutte le calamità che si erano abbattute sull'Austria".

Nella stessa ottica, Aleksandr Solzhenitsyn ha citato lo spiacevole "caso dei dentisti" scoppiato in Russia nel 1913. Si trattava "per lo più di ebrei": "Era stata creata una vera e propria fabbrica di diplomi di dentista che inondava Mosca. Il possesso di questi diplomi dava loro il diritto alla residenza permanente e li esentava dal servizio militare. Centinaia di falsi dentisti furono condannati a un anno di reclusione, ma grazie all'intervento di Rasputin furono graziati".[42] Secondo un Simanovitch, Rasputin "era diventato un amico e un benefattore degli ebrei"; "molti giovani ebrei imploravano il suo aiuto per fuggire dall'esercito".

Nell'Impero russo, gli ebrei potevano essere arruolati con la forza nell'esercito. Jacob Brafman (1825-1879) fu, nel 1869, l'autore del *Libro del Kahal* (*Kniga Kagala*), pubblicato dal governo russo, in cui denunciava le azioni segrete degli ebrei in Russia. Nel 1875 pubblicò *Le confraternite ebraiche universali* (*Les Confréries juives universelles*). [43] Riferì in dettaglio come questi gruppi "unissero tutti gli ebrei sparsi sulla terra in un unico corpo potente e invincibile".

Lo storico ebreo Leon Poliakov ci ha lasciato il seguente passaggio su questo Jacob Brafman nella sua *Storia delle crisi dell'identità ebraica*, pubblicata nel 1994: "È vero che aveva alcuni motivi di risentimento nei confronti della sua comunità di origine, che aveva sede a Klesk, in un villaggio bielorusso, scrive Poliakov. Le comunità dovevano fornire una quota di adolescenti ebrei, i cantonieri, per il servizio militare per un periodo di 25 anni. Essi venivano prima battezzati e ricevevano un nuovo cognome, di solito di consonanza russa. Comprensibilmente, le famiglie ebraiche temevano questo obbligo più di ogni altra cosa e, nella maggior parte dei casi, le famiglie ricche mandavano al loro posto i figli delle famiglie povere. Esistevano persino dei rapitori professionisti, i "*Khappers*", che venivano pagati per consegnare alle autorità gli adolescenti svantaggiati. Jacob Brafan era stato consegnato in questo modo

---

[41] Jacques Le Rider, *Arthur Schnitzler*, Belin, 2003, p. 216, 217
[42] Alexandre Soljénitsyne, *Deux siècles ensemble, tome I*, Fayard, 2002, p. 548.
[43] Léon Poliakov, *Histoires des crises d'identités juives*, Austral, 1994, pag. 163.

dalla sua comunità, ma era riuscito a sfuggire *ai khapper*. Fu battezzato e divenne il censore ufficiale di tutti i libri ebraici pubblicati nell'Impero russo. Il suo zelo antiebraico era formidabile".

Il famoso attore americano Kirk Douglas era un ebreo originario della Russia. Suo padre Herschel era un povero raccoglitore di stracci, anche se fisicamente era impressionante: "Staccava i tappi dalle bottiglie e schiacciava i bicchieri con i denti, scrive Kirk Douglas nelle sue memorie; andava di bar in bar con una sbarra di ferro, scommettendo sui drink che sarebbe riuscito a piegarla a mani nude, e ci riusciva; che nessuno avrebbe potuto batterlo in un incontro di wrestling. Con ogni probabilità era l'ebreo più duro e forte della nostra città". [44]Ma quando si trattò di combattere i giapponesi, preferì andare per mare: "Herschel Danielovitch nacque a Mosca intorno al 1884 e fuggì dalla Russia intorno al 1908 per evitare di essere arruolato nell'esercito per combattere nella guerra russo-giapponese".

Si veda anche quanto ci ha raccontato l'economista e saggista liberale Guy Sorman. Suo padre era nato a Varsavia, una città polacca sotto la sovranità zarista: "Se ne andò nel 1917 per evitare la coscrizione e la scelta tra l'esercito russo e quello tedesco.[45] Si rifugiò nella cosmopolita Berlino".

Dopo la guerra franco-prussiana del 1870, alcuni si interrogarono sul ruolo che gli ebrei avevano avuto durante quegli eventi, e possiamo constatare che anche all'epoca non avevano la reputazione di essere soldati eccezionali; non era la loro specialità, per così dire. *L'Illustration*, un vecchio e affidabile settimanale, ne dà una descrizione nel numero del 27 settembre 1873: "L'ebreo è stato la calamità dell'invasione. Finché dura la battaglia, l'ebreo resta indietro. Teme i colpi. Ma una volta che il nemico è fuggito e il campo di battaglia è libero, l'ebreo accorre. Lì è padrone e re. Tutti questi cadaveri gli appartengono. Non per niente i soldati si riferiscono a lui con il caratteristico nome di corvo. Con calma spoglia i morti, passando da un gruppo all'altro. Cerca solo l'oro. A volte si sente un lamento. È un uomo ferito che implora aiuto, ma il corvo non ha tempo di soffermarsi su queste inezie. Non ha forse una missione da compiere? Non gli basta rubare, è anche una spia. È il corvo che, dopo la battaglia persa, porta al quartier generale tutti i documenti trovati sugli ufficiali superiori. A volte, quando viene catturato, l'ebreo viene fucilato.[46] Tradisce i tedeschi nello stesso modo in cui spia i francesi; in futuro, manterrà le informazioni da entrambe le parti e l'affare sarà ancora più redditizio". Questa storia era

---

[44]Kirk Douglas, *Il figlio dello straccivendolo* (1988), Cult Books, *2021*, p. 21, 17
[45]Guy Sorman, *Le Bonheur français*, Fayard, 1995, p. 12.
[46]Testo riprodotto in *Je vous hais!* (dixit Leon Blum), aprile 1944, p. 52. Sui cadaveri sui campi di battaglia, si veda *Le speranze planetarie* in nota.

un'altra manifestazione di questa ambiguità che si annida nel cuore dell'identità ebraica.

Martin Gray, nella sua biografia intitolata *In the Name of All My People*, ha raccontato che dopo la Seconda Guerra Mondiale, quando era emigrato negli Stati Uniti, si era anche rifiutato di prestare il servizio militare e di combattere in Corea, "in una guerra che non era la mia".[47] Andai agli uffici di reclutamento, ai servizi di passaporto; feci petizioni, suppliche, proteste; chiesi la convocazione di una commissione speciale; giurai che mi sarei sdraiato all'ingresso dell'edificio, che se necessario sarei morto lì".

Daniel Cohn-Bendit, ex leader anarchico della rivolta del maggio '68 ed europarlamentare ambientalista, ha spiegato come è riuscito a sottrarsi al servizio militare. Nel 1958, il giovane Daniel dovette scegliere tra la nazionalità tedesca e quella francese. L'argomento decisivo", scrive, era stato un decreto del ministro della Difesa tedesco Franz Josef Strauss, di estrema destra, che autorizzava i bambini ebrei, se lo desideravano, a rifiutarsi di prestare il servizio militare: "Era per permettere agli ebrei che tornavano in Germania di prestare il servizio militare in Israele", commenta Cohn-Bendit. Perfetto, concludeva mio padre, "prendere la nazionalità tedesca e uscire dall'esercito". Fuggire dall'esercito! [48]Non ho esitato: sono diventato tedesco per utilitarismo e antimilitarismo".

Questa mentalità si ritrova spesso anche tra gli ebrei sefarditi del bacino del Mediterraneo. Il dottor Georges Valensin, "nato in un'importante comunità ebraica di Algeri", ha scritto dei suoi compagni sefarditi, citando sempre le fonti: "La mancanza di entusiasmo per il porto d'armi sembra essere stata particolarmente marcata tra gli ebrei del Mediterraneo. Nel 1908, i Giovani Turchi che avevano preso il potere volevano costringere i cittadini israeliani a prestare il servizio militare; molti lasciarono il Paese... In Tunisia, la colonia francese fu scandalizzata nel 1918 dalle rumorose dimostrazioni di gioia dei soldati ebrei appena smobilitati". E questo stato d'animo era diffuso anche negli Stati Uniti: "Quando gli Stati Uniti entrarono nella Prima Guerra Mondiale, ci fu una campagna condotta principalmente dagli ebrei contro la leva, che avevano la reputazione di essere facilmente esentati dal servizio. A Brooklyn, un oratore li accusò direttamente: 'Ci sono tre fasi nella vita di un giovane ebreo: la nascita, la comunione a 13 anni [*bar-mitzvah*, ndt] e l'esenzione a 21 anni'".

Il dottor Valensin ha aggiunto: "Le ragioni della riluttanza a prendere le armi erano soprattutto culturali; una madre ebrea si preoccupava per il figlio, lo metteva in guardia dal minimo pericolo fisico e gli consigliava di fuggire dai colpi dei ragazzi stranieri piuttosto che rispondere ad essi; era

---

[47]Martin Gray, *En nombre de todos los míos*, Plaza & Janés, Barcelona, 1973, p. 339.
[48]Daniel Cohn-Bendit, *Quand tu seras président*, Robert Laffont, 2004, pag. 117.

educato alla non violenza e il militare, uomo dell'omicidio, era disprezzato.⁴⁹ Per l'Abbé Maury, che si opponeva all'emancipazione degli ebrei all'epoca della Rivoluzione, gli ebrei non potevano essere buoni soldati a causa del riposo del sabato, che li costringeva all'inazione totale; citava lo storico Flavio Giuseppe a sostegno della sua tesi: avevano permesso la conquista di Gerusalemme per non combattere il sabato".

Georges Valensin ha tuttavia sottolineato che gli ebrei potevano combattere con grande ardore quando erano in gioco gli interessi del popolo ebraico: "La storia antica e recente ha dimostrato che gli ebrei possono diventare buoni soldati quando si identificano con la causa per cui combattono. La rivolta dei Maccabei contro i Tolomei, e in seguito contro i Romani e altri oppressori, sono state famose negli annali del valore... Quando gli Stati Uniti combatterono in Vietnam, quasi tutti gli israeliani riuscirono a starne fuori. Ma molte delle stesse persone vollero arruolarsi in Israele durante la Guerra dei Sei Giorni. Il contrasto impressionò gli americani.

Tutte queste informazioni ci inducono a pensare che gli ebrei francesi, contrariamente a quanto siamo portati a credere, forse non sono stati così eroici come vengono fatti credere durante la Prima guerra mondiale. In effetti, la mostra permanente di Parigi che rende omaggio al loro sacrificio ci sembra piuttosto sospetta.

Leggete cosa ci ha raccontato Pierre Birenbaum sull'impareggiabile coraggio guerriero degli ebrei in difesa della patria invasa: "La Grande Guerra diede luogo a continue manifestazioni di patriottismo e molti rabbini caddero sul campo di battaglia. ⁵⁰ Le funzioni religiose sottolineavano il profondo attaccamento alla nazione francese, per la quale tanti soldati ebrei compirono il sacrificio supremo".

Questa affermazione è contraddetta dall'opinione comunemente accettata. ⁵¹ Ricordiamo le parole di Jean-Paul Sartre a proposito di un'opinione comune che lo indignava: "Se si è pensato di stabilire che il numero di soldati ebrei era, nel 1914, inferiore a quello che avrebbe dovuto essere, è stato perché si è avuta la curiosità di consultare le statistiche".

Con i loro 1700 uomini caduti "per la Francia" tra il 1914 e il 1918, il numero degli ebrei era in realtà quattro volte inferiore in proporzione a quello dei francesi autoctoni. Ma questo non ha impedito ai nostri amici di costruire a Verdun un monumento funebre sproporzionato, che deve essere

---

[49] Georges Valensin, *La Vie sexuelle juive*, Les Éditions philosophiques, 1981, p. 131-135.
[50] Pierre Birenbaum, *Prier pour l'État, les Juifs, l'alliance royale et la démocratie*, Calmann-Lévy,, p. 113, 114
[51] Jean-Paul Sartre, *Riflessioni sulla questione ebraica*, Ediciones Sur, Buenos Aires, 1948, p. 13.

alto almeno otto metri e lungo venticinque. In confronto, l'ossario dei soldati cristiani dovrebbe essere alto almeno quattro chilometri. Se potessimo misurare la sfacciataggine e l'impudenza - l'ormai famosissima *chutzpah* ebraica - questa sarebbe probabilmente la cifra da mantenere.[52] Ricordiamo anche i due elmi *da poilus* forati esposti in una teca di vetro nel museo dell'esercito di Parigi. Uno apparteneva a un Dupont qualunque, ma l'altro - e questo è il più significativo - apparteneva al soldato "Lévy". È la magia delle etichette!

Travestimento

Gli ebrei sono da tempo abituati a indossare gli abiti del popolo in cui si stabiliscono. Parlano la loro lingua senza accento, adottano esteriormente usi e costumi locali e si dichiarano "estremamente patriottici". Tuttavia, vivono in un mondo tutto loro che non ha nulla a che vedere con quello dei Goyim.

Per secoli, gli ebrei hanno vissuto in questo modo sotto un'identità presa in prestito, vestendo di giorno come nativi del Paese ospitante e di notte come ebrei. In Spagna, nel 1492, Isabella la Cattolica aveva dato loro la possibilità di scegliere se convertirsi al cristianesimo o lasciare il territorio. Gli ebrei che avevano scelto di rimanere erano diventati buoni cattolici. Ma gli spagnoli non ci misero molto a capire che stavano ancora giudaizzando in segreto.[53] Dopo diversi secoli, esistevano ancora piccole comunità di marrani, buoni cattolici, ma solo in apparenza.

In Francia, avevamo un alto dignitario della Chiesa, il cardinale-arcivescovo Jean-Marie Lustiger, che era un eccellente esempio della volontà di dissimulazione di alcuni ebrei. Si era convertito nel 1940, poco prima dell'invasione tedesca. Questa fu la sua risposta a Marek Halter nel 1995: "Per quanto riguarda il mio stato civile, mi chiamo ancora Aaron. A Orléans non è un segreto che io sia un ebreo, dove mi trovavo durante la guerra".

I suoi documenti falsi, fornitigli da un sindaco della zona di Orléans, stabilivano il suo cognome, Lustiger, e inventavano un nuovo nome, Jean-Marie. Sebbene i suoi documenti fossero in regola, mio padre fu scoperto, e io pure", ha raccontato. È stato allora che siamo fuggiti a Tolosa". Jean-Marie Lustiger, divenuto un buon cattolico, divenne poi cardinale-

---

[52] I soldati francesi della Prima guerra mondiale nel gergo popolare (NdT).
[53] Si veda anche il caso dei Donmeh in Turchia (falsi musulmani) nel nostro lungo capitolo sulla "plasticità" in *Psicoanalisi dell'ebraismo*. [E sui marrani spagnoli e portoghesi si legga anche *Storia dell'antisemitismo* (2010), NdT].

arcivescovo di Parigi e fu grazie a questi paramenti che poté predicare ai fedeli un nuovo tipo di dottrina cattolica.[54]

Nella sua opera intitolata *La promessa*, il cardinale Lustiger ha denunciato l'antisemitismo: "L'antisemitismo cristiano non si pone come un particolare problema di razzismo tra gli altri, ma anzi come un peccato - un peccato la cui enormità è indicativa di una profonda infedeltà alla grazia di Cristo".

In occasione della morte del cardinale Lustiger, il quotidiano *Le Monde* dell'8 agosto 2007 ha pubblicato un articolo dell'ex presidente del Crif (Consiglio rappresentativo delle istituzioni ebraiche in Francia), Théo Klein: "Era già cardinale e arcivescovo di Parigi quando l'ho conosciuto", ha detto Theo Klein. Ero stato invitato in qualità di neoeletto presidente del Crif ed ero molto curioso di conoscere questa improbabile personalità - Jean-Marie, ma pur sempre Aaron Lustiger - questo figlio della Polonia che rivendicava la sua ebraicità, improvvisamente promosso alla più importante sede episcopale di Francia".

Abbiamo appreso che il cardinale Lustiger si recava ogni anno alla sinagoga di rue *de la Victoire* (*Parigi*) per partecipare alla preghiera in memoria dei deportati ebrei. "Nel corso degli anni, scrive Theo Klein, i nostri rapporti si sono approfonditi e i nostri incontri si sono moltiplicati... Mi resi conto allora che non aveva mai lasciato la Chiesa di Gerusalemme di cui mi aveva parlato. Per lui, il Padre a cui Gesù si riferiva era davvero il Padre da cui Mosè, sul Sinai, aveva ricevuto la Parola e di cui lui, Aaron Jean-Marie, attendeva l'accoglienza".

I funerali di Aaron Lustiger si sono svolti l'8 agosto 2007 nella Cattedrale di Notre Dame a Parigi. All'apertura della cerimonia religiosa nella piazza della cattedrale, il cugino del cardinale, lo storico Arno Lustiger, ha letto il *kaddish*, la preghiera ebraica per il defunto, seguita da un messaggio della famiglia. "Questa lettura del *kaddish* è stata una delle ultime volontà di mio cugino", ha spiegato Arno Lustiger. "Mi disse quando andai a trovarlo per l'ultima volta. 'Sono nato ebreo e sono ancora ebreo', ci ripeteva sempre".[55]

Arno Lustiger aveva scritto nel 1991 un libro sulla guerra civile spagnola (*Shalom Libertad!*), in cui esaltava la lotta di quelle migliaia di ebrei che si erano arruolati nelle Brigate Internazionali. Molti di loro erano comunisti di tendenza trotskista. E la specialità dei trotskisti, come è noto, è quella di infiltrarsi nelle organizzazioni nemiche per sovvertirle più efficacemente.

Gli ebrei adottano i costumi e le usanze dei popoli tra i quali vivono, ma mantengono la loro identità ebraica all'interno.[56]

---

[54] Marek Halter, *La Force du Bien*, Robert Laffont, 1995.
[55] Leggi in *Fanatismo ebraico*. Quasi un terzo dei brigatisti internazionali erano ebrei.
[56] *Marrane* in francese. NdT.

Il caso del famoso presentatore televisivo Michel Drucker è un altro esempio illustrativo dei "marrani". Michel Drucker era infatti un buon cattolico, almeno in apparenza. *Le Figaro* del 19 settembre 2007 ha presentato un ritratto della star del piccolo schermo dopo la pubblicazione della sua autobiografia. Ci ha informato di essere stato battezzato su richiesta del padre. "Questo ex deportato ha cercato di essere più francese dei francesi. Mia madre, aggiunge Drucker, era contraria. Diceva che non si poteva essere battezzati con un padre chiamato Abramo. Le sarebbe piaciuto avere delle nuore ebree". Drucker era figlio di un ebreo rumeno e di un'ebrea austriaca, arrivati in Francia negli anni '30 e naturalizzati nel 1937. "In casa sentiva parlare yiddish o tedesco", riporta il giornale. Con l'età, il presentatore "torna alle sue radici e assume sempre più le sue origini ebraiche, che per molto tempo aveva, se non negato, almeno dissimulato... So da dove vengo", ha confessato, "e con il passare degli anni mi sto avvicinando sempre di più a chi sono veramente".

Anche il Presidente della Repubblica francese eletto nel 2007, Nicolas Sarkozy, era un altro buon cattolico. Il settimanale *Le Point* del 15 novembre 2007 ha pubblicato un articolo sulla sua amicizia con Patrick Balkany, sindaco di Levallois. Il giornalista del settimanale, "Saïd Mahrane", scriveva: "Tra il presidente e il sindaco di Levallois-Perret c'è un'amicizia di oltre trent'anni". Saïd Mahrane ha poi citato Balkany: "Le nostre origini ungheresi ci hanno indubbiamente avvicinato". Un simpatizzante ha preso delicatamente in giro i suoi idoli: "Quando è con Sarko, sembrano Robert de Niro e Joe Pesci!". - due famosi attori noti per i loro ruoli di gangster nei film. Saïd Mahrane ha comunque voluto mettere i puntini sulle i: "Per quanto ne sappiamo", ha scritto il giornalista, "Balkany non è di origine corsa né italiana. Può dare l'impressione di essere nato sotto il sole, ma il suo nome si scrive con la 'i' greca, come Sarkozy. Una grafia che porta con orgoglio: "Il mio cognome è ungherese", ha dichiarato Balkany. Sono figlio di immigrati e sono orgoglioso di esserlo! Questo è tutto. Saïd Mahrane, dal canto suo, probabilmente teneva molto alla "h" del suo cognome. Altrimenti, avremmo potuto pensare che anche lui fosse un ebreo che agisce dietro una maschera, come un "marrano", appunto.

Come sappiamo, Balkany aveva subito una serie di battute d'arresto da parte della giustizia francese. Il 28 luglio 1999, la Corte dei conti regionale dell'Ile-de-France (regione di Parigi) lo aveva condannato per aver impiegato tre agenti municipali di Levallois per tre anni al suo servizio personale. In seguito alla sentenza, ha dovuto rimborsare l'intero importo degli stipendi, circa 523.897 euro. Lo stesso anno si è dichiarato, secondo il giornalista Saïd Mahrane, "l'uomo più onesto del mondo". Un po' come Saïd Mahrane, insomma.

Ferdinand Lasalle è stato uno dei fondatori storici del socialismo tedesco del XIX secolo. Negli anni Sessanta del XIX secolo intraprese la carriera di agitatore politico, viaggiando per tutta la Germania. Tenne discorsi e scrisse opuscoli con l'obiettivo di sensibilizzare e organizzare la classe operaia. Proveniva da una famiglia molto benestante di Breslau (Breslavia). Ecco cosa scrisse nel 1898 il romanziere "inglese" Israel Zangwill a proposito di suo padre e di suo cognato, un certo Friedland:

"Dopo aver lasciato Berlino per Praga, dove aveva ottenuto la concessione del gas, Friedland, grazie alla sua stripante ospitalità e all'accurata dissimulazione della sua origine ebraica, riuscì a intrufolarsi tra le famiglie benestanti e di alto livello sociale, persino nelle sfere più alte del governo. Alla vigilia di ricevere a cena l'élite praghese, il vecchio padre Lassalle venne inaspettatamente a far visita alla figlia e al genero. Uno dopo l'altro lo pregò di non rivelare che erano ebrei. Infastidito, il vecchio non rispose. Quando tutti gli ospiti furono seduti, il vecchio Lassalle si alzò per parlare. Ottenuto il silenzio, chiese loro se fossero consapevoli di essere seduti a una tavola ebraica.

- È mio dovere informarvi che sono ebreo, che mia figlia è ebrea e che mio genero è ebreo. Mi rifiuto che un inganno mi renda degno dell'onore di cenare con voi.[57]

Gli ospiti ben educati applaudirono il vecchio, ma il padrone di casa, pallido per la confusione, non lo perdonò mai".

Per camuffarsi meglio, gli ebrei hanno anche l'abitudine di cambiare il loro cognome, o meglio di trasformare il loro cognome originale per dargli un suono più locale e per riconoscersi. Albert Memmi, un noto intellettuale ebreo in Francia nella seconda metà del XX secolo, aveva scritto a questo proposito: "Davidovitch si accontenta di diventare David o Davideau, Vassilovitch diventa Vassile, Taïeb diventa Taïé, ecc. Alla fine della guerra ce n'erano abbastanza da dare origine a una barzelletta: queste persone malamente mascherate venivano chiamate "i mutilati del cognome"", e Albert Memmi aggiungeva: "A volte il trucco è molto elaborato, a volte è superficiale, ma quasi sempre si tratta di trucco e non di una vera trasformazione. Aaron diventa Nora: è un investimento equivalente, solo un travestimento. Nussembaum diventa Dunnoyer, Bronstein diventa Rochebrune e Swartzstein, Rochenoire: niente di tutto questo è arbitrario o complicato: è una semplice traduzione. [58]Spesso le traduzioni sono molto approssimative".

Gli ebrei amano la segretezza. Ma se ci pensiamo bene, queste disposizioni vengono loro naturali, dato che hanno molto da nascondere.

---

[57] Israël Zangwill, *Rêveurs de ghetto, tome II*, Éd. Complexe, 2000, p. 159
[58] Albert Memmi, *Portrait d'un juif II*, Gallimard, 1966, p. 31.

Ciò che André Spire scrisse nel 1928 a proposito del nonno materno dello scrittore Marcel Proust è molto rivelatore di questa mentalità cospiratoria: "Il nonno ebreo, quell'uomo anziano e gentile che, come molti ebrei francesi che avevano fatto fortuna sotto Luigi Filippo e Napoleone III, aveva una passione per il teatro, conosceva a memoria un gran numero di opere e operette e aveva l'abitudine di cantarle ogni volta che se ne presentava l'occasione. Così, quando vedeva arrivare a casa il nipote con un nuovo amico che credeva ebreo, canticchiava tra i denti l'aria dell'ebrea: "O Dio dei nostri padri", oppure "Israele, spezza le tue catene". Quando l'amico aveva un cognome non ebraico, come Dumont, per esempio, mormorava: "Oh, oh! Diffido!" e poi sussurrava: "Arcieri, in guardia! Vigilate, in silenzio e senza sosta". E quando, dopo un'abile interrogazione, era certo delle segrete origini ebraiche del nuovo arrivato, sussurrava: "Sì, appartengo alla razza eletta! [59] Poi, guardando il nipote con malizia, diceva: "Di questo timido israelita, guida i passi qui!".

Il famoso attore americano Kirk Douglas è nato nel 1916 ad Amsterdam, New York. I suoi genitori avevano preso il nome del fratello maggiore del padre, "Demsky", come cognome. Kirk Douglas, il cui nome completo alla nascita era Issur Danielovitch, divenne poi Issur Demsky prima di essere chiamato Kirk Douglas, nome e cognome che l'attore assunse e rese ufficiale: "Non sapevo di adottare un nome così scozzese".

Kirk Douglas si è confrontato con l'antisemitismo fin da piccolo: "C'erano pochissimi ebrei nella città di Amsterdam", ha scritto. Non rappresentavano una minaccia. Credo che ci fossero solo due famiglie ebree in Eagle Street, compresa la nostra. Ma odiavano profondamente gli ebrei e i bambini non ne avevano colpa. Cosa dicono i genitori quando cenano con i loro figli piccoli? Quali commenti fanno su "quegli ebrei"...? Spesso, in seguito, mi sono trovato a parlare con persone che non la pensavano così, ma le ho sentite dire cose come "È un ebreo con i prezzi". L'avevano imparato dai loro genitori... C'è stato un tempo in cui se qualcuno mi chiedeva se ero ebreo, io ingoiavo il fiato e dicevo: "Sono mezzo ebreo"...[60] Essere mezzo ebreo non mi sembrava così brutto come non esserlo affatto. Che tristezza!".

Nel 1934, mentre era ancora uno studente di teatro, cercò di trovare lavoro negli alberghi della regione, ma fu respinto più volte. Capì allora che doveva nascondere le sue origini: "Mi presentai come Don Dempsey. Mi hanno dato un lavoro... La donna che gestiva l'hotel era attraente e le piacevo. Mi confessava che c'era qualcosa negli ebrei che non sopportava;

---

[59] André Spire, *Quelques juifs et demi-juifs*, Grasset, 1928, p. 55, 56.
[60] Kirk Douglas, *Il figlio dello straccivendolo* (1988), Cult Books, *2021*, p. 67, 32, 33

li riconosceva in un secondo, qualunque fosse il loro nome o il loro aspetto. Emanavano un odore particolare... Man mano che la stagione volgeva al termine, la padrona di casa si interessava sempre di più a me. Avevo cercato di mantenere le distanze. La sera prima della chiusura dell'albergo, la padrona di casa era più attenta che mai. Mi propose di bere un drink d'addio nella sua stanza. Mentre salivo le scale, mi resi conto della fine della stagione che aveva programmato. Parlò del mio ritorno l'estate successiva. Pensai a tutte le cose che le avevo sentito dire: "Hitler ha ragione, gli ebrei devono essere distrutti", "Nessun ebreo metterà mai piede in questo hotel". Dopo qualche bicchiere, finimmo a letto. È strano come l'odio possa essere afrodisiaco. Il mio disgusto si trasformò in una tremenda erezione e spinsi il mio pene dentro di lei. Era bagnata e pronta a ricevermi, estremamente passionale nei suoi gemiti e mugolii. Mi assicurai che, nonostante tutti i rumori, mi sentisse chiaramente quando le dissi all'orecchio: - Dentro di te c'è un cazzo ebreo circonciso, pensi che sarai contaminata, che morirai infetta? Sono un ebreo, ti sta scopando un ebreo! - Ho eiaculato.[61] Non ha detto una parola; respirava pesantemente ed era ancora sdraiata quando sono uscito dalla stanza".

Evidentemente, l'ambiguità identitaria dell'ebraismo, il mimetismo ebraico, predispone i membri della "comunità" a lavorare come spie.[62] I casi di spionaggio che coinvolgono gli ebrei non sono rari, tutt'altro.[63] Si veda ad esempio questo caso che si trova nel *Testamento di un antisemita*, pubblicato da Edouard Drumont nel 1891, pochi anni prima dello scoppio del famoso affare Dreyfus: "Michel, l'impiegato del Ministero della Guerra, che fu ghigliottinato in Place de Grève nel 1812 per aver consegnato i piani delle operazioni militari all'ambasciatore russo, era un ebreo. L'impiegato incaricato di portare ogni quindici giorni in legatoria un rapporto generale sulla situazione di tutte le armi e che consegnava questo rapporto a Michel, si chiamava Mosé, mentre l'impiegato incaricato delle revisioni, la cui complicità era stata confermata, si chiamava Salomon. Anche Glaser, la spia tedesca, era ebreo. Ebbe il coraggio di rimanere per molti anni in un lavoro minore nelle ferrovie del Nord, per tenersi aggiornato sui minimi dettagli, e durante la guerra del 1870 divenne direttore generale delle ferrovie tedesche nel Nord della Francia. Il tenente colonnello Schmidt, impiccato qualche mese fa in Russia per aver venduto all'Inghilterra

---

[61] Kirk Douglas, *Il figlio dello straccivendolo* (1988), Cult Books, *2021*, p. 44-45
[62] Si veda *Psicoanalisi dell'ebraismo* e *Fanatismo ebraico*.
[63] Il caso Dreyfus ha avuto origine da una presunta sentenza giudiziaria antisemita, in un contesto di spionaggio e antisemitismo, in cui l'accusato era il capitano Alfred Dreyfus, di origine ebraica alsaziana, e che per dodici anni, dal 1894 al 1906, ha sconvolto la società francese dell'epoca, segnando una pietra miliare nella storia dell'antisemitismo (NdT).

documenti relativi alla flotta russa, era di origine ebraica. I russi, inoltre, hanno mantenuto le buone maniere di Napoleone in questo senso e non si accontentano di mezze misure.[64] I russi diffidano degli ebrei come la peste e non permettono loro di aggirarsi nelle loro zone di operazioni militari".

Anche il famoso e impareggiabile cacciatore di nazisti Simon Wiesenthal ci aveva raccontato la storia di Alex, "grande, biondo-rossiccio", con gli occhi chiari, il cui padre era ebreo, il nonno rabbino e la madre cattolica. Alex era stato cresciuto nella fede cattolica. In seguito alle leggi razziali del Terzo Reich, fu dichiarato mezzo ebreo, un "*Hatbjude*". Il migliore amico dei suoi genitori era un goy, un medico molto famoso a Vienna e amico intimo di suo padre fin dai tempi dell'università. Decisero che la madre di Alex sarebbe andata a confessare alle autorità che il suo vero padre era questo "zio", in modo che Alex fosse riconosciuto come ariano. Oltre a proteggere il padre, Alex poté arruolarsi nelle Waffen SS: "Fu un'idea dello zio Franz e io accettai". Dopo la guerra, nel 1958, Alex, che faceva parte di un gruppo *della Kameradschaft*, incontrò Simon Wiesenthal: "Non mi basta. Per gli ebrei resterò un dannato delle SS, per gli altri sarò sempre un 'sporco ebreo'. Se devo essere sincero, devo accettare che sarò sempre l'eterno nemico, il cattivo. - Le dirò perché sono venuto a trovarla, Herr Wiesenthal. Mi sento un ebreo, e per me e per voi sono un ebreo. Ma per il mondo potrei ancora essere una SS e aiutarla nel suo lavoro". Un giorno, nel bel mezzo di una delle sue missioni di infiltrazione, Alex disse a Wiesenthal: "Vorrei tornare a essere un ebreo ufficialmente, per il mondo intero, perché è la cosa più autentica da fare". E Wiesenthal scrisse: "Non fui affatto sorpreso.[65] Gli risposi che sì, era una cosa sua e che l'aveva dimostrata, ma gli dissi anche che avrebbe potuto fare ancora di più per noi se fosse rimasto per un po' 'uno di loro'".

Ritroviamo questo stesso sradicamento di identità nel film *Europa, Europa* (Francia-Germania, 1990) di Agneska Holland: per sfuggire all'avanzata nazista, Sally Perel, un'adolescente ebrea, abbandona la sua famiglia e si rifugia in un orfanotrofio sovietico. Quando i tedeschi invadono l'URSS, si fa passare per un ariano. Diventa poi la mascotte del reggimento e viene mandato in una scuola nazista dove deve nascondere la sua ebraicità. Dopo l'invasione di Berlino, riesce a sfuggire per un pelo al plotone d'esecuzione e va a vivere in Israele.

In nome di tutto il mio popolo, Martin Gray ha presentato un altro buon esempio della plasticità identitaria dell'ebraismo. Racconta i suoi traffici all'interno del ghetto di Varsavia durante la guerra: "Me ne sono andato

---

[64] Edouard Drumont, *Le Testament d'un antisémite*, 1891, p. 98.
[65] Simón Wiesenthal, *Los asesinos entre nosotros*, (pdf) Editorial Noguer, Barcelona, 1967, p. 98, 100, 101. *L'Orchestra Rossa* ha dato origine al film di Jacques Rouffio (Fra. 1989).

non appena è finito il coprifuoco... Più volte al giorno attraversavo il muro in entrambe le direzioni: rischiavo la vita più volte al giorno. Ma vivevo, libero... Avevo già contatti, legami, abitudini, fornitori ufficiali nella Varsavia ariana. Avevo anche documenti falsi: un salvacondotto che mi aveva già salvato una volta. Certificava che vivevo dalla parte ariana e che ero un giovane polacco di buona razza. Faceva freddo, ma il colletto della mia camicia era aperto: erano visibili una catenina d'oro e una medaglietta della Vergine Maria. La sera studiavo la messa in latino e le preghiere principali: la mia vita poteva dipendere da quelle poche parole che continuavo a ripetere".

I suoi complici erano polacchi piuttosto rozzi: "Li pagavo bene, bevevano, si rimpinzavano come non mai".[66] Dopo un po', divenne il loro capo: "Potevo tenere in pugno quegli uomini solo grazie a ciò che davo loro e alla stima che potevano avere di me, non alla paura che potevo incutere in loro... Dovevo governare quella banda con l'astuzia, l'interesse e l'amicizia, non con la paura".

Si procurò quindi dei documenti d'identità falsi. D'ora in poi il suo nome sarà Schmidt: "Poi diventai un fingitore e un prestigiatore: quando gli ufficiali polacchi si avvicinavano, abbandonavo la mia aria da golfo. Da una piccola scatola piatta di metallo che avevo nella tasca sinistra, tirai fuori la fascia con la svastica, che doveva essere sempre pulita e stirata, come si addiceva alla razza padrona, la misi sul braccio sinistro e diventai Schmidt, arrogante, arrabbiato, altero, che parlava polacco con accento tedesco. E i "blu", quei gendarmi [polacchi] che si vedevano maltrattare gli ebrei, non osavano quasi controllarmi. Poche centinaia di metri più avanti, dovevo essere di nuovo un abisso: togliendomi rapidamente la fascia da *Volksdeutscher*, riacquistai l'andatura leggera dei protettori di Varsavia. Poi, una volta superato il cancello, se scendevo dal tram nel ghetto, dovevo indossare la fascia da braccio ebraica, che tenevo nella tasca destra. [67]Così, più volte al giorno, cambiavo il mio volto, il mio nome, la mia personalità, il mio linguaggio, ma dovevo sempre essere vigile, attento al modo in cui dovevo rappresentare la personalità richiesta... Così ho imparato ad avere una doppia, una tripla personalità: era come se mi mettessi davanti a uno specchio, recitassi e mi guardassi recitare".

L'ebreo sembra avere la capacità di trasformarsi facilmente in quasi tutto. È l'ebreo proteiforme, così ben messo in scena da Woody Allen nel suo film *Zelig* (1983). Non sorprende quindi che molti attori teatrali e cinematografici siano di origine ebraica. È proprio perché sono privi di identità personale che gli ebrei sono in grado di assumere identità multiple.

---

[66] Martin Gray, *In nome di tutti i miei*, Plaza & Janés, Barcellona, 1973, pagg. 67, 84, 85.
[67] Martin Gray, *In nome di tutti i miei*, Plaza & Janés, Barcellona, 1973, pagg. 89, 90.

Avete capito, in realtà l'ebraismo può essere riassunto semplicemente come parole al vento.[68] Questo è ciò che Jean-Paul Sartre aveva intuito, pur non avendo capito nulla dell'argomento.

Pur ignorando i confini geografici, nazionali e identitari, l'ebreo sembra ignorare anche i confini e le convenzioni sociali. Abbiamo spesso assistito a prodigiose ascese sociali e ad altrettanto vertiginose cadute: il raccoglitore di stracci del ghetto, diventato multimilionario nella generazione successiva, si suicida pochi anni dopo...

Nel Medioevo gli ebrei avevano già imparato a camuffarsi e ad arrampicarsi. È nota la famosa lettera che gli ebrei di Arles avevano scritto agli ebrei di Costantinopoli nel 1489 per lamentarsi delle miserie inflitte loro dai cristiani. Questa lettera è stata ripubblicata in un libro stampato a Parigi nel 1789, intitolato *La vita e il testamento di Michel Nostradamus*. Riproduciamo qui di seguito la risposta degli ebrei di Costantinopoli, "tradotta dall'inglese al francese":

"*Amati fratelli in Mosè, abbiamo ricevuto la vostra lettera, nella quale ci informate delle difficoltà e delle disgrazie che state subendo, il cui risentimento ha colpito noi quanto voi; ma l'opinione dei più grandi Rabbini e Satrapi della nostra legge è la seguente:*

"*Voi dite che il Re di Francia vuole che siate cristiani; fatelo, perché altrimenti non potrete farlo; ma conservate sempre la legge di Mosè nei vostri cuori.*

"*Voi dite che vogliono portarvi via i vostri beni; fate diventare i vostri figli dei mercanti, e attraverso il traffico avrete a poco a poco tutti i loro.*

"*Vi lamentate che stanno cercando di togliervi la vita; fate dei vostri figli dei medici e degli speziali, perché in questo modo faranno perdere loro la loro senza timore di punizioni.*

"*Se dite che distruggono le vostre sinagoghe, fate in modo che i vostri figli diventino canonici e chierici, perché così rovineranno le loro chiese*".

"*Dite che state soffrendo grandi vessazioni, fate dei loro figli avvocati e notai e persone impegnate negli affari pubblici, e con questo mezzo domineranno i cristiani, otterranno le loro terre e si vendicheranno su di loro*".[69] *Non deviate dall'ordine che vi diamo, perché vedrete con l'esperienza che da quanto siete umiliati, sarete molto elevati*".

La lettera era firmata come segue: *V. S.S.S. V. S. S. F.F., principe degli ebrei di Costantinopoli. 21 dicembre 1489.*

---

[68] Leggi in *Psicoanalisi dell'ebraismo*.
[69] *La Vie et le Testament de Michel Nostradamus*, Gattey Libraire de S. A. S Madame la Duchesse d'Orléans, Paris, 1789, p. 169-170.

Solidarietà istintiva

Gli ebrei manifestano un'istintiva solidarietà verso i loro simili. Questa inclinazione si nota innanzitutto nella pubblicità e negli elogi fuori luogo di certi giornalisti quando intervengono per promuovere questo o quell'artista, che non esitano a definire "grande".

Nahum Goldmann ha espresso così l'orgoglio dei figli di Abramo e Giacobbe: "Dal punto di vista economico, hanno svolto un ruolo di primo piano, soprattutto dopo la seconda guerra mondiale, e dal punto di vista intellettuale, i tre geni che hanno avuto la maggiore influenza sulla civiltà moderna, Marx, Freud e Einstein, erano ebrei.

Goldmann ha affermato che l'identità ebraica è innanzitutto una questione di solidarietà: "Per me, un ebreo è un uomo che è nato ebreo o che si è convertito all'ebraismo e che si sente ebreo. Tutto qui... Un ebreo si considera tale: si sente solidale con il popolo ebraico, si identifica con la sua storia e il suo destino. Per alcuni, l'asse centrale è la religione. Per altri, la gloria del popolo ebraico, che ha dato al mondo il monoteismo, i profeti, Spinoza, Marx, Freud, Einstein e molti altri geni. Per altri ancora, il rispetto per le sofferenze ebraiche del passato e del presente è alla base del loro attaccamento alla causa ebraica: considerano indecente e immorale separarsi da un popolo che ha subito un tale martirio per preservare la propria identità.[70] Le motivazioni sono quindi molteplici... Ma ciò che è decisivo è la volontà di rimanere ebrei".[71]

E ha insistito ancora una volta sul genio degli ebrei: "Prima dell'hitlerismo, per un breve secolo, la Germania ha concesso agli ebrei tutti i diritti e, in cambio, gli ebrei hanno arricchito quel Paese in ogni modo: letterario, filosofico, musicale, politico, finanziario... Certo, l'hitlerismo ha spazzato via gli ebrei tedeschi, ma non ha potuto fare nulla contro quel contributo molteplice e incomparabile".

Conosciamo fin troppo bene la stravagante tendenza degli intellettuali ebrei a glorificare le opere dei propri simili, anche se, soprattutto in letteratura, queste sono quasi sempre di notevole mediocrità. Si ascolti, ad esempio, ciò che Guy Konopnicki notava nel 1983: "Le parole più belle di Parigi sono incise in tedesco su una tomba del cimitero di Montmartre: "Passante, ecco le ossa del misero poeta Heinrich Heine; come vorrebbe che fossero tue!"[72] André Spire ha scritto di Marcel Proust che "è stato forse il più grande romanziere francese dopo Stendhal e Balzac".[73] Abbiamo

---

[70] Nahum Goldmann, *Le Paradoxe juif*, Stock, Parigi, 1976, pagg. 81-84.
[71] Nahum Goldmann, *Le Paradoxe juif*, Stock, Paris, 1976, p. 146.
[72] André Spire, *Quelques juifs et demi-juifs*, Grasset, 1928, p. 50.
[73] Vedi in *Speranze planetarie*.

anche sentito dire che Kafka era "il miglior scrittore tedesco", o che Vassili Grossman era "il Tolstoj del XX secolo".

Per chi avesse qualche difficoltà a capire cosa significhi la solidarietà ebraica nella vita di tutti i giorni, riproduciamo qui quanto si legge in una pubblicità riservata da *Le Figaro littéraire* del 15 febbraio 2007 a Yasmina Reza, una drammaturga "francese", a proposito del suo nuovo libro intitolato *Le dieu du carnage (Il Dio del massacro)*: "Dice più lei sulla nostra società che tutti i saggisti del nostro tempo. È la nostra migliore autrice contemporanea". Firmato Etienne de Montety, *Le Figaro*. Franck Nouchi, *Le Monde*: "Straordinaria dialoghista, riprende qui l'ispirazione che aveva tanto entusiasmato i lettori di Art". "Un testo brillante", ha scritto Gérard Stadelmaier nella *Franfurter Allgemeine Zeitung*. Edificante.

Sul settimanale *Marianne* del 20 maggio 2006 è stata pubblicata una recensione dell'ultimo libro dello scrittore americano Philip Roth, *Il complotto contro l'America*: "In questo caso, non c'è dubbio che Philip Roth sia uno scrittore, e uno dei più grandi... Il suo miglior romanzo fino ad oggi, il più facilmente accessibile, certamente, ma anche il più opprimente, il più avvincente. Tutto concorre a catturare il lettore, a convincerlo che, dopo tutto, le cose sarebbero potute andare così... Finezza psicologica... Uno scrittore di talento..." bla bla bla. L'articolo era firmato "A.L.". Da parte nostra, abbiamo trovato questo romanzo molto noioso.[74] Inoltre, è un libro disonesto, in cui si riflette molto chiaramente tutta la doppiezza dell'intellettuale ebreo. La verità è che Philip Roth seguiva le orme del suo predecessore austriaco Joseph Roth: stesso piumaggio, stessi rami.

I nostri lettori conoscono già Irene Nemirovsky, che scriveva prima della Seconda guerra mondiale. I suoi romanzi contengono alcuni ritratti di ebrei ashkenaziti che abbiamo utilizzato nella nostra *Psicoanalisi dell'ebraismo*. Ma, in ogni caso, il suo talento di scrittrice non è così grande, tutt'altro. Ciononostante, Irene Nemirovsky è stata spinta dai suoi colleghi in cima alla classifica dei bestseller.

Ecco cosa ha pubblicato il settimanale *Le Courrier international* di Alexandre Adler il 4 maggio 2006 a proposito del suo romanzo *Suite française*, che descrive l'esodo dopo la sconfitta del 1940 e la Francia occupata: "*Suite française*, il romanzo di Irene Nemirovsky, sta attualmente trionfando nelle classifiche dei bestseller della Gran Bretagna. Questo successo dimostra che c'è motivo di avere fiducia nel gusto del pubblico. È molto commovente che questo capolavoro abbia successo più di sessant'anni dopo che la sua autrice ebrea è morta ad Auschwitz [di tifo, ndlr]... Lo straordinario romanzo di Irene Nemirovsky dipinge il ritratto di

---

[74] Vedi in *Fanatismo ebraico*.

una società che non si è comportata con coraggio, onore e dignità. Ma, ancora una volta, dubito che noi avremmo agito meglio". L'articolo era di un certo Max Hastings: un coraggioso "inglese", senza dubbio.

La scrittrice Irene Nemirovsky nacque a Kiev nel 1903. Poiché il padre era un banchiere, la famiglia aveva deciso che era preferibile trasferirsi a Parigi all'epoca della Rivoluzione bolscevica. Così Irene Nemirovsky scrisse tutti i suoi romanzi in francese. È vero che in vita non ebbe molto successo, il che è perfettamente comprensibile leggendo la sua prosa, ma dato che proveniva da una famiglia ebrea che aveva sofferto molto, era naturale che le venisse riservato un posto speciale nella letteratura francese. Nel 2005 le è stato conferito postumo il Premio Renaudot e da allora è impossibile non vedere i suoi libri esposti con ostentazione nei supermercati culturali, dove viene sempre iper-promossa.

Anche Imre Kertesz è un genio ebreo. Scrittore ebreo di lingua ungherese, è nato a Budapest nel 1929 ed è stato deportato nel 1944. È rimasto "nell'ombra per quarant'anni" fino a quando il suo potente genio è stato finalmente riconosciuto dal gruppo selezionato che assegna i premi Nobel. Così Imre Kertesz, che vive ancora in Ungheria, ha ricevuto nel 2002 il Premio Nobel per la letteratura e l'assegno che lo accompagna. Ecco cosa si legge a proposito del suo libro *Liquidazione*, pubblicato successivamente nel 2004: "Siamo a Budapest nel 1999. Lo scrittore B., suicidatosi poco dopo le rivolte del 1989, è ancora presente nei ricordi dei suoi amici. Soprattutto quella di Keserü, un editore che cercava disperatamente di pubblicare le opere postume dell'ammirato autore, senza mai riuscirci. L'editore cerca di mettere le mani sul romanzo che, secondo lui, B. deve aver scritto sulle sue origini, sulla fonte del suo disagio. Infatti, B. è nato ad Auschwitz nel 1944, in circostanze assurde e senza aver mai conosciuto sua madre... In questo capolavoro commovente, Kertesz affronta le tragiche conseguenze della tragedia che ha vissuto all'inizio della sua vita".

Non dubitiamo nemmeno per un attimo che l'esperienza dei campi di sterminio possa lasciare postumi traumatici, soprattutto quando si riesce a uscirne vivi. Ma la sofferenza non fa automaticamente di uno scrittore un genio, e il caso di Imre Kertesz ci sembra prefabbricato. In effetti, abbiamo la vaga impressione che l'assegnazione dei premi Nobel sia talvolta una questione di solidarietà comunitaria. Ma forse è solo un frutto della nostra immaginazione.

Nel gennaio 2008, il settimanale di sinistra *Le Nouvel Observateur* ha tessuto le lodi di Daniel Mendelsohn, autore minore, ebreo, americano e omosessuale: "Sguardo penetrante e testa rasata, è un giovane bello ed elegante. Il suo francese è quasi perfetto... In mezzo al chiasso dei premi letterari autunnali, nessuno si è accorto che un libro, in realtà, dominava su tutti gli altri, il suo: *Les Disparus* (*Gli scomparsi*), vincitore del premio straniero Médécis, e di cui sono già state vendute 120.000 copie". Il libro di Mendelsohn, ci è stato detto, ha meritato questo successo per "l'originalità della trattazione e la ricchezza della scrittura". E di cosa parlava Mendelsohn: "Mendelsohn ha trascorso diversi anni a fare ricerche sulla scomparsa di un prozio, massacrato dai nazisti insieme alla moglie e alle quattro figlie. Il suo libro, tuttavia, non è solo un altro pezzo di storia della Shoah. È prima di tutto un'opera letteraria... [bla bla bla]. È per questa solidarietà comunitaria che i giornalisti ebrei sono immancabilmente riconosciuti.

Tra tutte le false glorie letterarie generate dalla pubblicità cosmopolita in Francia all'inizio del millennio, il romanziere Bernard Werber è in testa al gruppo. Anche lui è un grande genio letterario. Tuttavia, a una lettura più attenta, ci si rende subito conto che è un'enorme nullità, che evidentemente deve il suo successo solo alla pubblicità spudorata che riceve dai suoi amici giornalisti che appartengono alla sua stessa setta. *Le Mystère des Dieux* (*Il mistero degli dei*), pubblicato nel 2007, è una sciocca storia in cui i simpatici "uomini-delfino" sono perseguitati dai malvagi "uomini-squalo", abitanti di "Osia", che bruciano libri e vogliono ridurre l'umanità in schiavitù.

Anche la stampa "democratica" è perfettamente controllata dai finanzieri. L'influenza dell'alta finanza sulla stampa ci è stata rivelata da Jean-Jacques Servan-Schreiber, fondatore del settimanale *L'Express* negli anni Cinquanta. Questa la sua testimonianza nell'autobiografia *Passioni*, pubblicata nel 1991: "Marcel Bleustein, il grande creatore di Publicis, che accetta l'idea di lanciare il giornale, porta con sé il suo vecchio amico Marcel Dassault [Block, ndlr], il genio dell'aeronautica e l'uomo più ricco di Francia. Dassault mi consegna un assegno (firmato Dassault presso la banca Dassault) di cinque milioni di franchi. L'intenzione è accattivante. Ma, senza volerlo offendere, devo comunque mettere fine ai malintesi... e alle possibili dicerie.

-Signor Dassault, sono molto commosso, come tutta la mia squadra, dal suo gesto di amicizia. E credo che ci rivolgeremo spesso a lei per un consiglio, ma senza assegni! Mi permetto di restituire questo. Contiamo sui nostri sforzi e non saremo dei mendicanti. Spero che lei capisca, con tutta la nostra stima e amicizia.

"Dassault ha ritirato l'assegno, un po' triste.[75] Lo consolo e lo accompagno alla sua auto, che lo aspetta sugli Champs Elysées". È così che il giornale *L'Express* rimane "libero e indipendente". Il giornale avrebbe vissuto principalmente grazie agli introiti pubblicitari. Il gruppo Publicis di Marcel Bleustein divenne uno dei maggiori gruppi pubblicitari del mondo.[76]

---

[75] Jean-Jacques Servan-Schreiber, *Passioni*, Fixot, 1991, p. 204.
[76] Henry Coston (1910-2001) è stato un giornalista, editore e saggista nazionalista francese. Nel periodo tra le due guerre divenne noto come giornalista e attivista di

Ecco cosa scriveva il nazionalista francese Henry Coston nel 1969: "Il giornale *Témoignage Chrétien*, che non aveva sofferto per la sua posizione contro l'Algeria francese, ha visto la sua pubblicità ridotta al minimo quando la direzione e la redazione hanno adottato un atteggiamento sfavorevole nei confronti di Israele. "Se non si adottano le tesi del sionismo", si legge nel numero del 30 gennaio 1969, "curiosamente si vedono chiudere le porte delle agenzie pubblicitarie. I contratti già conclusi in linea di principio vengono improvvisamente annullati... Un tempo un giornale come "TC" non aveva bisogno di pubblicità. Era addirittura fuori luogo perché veniva pubblicato sotto forma di opuscoli clandestini. Era il tempo in cui i militanti di "*Témoignage Chrétien*" si organizzavano e rischiavano la vita e la libertà per nascondere i bambini ebrei ricercati dai nazisti.[77] La storia è indubbiamente singolare...[78]

La solidarietà ebraica è un fatto evidente, che è stato espresso da numerosi intellettuali comunitari: "Tutto in me aspirava a una piena e fervente solidarietà ebraica", ha scritto il romanziere Arnold Mandel. [79]In *Le porte della legge*, un libro pubblicato nel 1982 con una prefazione del rabbino capo di Francia, Ernest Gugenheim ha confermato questa disposizione d'animo: "Israele forma un corpo unito i cui membri sono strettamente uniti".[80]

Nahum Goldmann, da parte sua, ha citato il famoso versetto del Talmud: "Un singolo ebreo è come l'intero ebraismo". Ecco perché gli intellettuali ebrei scrivono spesso "l'ebreo" per parlare di ebrei.

Ma sappiamo anche che "l'ebreo" può negare l'evidenza con fenomenale aplomb. Nella sua *Psicoanalisi dell'antisemitismo*, Rudolph Loewenstein spiegava che la presunta "solidarietà" degli ebrei era semplicemente una credenza popolare: "Tra le convinzioni deliranti degli antisemiti", scriveva Loewenstein, "c'è quella della solidarietà degli ebrei", una solidarietà che impressiona gli antisemiti "a tal punto che arrivano a considerarli come un insieme indissolubile, diretto e governato da capi misteriosi, i leggendari

---

"estrema destra", "antisemita" e "antimassone". Collaboratore durante l'occupazione tedesca, fu condannato alla Liberazione. Dopo la scarcerazione, riprese la sua carriera di giornalista e redattore, che portò avanti fino alla fine della sua vita, specializzandosi nello studio della politica francese e delle reti di influenza: ciò gli valse una reputazione negli ambienti nazionalisti come autore di spicco. Ha pubblicato un *Dictionnaire de la politique française* in cinque volumi (4.000 pagine su scandali, profili politici, torrette e opportunisti che hanno popolato la Quinta Repubblica francese) e numerosi libri nel corso dei decenni sulle reti di influenza dell'alta finanza internazionale (*Los financieros que mueven el mundo* e *La Europa de los banqueros*, tradotti in inglese). (NdT).

[77] Henry Coston, *Le Règne infernal*, 1970, 1995, p. 156.
[78] Arnold Mandel, *Tikoun*, Mazarine, 1980, p. 40
[79] Ernest Gugenheim, *Les Portes de la Loi*, Albin Michel, 1982, pag. 45.
[80] Nahum Goldmann, *Le Paradoxe juif*, Stock, Paris, 1976, p. 43.

'Saggi di Sion', il cui obiettivo è la sottomissione universale". E Loewenstein aggiunge: "Un corollario di questa convinzione è l'esistenza di una finanza ebraica internazionale unita, di una ricchezza e di un potere fantasmagorici, che lavora fianco a fianco con gli ebrei di tutte le professioni. [81] Gli antisemiti sostengono che la diversità di opinioni politiche, interessi e nazionalità tra gli ebrei è solo un miraggio progettato per ingannare i cristiani ingenui, che in realtà tutti gli ebrei sono uno e lo stesso".

Senza dubbio, tutto questo è completamente "delirante". Tuttavia, nello stesso libro, un centinaio di pagine dopo (pagina 196), Loewenstein scrive a proposito dell'"ebreo": "Può sentirsi totalmente diverso, ma c'è ancora una sorta di legame segreto tra lui e quest'altro ebreo, un legame in cui ognuno di loro si sente responsabile delle azioni dell'altro". Ma è noto che le contraddizioni sono una regola tra gli intellettuali ebrei, e non a caso la parola "paradosso" compare regolarmente nei loro scritti.

Nel suo *Ritratto di un ebreo*, Albert Memmi scriveva a sua volta: "Ciò che gli antisemiti scrivono sulla solidarietà ebraica è spesso una vera e propria stupidaggine. Nel mio vecchio e povero rispetto orientale per la cultura e la parola stampata, mi ci è voluto molto tempo per convincermi che le persone che scrivono, insegnano e affermano pubblicamente questo possano essere così bugiarde, così vane, così stupide, così calme... Come può la solidarietà ebraica essere così efficace contro i non ebrei, quando è così vacillante e spesso così derisoria nei confronti degli stessi ebrei?". Questa frase compare a pagina 251. Ma a pagina 284, Albert Memmi scrive: "Quanto più dura l'oppressione, tanto più precise e sfumate diventano le risposte, tanto più forti e consolidate diventano le istituzioni di difesa...[82] La solidarietà ebraica è anche un fatto innegabilmente positivo dell'esistenza ebraica". Questo è un altro "paradosso" del pensiero ebraico.

Albert Memmi riconosceva tuttavia una realtà: "La maggior parte degli scrittori ebrei dichiarati mi sembrava di mediocre levatura... Bastava sfogliare un'antologia ebraica dell'epoca, quella di Edmond Fleg, per esempio, per rendersi conto della povertà estetica, del provincialismo, dell'inefficacia nel farsi ascoltare, della grande maggioranza dei testi raccolti".[83] E citava Rabi: "È un fatto che, per tutta una serie di importanti ragioni, il mondo ebraico... è sempre stato piuttosto povero nel campo della letteratura pura".

Augustin Hamon, invece, era un vero bretone, con una vecchia e venerabile testa barbuta. Era autore di diversi libri sull'anarchismo e

---

[81] Rudolph Loewenstein, *Psychanalyse de l'antisémitisme*, 1952, Presses Universitaires de France, 2001, pag. 93.
[82] Albert Memmi, *Portrait d'un juif*, Gallimard, 1962, p. 251, 284.
[83] Albert Memmi, *Portrait d'un juif II*, Gallimard, 1966, p. 146.

traduttore di Georges-Bernard Shaw.[84] Aveva aderito alla SFIO e nel 1944 al Partito Comunista, il che non gli impedì di avere le sue convinzioni sugli ebrei. Ecco cosa scrisse: "Gli ebrei hanno acquisito la loro fortuna solo con la speculazione, con la rapina legale, celebrata da tutta la borghesia marcia. Non solo sono inutili per tutti, ma sono una piaga mortale per la società. Sono come la piovra che si aggrappa alla sua vittima e non la lascia finché non rimane una goccia di sangue (...) Nella scienza, monopolizzano i posti nelle Accademie eppure non hanno né genio né tantomeno un talento fuori dal comune; sanno solo impadronirsi delle idee altrui, assimilarle e proclamare a gran voce di esserne gli autori. È così che Maurice Lévy, Loevy e tanti altri sono entrati nelle Accademie. Per quanto riguarda l'arte, gli ebrei non fanno altro che commerciare: i loro quadri, le loro sculture e la loro musica si vendono bene, ma hanno solo un valore convenzionale, che sanno aumentare con una pubblicità ben fatta.[85] Nessuna idea brillante è ancora uscita dal cervello di un ebreo".

L'ebreo, solo contro tutti

Il popolo ebraico è solo, molto solo in mezzo alle nazioni. Non ama nessuno e nessuno lo ama.[86] "Gli ebrei sono un popolo da ammirare, ma difficile da amare", ci ha detto Nahum Goldmann.

La comunità ebraica ha imparato da tempo a vivere in autarchia per evitare la mescolanza indiscriminata con i goyim. Lo scrittore Arnold Mandel, un medium letterario, ha trasmesso in uno dei suoi libri l'idea di una comunità ripiegata su se stessa, diffidente nei confronti degli estranei.

"Quando un non ebreo, attratto dalla fede di Mosè, vuole convertirsi, è consuetudine - e quasi una legge - scoraggiarlo, accoglierlo male e fargli sentire che non è affatto il benvenuto. Solo se non si lascia scoraggiare dai rimproveri, insiste e torna alla carica, i rabbini prenderanno sul serio la sua ricerca e gli mostreranno un po' di benevolenza.[87] Questa tattica ha lo scopo di testare l'amore per Israele e lo zelo per la fede ebraica del candidato all'Alleanza di Abramo".

---

[84] La Sezione francese dell'Internazionale dei lavoratori (SFIO, in francese: *Section française de l'Internationale ouvrière*), meglio nota con l'abbreviazione SFIO, è stata il partito politico dei socialisti francesi dalla sua fondazione nel 1905 fino al 1969. Il suo nome indica il suo carattere di sezione nazionale della Seconda Internazionale (Internazionale dei Lavoratori).
[85] Augustin Hamon e Georges Bachot, *L'agonie d'une société, Histoire d'aujourd'hui*, Paris, A. Savine Éd., 1889, pagg. 7-8, 240.
[86] Nahum Goldmann, *Le Paradoxe juif*, Stock, Paris, 1976, p. 142.
[87] Arnold Mandel, *Tikoun*, Mazarine, 1980, p.245

Nahum Goldman lo conferma: "Contrariamente alle altre religioni, l'ebraismo non ha mai fatto proseliti".[88] L'ebraismo non ha mai fatto proseliti, ha scritto... Il Talmud dice che un *guer*, un convertito, è difficile da sopportare come una piaga". "Si presume generalmente che l'ebraismo non sia mai stato una religione missionaria e che, se qualche proselito vi si è unito, sia stato accettato con estrema riluttanza dal popolo ebraico.[89] La famosa frase talmudica: i proseliti sono una vergogna per Israele, viene invocata per porre fine a qualsiasi tentativo di discutere l'argomento", scrive Shlomo Sand.[90] Si veda anche ciò che disse Rabbi Zeira, un antico rabbino morto nel 247, esprimendo a sua volta l'esagerata diffidenza degli ebrei nei confronti dei convertiti: "Non umiliare i gentili davanti a un uomo la cui famiglia si è convertita meno di dieci generazioni fa".[91]

In *Le porte della Legge*, il grande rabbino Ernest Gugenheim ha osservato: "Questo atteggiamento reticente, se non negativo, nei confronti delle conversioni è durato nei fatti e nella dottrina; è rimasto tradizionale per duemila anni nella Diaspora".

La comunità ebraica rimase così in tensione per secoli, sommersa e compiacente nel suo ghetto. Rudolph Loewenstein riconosceva che il ghetto era stato voluto dagli stessi ebrei: "Questa istituzione - scriveva - non era solo una prigione imposta agli ebrei, ma era allo stesso tempo una garanzia richiesta dalle stesse comunità ebraiche a sovrani indulgenti, un mezzo di protezione, una salvaguardia contro la possibile violenza della folla.[92] Al riparo delle mura protettive del ghetto, in questo isolamento dal mondo esterno ostile, le comunità ebraiche potevano vivere e dedicarsi alle loro occupazioni e alla stretta osservanza della loro religione".

Il ghetto è storicamente un'invenzione ebraica", ha scritto Nahum Goldmann. Non è vero che i gentili costrinsero gli ebrei a separarsi dalle altre comunità. Quando i cristiani confermarono i ghetti, gli ebrei ci vivevano già. Certo, c'è una differenza tra l'essere liberi di scegliere i propri vicini e l'essere costretti a vivere in un luogo particolare da cui non si può uscire di notte; ma anche oggi gli ebrei tendono a vivere nei loro quartieri, in un ambiente che facilita la vita della loro comunità. Prima dell'emancipazione, le cose erano crudeli ma semplici; essendo al massimo tollerati, gli ebrei vivevano per conto loro, incuranti delle leggi e dei costumi degli altri. Cito spesso la brillante espressione di Heinrich Heine, che alla fine della sua vita era un buon ebreo e la cui conversione al

---

[88] Nahum Goldmann, *Le Paradoxe juif*, Stock, Paris, 1976, p. 81, 84.
[89] Shlomo Sand, *L'invenzione del popolo ebraico*, Ediciones Akal, 2011, p. 167.
[90] Elie Wiesel, *Célébration talmudique*, Seuil, 1991, p. 323.
[91] Ernest Gugenheim, *Les Portes de la Loi*, Albin Michel, 1982, pag. 152.
[92] Rudolph Loewenstein, *Psychanalyse de l'antisémitisme*, 1952, Presses Universitaires de France, 2001, p. 220.

cristianesimo fu una mera formalità, il suo biglietto d'ingresso nella società occidentale. Heine si chiese: "Quale spiegazione si può dare al mistero della sopravvivenza degli ebrei, senza patria, senza Stato, senza nulla? E rispose: "È perché hanno una vera patria portatile nello Shulchan Aruch" (la raccolta di leggi e prescrizioni ebraiche). È vero che quando gli ebrei venivano espulsi da un Paese, andavano in un altro, ma con lo Shulchan Aruch sotto il braccio. Su questa base, avrebbero creato molto rapidamente una nuova patria".

Goldmann continua la sua esposizione, in modo molto "paradossale": "Oggi, ad eccezione di una piccola minoranza, gli ebrei non vivono più secondo lo Shulchan Aruch. Sono politicamente emancipati e su un piano di parità con gli altri... Gli ebrei sono quindi pienamente integrati, e la difficoltà sta proprio nel mantenere la loro identità, il loro carattere "separato". [93]Altrimenti non ci sarà più un popolo ebraico".

La lotta contro i matrimoni misti è quindi una priorità. Il Primo Ministro dello Stato di Israele, Golda Meir, lo aveva affermato in modo inequivocabile, come si poteva leggere nella rivista *Informations d'Israël*: "La grande tragedia dei giovani ebrei nei Paesi ricchi è che la maggior parte di loro non capisce che il più grande pericolo per la vita ebraica non viene dall'antisemitismo e dalla persecuzione, ma dall'assimilazione e dall'intermarriage".[94]

Nel 1960, durante una conferenza dei rabbini europei tenutasi in Gran Bretagna, era stata approvata la seguente mozione: "Consideriamo nostro dovere solenne mettere in guardia le nostre comunità e ogni figlio e figlia del popolo ebraico dal terribile pericolo dell'intermarriage, che distrugge l'integrità del popolo ebraico e frantuma la vita familiare ebraica". Anche nella *Tribune juive* del 29 ottobre 1971 troviamo queste dichiarazioni: "La nostra concezione della necessità dell'amicizia ebraico-cristiana e dell'universalismo ebraico non prevede il matrimonio tra persone". Nel 1974, sul *New York Times* apparve un annuncio a tutta pagina. Vi si leggeva: "Il matrimonio è un suicidio nazionale e personale. È il modo più sicuro per distruggere un popolo lasciarlo sposare al di fuori della sua fede... I ragazzi e le ragazze perderanno sicuramente la loro identità...[95] L'esperienza accumulata in tremila anni, il ricco patrimonio di un popolo, tutto ciò che è strettamente suo sarà ignobilmente annientato. Che peccato, che disastro, che vergogna!".[96]

---

[93] Nahum Goldmann, *Le Paradoxe juif*, Stock, Paris, 1976, pagg. 83, 84.
[94] Citato in *Anatomie du Judaïsme français*, p. 259-260.
[95] Yann Moncomble, *Les Professionels de l'anti-racisme*, Faits et Documents, 1987, p. 282.
[96] Yann Moncomble, *Les Professionels de l'anti-racisme*, Faits et Documents, 1987, pagg. 284-285.

Nel settimanale comunitario *L'Arche* del settembre 1980 si leggeva: "L'emorragia è effettivamente considerevole e le perdite dovute all'assimilazione equivalgono a diversi treni diretti ad Auschwitz".

Non si tratta solo di dichiarazioni di ebrei religiosi fondamentalisti. Nell'ottobre 1988, la rivista dell'*intellighenzia* ebraica liberale, *Passages*, presentava una famiglia ebraica modello in questo modo: "La signora R., come suo marito e i suoi figli, ha solo amici ebrei e praticanti...: "E la donna delle pulizie, è ebrea anche lei? La signora R. scoppia a ridere: "Oh no, per niente!" E un altro pensiero della signora: "Mi basta sapere che una ragazza delle mie origini va a letto con un non ebreo perché questa evocazione mi sia insopportabile".

Nahum Goldmann ha riconosciuto apertamente: "Gli ebrei sono il popolo più separatista del mondo. La loro fede nella nozione di popolo eletto è la base della loro intera religione.[97] Nel corso dei secoli, gli ebrei hanno intensificato la loro separazione dal mondo non ebraico; hanno rifiutato, e continuano a rifiutare, il matrimonio tra persone; hanno eretto un muro dopo l'altro per proteggere la loro esistenza "a parte", e hanno costruito il loro ghetto: i loro *shtetlj* [villaggi ebraici] in Europa orientale, il *mellah* in Marocco".

L'ex rabbino capo di Francia, Joseph Sitruck, aveva dichiarato nel 1993: "Vorrei che i giovani uomini ebrei sposassero solo ragazze ebree".

In *Le porte della legge*, Ernest Gugenheim scriveva con la benedizione del rabbino capo di Francia, Samuel-René Sirat: "Quali sono i mezzi a disposizione per combattere il pericolo dell'intermarriage? Questa educazione deve iniziare nella pre-adolescenza; educatori, insegnanti e rabbini devono affrontare il problema durante la preparazione al Bar Mitzvah, parlarne in ogni occasione, discuterne nei circoli giovanili e fare in modo che questi circoli si moltiplichino.[98] I giovani devono essere consapevoli e orgogliosi della loro appartenenza a Israele, del valore del tesoro che custodiscono: fate in modo che promettano solennemente di sposare solo un correligionario".

Tutte queste affermazioni, che integrano quelle che abbiamo già pubblicato nei nostri libri precedenti, non impediscono a molti ebrei di sposare goyim. A volte i loro figli sono ebrei quanto loro, almeno nello spirito, ma a volte l'ebraismo si perde inesorabilmente nella prima generazione o nelle generazioni successive. È proprio questo che preoccupa i rabbini.

I matrimoni tra consanguinei che durano da diverse generazioni spiegano le frequenti somiglianze nella fisionomia degli ebrei di tutto il mondo. Il

---

[97] Nahum Goldmann, *Le Paradoxe juif*, Stock, Paris, 1976, p. 16. I ghetti sono stati voluti dagli stessi ebrei, si legge in *La mafia ebraica*
[98] Ernest Gugenheim, *Les Portes de la Loi*, Albin Michel, 1982, pag. 148.

saggista liberale Alain Minc, ad esempio, e Paul Wolfowitz, uno dei "falchi" del governo statunitense durante la guerra in Iraq del 2003, si assomigliano come due gocce di pus.[99] Allo stesso modo in cui il volto del padre di Elie Wiesel assomiglia notevolmente a quello del leader bolscevico ungherese Bela Kun.

Ciò ha facilitato la comparsa di caricature antisemite, soprattutto prima della Seconda guerra mondiale, quando la chirurgia estetica non esisteva ancora e i matrimoni misti erano meno frequenti.[100] L'"ebreo" veniva raffigurato con alcuni attributi che si supponeva lo caratterizzassero: naso grosso e ricurvo, orecchie grandi, ecc. Gli stessi scrittori ebrei hanno lasciato nelle loro pagine alcuni ritratti impressionanti. Il famoso romanziere yiddish Isaac Bashevis Singer, ad esempio, in uno dei suoi romanzi del 1967, ritrae un magnate industriale in questo modo: "Era un uomo basso e tarchiato, con una testa grande, basette a lama d'ascia, naso aquilino e occhi scuri da ebreo... Con le sue spalle arrotondate, la fronte alta, il naso adunco e le orecchie carnose, Wallenberg aveva il tipico aspetto ebraico.[101] Basso e robusto, aveva una testa come una zucca, occhi scuri e brillanti..."

Ecco alcuni ritratti scritti da David Vogel intorno al 1940. Vogel, un romanziere di secondo piano nato in Ucraina, era stato deportato dopo essere stato coinvolto nella disfatta francese del 1940: "Questo Lehman era un personaggio strano, un commerciante di cavalli e appaltatore dell'esercito, un milionario, uno scapolo, un devoto filantropo. Alto e magro, le due caratteristiche che spiccavano maggiormente nel suo viso erano un naso allungato quasi fino al mento e un paio di occhi molto piccoli e miopi". E ancora: "Il dottor Hoffenreich veniva dalla Germania ed era attivo nel Comitato Sionista... Il suo naso sottile, lungo e adunco era una di quelle appendici nasali ebraiche tedesche che servono per le caricature antisemite.[102] I suoi piccoli occhi dalle palpebre rosse fissavano immobili, come due punti neri asimmetrici disegnati a carboncino da qualche pittore".

Albert Memmi ha citato lo scrittore Arthur Koestler: "La bruttezza dei volti illuminati dal bagliore intermittente del faro colpì Joseph. Non era la prima volta che la notava, ma stasera sua repulsione per i nasi ricurvi, le labbra carnose e gli occhi liquidi era particolarmente forte. A volte gli sembrava di essere circondato da maschere antidiluviane. Forse era la stanchezza eccessiva, o forse il vino pesante e dolce gli aveva dato alla

---

[99] Abbiamo pubblicato le foto sul nostro sito web.
[100] Elie Wiesel, Albert Memmi, François Fetjö, Rudolph Loewenstein, André Neher e altri scrivono spesso "L'ebreo".
[101] Isaac Barshevis Singer, *La casa di Jampol*, Ed. digitale German25, p. 13, 31
[102] David Vogel, *Todos marcharon a la guerra*, Xordica Editorial, Zaragoza, 2017, p. 126-127, 264-265.

testa...[103] Ma non poteva nascondere che li odiava, e che odiava ancora di più i tratti di questa razza troppo matura che riconosceva in se stesso".

Certamente, alcuni tratti sono comuni a questa comunità, che ha sempre vissuto in isolamento rispetto ad altri popoli.[104] La consanguineità, portata all'estremo, può anche essere la fonte di molti mali, tra cui malattie e difetti genetici.

I banchieri ebrei hanno anche una forte tendenza a sposarsi tra loro. *L'Enciclopedia Ebraica* del 1905 ha rilevato che, su cinquantotto matrimoni Rothschild, ventinove erano avvenuti tra cugini di primo grado. I Warburg, un'altra famosa dinastia bancaria ebraica, avevano forti legami familiari con gli Schiff e i Rothschild. La Warburg and Co era stata fondata nel 1798 in Germania. Un *Who's Who* del 1939 sulla comunità ebraica americana riportava l'ascendenza del banchiere James Paul Warburg, nato ad Amburgo il 18 agosto 1896. Da parte paterna, tutti erano banchieri da sei generazioni. Il padre Paul Wargburg aveva sposato Jeny Nina Loeb, il cui padre, Salomon, fondatore della banca Kuhn, Loeb and Co. era emigrato negli Stati Uniti nel 1902. Jeny Nina Loeb aveva una sorella, Theresa Loeb, che aveva sposato negli Stati Uniti il banchiere Jacob Schiff, famoso per aver finanziato il bolscevismo in Russia. Jacob Schiff aveva una figlia, Frieda, che sposò Felix Wraburg, un banchiere di Amburgo, fratello di Paul, che a sua volta sostenne il nuovo regime bolscevico. La figlia Carola sposerà Walter M. Rothschild.

Il famoso scrittore Arthur Koestler, che in gioventù era stato un fervente bolscevico prima della Seconda guerra mondiale, si è poi allontanato dal comunismo e forse anche dall'ebraismo. Ciò che ha scritto qui è, come si suol dire, di buon senso: "Così, a causa del suo nazionalismo, l'ebraismo si isola dal mondo esterno. Crea automaticamente la propria cultura e il proprio ghetto etnico. Ecco perché è impossibile essere ebrei e cittadini di un'altra nazione allo stesso tempo.[105] Non si può pregare "l'anno prossimo a Gerusalemme" e allo stesso tempo stare a Londra o in qualsiasi altro posto".

Anche il prolifico romanziere Isaac Bashevis Singer, vincitore del Premio Nobel per la letteratura nel 1978, si è dimostrato più coerente e probabilmente più onesto della maggior parte dei suoi colleghi. "I polacchi sono stufi di noi e devo ammettere che capisco il loro punto di vista. Siamo qui da 800 anni e siamo ancora stranieri.[106] Il loro Dio non è il nostro Dio, la loro storia non è la nostra storia". Uno dei suoi personaggi disse: "È

---

[103] Albert Memmi, *Portrait d'un juif II*, Gallimard, 1966, p. 95.
[104] Leggi in *Psicoanalisi dell'ebraismo*.
[105] Arthur Koestler, citato da J. Jehuda in *L'Antisémitisme, Miroir du Monde*, p. 268.
[106] Isaac Bashevis Singer, *Un jeune homme à la recherche de l'amour*, in Florence Noiville, *Isaac B. Singer*, Stock, 2003, p. 85

possibile che ci sia qualcuno che pretenda di entrare in una casa straniera, viverci, in totale isolamento, e non subire conseguenze spiacevoli? Quando qualcuno disprezza il Dio del suo ospite, considerandolo un'immagine di latta, rifiuta il suo vino come proibito e condanna le sue figlie come impure, non chiede forse di essere trattato come uno straniero indesiderato?[107] Il problema è semplice, come potete vedere".

In queste condizioni, è comprensibile che molti ebrei, stanchi di vivere come stranieri tra altri popoli, si siano stabiliti in Israele. I "*sabra*" erano ebrei nati nello Stato ebraico.[108] Il romanziere yiddish Joseph Erlich scrisse di loro nel 1970: "Ero particolarmente orgoglioso di questa giovane generazione, i "*sabra*": ebrei fieri, liberati dalla paura di scoprirsi diversi dagli altri per i loro costumi e la loro fede, perenni stranieri tra altri popoli".

---

[107] Isaac Barshevis Singer, *La casa di Jampol*, ed. digitale German25, p. 31
[108] Joseph Erlich, *La Flamme du Shabbath*, 1970, Plon, 1978.

2. La missione degli ebrei

Il popolo ebraico è il "popolo eletto" da Dio. Se questa idea non significa nulla per i Goyim - i non ebrei - è senza dubbio molto più importante per gli ebrei, che sono convinti di avere una missione da compiere in questo mondo. Questa missione consiste nell'instaurare la pace sulla terra ("shalom") che, secondo loro, sarà assoluta e definitiva. Allora, il Messia che attendono da tanto tempo potrà finalmente arrivare. È questo progetto "planetario" che ci permette di comprendere le basi dell'identità ebraica.

La speranza messianica

L'idea di "missione" è stata espressa più volte da intellettuali e leader della comunità ebraica. Nel suo libro del 1976, il fondatore del Congresso Ebraico Mondiale, Nahum Goldmann, ha parlato di un popolo "scelto da Dio" e "investito di una missione speciale": "Per questo gli ebrei si sono opposti al proselitismo", ha scritto. Anche oggi, diventare ebrei è piuttosto difficile...[109] Questa è la grande caratteristica del nostro popolo: siamo separati, isolati dagli altri e, allo stesso tempo, destinati a compiere una missione che riguarda il mondo intero, a essere i servitori dell'umanità".

Albert Memmi, piuttosto famoso negli anni Sessanta, scrisse: "L'ebreo è stato scelto da Dio per compiere una missione... L'ebreo è stato preferito a tutti gli altri popoli, e per una missione straordinaria". [110] E aggiungeva: "La misteriosa scelta di un piccolo popolo tra tutti gli altri, la sublime missione affidata a lui solo, il patto di eterna alleanza con Dio, configurano per l'ebreo un destino di gloria, superbo ed esigente".

Ascoltiamo anche Théo Klein, ex presidente del Consiglio di rappresentanza delle istituzioni ebraiche in Francia (CRIF), parlare della "missione speciale" del popolo ebraico. Secondo lui, questo popolo è "portatore di un'idea, di un progetto che deve sforzarsi di mettere in pratica... Secondo me, ha detto nel 2003, questo progetto è universale.[111] Rileggete Genesi, capitolo 18, versetto 18. Non si dice forse di Abramo che formerà una "nazione grande e potente, e in lui saranno benedette tutte le nazioni della terra"?".

---

[109] Nahum Goldmann, *Le Paradoxe juif*, Stock, Paris, 1976, pagg. 83, 84.
[110] Albert Memmi, *Portrait d'un juif II*, Gallimard, 1966, p. 124, 127.
[111] Théo Klein, *Dieu n'était pas au rendez-vous*, Bayard, 2003, p. 69.

In *The Gates of the Law*, pubblicato nel 1982, anche il grande rabbino Ernest Gugenheim citava la Torah a sostegno delle sue argomentazioni: "Essi saranno per me un regno di sacerdoti e una nazione santa (Esodo, XIX, 6)". "La Torah si rivolge a un regno di sacerdoti, a una nazione santa scelta tra i popoli; questa scelta è per il bene dell'umanità, perché "tutta la terra è mia" (Esodo, XIX, 5)".

David Ben Gurion, il primo leader dello Stato ebraico, era ugualmente immerso nei testi sacri ebraici: "La visione messianica dei Profeti, una visione di pace e redenzione universale, non ha mai lasciato il cuore del popolo ebraico... La loro missione tra le nazioni è stata definita dalla promessa divina al primo dei patriarchi: una benedizione per tutte le nazioni della terra". [112]Ed Ernest Gugenheim ha sottolineato: "Questo è il significato dell'elezione di Israele, chiamato a guidare l'umanità come un sacerdote".

La missione degli ebrei è quella di stabilire la "Pace" nel mondo ("shalom").[113] Spetta quindi a ogni ebreo lavorare per questo obiettivo, perché queste condizioni sono semplicemente indispensabili per raggiungere ciò che è ancora più importante: la venuta del Messia. Vediamo cosa scriveva Esther Benbassa nel 2007 nel suo libro *Sofferenza come identità*: "La speranza nel futuro è onnipresente nella Bibbia. Isaia e Geremia profetizzano la venuta di un re della casa di Davide, il cui regno sarà felice".[114] E ha aggiunto: "Il messianismo comprende sia l'idea di una restaurazione sia quella di un'utopia...: l'instaurazione di una pace universale resa possibile dall'adesione delle nazioni al culto dell'unico Dio".

Jacques Attali, intellettuale molto influente e onnipresente sulla scena mediatica francese, nutriva le stesse speranze messianiche: "Dio ci ha affidato la missione di salvare gli uomini e di parlare in suo nome". [115]E quando, a Gerusalemme, il Tempio di Salomone sarà ricostruito, allora il Messia potrà arrivare: "Allora il mondo potrà prepararsi per un tempo perfetto".

In ogni epoca, la comunità ebraica ha generato profeti che hanno predetto grandi cataclismi e terribili sofferenze, nonché l'avvento di una pace finale sulla terra. Negli anni '70, anche il medico Alexandre Minkowski arrivò a un certo punto a credersi un profeta di Israele. Dopo un'apparizione alla radio, si congratulò calorosamente con alcuni suoi colleghi: "Il mio

---

[112] Ernest Gugenheim, *Les Portes de la Loi*, Albin Michel, 1982, pagg. 40, 47, 49.
[113] Il messianismo attivo, progressivamente secolarizzato e politico, deriva dall'interpretazione esoterica e cabalistica dell'ebraismo, sviluppata a partire dal XVI secolo. Vedi *Psicoanalisi dell'ebraismo*.
[114] Esther Benbassa, *La Souffrance comme identité*, Fayard, 2007, p. 83.
[115] Jacques Attali, *Il viendra*, Fayard, 1994, p. 82.

entusiasmo raggiunse il culmine quando conclusero che uomini come me avevano una missione da compiere. Profeta! Il sogno segreto di mia madre, come quello di tutte le madri ebree, del resto. Forse per la prima volta nella mia vita, e spero anche per l'ultima, mi presi completamente sul serio.[116] Avevo molte pretese e i fumi mi davano alla testa. Mi vedevo come una specie di missionario che girava il mondo per predicare la pace".[117]

Ascoltate anche la voce del grande Elie Wiesel: "Da trent'anni viaggio per i continenti fino allo sfinimento: a forza di parlare alle conferenze sono arrivato al punto di non poter più sopportare il suono della mia voce... Mi vedevo in giro per la Terra, andando di città in città, di paese in paese, come il pazzo dei racconti di Rabbi Nahman".

La pace potrà essere raggiunta solo quando le persone non saranno più divise da differenze razziali, nazionali, sociali o religiose. Nahum Goldmann scrive all'inizio del suo libro: "L'idea grandiosa, quasi inconcepibile, di un unico Dio per tutta l'umanità è la brillante creazione dell'ebraismo. Nessun altro popolo ha avuto il coraggio e l'audacia di concepire questa idea rivoluzionaria. I pensatori di nessun'altra religione hanno proclamato con tanta passione l'uguaglianza di tutte le razze e classi sociali, di padroni e schiavi, di ricchi e poveri, davanti a Dio". Naturalmente Goldmann auspicava la scomparsa degli Stati nazionali: "Per natura odio la polizia, l'onnipresenza del governo, l'assolutismo dello Stato. Sogno di vivere in una società in cui lo Stato sia abolito e in cui ognuno agisca in accordo con gli altri...[118] L'ideale della pace messianica è grande, l'ideale dell'eterna riconciliazione è grande, l'idea di una giustizia uguale per tutti è grande".

Anche Manes Sperber, un altro intellettuale degli anni Settanta, ha espresso questo messianismo ebraico che struttura l'universo mentale e religioso dell'ebraismo: "Israele, solo tra tutti i popoli, traeva la sua forza da una speranza escatologica, dall'attesa di un futuro, vicino o lontano, che, in mezzo alle più grandi catastrofi, gli assicurava la sopravvivenza.[119] La Legge che lo poneva di fronte al mondo pagano era un fardello pesante, ma per proteggersi dalle seduzioni e dai pericoli, Israele aveva per sé la Promessa: senza il messianismo profetico, Israele era inevitabilmente perduto".

Questa speranza messianica è la forza trainante dell'ebraismo, perché induce un attivismo militante di tutti gli ebrei per affrettare la venuta del messia. È proprio da questa tensione messianica che gli ebrei traggono la loro forza ed energia. Infatti, sono proprio gli ebrei che, attraverso la loro

---

[116] Alexandre Minkowski, *Un juif pas très catholique*, Ramsay, 1980, p. 139.
[117] Elie Wiesel, *Mémoires, tome II*, Éditions du Seuil, 1996, p. 214, 530.
[118] Nahum Goldmann, *Le Paradoxe juif*, Stock, Paris, 1976, pagg. 16, 139, 140.
[119] Manès Sperber, *Être Juif*, Odile Jacob, 1994, p. 114, 136.

militanza e la loro instancabile propaganda egualitaria per un mondo senza confini, possono realizzare questo mondo di "Pace" e la venuta del messia. Ecco perché sono così numerosi in tutti i media, ovunque il popolo abbia concesso loro pari diritti. Ecco perché tanti ebrei si sono buttati con tutto il cuore nell'avventura bolscevica e perché tanti ebrei sono diventati i più accaniti propagandisti del globalismo e della società multiculturale. La scomparsa delle nazioni e l'unificazione del mondo fanno parte dello stesso programma egualitario che ha ispirato in passato le dottrine marxiste, che sognavano anche di abolire le classi sociali e le differenze tra borghesi e proletari.

Stéphane Hessel era uno di questi ebrei super-militanti. Negli anni '90 era stato nominato mediatore con gli immigrati clandestini (che i media chiamavano "sans papiers") che arrivavano in massa sul suolo europeo. Nel 2008, alla fine della sua vita, scrisse la sua biografia, eloquentemente intitolata *Cittadino senza frontiere*.[120] Alla fine del libro, ha pubblicato il testo di una delle sue conferenze tenute a New York il 5 febbraio 2002 con il titolo *Appel pour le Collegium international* (*Appello per il Collegium internazionale*): "Crediamo che sia necessario lavorare oggi per la nascita di una cittadinanza globale e, a lungo termine, di una democrazia globale, l'unico modo per fornire una base di legittimità democratica alle norme ecologiche, sanitarie, sociali ed economiche che sono diventate essenziali".

Esistono innumerevoli dichiarazioni simili di intellettuali ebrei che chiedono l'unificazione del mondo, e rimandiamo il lettore ai nostri libri precedenti. Tra gli ebrei, questa speranza messianica è davvero un'ossessione e sembra motivare tutte le loro azioni. Georges Charpak, premio Nobel per la fisica nel 1992, che ha pubblicato un saggio sui pericoli dell'energia nucleare, ha concluso la sua intervista su *Le Figaro* del 13 ottobre 2005 con queste parole: "Dobbiamo imparare a superare la miopia, l'egoismo nazionale e la logica dell'interesse immediato". Per quanto riguarda il nucleare e le armi di distruzione di massa, sono fermamente favorevole all'abbandono di tutte le nozioni obsolete di sovranità nazionale assoluta".

Questo è anche ciò che ci porta a credere che l'attuale Presidente francese, Nicolas Sarkozy, sia senza dubbio un ebreo nascosto, un "cripto-ebreo". Le sue origini materne sono evidenti dietro la sua facciata cattolica. Il 25 settembre 2007, nel suo discorso all'Assemblea generale delle Nazioni Unite, ha rilanciato l'idea di un nuovo ordine mondiale: "A nome della Francia, invito tutti gli Stati a unirsi per fondare il nuovo ordine mondiale del XXI secolo, basato sulla potente idea che i beni comuni dell'umanità devono essere posti sotto la responsabilità dell'umanità nel suo insieme".

---

[120] Stéphane Hessel, *Citoyen sans frontières*, Fayard, 2008, p. 298.

Nello stesso spirito, James Warburg, figlio di Paul Warburg, che era uno dei finanzieri al servizio dei bolscevichi, profetizzò il 17 febbraio 1950 davanti alla Commissione per le Relazioni Estere del Senato degli Stati Uniti: "Avremo un governo mondiale, che ci piaccia o no. La questione è solo se lo avremo per consenso o per conquista".

Questo progetto globalista è quello che gli ebrei di tutto il mondo ci professano da secoli.[121] Alla fine del XIX secolo, anche Herman Cohen, un pensatore ebreo tedesco, aveva scritto esplicitamente che "il futuro messianico richiederà l'unificazione di tutti i popoli in una confederazione di Stati".[122]

Questo progetto messianico di unificazione del mondo è stato lo stimolo, il pungolo di tutti i dottrinari marxisti del XIX e XX secolo che, da Karl Marx a Jacques Derrida, passando per Trotsky o Georges Lukacs, provenivano quasi tutti dalla "comunità".

Nel numero del 9 febbraio 1883, il settimanale "inglese" *The Jewish World*, scriveva nelle sue pagine queste righe: "La dispersione degli ebrei li ha resi un popolo cosmopolita. Sono l'unico popolo veramente cosmopolita, e in questa veste devono agire e agiscono come dissolutori di tutte le distinzioni di razza o nazionalità.[123] Il grande ideale dell'ebraismo non è che gli ebrei si riuniscano un giorno in qualche angolo della terra per scopi separatisti, ma che il mondo intero sia permeato dall'insegnamento ebraico e che, in una fratellanza universale di nazioni, tutte le razze e le religioni separate scompaiano".

In effetti, l'ebraismo è un potere dissolvente. A differenza del cristianesimo o dell'islam, gli ebrei non cercano di convertire gli altri all'ebraismo, ma semplicemente di farli rinunciare alla loro religione, alla loro razza, alla loro identità, alla loro famiglia e a tutte le loro tradizioni in nome dell'"umanità" e dei "diritti dell'uomo". L'impero globale può essere costruito solo sui resti delle grandi civiltà, edificate con la polvere umana prodotta dalle società democratiche e dal sistema mercantile.

La guerra contro le nazioni: immigrazione e miscegenazione

Ci sono diversi modi per "pacificare" le nazioni e gli uomini. Si possono usare bombardamenti intensivi, o il totalitarismo comunista (o il collettivismo oligarchico in "democrazia"). Ma l'immigrazione continua,

---

[121] Esther Benbassa, *La Souffrance comme identité*, Fayard, 2007, pag. 111.
[122] Leggere Hervé Ryssen, *Speranze planetarie* (cap.: *Messianismo trotskista*).
[123] Léon de Poncins, che aveva rispolverato questo articolo nel 1965, ha dichiarato: "Ho verificato personalmente l'esattezza di questa citazione al British Museum". Léon de Poncins, *Le Problème Juif; Face au Concile*, 1965 (opuscolo).

la miscegenazione e la società dei consumi raccolgono frutti migliori nel lungo periodo. La distruzione delle nazioni fa parte di questo programma di "pacificazione mondiale". Il "nuovo filosofo" Bernard-Henri Lévy ha dichiarato, ad esempio, in un'intervista al quotidiano *France-Soir* del 24 aprile 1979: "Bravo a tutto ciò che contribuisce ad abbattere le mitologie reazionarie degli Stati-nazione, del nazionalismo patriottico della Francia del terroir, delle cornamuse e del folklore".

Trent'anni dopo, le sue convinzioni non sono cambiate di una virgola. È ancora entusiasta dell'Europa sovranazionale e federale in costruzione. Ecco cosa ha dichiarato al quotidiano Le *Nouvel Observateur* il 4 novembre 2007, in occasione del lancio del suo ultimo libro: "Sono un cosmopolita convinto. Amo la mescolanza e odio il nazionalismo. Non vibro alla *Marsigliese*. Spero che un giorno il quadro nazionale venga superato. E uno dei principali meriti dell'Europa, per come la vedo io, è che funziona come una macchina per raffreddare questa passione nazionale".

Alain Minc è un intellettuale ebreo liberale, molto influente anche nella società francese della fine del XX secolo. Nel suo libro intitolato *Epistola ai nostri padroni*, pubblicato nel 2002, Alain Minc (in realtà si legge Elie Minkowski), lancia un febbrile appello all'immigrazione come necessità imprescindibile: "Avremo bisogno di nuovi immigrati. Non si tratta di una profezia a lungo termine, ma di una realtà quasi immediata". In realtà, per gli intellettuali ebrei si tratta soprattutto di favorire il più possibile la dissoluzione dei popoli europei per proteggersi da una reazione nazionalista. Alla fine del suo libro, Alain Minc ci ricorda ancora una volta, nel caso lo avessimo dimenticato, che l'immigrazione è "economicamente necessaria". [124] Infine, l'intellettuale liberale si fa paladino della cittadinanza europea e del globalismo: "Il giorno in cui ci convinceremo collettivamente di essere un cantone sulla scala del mondo, tutto sarà più semplice".[125]

L'ex primo ministro di destra, Jean-Pierre Raffarin, un potevinista panciuto con l'aria di un militante comunista turco, ha ripetuto lo stesso discorso lenitivo e dissolutivo: "La Francia del XXI secolo è meticcia. La Francia è meticcia e lo rimarrà", ha dichiarato nell'ottobre 2002. E il 7 maggio 2002, a Radio *France-Inter,* ha insistito senza mezzi termini: "Voglio nominare francesi di origine nordafricana o africana a posti simbolici: presidi, prefetti, commissari di polizia. Voglio permettere agli stranieri di votare alle elezioni comunali".

---

[124] Alain Minc, *Epître à nos nouveaux maîtres*, Grasset, 2002, pp. 98, 245, 260.
[125] Originario della regione del Poitou.

Nel 2003, un altro ex primo ministro di origine ebraica, Laurent Fabius, socialista e milionario, ha dichiarato: "Quando le Marianne dei nostri municipi avranno il bel volto di una giovane donna francese di origine immigrata, allora la Francia avrà fatto un passo avanti nell'abbracciare pienamente i valori della Repubblica".

Nella stessa ottica, Nicolas Sarkozy, la cui madre era nata a Mallah e che sarebbe diventato Presidente della Repubblica pochi mesi dopo, ha dichiarato nel suo discorso di investitura al Congresso del Partito Liberale il 14 gennaio 2007: "Voglio essere il Presidente di una Francia che capisce che la creazione sta nella mescolanza, nell'apertura e nell'incontro; non ho paura della parola, nella miscegenazione".

Domenica 19 dicembre 2007, alla televisione France 2, invitato dal conduttore Michel Drucker, ha detto ancora una volta: "La Francia deve aprirsi agli altri. Non dobbiamo avere paura di chi è diverso. La consanguineità è la fine di una civiltà".[126] E nel suo libro *Témoignages* del 2006, a pagina 280, ha scritto: "Credo che i francesi stiano aspettando la Francia del futuro..., una Francia in cui l'espressione "francese con radici" sarà scomparsa". Qualche anno prima, nel 2004, ci aveva già avvertito: "La Francia deve rimanere un Paese di immigrazione. Credo nella mescolanza, nella miscellanea, nell'incontro delle culture".

Ecco altri estratti del famoso discorso di Nicolas Sarkozy a Dakar il 29 luglio 2007: "Giovani dell'Africa, non cadete nella tentazione della purezza perché è una malattia, una malattia dell'intelligenza, ed è la cosa più pericolosa del mondo... Giovani dell'Africa, non separatevi da ciò che vi arricchisce, non separatevi da una parte di voi stessi. La purezza è una fantasia che porta al fanatismo... Le civiltà sono grandi solo quanto la loro partecipazione al grande intreccio dello spirito umano". E Sarkozy ha continuato: "La debolezza dell'Africa, che ha conosciuto tante brillanti civiltà sul suo suolo, è stata per lungo tempo quella di non aver partecipato a sufficienza a questa grande mescolanza. L'Africa ha pagato a caro prezzo questo disimpegno dal mondo, che l'ha resa così vulnerabile. Ma dalle sue disgrazie, l'Africa ha tratto nuova forza mescolandosi con se stessa. Questa mescolanza, a prescindere dalle condizioni dolorose in cui è avvenuta, è la vera forza e opportunità dell'Africa in un momento in cui la prima civiltà del mondo sta emergendo... Aprite gli occhi, giovani africani, e non vedete più il mondo come una minaccia alla vostra identità, ma la civiltà mondiale come qualcosa che appartiene anche a voi".

Con questo tipo di grandioso invito cosmopolita, si può capire quanto la miscegenazione sia una vera e propria ossessione per gli ebrei, anche se

---

[126] *Français de souche*, in contrapposizione a *Français de branche*, francese per ramo (NdT).

bisogna comprendere che questo discorso è un prodotto riservato esclusivamente all'esportazione e non alla comunità di elezione. Nicolas Sarkozy, ad esempio, ha sposato donne ebree: prima Cecila Cziganer Albeniz, di origini rumene, e poi Carla Bruni, ebrea italiana.

Vent'anni prima, anche l'ex ministro di origine rumena Lionel Stoleru aveva espresso questa ossessione degli ebrei per la dissoluzione dell'identità nazionale. Nel suo libro del 1982 *Francia a due velocità*, scriveva: "C'è, per citarne solo alcune, una cultura asiatica ancora più antica e forse più raffinata della nostra; c'è una cultura sudamericana dove la morte e la violenza convivono pacificamente con la tenerezza e la fraternità. C'è una cultura africana dove il calore del sole e il calore umano si sono fusi in un unico crogiolo. La Francia può essere la porta spalancata dell'Europa su queste correnti culturali che conosciamo ancora troppo poco.[127] Può essere il "Teatro delle Nazioni", il palcoscenico su cui si svolge la storia sordida e grandiosa della razza umana".

All'inizio degli anni '80, l'ex comunista Guy Konopnicki fu uno dei primi a capire che il modello liberale americano avrebbe permesso di creare una società multiculturale molto più rapidamente e con successo del sistema comunista. Nel discorso di sinistra, questo aspetto della questione prevale spesso sulle considerazioni economiche e sulla critica al capitalismo liberale che crea disuguaglianze. Il progressista Konopnicki ha quindi elogiato il modello americano e incoraggiato la società multietnica: "A La Courneuve e a Meudon-la-Forêt sta emergendo una nuova cultura, un modo di essere che ignora le origini e le frontiere".[128] Questo mix è americano-cosmopolita: Vitry è oggi più vicina ad Harlem che a Castres".

Ma la maggior parte degli altri intellettuali ebrei "progressisti" ha iniziato a rivolgersi a destra solo dopo gli incidenti con i giovani immigrati afro-maghrebini nelle periferie francesi, scoppiati durante la seconda Intifada palestinese nel settembre 2001. Gli intellettuali di sinistra si sono quindi trasformati in sostenitori della destra "dura": per loro non si trattava di espellere i milioni di immigrati che avevano portato in Francia con il loro discorso ideologico, ma di consolidare con la forza la società multirazziale che avevano contribuito a costruire.

Enrico Macias è un cantante francese di origine algerina. Questo ebreo sefardita, che canta di fratellanza universale, ha avuto i suoi giorni di gloria negli anni '70 e '80, ma appare ancora di tanto in tanto sui televisori all'inizio del XXI secolo. Il cantante di sinistra ha sostenuto Nicolas Sarkozy, il candidato liberale filo-sionista e filo-americano, durante la campagna presidenziale del 2007. In un'intervista al quotidiano gratuito *20*

---

[127] Lionel Stoleru, *La France à deux vitesses*, Flammarion, 1982, p. 246.
[128] Guy Konopnicki, *La Place de la nation*, Olivier Orban, 1983, p. 175.

Minutes, il giornalista gli ha chiesto: "Si definisce ancora un uomo di sinistra? Al che Macias ha risposto: "Certo che sì. Sono di sinistra, ma sostengo Sarkozy perché è un uomo straordinario. Infatti, l'ho sostenuto in un momento in cui tutti mi criticavano". Macias ha poi citato l'esempio di alcuni suoi colleghi che hanno anch'essi cambiato casacca: "Guardate Dominique Strauss-Kahn, Jack Lang, Bernard Kouchner, tutti quegli uomini importanti del Partito socialista che lavorano con lui. In effetti, come loro, se mi offrisse una missione, l'accetterei".

In materia di immigrazione, ovviamente, la politica della destra è quasi identica a quella della sinistra. Continua a far entrare più immigrati e a regolarizzare i clandestini, accentuando così l'"effetto di richiamo". Enrico Macias è poi andato a trovare il suo collega Sarkozy: "Mi ha ascoltato e ha risolto un centinaio di casi che gli avevo affidato".

Enrico Macias è anche un uomo d'affari molto ricco. Ha investito i suoi milioni nei casinò Partouche. Forse potrebbe condividerne una parte con i francesi in miseria. Ma come tutti sappiamo, un ebreo ragiona e agisce solo nell'interesse della comunità ebraica. E il suo interesse, chiaramente, non è quello di aiutarci, ma di dissolverci.

Negli anni '70, il medico Alexandre Minkowski lavorò per "pacificare" i francesi iniettando il maggior numero possibile di minoranze nel corpo nazionale. Nell'ospedale in cui esercitava, dava sempre la priorità al reclutamento di stranieri, a scapito dei francesi: "Avevo già un siriano, un israeliano, due algerini e un indonesiano musulmano nella mia unità, e tutti lavoravano perfettamente insieme. Quindi perché non aggiungere qualche palestinese?[129] Sono venuti in ospedale in dieci o venti, tutti medici, con l'eccezione di un assistente sociale palestinese cristiano".

Nel suo romanzo economico pubblicato nel 1980, Arnold Mandel ha fatto l'apologia della miscegenazione per i Goyim. Il romanzo aveva come protagonisti una francese e un arabo.[130] Dopo la sconfitta francese del giugno 1940 a Marsiglia, la coppia franco-araba, Germaine e Ali, "combatteva e copulava rumorosamente... Germaine e Ali si risvegliavano e facevano l'amore, esprimendo con forza il loro consenso".

Vent'anni dopo, le ossessioni dell'ebraismo sono ancora le stesse. Il dottor Georges Federmann, psichiatra di Strasburgo, considera i Rom come fratelli, o almeno cugini. Democratico e umanista militante, membro di associazioni "antirazziste", è profondamente coinvolto nella lotta per i Rom e i "sans-papiers".[131] "Aspetto il periodo messianico, ma mi faccio in quattro per arrivarci", si legge in un articolo pubblicato sulle *Dernières*

---

[129] Alexandre Minkowski, *Un juif pas très catholique*, Ramsay, 1980, p. 163.
[130] Arnold Mandel, *Tikoun*, Mazarine, 1980, p. 60, 64
[131] L'espressione francese utilizzata è: *Je me casse le cul pour qu'elle arrive*; letteralmente "Mi faccio il culo per farla arrivare", più ordinaria e volgare.

Nouvelles d'Alsace il 21 gennaio 2003. Federmann ha fatto da modello per il protagonista del film *Swing* di Tony Gatlif, che racconta la storia di un medico che cura gratuitamente gli zingari. Tuttavia, martedì 15 novembre 2005, i giornali hanno riportato la notizia che il famoso psichiatra ha avuto problemi con uno dei suoi protetti. Lo psichiatra, noto per le sue posizioni a favore delle persone svantaggiate, è stato gravemente ferito insieme alla moglie e al suo assistente. È stato colpito quattro volte al corpo. L'autore dell'attacco è un uomo di 57 anni che avrebbe gravi problemi psichiatrici. Il dottor Federmann, invece, era perfettamente sano di mente.

Anche gli intellettuali ebrei mostrano regolarmente una certa propensione a dire enormi falsità.[132] Questa disponibilità a prendere i goyim per ritardati mentali, questa sventatezza è chiamata nella comunità ebraica "*chutzpah*" (in tedesco yiddish) - pronunciato "chutzpah".

Nel marzo 2008, la rivista *Géo Histoire* ha pubblicato, ad esempio, un'intervista di tre pagine al demografo Gérard Noiriel, specialista in storia dell'immigrazione e direttore degli studi presso l'Ecole des Hautes Etudes en Sciences Sociales (una posizione molto comoda). L'intervista si intitolava: *La fantasia identitaria*. Ecco un paragrafo: "Sulla base delle sue ricerche, lo storico sottolinea che l'immigrazione non è mai stata così bassa in Francia negli ultimi 150 anni. Nel 2007, non era aumentata in modo significativo da più di trent'anni. Le statistiche dell'INED (Istituto Nazionale per gli Studi Demografici) lo confermano: ci sono meno stranieri oggi che nel 1997".[133] Da buon ebreo, Gérard Noiriel ha concluso: "È importante decostruire questa nozione: la Francia".

Mentre molti intellettuali e politici di sinistra si sono uniti alle file della destra liberale all'inizio del XXI secolo, al contrario, molti "liberali" hanno mantenuto a lungo un'evidente simpatia per i movimenti rivoluzionari di estrema sinistra. Tutto ciò è perfettamente naturale se si comprende che, per queste menti cosmopolite, la cosa più importante è lavorare per una società multiculturale e un governo mondiale.

Paul-Loup Sulitzer, uomo d'affari e romanziere di grande successo, anch'egli molto liberale, ha raccontato la sua storia: "Ho preso parte alla farándula lirica del maggio '68. Sono lontano dal sentirmi di sinistra o

---

[132] La parola è passata dall'yiddish al polacco (*hucpa*), al tedesco (*chuzpe*), all'olandese (*gotspe*), al ceco (*chucpe*) ed è molto usata in alsaziano e in ispano-argentino, dove acquisisce una connotazione chiaramente negativa e si riferisce invariabilmente all'arroganza, impudenza, sfrontatezza, disinibizione, mancanza di pudore o di coscienza, di superego o di auto-repressione e di rispetto per le più elementari regole o norme previste. A quanto pare, il termine è usato nei tribunali della California (fonte: wikipedia) (NdT).

[133] Alain Minc, Guy Sorman, Jack Lang hanno fatto commenti simili, vedi i nostri libri precedenti.

rivoluzionario. Ma odio la stagnazione. Se fossi stato un russo nel 1917, probabilmente avrei voluto liberarmi del giogo zarista". Ha continuato: "Le persone e la società devono continuare a muoversi; il movimento è vita.[134] Bisogna rivedere ogni giorno le proprie posizioni, rifiutarsi di diventare stagnanti, di rimanere fermi".[135]

Il liberale Alain Minc, a sua volta, esaltò gli eventi del maggio '68: lo "shock liberatorio del maggio '68", come lo definì. Il progetto politico del comunismo era esattamente lo stesso dei finanzieri internazionali: dissolvere le identità nazionali, cancellare i confini umani ed economici, abolire le libertà nazionali e utilizzare tutti i mezzi possibili per promuovere l'unificazione del mondo e l'istituzione di un governo mondiale.

Gli ebrei sono letteralmente ossessionati dalla dissoluzione delle nazioni e dall'unificazione del mondo, è il loro cavallo di battaglia, la *conditio sine qua non della* venuta del loro messia. Basta leggere, ad esempio, quanto scrisse nel 1953 il già citato Jean-Jacques Servan-Schreiber, fondatore del settimanale borghese *L'Express*. In un piccolo libro intitolato *Il risveglio della Francia, maggio-giugno 1968*, Servan-Schreiber esaltava anche lo spirito del maggio '68, scusando gli studenti che avevano sputato sulla tomba del milite ignoto: "È abbastanza ovvio - scriveva - che gli studenti non hanno sputato su quel disgraziato, che nel suo anonimato rappresenta così bene tutti coloro che, come lui, sono morti in guerre atroci. Stavano attaccando la mostruosa stupidità dell'eterno sistema della sovranità nazionale, eretto a valore supremo, che trascina con sé la guerra e l'odio come la nuvola trascina la tempesta".[136] E ha insistito, con quella caratteristica formidabile *chutzpah*: "Questo è forse il primo tributo veramente serio pagato all'uomo sconosciuto in Piazza delle Stelle".[137]

Nel suo libro *The Undertakers*, pubblicato nel 1993, lo stesso Jean-Jacques Servan-Schreiber ha espresso ellitticamente questa febbrile attesa del messia ebraico: "Per raggiungere questa società pienamente realizzata di realizzazione individuale, dovremo abbandonare l'ordine ancestrale... ci vorrà molto tempo, e faremo fatica a sopportare queste lentezze che ci sgomentano".

Sinistra o destra, per questi spiriti cosmopoliti, sono solo due modi leggermente diversi di raggiungere lo stesso obiettivo. Nel settembre 2008, le elezioni americane hanno contrapposto un democratico nero, Barack Obama, a un conservatore bianco, John McCain. Ascoltate il resoconto di

---

[134] Paul-Loup Sulitzer, *Laissez-nous réussir*, Stock, Poche, 1994, p. 37, 38.
[135] Alain Minc, *Epître à nos nouveaux maîtres*, Grasset, 2002, pag. 67.
[136] Jean-Jacques Servan-Schreiber, *Le réveil de la France, mai-juin 1968*, Denoël, 1968, p. 88.
[137] Jean-Jacques Servan-Schreiber, *Les Fossoyeurs*, Fixot, 1993, p. 59.

un banchiere sul numero del 4 settembre di *Le Nouvel Observateur*, il settimanale di sinistra diretto da Jean Daniel (Bensaïd). L'articolo di Claude Weill era intitolato *Un nero alla Casa Bianca?* Claude Weill presentava Barack Obama: "È il sogno americano incarnato. Un'illustrazione dei valori di apertura e meticciato che hanno reso grande l'America. Il Paese dove tutto è possibile... L'uomo che ucciderà i demoni dell'America e le permetterà di riconnettersi con il meglio della sua tradizione". Certo che voterò per Obama", mi dice un banchiere conservatore [ebreo] ben curato, "non voglio perdere questo momento storico".

In realtà, la divisione tra i sostenitori della "sinistra" e della "destra" è scomparsa da tempo. Si tratta di una gigantesca lotta tra, da un lato, gli ebrei e i sostenitori dell'Impero globale e, dall'altro, i popoli e tutti i difensori delle libertà tradizionali mondiali e locali. In realtà, la situazione è diventata più chiara dopo la caduta del muro di Berlino nel 1989 e il crollo dell'Unione Sovietica.

Nel 1992, il filosofo della "nuova sinistra" Bernard-Henri Lévy ha sottolineato la sua convergenza di vedute con Alain Minc, un intellettuale liberale, ma ovviamente senza spiegarne l'origine: "Abbiamo spesso gli stessi riflessi. Sensibilità simili..."[138] Una visione del mondo che, sulla maggior parte degli argomenti, ci porta a essere sulla stessa lunghezza d'onda".

Questa convergenza di vedute era evidente anche nella collusione storica tra la finanza internazionale e il movimento bolscevico. Ricordiamo ad esempio come, nel 1918, il famoso banchiere Max Warburg si trovò di fronte agli spartachisti, i cui leader erano tutti figli del "popolo eletto". Ecco cosa si legge nel libro di Jacques Attali sulla famiglia Warburg: "Il 5 novembre 1918, un comitato rivoluzionario prende il potere ad Amburgo. L'aura di Max Warburg è tale che il comitato, dopo averlo preso in ostaggio e avergli fatto pressione affinché dicesse dove si trova il denaro della città, protegge la sua famiglia, lo invita a pranzo in municipio e lo ascolta come consigliere.

A quanto pare, gli ebrei comunisti avevano grande rispetto e simpatia per i loro colleghi banchieri. Jacques Attali ha poi confermato che l'ebraismo non è tanto una religione quanto un progetto politico. Il figlio di Max, Sigmund Warburg, "era un agnostico con uno spirito molto religioso.[139] Si è sempre identificato con la causa dell'ebraismo come forza morale". Israele lo interessa e lui aiuta solo ciò in cui crede...". l'Istituto Weizmann

---

[138] Bernard-Henri Lévy, *Le Lys et la cendre*, Grasset, 1996, pp. 16, 233, 470.
[139] Jacques Attali, *Sir Sigmund G. Warburg, Un Homme d'influence*, Fayard, 1985, Poche, pag. 329.

e a Londra il *Jewish Observer*, perché è un liberale".[140] Sigmund Warburg "si dichiara cittadino del mondo" e "la sua religiosità si fonde con la sua vita, anche se è troppo universalista per aderire a una sola fede", aggiunge Attali nella sua biografia.

Nel 2008, Bernard-Henri Lévy non poteva essere più chiaro: l'ebraismo non è solo una religione: "Apparentemente, ciò che la maggior parte delle persone fatica a capire è che l'ebraismo non è una religione. La parola "*religione*" non esiste in ebraico... E se la parola non esiste, se non compare nel libro del Talmud né nelle bocche dei saggi e dei maestri che hanno forgiato la grandezza della legge orale... è perché non esiste nemmeno la cosa in sé... Sapete che "sinagoga", per esempio *Beit Knesset*, significa casa di riunione e non casa di preghiera? Sapete che la Torah non designa tanto un breviario, un messale, un libro di preghiere, quanto la costituzione (veramente la costituzione, nel senso proprio, quasi politico o, comunque, civile della parola costituzione) data a Mosè al suo popolo dopo aver ricevuto le Tavole?[141]... Sapete che ci sono stati, anche nel XX secolo, all'interno di quello che voi chiamate il mondo del credo e della fede, eminenti maestri (penso a Rav Kook)[142] che sostengono che l'ateismo non è un problema per l'ebraismo; che è addirittura un'ipotesi perfettamente seria e ammissibile".[143] In effetti, dobbiamo ripeterlo sempre, l'ebraismo è prima di tutto un progetto politico.

---

[140] Jacques Attali, *Un hombre de influencia*, Seix Barral, Barcelona, 1992, p. 101, 347, 348. [Siegmundo Warburg fu uno dei banchieri più influenti della seconda metà del XX secolo. "Il suo universalismo lo fa tornare un po' alla sua identità ebraica... Divora libri di Elie Wiesel, come *La notte*, che legge in tedesco e che gli piace, dice, per il suo "valore etico". Agli amici spiega di non essere né sionista né antisionista, ma che le vicende di Israele lo interessano più che in passato. Lo si vede spesso con Nahum Goldmann, al quale si sente molto legato. Più appassionato di morale e di legge che di suolo, tollera a malapena l'idea che un ebreo possa non essere così esigente come, secondo lui, richiede il Libro [la Torah]... Ma non vuole danneggiare Israele e pare che abbia smesso di finanziare una rivista pubblicata a Londra, il *Jewish Observer and Middle-East Review*, quando questa diventa troppo ostile a Gerusalemme". In *Un uomo d'influenza*, Seix Barral, p. 405].

[141] Abraham Isaac haCohen Kook (1865-1935) è stato il primo rabbino capo ashkenazita della Terra d'Israele durante il mandato britannico. Fu rettore di legge talmudica (halakhah), cabalista e pensatore. Fondò il Gran Rabbinato d'Israele, a capo del quale fu il primo rabbino capo ashkenazita. Fondò anche la Yeshiva *Merkaz haRav* ed è considerato uno dei padri del sionismo religioso. Le sue sentenze halachiche, soprattutto su questioni politiche e sui comandamenti relativi alla Terra, sono una fonte riconosciuta di giurisprudenza. Ha sviluppato una dottrina favorevole al *Nuovo Yishuv* e al sionismo basata sulla Cabala. È il principale riferimento religioso e filosofico per le correnti religiose nazionaliste israeliane contemporanee. (NdT).

[142] Bernard-Henri Lévy - Michel Houellebecq, *Enemigos públicos*, Anagrama, Barcellona, 2010, p. 160, 161.

[143] L'ebraismo non è una religione (in senso spirituale e trascendentale, tranne forse il

Propaganda cosmopolita I: la società multirazziale

È estremamente raro che uno scrittore, un regista o un produttore ebreo non cerchi di trasmettere un messaggio nel suo saggio, romanzo o film.[144] Per il grande pubblico, questa propaganda incessante è facilmente visibile nell'industria cinematografica e in molte serie televisive. Il cinema planetario celebra innanzitutto le virtù della democrazia multiculturale e del meticciato: in un modo o nell'altro, l'obiettivo è quello di incitare lo spettatore a immaginare un mondo senza confini e di instillare la tolleranza verso gli "altri". Questa propaganda cosmopolita utilizza spesso un uomo bianco per interpretare il ruolo del bastardo. Spesso viene ritratto come un nordico dai capelli chiari e dagli occhi azzurri. Questo non è casuale, ma riflette un odio viscerale verso il mondo europeo. Abbiamo già citato numerosi esempi nei nostri libri precedenti. Continuiamo qui il nostro studio:

Périgord noir (Francia, 1988) è un film piuttosto emblematico. Un villaggio africano è stato devastato dalla chiusura della piantagione di banane che ne garantiva il reddito e il sostentamento. La bella Adiza, che ha studiato in Francia, è in missione per trovare il denaro necessario a ricomprare la piantagione e salvare la comunità. Inventa un padre immaginario, utilizzando la fotografia di un soldato trovata nello stivale della madre defunta, e sbarca alla testa di tutto il suo villaggio in una modesta cittadina della Dordogna francese. Antonio, il falso padre in questione, finge di credere di essere davvero il padre di una giovane donna così affascinante e gli africani, che si sono stabiliti lì in pianta stabile, danno

---

filone mistico cabalistico che è una forma di gnosticismo all'interno dell'ebraismo), ma un nazionalismo religioso con pretese messianiche imperiali nel mondo reale. Il loro libro sacro (la Torah) è un libro di storia nazionale, le loro feste religiose celebrano guerre ed eventi nazionali (storici o mitici). Esattamente come se noi spagnoli celebrassimo le nostre feste religiose ricordando Numantia, Covadonga, Las Navas de Tolosa, Lepanto o il 2 maggio. (NdT)

[144] Il lettore di oggi sa che questo fenomeno è oggi ancora più diffuso ed è diventato la norma in Occidente. Le grandi società e piattaforme di produzione audiovisiva (Netflix, HBO, Disney, ecc.) e persino i giganti tecnologici (Amazon, Apple) hanno diversificato e massificato questo tipo di produzione audiovisiva (film e serie). Anche la pubblicità delle grandi aziende e società è unanimemente multirazziale e promuove attivamente la miscegenazione e la rivoluzione LGBT su tutte le piattaforme e i social network con pubblicità invasive. Tutto ciò è attivamente promosso dal centro del sistema finanziario e aziendale attraverso politiche che incentivano finanziariamente questi obiettivi sociali e anche ambientali. Questi obiettivi sono monitorati e valutati da criteri di misurazione ufficiali come ESG (*Environmental Social and Corporate Governance*) e CEI (*Corporate Equality Index*). Le dichiarazioni di Larry Fink, presidente di Blacrock (il primo hedge fund globale), nei forum globalisti non lasciano dubbi sulla volontà di trasformare la società e la realtà in questo senso, al di là del profitto capitalistico. (NdT)

il ritmo al tranquillo villaggio francese. La fraternizzazione procede a gonfie vele, con grande disappunto dell'astuto e irascibile sindaco Jeantou, che si lamenta di non poter nemmeno sfruttare questa forza lavoro recalcitrante. L'amore entra in scena. Quando Jeantou rifiuta di far sposare alcune coppie, i Perigordinos decidono di lasciare il loro villaggio per vivere in Africa con i loro amici neri. Ecco cosa ci dice la guida del programma: "Un'ottima commedia, molto ben recitata, con un antirazzismo allegro e per nulla didascalico". Il film è di un certo Nicolas Ribowski, e la recensione è probabilmente di una delle sue fidanzate.

À l'ombre de la haine (Monster's ball) è un film americano del 2001: Hank è un agente penitenziario coscienzioso di un penitenziario del sud degli Stati Uniti. È incaricato di giustiziare i detenuti del braccio della morte. Suo padre, anziano e in pensione, era solito fare questo lavoro, ma suo figlio Sony, invece, sembra troppo fragile di nervi e crolla quando è il momento di portare il prigioniero sulla sedia elettrica. Hank non sopporta questa debolezza e tratta il figlio con disprezzo e violenza. In realtà, ha sempre odiato questo figlio debole. Spinto al limite, Sony si suicida. Hank, nonostante tutto, si commuove e si dimette. È naturalmente molto razzista, come lo è sempre stato il suo vecchio padre, e non ha certo provato pietà per i neri che ha condotto alla morte. Ma i capricci della vita lo portano a incontrare la vedova di un uomo che aveva giustiziato. Tra l'ex guardia carceraria e questa giovane e attraente donna nera si sviluppa una relazione, che comprende rapidamente la tragicità della situazione. Alla fine i due diventano amanti. Il film di Marc Foster è stato definito "profondamente commovente".

Quand on sera grand (Francia, 2001), riflette abbastanza bene l'iperaggressività dell'ebraismo. Ecco la sceneggiatura: Simon Dadoun è un giornalista trentenne. Non può avere figli con la sua fidanzata, una goy. Fortunatamente è confortato dalla moglie del suo nuovo vicino di casa, ebrea sefardita come lui, ma trascurato dal marito di lei, radiologo ashkenazita, altezzoso e scostante. D'altra parte, il regista del film, Renaud Cohen, ci mostra dei francesi molto inclini alla miscegenazione. Gli amici di Simon Dadoun sono sposati, uno con un'asiatica e l'altro con una senegalese. Un altro personaggio francese del film è un vicino di casa che vive da solo ed è piuttosto depresso. Simon, che come tutti gli ebrei sefarditi ha un cuore grande, le presenta Roger, un amico d'infanzia francese che ha incontrato per caso e che anche lui sta vivendo piuttosto male il suo celibato. Tutto sembra filare liscio tra i due giovani, ma Roger si rivela un pervertito sessuale che può anche essere violento. Per di più, gli piace indossare i tanga! Di conseguenza, la ragazza francese diventa lesbica. Alla fine del film, sembra aver finalmente trovato la sua vera sessualità e dà libero sfogo alle sue inclinazioni. Vorrebbe, dice, "scopare la donna senegalese". Sullo sfondo, Renaud Cohen filma la capitale francese da un punto di vista molto multiculturale, tra incontri africani, musica orientale e Capodanno cinese. Per completare il quadro, il film ritrae con compiacimento anche il consumo di hashish. Miscegenazione e omosessualità: sono questi gli ingredienti principali di molti film realizzati da ebrei. Ancora una volta, gli ebrei sembrano ossessionati dalla nostra distruzione, ossessionati dal distruggere tutto ciò che non è ebreo. "Gli attori sono mirabilmente spontanei. Un mix di generi perfettamente eseguito da Renaud Cohen, che realizza così un bel film", ci ha detto Claude Bouniq-Mercier nella *Guide des films*.

Nel film *Gomez et Tavarès* del 2003, un bel giovane scavalca il muro di cinta di una ricca tenuta ed entra in casa. Sulla parete c'è la foto di una bella donna bionda con il marito, un uomo nero, e i loro figli, che lo sono un po' meno. Lo spettatore pensa subito: questo è un film di un regista ebreo. Continuiamo a guardarlo per un po' per vedere com'è, e dopo qualche minuto ci rendiamo conto che tutti gli attori sono stati scelti secondo criteri etnici per formare un cast multirazziale. Interrompiamo la visione e scopriamo che il regista è un certo Gilles Paquet-Brenner. Ora, se digitate Gilles Paquet-Brenner in un motore di ricerca internet e scegliete "immagini", troverete immediatamente la sua foto. E non c'è da sorprendersi: non è una bella bionda!

Abbiamo trovato le seguenti sinossi di film nella *Guide des films* di Jean Tulard, tutte molto rivelatrici della mentalità cosmopolita:

Jonas et Lila di Alain Tanner (Francia, 1999): Jonas è sposato con Aïssa, una bella africana. La coppia va in campagna con un'attrice russa.

La Parenthèse enchantée (Francia, 1999) si svolge tra il maggio del '68 e gli anni dell'AIDS. Nel 1969, due amici si sposano lo stesso giorno. Vincent (Vincent Elbaz) con Marie e Paul (Roschdy Zem) con Eve. Le donne francesi sembrano essere promesse in sposa a ebrei e arabi. Il regista è anche molto compiacente nei confronti dell'adulterio, del marxismo, del femminismo e dell'aborto. Per Claude Bouniq-Mercier, il film di Michel Spinoza è "un piccolo successo".

À la place du coeur (Francia, 1998): Clémentine e Fançois, detto Baby, vogliono sposarsi. Clémentine è incinta. Baby, lui, è nero: è il figlio adottivo di Franck e Francine, una coppia sterile. Ma Bebe, accusato ingiustamente da un poliziotto razzista di aver violentato una donna bosniaca, è in carcere. Bouniq-Mercier ammette che il film è "manicheo": da una parte i buoni, dall'altra i cattivi (la cattolica isterica, la polizia razzista). Il film è di Robert Guédiguian, un regista particolarmente aggressivo.

Je suis né d'une cigogne, di Tony Gatlif (Francia, 1998): Otto, un disoccupato, e Louma, una parrucchiera, decidono di cambiare vita. Fanno amicizia con Ali, un giovane fuggiasco, e partono a caso ovunque la strada li porti. È "un film-pamphlet a favore dei migranti senza documenti".

One Night stand (USA, 1997): Max, un uomo nero, è sposato con una donna asiatica, Mimi. Vive a Los Angeles e ha un amico a New York, Charlie, omosessuale. Va a letto anche con Karen, una bella bionda che alla fine sposerà suo fratello Vernon. Omosessualità per l'uomo bianco, miscegenazione per la donna bianca. Firmato Mike Figgis.

Vive la République! (Francia, 1997): Henri riunisce un gruppo di ragazzi e ragazze disoccupati come lui per fondare un nuovo partito politico basato sull'idea della "decompartimentazione sociale" e della "condivisione del sapere". In realtà, la sceneggiatura è soprattutto un pretesto per mostrare una Francia multirazziale, con attori arabi e belle ragazze francesi. Un film di Eric Rochant.

C'est pour la bonne cause, di Jacques Fansten (Francia, 1996): Tonin ha sempre ascoltato i suoi genitori quando gli dicevano di interessarsi agli altri, di essere solidale e utile agli altri. Per questo motivo, quando le autorità della sua scuola cercano famiglie che accolgano per un mese un bambino africano proveniente da un campo profughi, Tonin alza la mano e si offre subito. "Una commedia gentile, umanista, piena di buoni sentimenti... fresca e divertente", ha scritto Claude Bouniq-Mercier.

Walk the walk (Francia, 1996): Una famiglia vive vicino a una tabaccheria di Berre: Nellie, la madre, è bianca e biologa. Abel, il padre, è nero e fa il corridoio. Raye, la loro figlia meticcia, impara a cantare. Robert Kramer, il regista del film, è ebreo.

Cauchemar blanc, un cortometraggio del 1991, ci mostra quattro bianchi molto razzisti e meschini che si accaniscono contro un povero arabo in un sobborgo operaio alla periferia di una grande città. È chiaro che Mathieu Kassovitz, il regista, non ama molto i bianchi.

Vieni a vedere il paradiso (USA, 1990): sindacalista caduto in disgrazia, Jack McGurn si trasferisce a Los Angeles nel 1936. Diventa proiezionista in un cinema di quartiere giapponese di proprietà del signor Kawamura. Si innamora presto di Lily, la sua affascinante figlia diciannovenne. Ma la guerra è alle porte e i giapponesi che vivono sul suolo americano saranno internati in campi di concentramento: "Languore e pianto". Come sappiamo, il regista Alan Parker è un vero cosmopolita.

Les Innocents è un film di André Techiné (Francia, 1987): Jeanne, una ragazza del Nord, arriva a Tolone dove incontra Said, un giovane moro che è l'amante di Klotz, un capo orchestra alcolizzato il cui figlio Stéphane è un fascista. La sceneggiatura è di Pascal Bonitzer e non è esattamente omosessuale.

Tod e Toby (USA, 1981) è un cartone animato di Art Stevens, Ted Berman e Richard Rich. Tid è una piccola volpe orfana che viene accolta da una simpatica contadina nel sud degli Stati Uniti. Si fa un nuovo amico, Toby, il giovane cane della vicina. "Il film è una buona lezione contro il razzismo", ha scritto Bouniq-Mercier.

Il fattore umano (USA, 1979) è un film di spionaggio. In Sudafrica, un agente segreto britannico si innamora di una nativa nera. Il film è del famoso regista ebreo e sionista Otto Preminger.

Pretty Baby (USA, 1978): la storia è ambientata in un caldo e familiare bordello di New Orleans nel 1917. Qui vive Violet, figlia naturale di Hattie, una prostituta. Quando raggiunge la pubertà, la sua verginità viene messa all'asta. Violet diventa una prostituta ricercata. Frustata per essersi abbandonata a giochi amorosi con un giovane nero, scappa e si rifugia da Bellocq, con cui ha una relazione burrascosa. Louis Malle denuncia qui "una società borghese e ipocrita", scrive Bouniq-Mercier, aggiungendo: "Un film attento, dai colori caldi".

Mandingo (USA, 1975): nel 1840, Hammond, figlio di un proprietario di piantagioni di cotone, sposa Blanche. Ma quando scopre che non è vergine, la abbandona per una schiava nera. Di conseguenza, Blanche si concede a un gigantesco Mandingo e dà alla luce un bambino nero che viene ucciso dal medico. Hammond avvelena la moglie e scotta il Mandingo. Egli stesso viene ucciso dal maggiordomo, mentre la rivolta degli schiavi contro i bastardi bianchi sta per scoppiare. Il film è di Richard Fleischer.

Flipper city (USA, 1973): Michael è figlio di una madre ebrea possessiva e irritabile e di un padre italiano mafioso. Disegna fumetti violenti con prostitute, criminali, vagabondi, gangster, spacciatori, tossicodipendenti e poliziotti. Poi Michael incontra Carol, una "bella e giovane ragazza nera". Un film di Ralph Bakshi.

Les Aventures de Rabbi Jacob (*Le avventure di Rabbi Jacob*, Fr, 1973), un classico francese con Louis de Funès: a New York, Rabbi Jacob vola a Parigi. Nel frattempo, in Francia, Monsieur Pivert esorta il suo autista Salomon ad arrivare in tempo per il matrimonio della figlia. Infine, due assassini arabi vengono mandati a uccidere un leader rivoluzionario, Slimane. Dopo un po' di tira e molla, tutto si risolve e Slimane sposa la figlia di Pivert. Una divertente commedia di Gérard Oury.

Smic, Smac, Smoc (Fr., 1971): Amidou, che lavora nei cantieri navali di La Ciotat, sposa Catherine, una bella panettiera bianca. Un film di Claude Lelouch.

Se torniamo indietro nel tempo, troveremo ancora questi film:

Nel film *Il biscotto della fortuna* (*The Fortune Cookie*, USA, 1966) di Billy Wilder: durante una partita di football, il cameraman Harry Hinkle viene involontariamente colpito dal giocatore nero Boom Boom Jackson. Alla fine i due uomini diventano amici. L'integrazione è in corso.

West Side Story (USA, 1961) è una commedia musicale di Robert Wise. Due bande si scontrano: i Jets, bianchi americani guidati da Riff, e gli Sharks, immigrati portoricani guidati da Bernardo. Alla fine, le due bande si rendono conto dell'assurdità della loro lotta. È un film propagandistico a favore di una società multirazziale; con una colonna sonora di Leonard Bernstein.

Stella di fuoco (USA, 1960): Pacer Burton (Elvis Presley) nasce da madre indiana e padre bianco. I suoi genitori vengono uccisi durante la guerra e lui si unisce agli indiani. Un film sullo strazio emotivo dei meticci.

La propaganda a favore del miscegenismo e del multiculturalismo era già apparsa sul grande schermo negli anni Cinquanta:

Yellowstone Kelly (USA, 1959) di Gordon Douglas. Un trapper bianco si innamora di una donna indiana che ha salvato dalla morte. "Un western bello, progressista e umanista".

Fugitives (USA, 1958) di Stanley Kramer: due prigionieri fuggono incatenati l'uno all'altro. Uno è bianco e con pregiudizi razziali, l'altro nero e scontroso. Nonostante le loro idee preconcette, tra loro nasce una solidarietà. Un "simpatico appello contro il razzismo", scrive Jean Tulard.

The Oklahoman (USA, 1957): un medico si fa molti nemici sostenendo la causa degli indiani. Il film è di Francis Lyon e la sceneggiatura di Daniel Ullman.

Apache Woman (USA, 1955): due meticci, Anne e Armand, vivono tra due mondi: quello dei bianchi e quello degli indiani che li rifiutano. Il film è di Roger Corman.

Fort Yuma (USA, 1955): Sul convoglio per Fort Yuma, il tenente razzista è amato dalla donna indiana, il cui fratello, uno scout, è ambito dalla maestra bianca. L'importante è che gli ebrei non si mescolino. Il film è di Lesley Selander.

Il pozzo (*The Well*, USA, 1951); in una città del sud americano, una ragazza nera scompare e un uomo bianco, sospettato del rapimento, viene arrestato. La città è scossa da violente rivolte razziali, ma la ragazza viene ritrovata in fondo a un pozzo minerario in disuso e tutti cercano di salvarla. Un thriller antirazzista" di Leo Popkin.

La schiava bianca (Francia) di Marc Sorkin uscì nel 1939: all'inizio del XX secolo, una giovane donna francese sposa un turco occidentalizzato che la porta nel suo paese, ancora culturalmente arretrato. I due vengono perseguitati dal sultano e salvati in extremis da un rivoluzionario.

Nel film del 1925 *The Vanishing American* (USA), l'indiano Nophaie ama Marion, un'insegnante bianca. Ma nonostante la sua buona volontà, incontra il razzismo e la malafede dei bianchi. I Navajos entrano in guerra, ma vengono sconfitti dai bianchi. Nophaie muore tra le braccia di Marion. È stato, ci ha detto Jean Tulard, "il primo western a mostrare gli indiani in una luce più gentile, vittime della corsa verso l'ovest". Il film è di George B. Steiz ed è stato adattato nel 1955 da Joseph Kane.

Negli anni Settanta e Ottanta, le due serie cult *Kojak* e *Colombo* hanno distillato in modo insidioso il messaggio cosmopolita. Presentiamo qui la brillante analisi marxista di Ignacio Ramonet nel suo libro *Propagandas silenciosas*:

Kojak è un poliziotto che controlla la malavita di Manhattan. Quasi sempre ha a che fare con individui di colore appartenenti a minoranze nazionali o etniche. Nei 116 episodi della serie, prodotti tra il 1973 e il 1978, tutte le minoranze di Manhattan sono ritratte una dopo l'altra, ridotte a uno o due tratti dominanti e semplificanti: "zingari in costume tradizionale che vivono di cartomanzia, cartomanti che predicono il futuro con l'eterna sfera di cristallo"; "bande di giovani neri descritti nel copione come bravi ragazzi di cuore (non sono affatto politicizzati), per un momento traviati da un individuo esaltato che presto se ne pente"; "portoricani che giocano instancabilmente a basket in parchi recintati"; "italiani che fanno lavori saltuari e sono ancora molto religiosi"; "polacchi eccessivi", "ebrei nostalgici", "cinesi enigmatici", e così via. Tutte le comunità che compongono il melting pot americano sono rappresentate in modo accondiscendente. Questi sospetti, ha scritto Ignacio Ramonet con grande lucidità, "spesso si rivelano alla fine non colpevoli". Il ruolo di Kojak in questo caso è molto chiaro: pur proteggendo il sistema americano, la legge e l'ordine, questo poliziotto deve promuovere delicatamente l'integrazione e l'assimilazione delle minoranze... Con questo obiettivo, scrive Ramonet, questa serie realistica, concepita alla fine degli anni '60, all'epoca dell'esplosione politica delle minoranze, rinnova il mito dell'America come terra di asilo e di libertà, e annuncia la moda del multiculturalismo.

Lo sceneggiatore e inventore del personaggio di Kojak, Abby Mann ("Abby", abbreviazione di Abraham), era uno scrittore e un attivista americano di sinistra per i diritti civili. Era amico del leader pacifista nero americano Martin Luther King, il premio Nobel per la pace assassinato il 4 aprile 1968, e ha realizzato un lungometraggio di tre ore "generoso e ben documentato" sulla sua vita e le sue lotte, intitolato *King*. È stato anche l'autore di *The Simon Wiesenthal Story* (1989), "un film sulla vita del famoso cacciatore di nazisti", osserva Ignacio Ramonet alla fine della sua analisi con notevole lucidità.

Ecco un riassunto di ciò che Ignacio Ramonet scrisse sull'altra serie televisiva cult dell'epoca: Colombo indaga solo nei quartieri eleganti di Los Angeles. La sua specialità sono i crimini di sangue, mai la microcriminalità come scippi e rapine. I suoi temibili avversari appartengono alla crème de la crème della società. Sono arroganti, si credono dei geni del crimine e spesso hanno alibi impeccabili. Di fronte a loro, Colombo fa pena, con il suo vecchio trench sporco, il suo abito malandato e la sua vecchia e sgangherata Peugeot 403 decappottabile. Tutto in lui stride con il fascino, l'eleganza e la signorilità dei suoi interlocutori. Eppure è il nostro piccolo tenente a trionfare in ogni episodio, di fronte all'arroganza di queste persone ricche e belle. Il successo di questa serie deriva proprio da questa identificazione della classe media con la causa dell'ispettore, in contrapposizione ai ricchi e potenti che pensano di avere diritto a tutto. L'ordine costituito viene così legittimato. L'analisi del marxista Ignacio Ramonet è tanto più pertinente in quanto getta luce sui creatori di questa serie, il cui primo episodio fu trasmesso negli Stati Uniti nel 1968: William Link e Richard Lewinson.

Queste due serie televisive non avevano altro scopo che quello di rafforzare la società multiculturale e di far sentire in colpa l'élite anglosassone, cioè di "tormentare" i goyim bianchi dall'alto e dal basso. Ora, è sorprendente vedere come Ignacio Ramonet, un autore marxista, riesca a inserire questa enorme realtà nella sua ideologia. Ecco come Ignacio Ramonet denuncia infine il potere borghese e i patrioti americani, scagnozzi del grande capitale: "Così, stazionati ai due estremi dell'ideologia dominante", scrive, "i tenenti della polizia americana Kojak e Columbo, protettori della classe media, sorvegliano per tutta la serie i rispettivi confini. A monte, dalla parte dell'élite, il tenente Colombo moralizza, stigmatizza, smaschera e punisce il comportamento criminale dei miliardari cosmopoliti, i ricchi arroganti, senza patria né virtù. A valle, dalla parte del popolo, l'ispettore Kojak ordina, controlla, normalizza e americanizza l'ascesa delle minoranze etniche dai gruppi e dai margini della società".

In realtà, Colombo non attacca affatto i "miliardari cosmopoliti", ma l'alta borghesia bianca anglosassone, e dobbiamo sottolineare che tra un milionario anglosassone o un grande proprietario terriero bretone, da un lato, e un miliardario cosmopolita [in miliardi di dollari], dall'altro, c'è la stessa differenza che c'è tra chi va in bicicletta e chi guida una Rolls Royce. Il povero Ignacio non vede nulla, non sente nulla, non capisce nulla di ciò che gli sta accadendo. La griglia di lettura marxista che setaccia il suo pensiero è un modello del tardo XX secolo, che non gli permette di comprendere la realtà del globalismo in movimento.

Nel marzo 2007, la televisione ha trasmesso un episodio della *serie* dell'*FBI, Missing Persons*, intitolato *Le radici del male*. Qui entriamo in un genere davvero contorto: all'università, uno studente che ha fatto commenti razzisti in classe scompare misteriosamente dopo l'incidente. L'FBI indaga e scopre che sua madre ha avuto una relazione con un uomo nero. Questo studente bianco, come si può intuire, non sa che il suo vero padre era in realtà un uomo nero. Una scena di flashback lo mostra mentre scopre la verità. Alla madre, che gli spiega tutto, lui risponde, visibilmente scioccato e indignato: "Ma non è possibile, sono bianco!" E lei risponde: "A volte succede!" Questo delirante episodio è stato diretto da Martha Mitchell.

Nel 1949, un regista cosmopolita distribuisce un film basato su una sceneggiatura simile: *Pinky* (USA, 1949): tutti pensano che la bella infermiera Pinky sia bianca, ma in realtà è nera. Innamorata di un medico bianco, fugge da questo amore per andare a vivere con la nonna nera nel sud del paese. Il dottore, avendo capito che la miscegenazione è in realtà un'esperienza che arricchisce, parte alla sua ricerca e insieme viaggiano verso nord per fondare un ospedale per... bambini neri. Grazie a chi? Grazie a Elia Kazan.

Nello stesso stile, il film di Phillipe Niang *Un bébé noir dans un couffin blanc* (Fr. 2002) (*Un bambino nero in una cesta bianca*) mostra una giovane coppia francese in attesa di un bambino. Quando la giovane donna partorisce, i due si stupiscono perché il bambino è... nero! Naturalmente, nel villaggio, i francesi, tutti molto stupidi e molto razzisti, sono estremamente cattivi nei confronti della moglie che accusano di aver tradito il marito con l'unico uomo nero del villaggio. Alla fine si scopre che si tratta di un raro caso di coppia bianca che partorisce un figlio nero (da dimostrare). Così tutti quegli stronzi francesi finiscono per scusarsi e tutto finisce bene, perché il nero di turno, scagionato da ogni sospetto, vince la coppa di calcio del villaggio e tutti sono felici. L'integrazione è in arrivo! A nostro avviso, non c'è dubbio che lo sceneggiatore del film sia ebreo.

Philippe Niang - questo è il suo nome - ha condiviso un'altra visione del suo cosmopolitismo in un altro telefilm intitolato *Si j'avais des millions* (2005) (*Se avessi milioni*), dove, come la maggior parte degli ebrei, è ossessionato dall'integrazione degli immigrati e dalla distruzione biologica dell'uomo bianco. Come si vede, gli ebrei sono letteralmente ossessionati dalla mescolanza etnica, almeno quando si tratta di altri, perché coltivano per sé la più rigida difesa della propria identità. Ora, Philippe Niang può chiamarsi Tarempion o Walid ibn Reza: non importa. Non si riconosce un ebreo dal suo nome o dal suo volto, ma da ciò che dice, da ciò che scrive e da ciò che fa.

La confusione che alcuni registi amano instillare nella società non è solo un desiderio di sovvertire il mondo europeo, ma riflette anche l'ambivalenza stessa dell'identità ebraica. Negli anni '80, ad esempio, un cantante ebreo sudafricano, Johnny Clegg, ha goduto di una fama di breve durata. Johnny Clegg era conosciuto come lo "Zulu bianco", perché ballava come uno Zulu e cantava per l'abolizione del regime di Apartheid in Sudafrica e per la parità di diritti dei neri. Zulu ebreo" sarebbe stato ovviamente più appropriato, dato che Johnny Clegg (Klugman) apparteneva a quella comunità.

Vent'anni dopo, l'ambiguità e la plasticità della personalità ebraica sono ancora una volta magnificamente rappresentate nella persona di un certo Alain Lévy, che balla anche come un nero. Ecco cosa disse di lui il quotidiano svizzero *Le Matin* nel 2007: "Alain Lévy è bianco, ebreo e dirigente, e vince le gare di danza congolesi! Soprannominato "*Mundélé Ndombé*" in Lingala (Bianco Nero), è diventato un simbolo di apertura culturale e di lotta contro i pregiudizi ballando lo *ndombolo*. Nel suo spettacolo, Alain Lévy appare mascherato. Non un centimetro di pelle è visibile. Con ritmo, muove i fianchi alla perfezione. E quando rivela il suo volto, è una "scossa elettrica positiva". Questa capacità di ballare, di "risuonare", che gli è venuta "dal nulla", insiste, è diventata il suo modo di combattere i pregiudizi. Perché "l'idea che i neri abbiano il ritmo nel sangue è razzista".

Sto abbattendo le barriere tra bianchi e neri", dice. È così bello fare progetti e costruire ponti tra gli esseri umani! Nelle competizioni, la giuria e tutti i ballerini sono neri. In Sudafrica ero l'unica persona bianca in tutto lo stadio! Nel Sudafrica dell'apartheid, non è una cosa da poco". E il giornalista ha aggiunto: "Questa trovata, questo arco di tempo casuale del nostro arrivo sulla Terra gli dà una gioia infantile. "La mia capacità non ha una spiegazione, è questo che lascia perplessa la gente", dice. Se ci fosse, forse sarebbe troppo facile dire: 'Sì, è perché sei cresciuto in Africa, è normale'. Ma io ho sempre vissuto in Francia, faccio schifo nello sport, non ho mai suonato uno strumento, mia moglie non è africana. E ho colleghi congolesi che non sanno ballare". Alain Lévy pronuncia anche la solita frase sulla tolleranza: "Quello che è interessante è il messaggio di tolleranza del mio progetto. Perché il razzismo è ancora vivo in Europa". In realtà, questo Lévy è tipicamente ebreo, e non è affatto per il suo nome che lo si nota a prima vista, ma per il suo discorso caratteristico: mescolanza di popoli, sovrapposizione di identità, soppressione delle frontiere, militanza a favore dell'immigrazione, ecc. In realtà, gli ebrei sono più riconoscibili per quello che dicono, che scrivono e che fanno che per il loro cognome o il loro volto. Quindi Alain Lévy può tenersi la sua maschera. Non abbiamo bisogno di un test del DNA per riconoscere la sua vera identità.

Vediamo ora un altro esempio sintomatico di ambivalenza identitaria. Nel 2008, con l'aiuto di una grande pubblicità, la cantante britannica Amy Winehouse è diventata un idolo dei giovani. Amy Winehouse è nata in una famiglia ebrea di origine russa nel nord di Londra, ci dicono. Si sente anche nera: canta come una donna nera, "con una voce da mamma nera", sulla *musica soul* degli anni '60 che lei sta riportando in auge, e appare spesso sugli schermi televisivi circondata dai suoi musicisti e cantanti neri. A 24 anni è "*la diva del soul*". È anche la "nuova icona *trash*". Ecco cosa si può leggere su di lei: "automutilazione, droghe, alcolismo, anoressia, bulimia, Amy osa tutto: insulta il suo pubblico... impreca come una strada a un gala di beneficenza, vomita nel bel mezzo di un concerto, incide il nome del marito nel suo stomaco con un pezzo di vetro... E tutti applaudono... Amy Winehouse non è solo l'incarnazione dell'atteggiamento *trash*, ma è soprattutto un talento". Naturalmente, Amy Winehouse è stata premiata da tutti i suoi compari nella "comunità mediatica internazionale": "Ai

Grammy Awards statunitensi ha vinto cinque premi, tra cui quello di disco dell'anno per la sua canzone "*rehab*" ("*Désintoxication*"), che è in gran parte autobiografica". Fin dove si spingerà il nuovo idolo? Un mese fa ha subito l'ennesima overdose e ha rischiato di morire. Sua madre gli aveva persino riservato un posto al cimitero...".

Uno dei film più iconici a questo proposito è senza dubbio il western *Piccolo grande uomo* (USA, 1970). È la storia di un ragazzo bianco cresciuto tra gli indiani Cheyenne fin dall'età di dieci anni, che fa la spola tra il campo dei bianchi - che nel film appaiono come guerrieri sanguinari - e quello degli indiani, miti e tranquilli. Il regista, Arthur Penn, era evidentemente un ebreo, che esprime qui tutta l'ambivalenza dell'identità ebraica e sfrutta l'occasione per far sentire in colpa gli europei. Anche l'inserimento di un personaggio indiano omosessuale, invertito in tutti i sensi, è molto sintomatico della personalità ebraica. Come vedremo in questo studio, anche l'ambiguità sessuale è spesso un indicatore e una componente dell'identità ebraica.

Certo, l'espressione di un'identità ambigua non può nascondere completamente l'aggressività dei registi cosmopoliti nei confronti del mondo europeo. Prendiamo, ad esempio, *The Truman Show* (USA, 1998), che è un altro film di propaganda: Truman è un uomo che non sa di vivere solo per recitare in uno show televisivo. Tutto ciò che lo circonda è un set. Tutti quelli con cui entra in contatto sono attori, e lui è l'unico a non saperlo. Il regista ha voluto denunciare la società di cartone che fa da sfondo alla vita di Truman, la sua ipocrisia, la sua falsa felicità. Questa società ipocrita è una società WASP (White Anglo-Saxon Protestant), dove non esistono droga, crimine o film porno. Fuggendo da questo "mondo chiuso, timoroso e autoreferenziale", come direbbe il saggista Alain Minc, Truman può finalmente assaporare le gioie del mondo del sesso, della droga e del caos razziale. Non ci si poteva aspettare altro dal regista di *Dead Poets Club*, Peter Weir.

Gli europei devono imparare a essere tolleranti. È questo l'obiettivo del film di Joseph Losey *Il ragazzo dai capelli verdi* (USA, 1948): È la storia di un giovane orfano che affronta l'ostilità dei suoi coetanei. "Una magnifica favola sul razzismo e sulla tolleranza, sull'incontro con l'altro e sulla paura della differenza", spiega Serge Bromberg nella sua introduzione. Nel 1952, Joseph Losey fu vittima del maccartismo, condannato dalla Commissione per le attività antiamericane, insieme ai due sceneggiatori del film, Ban Barzman e Alfred Lewis.

Il giorno in cui la terra si fermò (USA, 1951) è un film di Robert Wise: un disco volante atterra sopra Washington. Gli alieni sono pacifici e dovremmo accoglierli a braccia aperte tra noi. Questo è anche ciò che Steven Spielberg si aspettava che facessimo con il suo *E.T., l'extra-*

terrestre (USA, 1982), e lo stesso messaggio si ritrova in *Men in Black* (1997) di Barry Sonnenfeld.

Possiamo concludere questo capitolo con il film *Monsieur Molina* (2006) di Thierry Binisti, anch'esso pieno di umanità e gentilezza. I due figli del signor Bonnard, Laurent e Jimmy, rimproverano il padre per il regalo fatto a una donna sconosciuta, Amina, che riceverà la casa di famiglia alla morte del signor Bonnard. I due fratelli non erano a conoscenza dell'esistenza di questa sorellastra per metà araba, frutto di una storia d'amore segreta. Il signor Molina, magistrato del tribunale di Lille (interpretato da Enrico Macias), dovrà risolvere questo spinoso problema familiare. Ecco cosa dice il quotidiano *Programme.tv*: "Il primo grande ruolo di Enrico Macias come magistrato locale, sensibile e umano, un personaggio che gli calza a pennello". "Umano e sensibile", appunto. Il film è infatti iper-moralizzante, come solo gli intellettuali ebrei sanno essere, sempre inclini a fare la morale al resto dell'umanità. I due fratelli, intolleranti e probabilmente un po' razzisti, accettano finalmente la loro nuova "sorellastra".[145] È anche molto bello vedere un giudice ebreo con il suo accento *da "piedipiatti"* che fa la morale a dei bravi francesi che si inchinano rispettosamente davanti a lui.

Propaganda cosmopolita II: gioco delle colpe

I registi cosmopoliti lavorano anche per far sentire gli europei profondamente colpevoli, per farli vergognare di ciò che sono.

Alcuni episodi della serie "americana" *Coldcase* sono molto emblematici in questo senso. Julian, un nostro amico e corrispondente, ha visto e riassunto per noi due episodi di questa serie dell'inizio del XXI secolo: una brillante insegnante vuole andare a insegnare in un liceo del ghetto per aiutare i neri. Poco dopo, viene assassinata. Ma il colpevole si rivela essere l'unico bianco della scuola: un insegnante bianco tossicodipendente che costringeva i suoi studenti a vendergli la droga. Dopo il delitto, se ne va per insegnare in una scuola cristiana...

Ecco un altro episodio: negli anni '60, una casalinga bianca inizia a vendere contenitori per alimenti in Mississippi, ma la sua attività è soprattutto una copertura per aiutare i neri a lottare per i loro diritti civili. Viene uccisa dal Klu Klux Klan, che attacca anche i bambini neri bruciando le loro scuole. È alla fine dell'episodio che scopriamo il colpevole,

---

[145] *I pieds-noirs* (*piedi neri*) sono persone di origine prevalentemente francese e, in misura minore, di altri Paesi europei, nate in Algeria durante il periodo coloniale francese dal 1830 al 1962, la maggior parte delle quali è dovuta fuggire nella Francia metropolitana non appena l'Algeria ha ottenuto l'indipendenza o nei mesi successivi. A seconda del contesto, la definizione può includere anche gli ebrei algerini, ai quali era stata concessa la cittadinanza francese con il Decreto Crémieux. (NdT)

trent'anni dopo: un militare in pensione, un buono a nulla che vive tranquillamente nel vecchio Sud. Queste sceneggiature sono state scritte da Meredith Stiehm e prodotte da Jerry Bruckheimer.

Julián ha anche analizzato per noi alcuni episodi della serie poliziesca *The Wire*, la famosa serie della HBO acclamata all'unanimità dalla critica come una delle migliori serie della storia. Ecco un breve riassunto. Abbiamo mantenuto lo stile di scrittura colloquiale di "The Internet": "Tutti i boss e i poliziotti buoni sono neri, tutti i bianchi sono stronzi (in una misura raramente vista in una serie: ad esempio, un poliziotto fotocopia il suo telefono per salvare la stampa di un numero di telefono). L'unico personaggio bianco intelligente è un alcolizzato e un donnaiolo... L'eroina della polizia è nera e lesbica (con un'altra donna nera). Ci sono anche due drogati, un filosofo nero e un povero stronzo bianco. Quest'ultimo viene massacrato da alcuni neri e finisce umiliato, con una sacca di urina artificiale trapiantata perché la sua vescica non funziona più. È una femminuccia e pensa solo a pungersi di nuovo, ma questo non gli impedisce di dichiarare a gran voce di essere un "vichingo". C'è anche un giovane poliziotto bianco inetto (che commette un grave errore con l'arma d'ordinanza e finisce per diventare un docile insegnante in un liceo dei bassifondi), o un criminale nero (Omar, sembra post 11 settembre) che è gay e fa sesso con un ragazzo bianco (che interpreta una donna, ovviamente)". E il nostro giudizioso corrispondente ha aggiunto: "Ho cercato il nome del regista e il vincitore è: David Simon". Naturalmente, tutte le recensioni di questo vomito televisivo sono elogiative, e viene persino citata come la serie preferita del Presidente Obama... "anche se è una schifezza", ha scritto Julian. Nemmeno i ritardati la guardano più. La terza stagione dovrebbe essere cancellata.

In Francia, all'inizio del XXI secolo, una serie come *Navarro*, immaginata da Pierre Grimblat e interpretata da Roger Hanin, era chiaramente ispirata alla serie americana *Kojak*. Anche altre serie, come *Julie Lescaut, Le Commissaire Moulin, Quai n°1* o *Une femme d'honneur*, hanno un'intenzione ideologica e sociologica simile e si concentrano su temi sociali: violenza urbana, razzismo, disoccupazione, periferie, truffe politiche ed economiche. C'è anche *PJ* di Alain Krief e *Plus Belle la vie*, una soap opera in cui Olivier Szulzynger inneggia alla miscegenazione (per le donne bianche) e all'omosessualità (per gli uomini bianchi).

Vediamo la sceneggiatura di un episodio di *Julie Lescaut* intitolato *Crédit revolver* (1994): un panettiere molto francese e molto razzista, molto propenso a tirare fuori il fucile di tanto in tanto per minacciare i giovani immigrati, è amico del vicesindaco Lefranc ["Il Francese"], che guida un partito di "estrema destra", l'Unione per la Francia. Anche il sindaco è un bastardo, perché è stato eletto grazie ai voti dell'"estrema destra". Lefranc si rivela un assassino, ma fortunatamente viene smascherato dall'ispettore Julie Lescaut, una donna forte e indipendente.[146]

Le Guide des films offre molti altri esempi dello stesso genere, anche se ovviamente non possiamo citarli tutti:

Inch'Allah Dimanche (Fr., 2001): [147] Nel 1974, anno del ricongiungimento familiare (voluto dal Presidente Valéry Giscard D'Estaing), una famiglia algerina si riunisce nel nord della Francia. I vicini francesi sono cattivi e meschini, ossessionati dal loro giardino. Il film di Yamina Benguigui è stato prodotto da Philippe Depuis-Mendel.

Liam (Regno Unito, 2000) è ambientato nella Liverpool degli anni Trenta. Liam ha sette anni e sua sorella è la domestica di una ricca famiglia ebrea. I poveri ebrei sono presi di mira da balordi di destra, e ci viene fatto capire che la morsa del cristianesimo sulle menti delle persone non serve a migliorare le cose. Un film del cosmopolita Stephen Frears.

Il patriota (USA, 2000) è un buon film sulla guerra d'indipendenza americana. Ma allo spettatore viene inconsciamente ricordato che l'uomo dagli occhi blu è crudele per natura e che solo una società multirazziale può placare i suoi istinti guerrieri. Il film è di Roland Emmerich.

Gadjo Dilo è un film di Tony Gatlif (Fr., 1997): Stéphane, un francese un po' smarrito, vaga per le strade della Romania. Si imbatte in un villaggio gitano e si rende conto che gli zingari sono persone davvero gentili, ma si scontra con il famigerato razzismo rumeno. Un avvertimento: questa è una fiction. Vi sconsigliamo vivamente di percorrere le strade della Romania rurale o della Slovacchia orientale per incontrare zingari amichevoli.

Pullman Paradis (Fr., 1995): Durante un'escursione in Normandia in una carrozza Pullman, i passeggeri diventano amici. La regista Michèle Rosier presenta i francesi "con la loro meschinità e il loro ordinario razzismo". Scopriamo che è la figlia della giornalista Hélène Gordon-Lazareff.

Sole nascente (USA, 1993): Una società giapponese di Los Angeles scopre il corpo di una prostituta nei suoi uffici. "Un buon thriller che ha come sfondo il razzismo e la xenofobia verso i giapponesi.

Distretto 34 (Q&A, USA, 1990), il poliziotto Mike Brennan uccide un mafioso portoricano per legittima difesa. Ma una controinchiesta rivela che Brennan è un poliziotto sadico e razzista. Un film di Sidney Lumet, regista molto famoso e aggressivo.

On peut toujours rêver è un film di Pierre Richard (Fr., 1990): a capo di un enorme impero finanziario, Charles de Boleyve, detto "l'Imperatore", è

---

[146] *Le Guide des films*, a cura di Jean Tulard, tre volumi, 3380 pagine, Robert Laffont, 2002.
[147] Il diritto al ricongiungimento familiare è il diritto dei migranti di mantenere l'unità della propria famiglia potendo ricongiungere alcuni parenti nel Paese in cui si sono trasferiti (NdT).

un odiato miliardario. Fa amicizia con un certo Rachid, un moro spregiudicato e disinibito. Il francese è freddo, perbenista e sgradevole, con una personalità che contrasta con "l'allegra esuberanza della famiglia magrebina".

L'Entraînement du champion avant la course, di Bernard Favre (Fr., 1990): In un sobborgo parigino, Fabrice è un macellaio dalla vita mediocre. Si divide tra la moglie e l'amante, ma il suo unico vero piacere è allenarsi per le gare di ciclismo. "Fabrice è una mediocrità in tutto il suo orrore, scrive Claude Bouniq-Mercier: sostenitore della pena di morte, sadico, violento, misogino, egoista, reazionario, la sua mente è ristretta come il suo orizzonte di vita". Grazie, signor Bouniq.

True believer (USA, 1989) è un film di Joseph Ruben: Dodd è un avvocato anticonformista. Accetta di occuparsi del caso di un giovane coreano imprigionato e accusato di aver ucciso un prigioniero troppo brutale. Nonostante l'opposizione del pubblico ministero, Dodd stabilirà la verità che scagiona il coreano. Il film denuncia il razzismo bianco e la corruzione.

In *Dead Bang* (USA, 1988) di John Frankenheimer, un poliziotto di Los Angeles rintraccia l'assassino di uno dei suoi colleghi in Arizona. La sua ricerca lo conduce a un gruppo di neonazisti.

In *The Mission* (USA, 1986) di Roland Joffé, il regista ci riporta al 1750 in Sud America. Mendoza, un mercante di schiavi, fa ammenda sostenendo i gesuiti nella loro missione a favore degli indios. Ma la Chiesa e i mercanti spagnoli intendono continuare i loro sporchi affari e l'assalto finale si scatenerà contro i gesuiti e i loro pacifici indios. Nel film, naturalmente, i mercanti di schiavi sono buoni cristiani e non certo ebrei (cfr. *La mafia ebraica*, 2008).

Soldier's story (USA, 1984) è la storia di un ufficiale nero che indaga sull'omicidio, avvenuto nel 1944, di un sergente di un'unità militare nera di stanza in Louisiana. Naturalmente, le sue indagini portano a colpevoli bianchi. Il film è di Norman Jewison, un regista tanto mediocre quanto aggressivo.

Urgence è un film di Gilles Béat (Fr., 1984): Max è un giornalista infiltrato in un gruppo nazista. È convinto che si stia progettando un attentato, ma viene smascherato e ucciso dal leader del gruppo. I nazisti vengono arrestati. La sceneggiatura è di Jean Herman, basata sull'opera teatrale di Didier Cohen.

Équateur, di Serge Gainsbourg (Fr., 1983): Timar arriva in Gabon negli anni Cinquanta. Si innamora di Adèle. Dopo l'omicidio di uno dei suoi figli, Adèle parte con Timar per sfruttare una concessione nella giungla. Sopraffatto dall'alcol e dal caldo, Timar perde l'amore per Adèle e la fa confessare l'omicidio del ragazzo, ma un altro nero è già stato condannato.

Dobbiamo credere che siano i bianchi a beneficiare dell'immigrazione: In *Borderline* (USA, 1980), Jeb Maynard gestisce un posto di dogana in California. Il suo migliore amico viene ucciso da un trafficante di esseri umani. Jeb indaga e smaschera i capi dell'assassino. Gli immigrati clandestini sono qui rappresentati come vittime, mentre i veri colpevoli sono i nuovi mercanti di schiavi. Ma niente panico: il film non parla di ebrei. Il film è di Jerrold Freddman.

Haines (USA, 1949) è un film che denuncia lo sfruttamento della manodopera messicana nella California meridionale. Joseph Losey, come sappiamo, è un regista "generoso". È ovvio che i bianchi si arricchiscono a spese degli immigrati. D'altra parte, essi beneficiano anche delle sovvenzioni del grande capitale che, come tutti sappiamo, è il terreno di coltura del fascismo.

In *L'Héritier* (Fr., 1972) di Philipe Labro, Bart Cordell torna dagli Stati Uniti per ereditare un impero industriale. Scopre che il padre è stato assassinato dal patrigno, che gestisce un emporio industriale e finanzia un partito neofascista. Questo è ciò che lo sceneggiatore, Jacques Lanzmann, vorrebbe farci credere.

Mille Milliards de dollars, di Henri Verneuil (Fr., 1981), ha lo stesso obiettivo: un giornalista scopre che la multinazionale GTI lavorava per i nazisti. Il suo proprietario si rifiuta di permettere il proseguimento delle indagini. Il giornalista è costretto a nascondersi e solo un piccolo giornale di provincia pubblica il suo articolo. È noto che la stampa tradizionale è totalmente controllata dai fascisti.

L'ultima onda (*The Last wave*, Australia, 1977) è un film sugli aborigeni dell'Australia. Uno di loro è accusato di omicidio. Si può vedere "l'espressione artistica del senso di colpa anglosassone nei confronti degli aborigeni". Un'altra opera umanista di Peter Weir.

Cry for Me, Billy (USA, 1976) di William Graham è un western: Billy, un giovane sicario, è indignato per il trattamento riservato dall'esercito agli indiani. Egli stesso ha una relazione con una giovane indiana sopravvissuta a un massacro. Una pattuglia di soldati li trova e gli uomini violentano l'indiana. Affranta, la ragazza si suicida. Billy la vendica, ma cade a sua volta. "Un western molto simpatico, un appello antirazzista a favore degli indiani", ha scritto Jean Tulard. La sceneggiatura è di David Markson, anch'egli un ebreo molto simpatico.

Buffalo Bill e gli indiani (USA, 1976) è un film di Robert Altman: leggi il commento di Jean Tulard: "Altman è l'anti-Ford nella sua visione del West. Qui è Buffalo Bill a essere ritratto come un pessimo comico, un pessimo tiratore e un pessimo cavaliere, ma un gran bevitore di whisky. Gli indiani, invece, sono esaltati nella persona di Toro Seduto".

Dato che le autorità bianche sono così corrotte, qualsiasi cosa va bene per rovesciare le autorità dei goyim. Ecco *Blazing Saddles* di Mel Brooks

(USA, 1973). È una parodia western: il governatore corrotto cerca di espropriare gli abitanti del villaggio a vantaggio di una compagnia ferroviaria. Viene sconfitto da uno sceriffo nero, un pistolero alcolizzato e un bruto.

Punishment Park (USA, 1971) è un film di Peter Watkins. Nel 1971, il Presidente Nixon dichiara lo stato di emergenza. Il film denuncia "le forze di repressione contro le minoranze". È una "denuncia di straordinaria violenza".

La liberazione di L.B. Jones (USA, 1970) è un film di William Wyler, regista ebreo molto famoso e vincitore di quattro Oscar, in particolare con il film *Ben-Hur* (1960): Un poliziotto razzista, Willie Joe, va a letto con la moglie di un uomo d'affari nero. Quest'ultimo vuole avviare la procedura di divorzio. Alla fine, il poliziotto uccide l'uomo d'affari e il caso viene messo a tacere dall'avvocato dell'uomo d'affari stesso.

Nel film *I disperati* (USA, 1969), un padre e i suoi tre figli, ex guerriglieri confederati, seminano il terrore alla testa di una banda di soldati smobilitati. I meridionali sono così. Il film è di Henry Levin.

The Scalphunters (USA, 1968): il trapper Bass deve barattare il suo mulo e le sue pellicce con la vita di uno schiavo nero fuggito. Dopo un massacro indiano, si unisce allo schiavo nero per inseguire i predoni e cercare di recuperare le pellicce. "Un western fallito, ma accattivante per il rapporto tra l'uomo bianco e l'uomo nero". Questo è il regista Sidney Pollack, che ha diretto anche il film *The Firm (*1993), in cui i membri di uno studio legale sono tutti bastardi. Ovviamente, sono tutti completamente bianchi e cristiani.

La longue marche è un film di Alexandre Astruc (Fr., 1966): [148] Nel giugno 1944, nelle Cévennes, un gruppo di combattenti della Resistenza requisisce un medico petainista per curare il loro capo. I combattenti della Resistenza sono denunciati dai contadini francesi, meschini e rapaci, come tutti sanno (proprio il contrario degli ebrei).

La notte desiderata (*Hurry Sundown*, USA, 1966) è ambientato nel Sud americano. È una storia di musicisti jazz: i bianchi sono malvagi e senza scrupoli, mentre i neri sono povere vittime. Un film di tre ore diretto da Otto Preminger. Lo stesso Otto Preminger che ha realizzato *Exodus* (1960), che esalta la lotta degli ebrei nel 1947 contro gli inglesi e gli arabi per costruire uno Stato ebraico in Palestina.

I professionisti (USA, 1966) è un western "umanistico e moralistico", scrive Guy Bellinger. Da un lato, ci sono i mercenari messicani, che si rivelano essere degli idealisti. "Quanto al coraggioso proprietario terriero

---

[148] Un medico fedele al regime di Vichy e collaborazionista con la Germania nazionalsocialista.

che cade vittima del bandito messicano, non è altro che uno spregevole ipocrita che ha rubato la fidanzata al bandito. A poco a poco, la situazione iniziale si ribalta". Il film è stato diretto da Richard Brooks. In *Elmer Gantry* del 1960, Richard Brooks aveva già preso in giro i predicatori cristiani ipocriti.

Gengis Khan (USA, 1965) è un altro film di Henry Levin. Gengis Khan è ritratto come un uomo "cortese, magnanimo, femminista, libertario e progressista".

Il maggiore Dundee è un film di Sam Peckinpah (USA, 1964): Alla fine della guerra civile americana, il maggiore Dundee, nordista, decide di inseguire gli Apache in territorio messicano. Dundee stermina gli Apache. In questo film vediamo l'odio dei sudisti per i neri, così come l'odio dei nordisti per gli Apache. La sceneggiatura è di Harry e Julian Fink, che chiaramente non apprezzano né i sudisti né i nordisti.

Ne *Il diario di una cameriera* (Fr., 1964), Joseph, un domestico che ha ucciso una bambina, è anche un militare di estrema destra. Il regista messicano Luis Buñuel, rampollo di un ricco indiano, è noto per le sue posizioni di estrema sinistra e per il suo odio viscerale nei confronti del cattolicesimo.

L'intruso (USA, 1962): Adam Cramer arriva in una piccola città del sud americano per lottare contro l'integrazione dei bambini neri nelle scuole bianche. Un giornalista si oppone a lui e Cramer ricatta la figlia affinché dica di essere stata violentata da un uomo nero. Proprio quando l'uomo sta per essere linciato, la verità viene a galla e Cramer è costretto a fuggire. Un film di Roger Corman, un "bianco".

Andando un po' più indietro nel tempo, arriviamo a *Il sergente nero* di John Ford (USA, 1960): una storia di stupro e di una vittima innocente nell'esercito. Per la prima volta nell'opera di John Ford, uno dei due eroi è nero. "Ford getta uno sguardo non compiaciuto sulle paure, le ipocrisie e lo spregevole razzismo di certi bianchi". La sceneggiatura è stata scritta da un certo W. Goldbeck.

In *Wild River* (USA, 1960) di Elia Kazan, lo spettatore viene trasportato nell'anno 1933: si sta costruendo una diga sul fiume Tennessee. La popolazione locale (cretini bianchi razzisti) si oppone all'assunzione di neri. Chuck combatte "vittoriosamente contro l'oscurantismo della gente comune arretrata". Guy Bellinger parla di noi in questo modo.

Odds Against Tomorow (USA, 1959): Burke, un ex-poliziotto, organizza una grande rapina in cui fa squadra con Slater, appena uscito di prigione, e un cantante nero, Ingram. Ma Slater odia i neri e durante la rapina in banca i pregiudizi di Slater fanno sì che tutto vada storto. Un thriller sul razzismo, cioè un thriller razzista anti-bianco, diretto da un ebreo, Robert Wise.

In *The Vanishing American* (USA, 1955), il remake di Joseph Kane (Cohen), una giovane ragazza aiuta gli indiani Navajo a resistere all'invasione dei bianchi nella loro terra.

Chief Crazy Horse di George Sherman (USA, 1955) è un film sulla morte di Cavallo Pazzo, il capo indiano, che è "nella moda dei film pro-indiani". Ma non pro-palestinese.

Il Tomahawk giallo è un western "di un raro antimilitarismo". Di fronte agli indiani, un ufficiale spavaldo guida la sua compagnia al massacro e si rivela incredibilmente vigliacco. Si rotola a terra, piange, implora di non essere abbandonato. Il film è del prolifico regista di western di serie B Lesley Selander, basato su una sceneggiatura di H. Bloom. Chi dei due si rotola per terra a chiedere l'elemosina nel cortile della scuola?

Nel 1951, in *Storm Warming*, Stuart Heisler denuncia il razzismo del Klu Klux Klan, un covo di veri assassini. La sceneggiatura è di Daniel Fuchs e Richard Brooks.

In *L'uomo del pianeta X* (USA, 1951), un alieno arriva sulla Terra in cerca di aiuto per il suo pianeta in via di raffreddamento. Si scontra con l'egoismo e l'odio degli umani, beh... soprattutto degli umani bianchi. Il film è di Edgar Ulmer.

Les Statues meurent aussi, di Alain Resnais (Fr., 1950): Un film che denuncia la colonizzazione attraverso l'arte dell'artigianato nero. Nel 1974, Alain Resnais ha girato anche un film sul famoso truffatore ebreo degli anni '30, Stavisky, in cui l'ebraicità del personaggio è stata completamente cancellata. Resnais ha anche diretto l'indimenticabile *film* sull'Olocausto *Nuit et brouillard* (*Notte e nebbia*, Fr., 1955). Ecco cosa ne scrisse Bouniq-Mercier, senza esagerare: "Oggi i campi di concentramento non sono altro che nomi su una mappa. Eppure nove milioni di uomini, donne e bambini vi furono deportati, umiliati, affamati e sterminati". "Nove milioni": sono tanti, vero? È Hollywood?

Home of the brave, di Mark Robson (USA, 1949): Il maggiore Robinson ha bisogno di tre volontari per localizzare un'isola del Pacifico occupata dai giapponesi. Uno dei volontari è un nero e il gruppo reagisce male nei suoi confronti. Il film è "un appello antirazzista". Basato su una sceneggiatura di Carl Foreman.

La legione nera di Archie Mayo (*Black Legion*, USA, 1937): un militante del Klu Klux Klan si accanisce contro gli immigrati. Al processo, rivela tutto ciò che sa sull'organizzazione. La sceneggiatura è di Abel Finkel, appartenente a un'altra setta, ma molto più influente.

I bianchi sono dei bastardi che distruggono la natura e uccidono gli animali solo per divertimento. *L'ultima caccia* (*The Last Hunt*, USA, 1956) parla della caccia al bufalo. Charles Gison, un cacciatore dal carattere crudele, non ha altro che disprezzo per gli indiani. "Un film coraggioso perché ricorda senza mezzi termini al popolo americano che è responsabile del genocidio degli indiani, di una catastrofe ecologica (la quasi scomparsa dei sedici milioni di bisonti di cui si nutrivano i "pellerossa") e che ha un gusto eccessivo per le armi da fuoco", ha scritto Guy Bellinger, aggiungendo che è un film "che mette a disagio". Richard Brooks (ancora una volta) è il regista.

In *Le radici del cielo* (USA, 1955), Morel, un bianco, si dedica alla difesa degli elefanti durante un safari in Africa centrale. Si allea con un leader rivoluzionario nero... Un film di John Huston, basato su una sceneggiatura di Romain Gary (Roman Kacew).

In *Io sto con gli ippopotami*, di Italo Zingarelli (Italia, 1979), due simpatici compari (Terence Hill e Bud Spencer) aiutano i loro amici africani contro una banda di trafficanti di avorio. "Probabilmente uno dei film più progressisti del 1979", ha scritto Serge Toubiana, che ha dimenticato di dirci chi sono i principali trafficanti d'avorio.

Quando i bianchi amano gli animali, è per usarli al servizio del loro odio. Si veda *Les Chiens* (*I cani*), un film di Alain Jessua (Fr., 1979): in una nuova città vicino a Parigi, molti lavoratori immigrati vengono morsi dai cani da guardia addestrati da un certo Morel. Ben presto, alcuni giovani danno fuoco al canile e uccidono Morel, mentre la città si divide in due clan. Ecco il commento brillante e illuminante di Claude Bouniq-Mercier: "Il male dilaga, come la peste nel Medioevo o il nazismo più recentemente. E i cani sono l'espressione di una disumanizzazione che minaccia il nostro mondo".

In *White Dog* (*Cane bianco*, USA, 1982) di Samuel Fuller, una giovane attrice che ha investito un cane lupo bianco lo adotta per evitare che venga soppresso e si affeziona a lui. Scopriamo che si tratta di un cane addestrato ad attaccare i neri.

Il cinema cosmopolita attacca regolarmente anche l'esercito. Nel 1940, l'esercito francese era certamente composto da soldati coraggiosi, che andavano a "presidiare i recinti di filo spinato", come dice Céline, per difendere i diritti umani universali e la democrazia. Ma durante la guerra d'Algeria, l'esercito francese, che difendeva gli interessi dei francesi (e le loro vite), divenne una banda di torturatori. In *La Question* (Fr., 1976), i paracadutisti seminano il terrore ad Algeri. Un film di Laurent Heynemen.[149] *Diabolo menthe*, di Diane Kurys (Fr., 1977), denuncia l'OAS nel 1963 e i fascisti che gestiscono questa oscura organizzazione. *La battaglia di Algeri* è un altro film di denuncia sulla guerra d'Algeria. Il film ha ricevuto il Leone d'Oro a Venezia nel 1965. Il suo regista, Gilles Pontecorvo, era un ebreo italiano.

---

[149] L'Organizzazione dell'Esercito Segreto (*OAS: Organisation de l'Armée Secrète*) è stata un'organizzazione terroristica francese estremista di destra fondata a Madrid nel 1961 dopo il tentativo di colpo di Stato contro de Gaulle.

Elise ou la vraie vie (Francia-Algeria, 1970) di Michel Drach è un altro film su questo periodo. Originaria di Bordeaux, Élise raggiunge il fratello Lucien a Parigi. Lucien lavora in una fabbrica e sostiene l'FLN. Senza soldi, Élise è costretta a lavorare in una fabbrica, dove inizia una relazione con Arezki, un militante algerino. Di fronte al razzismo e alle incursioni della polizia, il loro amore è difficile e pericoloso. Secondo Claude Bouniq-Mercier, questo è "un film onesto e generoso che osa affrontare i problemi del razzismo in Francia durante il turbolento periodo della guerra d'Algeria".

Alla luce di tutta questa propaganda, possiamo concludere che le "persone di colore" hanno il diritto naturale di uccidere i bianchi malvagi. Nel film di Joel Schumacher *"Il momento di uccidere"* (*A Time to kill*, USA, 1996), una ragazza nera del Sud americano è stata rapita e uccisa da due criminali. Il padre la vendica uccidendo il colpevole durante un trasferimento. La sceneggiatura è di Akiva Goldsman.

È ormai chiaro che i neri salveranno l'umanità. In *The Golden Boy* (USA, 1986) di Michael Ritchie, un bambino con poteri divini è stato rubato da un monastero tibetano dal perfido Numpsa. Solo uno dei prescelti di Dio può ritrovarlo. Il prescelto in questione è un nero di Los Angeles.

In *Deep Impact* (USA, 1998), un asteroide gigante sta per schiantarsi sulla Terra. Il pianeta viene salvato in extremis dal presidente americano, che è nero. Anche nel film di Luc Besson *Il quinto elemento* il presidente del mondo è nero. In *Come Dio* (*Bruce Almighty*, USA, 2003), un altro uomo nero interpreta il ruolo di Dio. Il film è di Tom Shadyac, basato su una sceneggiatura di Steven Koren. Anche David Palmer, il Presidente degli Stati Uniti nella serie *24*, è interpretato da un attore nero. In *Independence Day* (USA, 1996), il regista Roland Emmerich mostra un pianeta attaccato dagli alieni.[150] La Terra viene salvata da un uomo nero e, nascosto dietro di lui, da un ebreo chassidico. Tutta questa propaganda ha preparato il popolo americano a eleggere il primo presidente nero degli Stati Uniti nel novembre 2008.

Ma concludiamo questa analisi della società multiculturale occidentale attraverso il cinema con un film di fantascienza, davvero divertente e illuminante: *Matrix* (USA, 1999). Il film di Larry e Andy Wachowski è un'opera di culto nel suo genere. Ma è stato frainteso da molti.

Nel film, gli esseri umani sono totalmente assoggettati a un programma informatico creato dalle macchine che domina ogni loro pensiero e ogni aspetto della loro vita. Credono di esistere, ma in realtà non sono altro che schiavi di Matrix. Gli ultimi esseri umani liberi nel mondo reale sono quelli

---

[150] Sugli ebrei chassidici, un ramo dei mistici cabalistici, si veda *Psicoanalisi dell'ebraismo* e del *fanatismo ebraico*, e la nota *225*.

che si oppongono a questo mondo totalitario. *Matrix* è un sistema, è il nostro nemico, spiega Morpheus a Neo nella famosa scena in mezzo alla folla per le strade di New York, dove Neo si volta a guardare la bella bionda con il vestito rosso. Cosa vediamo in quella scena? Che tutta la folla, tutte le persone che fanno parte di Matrix e che non vogliono staccare la spina, sono bianche. Tutti, senza eccezioni. Vediamo suore che attraversano la strada, poliziotti sospettosi, agenti di borsa in giacca e cravatta, ecc. e tutti fanno parte del sistema, che è il nemico. Il messaggio è abbastanza chiaro. D'altra parte, al contrario, la resistenza è composta da persone di ogni colore e condizione. Il leader della resistenza, Morpheus, è nero. Tra loro c'è un traditore, ovviamente bianco. Sarà eliminato da un nero. Di fronte alla crudeltà dei guardiani bianchi di Matrix - gli agenti Smith - che perseguitano i nostri eroi e torturano Morpheus, lo spettatore si identifica naturalmente con la resistenza. Nell'ultima scena del film, Neo, il liberatore dell'umanità, il messia che tutti aspettavano, sente un messaggio nella cabina telefonica. E questo messaggio, consegnato al pubblico, è il seguente: "D'ora in poi accetterete di vivere in un mondo senza leggi o regole, senza limiti o confini. Un mondo in cui tutto può accadere... So che avete paura... Avete paura del cambiamento. Ma non abbiate paura. Questo è il messaggio: un mondo senza confini, un governo mondiale umano. Lo spettatore che si è identificato con Neo e Morpheus è stato ingannato. Perché Matrix esiste davvero. È stata lei a fare il film. E nel film ci sono abbastanza indizi per renderlo chiaro. L'ultimo nido di resistenza umana si chiama Zion, l'eroe, Neo, è il prescelto, il mitico liberatore dell'umanità annunciato secondo le profezie che sarà in grado di salvare Zion, come rivelato dall'Oracolo.

Da allora, Larry e Andy Wachowski hanno cambiato sesso. Ora sono donne. Si chiamano Lana e Lilly Wachowski e vivono benissimo la loro femminilità e il loro ebraismo (cabalistico?) senza problemi.

La conquista musulmana

L'invasione migratoria del Terzo Mondo che ha sommerso l'Europa e il mondo occidentale dopo la Seconda Guerra Mondiale non ha altra causa che questa instancabile propaganda a favore del progetto cosmopolita. Già nel VII secolo gli ebrei avevano favorito la conquista del regno visigoto di Spagna da parte dei musulmani e avevano iniziato a triangolare i conflitti nella penisola iberica. Erano stati i primi ad aprire le porte delle città spagnole agli invasori che avevano accolto come liberatori. Heinrich Gratez, uno dei primi storici ebrei della metà del XIX secolo, scrisse: "Dopo la battaglia di Jerez (luglio 711) e la morte di Rodrigo, l'ultimo dei re visigoti, gli arabi vittoriosi avanzarono, sostenuti ovunque dagli ebrei. In ogni città conquistata, i generali musulmani potevano lasciare solo una piccola guarnigione delle proprie truppe, poiché avevano bisogno di ogni uomo per sottomettere il Paese; le affidarono quindi alla custodia degli ebrei.[151] Così gli ebrei, che fino a poco tempo prima erano stati servi della gleba, divennero i padroni delle città di Cordova, Granada, Malaga e molte altre".[152]

Un secolo dopo, nel 1981, un altro famoso storico ebreo, Leon Poliakov, scriveva esplicitamente nella sua monumentale *Storia dell'antisemitismo*: "Ciò che sembra certo è che, man mano che avanzavano, i conquistatori arabi affidavano loro la sorveglianza delle città che cadevano nelle loro mani". Né il fenomeno era una novità, perché gli ebrei avevano già favorito l'avanzata musulmana ovunque i cristiani avessero avuto difficoltà: [153]Gli "ebrei" di Siria, Palestina ed Egitto, sotto il dominio cristiano, così come quelli della Mesopotamia, sotto il dominio persiano, "accolsero con gioia gli invasori musulmani", scrive ancora Poliakov.[154]

Il ruolo svolto dagli ebrei è quindi di pubblica notorietà. [155]Nel 1945, lo storico ebreo Abraham Leon Sachar, che era direttore nazionale della Hillel Foundations for Universities negli Stati Uniti, sostenne nella sua *Storia degli ebrei* che gli arabi avevano conquistato il regno visigoto grazie all'atteggiamento favorevole degli ebrei.[156]

Si legga anche quanto affermato dallo storico ebreo di origine tedesca Josef Kastein nel suo libro *Storia e destino degli ebrei*: "I berberi aiutarono il movimento arabo a diffondersi in Spagna, mentre gli ebrei sostenevano questo movimento con uomini e denaro".

Anche Deborah Pessin, nel suo libro *The Jewish People*, pubblicato a New York nel 1952, lo conferma: "Nell'anno 711, la Spagna fu conquistata dai musulmani e gli ebrei salutarono il loro arrivo con gioia. Poterono tornare in Spagna dai Paesi in cui erano fuggiti.[157] Andarono incontro agli invasori, aiutandoli a conquistare le città spagnole".

---

[151] Heinrich Graetz, *Storia degli ebrei III*, Londra, Myers High Holborn, 1904, p. 111.
[152] Léon Poliakov, *Histoire de l'antisémitisme, tome I*, Point Seuil, 1981, p. 97.
[153] Léon Poliakov, *Histoire de l'antisémitisme, tome I*, Point Seuil, 1981, p. 74.
[154] Lo scrive chiaramente anche Marcelino Menéndez Pelayo nella sua *Historia de los Heterodoxos españoles, Tomo I*, Ed. F. Maroto, Madrid, 1880, p. 216.
[155]Abram Leon Sachar, *A History of the Jews*, Mc Graw-Hill College, 1967 - Abraham Leon Sachar, *Historia de los Judíos*, Ediciones Ercilla, Santiago de Chile, 1945, p. 227.
[156] Josef Kastein, *Storia e destino degli ebrei*, Garden City Publishing, 1936, pag. 239.
[157] Deborah Pessin, *The Jewish People*, United Synagogue Commission on Jewish Education, 1952, libro II, p. 200, 201. [Per maggiori dettagli si legga il grande studio di Maurice Pinay, *Plot against the Church*, per esempio, nella quarta parte, capitolo XV, p. 215: "Intorno al 694, diciassette anni prima della *conquista della Spagna da parte dei musulmani, progettarono una rivolta generale, in accordo con i loro* correligionari al di là dello Stretto di Gibilterra, dove i musulmani *conquistarono la Spagna*". 215: "Intorno al 694, diciassette anni prima della conquista della Spagna da parte dei

Gli ebrei del Nord Africa, emigrati dalla Spagna nel secolo precedente, si unirono alle truppe musulmane invasori, mentre gli ebrei ancora residenti nel regno visigoto aprirono loro le porte.

Nel suo libro intitolato *L'invenzione del popolo ebraico*, pubblicato nel 2008, lo storico israeliano Shlomo Sand lo ha confermato ancora una volta, nel caso fosse necessario: "Le fonti cristiane contemporanee condannarono il comportamento infido degli ebrei che, in varie città, accolsero le forze d'invasione e furono persino reclutati da queste ultime come truppe ausiliarie. In effetti, la fuga di molti cristiani fece sì che gli ebrei, loro rivali, fossero nominati governatori di molte città.[158] Nella sua compilazione *Israel in Exile*, Ben-Zion Dinur aveva incluso molte citazioni da fonti arabe che confermavano quelle cristiane".

Sotto il dominio musulmano, gli ebrei godettero di grande prosperità. Questa situazione durò fino all'invasione berbera degli Almohadi, a metà del XII secolo. Contrariamente ai loro predecessori, gli Almohadi avevano deciso di porre fine al potere ebraico in al-Andalus. Leon Poliakov ci racconta: "In Andalusia, l'età dell'oro non sarebbe durata a lungo. Nel 1147 fu invasa dagli intolleranti e settari Almohadi del Marocco, che imposero l'Islam con la forza". Gli ebrei dovettero abbandonare la regione per raggiungere luoghi più favorevoli nelle terre cristiane di Castiglia, Aragona, Linguadoca e Provenza: "Quando, a metà del XIII secolo, la caduta della

---

musulmani, progettarono una rivolta generale, in accordo con i loro correligionari al di là dello Stretto, dove diverse tribù berbere professavano il giudaismo e dove avevano trovato rifugio gli ebrei banditi dalla Spagna. La ribellione doveva probabilmente scoppiare in più luoghi contemporaneamente, nel momento in cui gli ebrei provenienti dall'Africa fossero sbarcati sulle coste della Spagna; ma prima che arrivasse il momento concordato per l'esecuzione del piano, il governo fu messo al corrente della cospirazione. Il re Egica prese immediatamente le misure dettate dalla necessità; poi, convocato un Consiglio a Toledo, informò le sue guide spirituali e temporali dei colpevoli disegni degli ebrei, chiedendo loro di punire severamente quella "razza maledetta". Ascoltando le dichiarazioni di alcuni israeliti, dalle quali emergeva che il complotto mirava nientemeno che a trasformare la Spagna in uno Stato ebraico, i vescovi, rabbrividendo di rabbia e indignazione, condannarono tutti gli ebrei alla perdita dei loro beni e della libertà. Il re li avrebbe consegnati come schiavi ai cristiani e anche a coloro che fino ad allora erano stati schiavi degli ebrei e che il re aveva emancipato". *Enciclopedia Judaica Castellana*, vocablo España, vol. IV, p. 142, col. 2].
[158]Shlomo Sand, *La invención del pueblo judío*, Akal, 2011, Madrid, p. 228-229. [Il terzo reggimento, che era stato inviato contro Elvira, assediò Granada, la capitale di quello Stato, e affidò il blocco a una forza locale composta da musulmani ed ebrei, e così fecero ovunque trovassero ebrei [...]. Presa Carmona, Musa attaccò Siviglia. Dopo un assedio durato molti mesi, Musa conquistò la città e i cristiani fuggirono a Baya. Lasciando gli ebrei come esercito permanente a Siviglia, Musa avanzò verso Merida. Inoltre, quando Tariq vide che Toledo era vuota, vi portò gli ebrei e lasciò alcuni dei suoi uomini con loro, mentre si diresse verso Wadi al-Hajara (Guadalajara)". nota 39: B.Z. Dinur, *Israele in esilio*, cit., vol.1,1, p. 116-117. (NdT]

dinastia almohade rese inutile l'occultamento, non vi fu alcun segno di un ritorno massiccio all'ebraismo... [159] Ma una comunità ebraica fu apertamente ricostituita a Granada".

Tutti gli ebrei della Spagna musulmana non si erano "integrati".[160] Altri avevano preferito fuggire verso nord, per unirsi ai cristiani, che avevano tradito qualche secolo prima, nella loro lotta contro l'Islam.

Shmuel Trigano ha cercato di farci credere che gli ebrei fossero i migliori alleati dei cristiani. Con impudenza, la solita famosa *chutzpah*, ha scritto: "I principi cristiani della riconquista trovarono negli ebrei degli alleati affidabili e, una volta conquistati i territori, la familiarità degli ebrei con il Paese fu un utile vantaggio. Re e nobili nominarono gli ebrei a posti importanti come diplomatici, finanzieri, esattori, amministratori, studiosi e medici.[161] In Castiglia, spesso politicamente instabile, i re sentivano di poter contare sui loro consiglieri ebrei, in quanto non erano soggetti alle lealtà contrastanti dei loro vassalli cristiani".

Leon Poliakov ha detto lo stesso, scrivendo senza ridere: "I principi della Riconquista trovarono in loro ausiliari dedicati e affidabili". La loro ascesa nella Spagna cristiana fu "vertiginosa". E bisognava dire che non tutti gli ebrei vivevano in miseria: "Gli ebrei presero posto nella scala sociale subito dopo i re e i signori, un rango che assicurava loro la grande varietà delle funzioni socio-economiche. Il commercio, l'industria e l'artigianato erano in gran parte nelle loro mani", osserva Poliakov. "I grandi ebrei di Toledo e Barcellona, incaricati sia dei piaceri dei principi che dei loro affari, fungevano da think-tank permanente dei re spagnoli, accompagnandoli nei loro incessanti viaggi".

In Aragona, il ruolo degli ebrei cominciò a svanire alla fine del XIII secolo, ma in Castiglia, più islamizzata, continuò fino al XV secolo.[162] Anche Leon Poliakov ha sostenuto che gli ebrei di Spagna svolsero un

---

[159] Léon Poliakov, *Histoire de l'antisémitisme, tome I,* Point Seuil, 1981, p. 112.

[160] La situazione era simile nel 2008: dopo aver favorito l'invasione dell'Europa da parte delle masse del terzo mondo, gli intellettuali ebrei, nel loro insieme, incoraggiavano l'Occidente a fare la guerra in Iraq e in Afghanistan, aspettando il turno di Iran, Libia e Siria. [Si legga ad esempio questo interessante editoriale del quotidiano *Le Monde* del 16 marzo 2011 dal titolo: "*Sì, dobbiamo intervenire in Libia, e in fretta!*", firmato dalla crema dell'*intellighenzia* "francese": Pascal Bruckner, Daniel Cohn-Bendit, Frédéric Encel, Raphaël Enthoven, André Glucksmann, Bernard Kouchner, Claude Lanzmann, Bernard-Henry Lévy. Su https://www.lemonde.fr/idees/article/2011/03/16/oui-il-faut-intervenir-en-libye-et-vite_1493895_3232.html.]

[161] Shmuel Trigano, (a cura di), *La Société juive à travers l'histoire, tome I,* Fayard, 1992, p. 275.

[162] Léon Poliakov, *Histoire de l'antisémitisme, tome I,* Point Seuil, 1981, pagg. 117, 118, 129.

ruolo civilizzatore, come il clero cattolico nel resto d'Europa: "Da qui la sostituzione, a partire dal XIII secolo, del latino con il volgare nei documenti amministrativi e legali, poiché gli ebrei avevano una marcata avversione per il latino".

Ma la loro specialità era senza dubbio la finanza: "I grandi finanzieri ebrei di Toledo e Siviglia, che controllavano tutti i circuiti finanziari del regno, rimasero onnipotenti alla corte castigliana, scrive Poliakov... Vivevano in un'atmosfera di serraglio orientale, di intrighi e di cospirazioni, combattendo ferocemente contro i favoriti cristiani quando non lottavano tra loro".[163] Inoltre, portavano armi alla maniera dei nobili e sapevano come usarle per liquidare i loro nemici, come ci racconta Poliakov: "Nel 1380, alcuni notabili ebrei, gelosi del favore mostrato da Enrico di Castiglia al suo tesoriere Giuseppe Pichon, lo decapitarono in casa sua, suscitando la grande indignazione del re e dei cronisti dell'epoca".

In quel periodo ci fu una guerra civile tra il re filo-ebraico Pietro il Crudele e il suo fratello bastardo Enrico di Trastamara, sostenuto dalla borghesia cristiana.[164] Alla fine Enrico di Trastamara vinse e prese immediatamente provvedimenti contro gli ebrei. Nel 1380, un editto reale abolì l'autonomia giudiziaria delle comunità ebraiche. "La pietra angolare del loro potere si stava sgretolando", scrive Poliakov.[165] In seguito, molti ebrei trovarono rifugio in Portogallo, dove "il clero protestò contro la dominazione ebraica come altrove, e la popolazione cominciò a mormorare". Nel 1391, la gente comune si ribellò agli ebrei e un bagno di sangue invase Castiglia, Aragona, Catalogna e Maiorca. Guidati da un monaco di nome Martínez de Ecija, gli spagnoli uccisero più di 4.000 ebrei a Siviglia. La comunità di Barcellona fu annientata. Un decreto reale del 1412 vietò agli ebrei di ricoprire cariche pubbliche e li obbligò a indossare lunghi mantelli neri fino ai piedi.[166] Ecco cosa disse Poliakov a questo proposito: "In Aragona, i documenti dimostrano che essi erano tradizionalmente già riconoscibili, apparentemente grazie ai loro mantelli,

---

[163] Léon Poliakov, *Histoire de l'antisémitisme, tome I*, Point Seuil, 1981, pag. 135.
[164] Per un resoconto di questa guerra, si veda Hervé Ryssen, *A History of Anti-Semitism* (2010).
[165] Léon Poliakov, *Histoire de l'antisémitisme, tome I*, Point Seuil, 1981, pag. 135-146.
[166] Léon Poliakov, *Histoire de l'antisémitisme, tome I*, Point Seuil, 1981, p. 121. Elie Wiesel confermò questi fatti all'epoca: "La stella gialla? Beh, non mi dà fastidio. Mi permette persino di sentirmi più intimamente legato agli ebrei del Medioevo che portavano la *ruota* nei ghetti d'Italia... Ci sono stelle per tutti i prezzi. Quelle dei ricchi sono splendenti, quelle dei poveri sono scialbe. È strano, ma io porto la mia con un orgoglio inspiegabile". *Mémoires, Tome I*, Éditions du Seuil, 1994, p. 82. Nel 1942, anche Serge Gainsbourg, che sarebbe poi diventato un famoso cantante francese, dovette indossare la stella gialla. Ricorda: "Ero molto orgoglioso di quella stella di stoffa, chiedevo ogni giorno a mia madre di stirarla bene perché fosse impeccabile".

e che essi stessi attribuivano grande importanza a questa distinzione". Anche se è vero che in Castiglia gli ebrei si rifiutarono di indossarli.

Alcuni ebrei si convertirono al cattolicesimo per interesse personale, ma continuarono a praticare l'ebraismo in segreto. Gli spagnoli diedero loro presto un nome: i "marranos". Grazie al battesimo, questi ebrei convertiti avevano ottenuto un accesso ancora più ampio agli impieghi di corte, alle cariche onorifiche e agli uffici ecclesiastici che in precedenza erano stati loro completamente vietati. Entrando nelle università e negli ordini religiosi dove, in quanto ebrei, non avevano diritto di accesso, penetrarono in interi strati della società - medicina, esercito, magistratura, clero - e riuscirono persino a sposare figli e figlie della nobiltà aragonese e castigliana.[167] "Si impadronirono abilmente dei settori più dinamici della società", ha scritto Henri Tincq su *Le Monde* il 2 agosto 2007. La Spagna cattolica si era a lungo vantata di queste conversioni, prima di rendersi conto che la maggior parte di esse erano false. Questi "cripto-ebrei", o "conversos", furono presto accusati di essere falsi cristiani, e fu attraverso la discendenza di sangue che gli spagnoli arrivarono a considerare legittimamente la questione ebraica. Léon Poliakov conferma che i marrani ebbero un certo ruolo nell'indebolire la fede cristiana: molti conversos, scrive, "professavano un ateismo aggressivo". Alcuni di loro, racconta Poliakov, formarono un circolo la cui esistenza è registrata intorno al 1460 a Medina del Campo".[168] È in questa città che si trova la prima menzione storica di una "setta atea" all'interno del cristianesimo.

Già all'inizio del XV secolo, un collegio dell'Università di Salamanca aveva introdotto una regola che vietava a coloro che non provenivano da sangue puro (*ex puro sanguine*) di entrare nei suoi ranghi. Nel 1440, dopo diverse rivolte contro i conversos, Toledo fu la prima città ad adottare gli statuti della limpieza de sangre. Nel 1543, il cardinale Juan Martínez Silíceo convinse il re Filippo II a promulgarli per tutta la Spagna. Da quel momento in poi, per accedere all'università o agli ordini religiosi, si dovette presentare un certificato di purezza del sangue dopo un'accurata indagine genealogica che andasse il più indietro possibile nella stirpe (le leggi naziste di Norimberga si sarebbero limitate alla quarta generazione): era l'Inquisizione. I tribunali dell'Inquisizione operavano in Spagna con piena autorità a partire da una bolla di Papa Sisto IV del 1478 e il loro compito era quello di smascherare i falsi cattolici, cioè gli ebrei che si erano falsamente convertiti al cattolicesimo e cercavano di minare la cristianità dall'interno. Il domenicano Tomás de Torquemada, nominato dal re

---

[167] Henri Tincq è stato un giornalista e vaticanista francese. Dopo aver lavorato per il quotidiano *La Croix*, dal 1985 al 2008 è stato specialista di notizie religiose presso *Le Monde*.
[168] Léon Poliakov, *Histoire de l'antisémitisme, tome I*, Point Seuil, 1981, pag. 157.

Ferdinando Inquisitore di Aragona, Valencia e Catalogna, divenne famoso per il suo fervente zelo.

Poiché le misure regionali di segregazione ed espulsione erano insufficienti, l'Inquisizione propose ai sovrani l'espulsione generale degli ebrei. Gli ebrei, "poveri e perseguitati", cercarono, come sempre, di corrompere le autorità. Henri Tincq scelse bene le parole per spiegare la situazione: "Gli ebrei castigliani cercarono di ritardare la scadenza e si dissero pronti a pagare un prezzo elevato". Ma Torquemada, davanti alla Corte riunita il 20 marzo, era riuscito a convincere il re. L'anno era il 1492. Il decreto reale del 31 marzo obbligava finalmente gli ebrei a lasciare il Paese entro il 31 luglio. Nello stesso anno, la conquista di Granada da parte dei cristiani segnò la fine di diversi secoli di confronto con l'Islam. Sotto Carlo V e Filippo II, la Spagna avrebbe vissuto la sua grande età dell'oro.

Sull'altra sponda del Mediterraneo, i cristiani combattevano contro i turchi. Nel 1453, i turchi avevano conquistato Costantinopoli e, ancora una volta, gli ebrei furono decisivi nella vittoria musulmana.[169] Leon Poliakov ha scritto: "In certi circoli marrani, questa vittoria ismaelita, che lasciò un'impressione prodigiosa in tutta Europa, fu intesa come un presagio dell'imminente caduta di Edom [la cristianità, ndlr] e dell'imminente liberazione di Israele".

Gli ebrei attendevano da tempo immemorabile l'arrivo del loro sospirato Messia: "Un'attiva congregazione di marrani di Valencia, convinta che il Messia fosse appena apparso su una montagna vicino al Bosforo, si mise ad emigrare in Turchia:[170] "Il nostro Dio ci ha promesso che andremo in Turchia; abbiamo sentito che l'Anticristo sta arrivando; si dice che il Turco distruggerà le chiese cristiane e le trasformerà in stalle per il bestiame, e che renderà onore e riverenza agli ebrei e alle sinagoghe"."

Questa idea è stata avanzata anche dal romanziere Isaac Bashevis Singer, che ha messo a confronto il destino degli ebrei nella cristianità e nella terra dell'Islam: "Quando il Redentore verrà, gli ebrei di Israele saranno i primi a salutarlo. Inoltre, un ebreo poteva respirare più liberamente nella terra dei turchi, dove la Torah era rispettata. C'erano molti ebrei ricchi che vivevano a Istanbul, Smirne, Damasco e Il Cairo.[171] Sì, a volte venivano emanati editti ostili e venivano mosse false accuse, ma catastrofi come quelle in Polonia non si sono mai verificate!".

Gli ebrei nutrivano da tempo grandi speranze nei confronti dei turchi. Nel suo libro *Rendez-vous with Islam*, lo scrittore e giornalista Alexandre Adler

---

[169] Per saperne di più sull'esegesi ebraica, leggere *Psicoanalisi dell'ebraismo* (NdT).
[170] Léon Poliakov, *Histoire de l'antisémitisme, tome I*, Point Seuil, 1981, pag. 155.
[171] Isaac Bashevis Singer, *Lo schiavo* (1962), Debolsillo (Penguin Random House), Barcellona, 2019, pag. 280.

ha confermato che gli ebrei avevano appoggiato l'invasione turca, così come avevano appoggiato l'invasione araba della Spagna qualche secolo prima:
"Ovunque avanzassero, scrive Adler, gli ebrei... accoglievano i turchi come liberatori.

L'impero ottomano di Solimano il Magnifico, contemporaneo di Francesco I di Francia, accolse massicciamente gli ebrei provenienti da Spagna, Portogallo, Napoli, Malta, Sicilia e Sardegna, espulsi dagli Asburgo. Le quattro grandi città dell'impero, Salonicco, Smirne, Andrinopoli e Costantinopoli, divennero così sede della comunità giudeo-spagnola. Questi ebrei iberici, i sefardim, fornirono all'impero una rete commerciale e intellettuale che, secondo Alexandre Adler, ebbe un ruolo molto sottovalutato nella grande diplomazia ottomana del XVI secolo. In quel periodo, la Turchia trovò i mezzi per stringere alleanze strategiche con le tre potenze europee antispagnole: la Francia di Enrico III e di Enrico IV, e soprattutto i protestanti: l'Inghilterra di Elisabetta I e l'Olanda di Guglielmo d'Orange.[172] E Adler afferma: "Ovunque, furono i marrani o i cripto-ebrei di Londra, Amsterdam, Bordeaux, Nantes o Angers a tessere questa fitta rete di ebraismo e umanesimo rivoluzionario che avrebbe portato alle grandi vittorie della libertà europea a metà del XVII secolo".

José Nasí ebbe un ruolo importante in questa "vittoria della libertà europea". José Nasí era l'erede della ricca famiglia Mendés, fuggita dal Portogallo per Costantinopoli, dove il Sultano li accolse a braccia aperte.[173] "Grazie a una rete internazionale di marrani, scrive Poliakov, per una quindicina d'anni fu l'uomo meglio informato d'Europa e le sue informazioni, unite alle sue doti, gli permisero di formare una "lobby", di influenzare la politica estera ottomana e persino di decidere le dichiarazioni di guerra e le conclusioni di pace".

Nasid divenne un nemico giurato della Francia in seguito a una disputa su 150.000 ducati che aveva prestato a Enrico II intorno al 1549. Il conflitto tra la Francia e l'Impero Ottomano fu risolto con un trattato nell'ottobre 1569, "il cui originale era scritto in ebraico; chi sa se questo dettaglio insolito non riflettesse un'ulteriore vessazione che l'ebreo intendeva infliggere al re cristianissimo?", scrive Poliakov, aggiungendo: "Costante come la sua ostilità alla Francia sembra essere stata la sua simpatia per la causa dei protestanti ribelli nelle Fiandre".

Inviò consigli incoraggianti ai calvinisti di Anversa, "tra i quali contava molti vecchi amici". Più di una volta, durante le lotte religiose del XVI secolo, i calvinisti furono aiutati dagli ebrei e lo stesso Guglielmo d'Orange

---

[172] Alexandre Adler, *Rendez-vous avec l'islam*, Grasset, 2005, p. 168.
[173] Léon Poliakov, *Histoire de l'antisémitisme, tomo I*, Point Seuil, 1981, pag. 211.

cercò il loro aiuto. Infatti, nel 1566, tra i leader della resistenza fiamminga c'erano gli influenti marrani Marcos Pérez, Martín López e Fernandino Bernuy".[174]

Poliakov fa riferimento a queste parole pronunciate su Giuseppe Nasi: "Filippo II lo descrisse come "il personaggio che più contribuisce alle imprese portate avanti a danno del cristianesimo, e che più le guida"; in breve, il conduttore invisibile di un complotto anticristiano". In diverse occasioni, Giuseppe Nasi si è presentato come protettore degli ebrei. Nel 1561, il sultano gli regalò la città di Tiberiade e le terre circostanti per creare una sorta di casa o rifugio ebraico. Nasid si mise a restaurare la città, circondandola con un muro e tentando di insediarvi delle industrie, nonostante le proteste del delegato apostolico in Palestina, Bonifacio di Ragusa, che si espresse contro "l'arrivo di quelle vipere, peggiori di quelle che si aggirano tra le rovine della città". Ma il progetto fallì, poiché le masse ebraiche non abbracciarono spontaneamente questo sionismo politico in anticipo sui tempi e ben pochi ebrei vennero a stabilirsi a Tiberiade.

Tuttavia, Giuseppe Naside continuò a perseguire i suoi obiettivi. Nemico giurato del cristianesimo, Nasi cercò di vendicarsi dei cristiani attraverso i turchi. Nel 1566, il nuovo sultano Selim II gli donò l'isola di Naxos e lo nominò duca di Naxos. Nel 1570 fu lui a spingere il Sultano a dichiarare guerra a Venezia. L'impresa iniziò con la conquista di Cipro, dove sperava di diventare re. "La grande isola era il trampolino geografico per la Palestina", scrive Poliakov.[175]"

Nasid consiglia a Solimano di attaccare Venezia per prendere Cipro, che vuole trasformare in un rifugio per gli ebrei", scrive Jacques Attali.

Ma l'offensiva ottomana portò a un'alleanza tra Spagna, Venezia e Santa Sede e alla grande sconfitta navale turca a Lepanto. Nasid cadde così in uno stato di semi-disgrazia. "Altri favoriti ebrei lo sostituirono nel favore del Sultano", scrive Poliakov. Per quindici anni, il suo nome era stato costantemente nei titoli della corrispondenza diplomatica europea.[176] Attraverso *L'ebreo di Malta* di Marlowe, ha contribuito a cristallizzare l'immagine di Shylock, l'odioso personaggio dell'opera di Shakespeare, *Il mercante di Venezia*. La storiografia israeliana ha giustamente fatto di lui il primo grande precursore del sionismo.

Nell'Africa settentrionale del XIX secolo, sotto l'Impero Ottomano, la situazione degli ebrei era già meno favorevole che nella nascente Europa democratica, soprattutto in Francia e in Inghilterra, dove già all'inizio del

---

[174] Léon Poliakov, *Histoire de l'antisémitisme, tome I*, Point Seuil, 1981, pag. 212.
[175] Jacques Attali, *Los judíos, el mundo y el dinero*, Fondo de cultura económica, Buenos Aires, 2005, p. 227.
[176] Léon Poliakov, *Histoire de l'antisémitisme, tome I*, Point Seuil, 1981, pag. 214.

secolo i Rothschild, i Fould, i Pereire e altri banchieri cosmopoliti si sforzavano di stringere la loro presa sui governi europei.

André Nahoum, medico di quartiere tunisino, figlio di un ricco commerciante, descrive l'atmosfera che si respirava in Tunisia prima dell'avvento del protettorato francese: "Gli ebrei andavano d'accordo con gli arabi, ma erano "*dhimmis*", cioè protetti - come i cristiani, del resto - dall'Islam. Pagavano una tassa speciale, la "capitazione", ed erano soggetti a ogni sorta di divieto, come quello di andare a cavallo o di costruire case più alte di quelle dei musulmani. Infine, erano soggetti alla "*chtaka*", un'usanza che autorizzava qualsiasi arabo a colpire un ebreo sulla testa. Si racconta che un giorno, nel ghetto, un ragazzo arabo molto piccolo vide un ebreo troppo alto per lui e gli disse: "Voglio darti la tua *chtaka*, ma non so come fare, quindi sollevami". E l'ebreo alto lo fece.

"Arrivare in Francia non poteva che significare liberazione, aggiungeva André Nahoum; era la Francia repubblicana, la Francia del 1789, che portava l'emancipazione agli oppressi.[177] Gli ebrei tunisini, come quelli marocchini e algerini, si sono consegnati completamente all'identità francese".

In effetti, ci sono molte altre testimonianze di ebrei nordafricani pieni di entusiasmo per la Francia. Non si trattava, ovviamente, della Francia dei terroir, che era indifferente nei loro confronti, ma della Francia dei "diritti dell'uomo", generosa e tollerante, con il suo cervello di gelatina, poco propenso e aperto a tutti i venti d'Oriente. Vediamo che, sebbene ebrei e arabi "andassero abbastanza d'accordo", gli ebrei collaborarono subito con il colonizzatore francese.

Già nel 1830, quando un corpo di spedizione francese prese possesso di Algeri, gli ebrei si rallegrarono, vedendovi uno strumento di vendetta contro i turchi. Nel numero del 6 giugno 2006 del quotidiano *Rivarol*, Camille Galic ha citato un libro di Claude Martin, pubblicato nel 1936 e intitolato *Les Israélites* algériens *(Gli israeliti algerini)*: "Il 29 giugno 1830, Bacri e Duran, le due figure di spicco di Algeri, andarono incontro al generale Bourmont, seguiti da un lungo seguito di donne, bambini, cammelli e muli. Al grido di "Viva i francesi!", si misero a battere e a saccheggiare i turchi, per poi mostrarsi insolenti con i mori, molti dei quali lasciarono la città. Gli ebrei svolsero poi un ruolo redditizio negli affari immobiliari, monopolizzando su larga scala il ruolo di intermediari commerciali e politici". Bacri, ad esempio, fu consigliere del maresciallo de Bourmont nelle questioni amministrative e "ricevette sostanziose tangenti per le sue intermediazioni".

---

[177] André Harris e Alain de Sédouy, *Juifs et Français*, Grasset, 1979, Poche, p. 288.

Sappiamo che in Algeria, nel 1870, la fiammeggiante Terza Repubblica francese concesse la cittadinanza francese agli ebrei, e solo agli ebrei. Va ricordato che un ministro "francese" dell'epoca, Adolphe Crémieux, era anche presidente dell'Alliance *Israélite Universelle* (*Alleanza* israelita universale). [178] Pertanto, i musulmani nordafricani potevano legittimamente nutrire un certo risentimento nei confronti della Francia repubblicana.

Charles de Foucauld, che esplorò il Marocco nel 1883-1884, ha lasciato un'importante testimonianza. Leggete come parlava del contadino marocchino: "C'è una sola risorsa: l'ebreo. Se è un uomo onesto, ti presta il 60%, se non molto di più: poi è tutto finito; al primo anno di siccità, gli confiscano la terra e finisce in prigione; la rovina è totale. Questa è la storia che si sente raccontare ad ogni angolo; la si sente ripetere in ogni casa in cui si entra. Tutto si unisce per questo risultato, tutti si sostengono a vicenda in modo che non ci sia scampo. Il kaid protegge l'ebreo, che lo corrompe; il sultano sostiene il kaid, che porta ogni anno un tributo gigantesco, che manda continuamente ricche feste, e che alla fine raccoglie solo per il suo padrone, perché prima o poi tutto ciò che possiede sarà confiscato, in vita o alla sua morte. L'intera popolazione è quindi profondamente rattristata e scoraggiata".

Il paese era allora vietato ai cristiani e Charles de Foucauld lo aveva attraversato travestito da ebreo e accompagnato da un rabbino. Scrive poi: "Chefchaouen è una delle città più fanatiche del Rif, famosa per la sua intolleranza. Si racconta ancora la storia della tortura di uno sfortunato spagnolo... Anche gli ebrei subiscono il trattamento peggiore; fuori dalla *mellah* [quartiere ebraico, ndt], vengono attaccati con le pietre. [179]Nessuno mi passava accanto senza salutarmi con un *Allah iharrak bouk*, che Dio bruci tuo padre!".[180]

In Algeria, negli anni dell'affare Dreyfus, i discendenti dei pionieri, i "piccoli bianchi", camminavano fianco a fianco con gli arabi per le strade di Algeri cantando la "Marsigliese antiebraica". Durante la Seconda guerra mondiale, gli arabi si schierarono naturalmente con le potenze dell'Asse. Nel novembre 1942, le truppe tedesche invasero la Tunisia. Gisèle Halimi, un'avvocatessa femminista sefardita, ha lasciato un'altra interessante testimonianza nella sua autobiografia: "Il paracadutarsi dei tedeschi", ha scritto, "provocò una vera e propria esultanza tra gli arabi. Per le strade, le uniformi verdi attiravano su di loro offerte, strette di mano e fraternizzazioni. "Tedeschi-arabi, *kif kif*", dicevano i giovani ai soldati

---

[178] Si veda anche in *Fanatismo ebraico*.
[179] Charles de Foucauld, *Reconnaissance au Maroc*, p. 41, 8. Si legga l'analoga testimonianza dello scrittore Guy de Maupassant in *Jewish Fanaticism*.
[180] Si veda la nota 63.

stupiti... Questi arabi, traditori nati, traditi. [181]Sono una razza diversa", spiegò un vicino a mia madre, "ti pugnalano alle spalle se non li tieni a bada".

Nel suo libro del 1997 *Razzismo o odio identitario*, lo scribacchino Daniel Sibony ha parlato della sofferenza dei suoi compagni sefarditi, che avrebbero voluto rimanere in Algeria dopo l'indipendenza del 1962. Qui vediamo le contorsioni intellettuali così caratteristiche dello spirito talmudico e, di nuovo, sempre quell'inclinazione a dare la colpa agli altri: "Si sentivano arabi, scriveva. Ma i loro fratelli arabi non la pensavano così, e un bel giorno dissero loro gentilmente: potete fare quello che volete, siete ebrei". Gli ebrei sostenevano di poterlo fare e gli arabi rispondevano: è impossibile. Sapevano che nel loro Islam le tracce ebraiche sono impossibili da cancellare? In ogni caso, avevano ragione. A meno che questo dialogo non sia stato inteso in modo diverso, e gli ebrei abbiano detto loro: vogliamo offrirvi la nostra Memoria, la nostra identità. E gli altri risposero, non senza delicatezza: voi potete accettare di perderla, ma noi non possiamo accettare di riceverla...[182] E questi ebrei se ne andarono, lasciandosi alle spalle i loro beni e i loro sogni".

Nelle terre dell'Islam, come altrove, l'ebraismo è una forza corrosiva per la religione e le tradizioni ancestrali del popolo. All'inizio del XX secolo, dopo la prima guerra mondiale, il movimento laico dei Giovani Turchi e la rivoluzione kemalista ebbero in parte origine dall'influenza esercitata dai "*Dommeh*", ebrei falsamente convertiti all'Islam. Ecco cosa disse Gershom Scholem, uno dei più grandi pensatori ebrei del XX secolo, a proposito di questi ultimi: "I Dommeh, scrisse, fornirono molti membri dell'intellighenzia dei Giovani Turchi... Essi svolsero un ruolo importante negli inizi del Comitato dell'Unione e del Progresso, un'organizzazione del movimento dei Giovani Turchi che ebbe origine a Salonicco...[183] Ci sono prove che David Bey, uno dei tre ministri del primo governo dei Giovani Turchi e un importante leader del partito dei Giovani Turchi, fosse un Donmeh".

Lo conferma l'intellettuale e influente direttore della stampa Alexandre Adler: "Almeno uno dei fondatori del movimento dei Giovani Turchi il 14 luglio 1889, centenario della presa della Bastiglia, era un Donmeh dichiarato, Sükrü Dey. Diversi generali donmeh combatterono alla testa delle sue truppe... nelle sfortunate guerre dell'impero.[184] Ma l'entourage di

---

[181] Gisèle Halimi, *Le Lait de l'oranger*, Gallimard, 1988, Pocket, 2001, p. 72.
[182] Daniel Sibony, *Le Racisme ou la haine identitaire*, C. Bourgeois, 1997, p. 287.
[183] Gershom Scholem, *Le Messianisme juif*, 1971, Calmann-Lévy, 1974, p. 235. Sui Donmeh, falsi musulmani convertiti di origine sabbatiana (mistici cabalistici), si veda *Psicoanalisi dell'ebraismo*.
[184] Alexandre Adler, *Rendez-vous avec l'islam*, Grasset, 2005, p. 175.

Mustafa Kemal, nonostante la rottura totale con il suo intrigante ministro delle finanze Donmeh Djazid Bey, era pieno di Sabbatiani (e anche di una cricca di massoni musulmani sunniti originariamente di rito scozzese)".

All'indomani della Prima Guerra Mondiale, il movimento laico dei "Giovani Turchi" suscitò un'ondata di ostilità nei confronti della popolazione greca cristiana. In un libro del 1979 intitolato *Gli ebrei e i francesi*, troviamo una testimonianza molto interessante. Questa è stata raccontata da un certo Maurice Denailles, commerciante del quartiere Sentier (Parigi) ed ebreo di origine turca. Era emigrato in Francia nel 1924 e ricordava l'ascesa al potere di Mustafa Kemal: "I miei primi ricordi sono orribili. Era un genocidio. Ho assistito al massacro dei greci a Smirne, ho visto bruciare interi quartieri. Ho visto i turchi sfilare con collane fatte di pezzi di seno che pendevano. Ho visto papi greci scendere in fila per le strade, costretti a camminare su bottiglie rotte lanciate dalla folla".[185] Maurice Denailles, da parte sua, era contento che gli ebrei non avessero dovuto subire la furia dei turchi: "Fortunatamente, spiegava, Kemal aveva una madre per metà ebrea, ed è per questo che quella volta siamo stati risparmiati". Resta da vedere quale ruolo abbiano avuto esattamente i generali Donmeh degli eserciti turchi nel massacro dei cristiani in Turchia e nel genocidio dei cristiani in Armenia.

Anticristianesimo

Gli intellettuali ebrei nutrono un disprezzo sovrano per tutti coloro che mettono in discussione la loro "missione" di "popolo eletto" e "redentori dell'umanità". Nel XXI secolo, continuano la loro lotta secolare contro il cristianesimo, in particolare contro la Chiesa cattolica.

Nel 1994, un intellettuale ebreo di secondo piano come Edouard Valdman pubblicò un libro intitolato *Gli ebrei e il denaro*.[186] L'autore non nascondeva i suoi sentimenti verso la Chiesa cattolica: "Una fantastica distruzione dell'intelligenza umana", scriveva. E Valdman, che aveva chiaramente ingerito una grande dose di Nietzsche, equiparava il cattolicesimo al bolscevismo. Si noti che questa scempiaggine intellettuale permette di tacere sul ruolo schiacciante degli ebrei bolscevichi in Russia e altrove: "Qui l'Inquisizione, là il Gulag. Gli stessi metodi, la stessa ideologia, il culto della trasparenza, dell'uguaglianza, della purezza e quindi della morte. Il desiderio di rendere le persone trasparenti a se stesse e al mondo ci fa precipitare nel crimine". L'ebreo, invece, non è mai un criminale, anche se le sue mani rosse sono macchiate di sangue russo. Il

---

[185] André Harris e Alain de Sédouy, *Juifs et Français*, Grasset, 1979, Poche, pag. 94.
[186] Édouard Valdman, *Les Juifs et l'argent*, Edizioni Galilée, 1994, p. 28.

comunismo e il cattolicesimo, ha aggiunto Valdman, "sono due perversioni, due culti dell'uguaglianza, due culti della riduzione". Ha insistito: "Non ci può essere pace, non ci può essere uguaglianza, sono tutte idee mortali, cristiane, che, se devono essere incarnate, portano direttamente al totalitarismo".[187] Più avanti nel suo testo, ha parlato, senza temere possibili azioni legali, di "cristianesimo perverso e colpevolizzato".

Nel cinema, i registi ebrei hanno progressivamente osato attaccare la religione cristiana. Nei nostri precedenti lavori, abbiamo visto più di venti film in cui i cristiani, e i cattolici in particolare, venivano ritratti da registi cosmopoliti come ottusi, meschini, persino psicotici, e l'Europa medievale come un'epoca abominevole. Vediamo qualche altro esempio:

Specchi (Fr., 2008): Una suora è stata posseduta da un demone da bambina. Psichiatri lunatici riuscirono a racchiudere il demone negli specchi e da allora si manifesta attraverso le finestre di una casa per commettere i suoi misfatti e terrorizzare una simpatica famiglia meticcia. La suora viene cercata e convinta ad affrontare gli specchi. Si ritrova quindi legata in una stanza, circondata dagli specchi, e affronta il demone, pregando con tutte le sue forze, rosario alla mano, finché non esplode letteralmente in mille pezzi! Si scopre che il demone non era altro che la suora stessa quando aveva 12 anni. Il regista di questo catorcio è Alexandre "Aja", alias Jouan-Arcady, figlio del regista cosmopolita Alexandre Arcady.

Le moine et la sorcière (*Il monaco e la strega*) (Fr., 1986): Nel XIII secolo, frate Etienne arriva in un villaggio per sradicare l'eresia. Elda, una giovane donna con il potere di guarire con le piante, viene accusata di stregoneria. L'inquisitore la fa trasferire nelle prigioni del conte di Vilars, che sfrutta senza pietà anche i suoi contadini. A quanto pare non erano tempi belli in cui vivere. Il film è di Suzanne Schiffman.

Anche *Ladyhawke* (*Ladyhawke*, USA, 1984) è ambientato nel Medioevo. Il cavaliere Navarre è innamorato di Isabeau d'Anjou, ma un vescovo malvagio, Aquila, ha stregato la coppia. Alla fine, Navarre entra nella cattedrale durante la messa e colpisce il vescovo malvagio con la sua spada, per la gioia del regista Richard Donner, che ovviamente non è cattolico.

Entre tinieblas (Spagna, 1983) è un film di Pedro Almodóvar: una badessa fa di tutto per garantire la sopravvivenza del convento. Nel film vediamo una suora omosessuale, tossicodipendente ed esperta ricattatrice.

Il verdetto (USA, 1982) è un film di Sidney Lumet (di nuovo): una giovane donna è entrata in coma in seguito a un errore medico. L'arcivescovo della città, che gestisce l'ospedale, cerca di insabbiare il caso offrendo una grossa somma di denaro all'avvocato della famiglia.

---

[187] Édouard Valdman, *Les Juifs et l'argent*, Éditions Galilée, 1994, pp. 31, 63, 70.

Quest'ultimo finisce per vincere la causa, grazie alla testimonianza di un anestesista nero. La Chiesa cattolica e la magistratura si nascondono bene.

Ms. 45 (*Angel of Vengeance*, USA, 1981): Thana, sordomuta ma bellissima, viene violentata due volte per le strade di New York e nel suo appartamento. Diventa seducente e adesca gli uomini per poterli meglio giustiziare. Travestita da suora, partecipa al gran ballo dell'alta moda ed estrae una pistola nascosta nelle calze nere. Alla fine viene uccisa. Un film di Abel Ferrara, prodotto da Arthur Weisberg.

In *Il cattivo tenente* (USA, 1992), lo stesso Abel Ferrara interpreta un poliziotto corrotto, tossicodipendente, giocatore d'azzardo e cattivo padre. Un giorno viene a sapere che una suora è stata brutalmente violentata sull'altare della chiesa da una banda di teppisti. Il corrotto tenente è deciso a trovare i colpevoli e a riscuotere la ricompensa, ma la suora insiste per proteggerli. Un film sordido, come la maggior parte dei film di Abel Ferrara.

True Confessions (USA, 1980) è la storia di un confronto tra due fratelli: Desmond, cancelliere dell'arcidiocesi (interpretato da Robert de Niro), e Tom, poliziotto. Tom ha trovato un prete morto d'infarto... nel letto di un bordello. Viene anche a sapere che suo fratello lavora per la Chiesa in importanti affari immobiliari con un uomo d'affari poco raccomandabile, ma molto cattolico. E il fratello cattolico di lei è anche coinvolto in un'attività di film pornografici! Questo è un film di Ulu Grosbard, il cui vero nome è Israel Grosbard. Nato ad Anversa, era figlio di Rose Tenenbaum e Morris Grosbard, che lavoravano nel commercio dei diamanti...

Hair è stato realizzato nel 1979. Chi è riuscito a superare la prima ora di questo film inguardabile senza appisolarsi, avrà notato una scena sacrilega che si svolge in una chiesa: una banda di hippy pelosi, strafatti di LSD, trasforma una cerimonia nuziale in una festa empia, abbandonandosi a sfrenate danze estatiche, come se ognuno di questi freak avesse un demone maligno da evacuare. [188] In realtà, queste danze ricordano piuttosto le usanze ebraiche chassidiche. Il film è del regista "ceco" Milos Forman. Sappiamo che i registi ebrei amano interrompere le cerimonie religiose cattoliche nei loro film. Ma è forse ancora più interessante, in questo caso, notare che questa scena non è altro che una proiezione sui goyim (gentili) di un problema specificamente ebraico.

In *The Medusa Touch* (Regno Unito, 1978), il cervello diabolico di un uomo morto continua a provocare terribili disastri, che culminano nella distruzione della Cattedrale di Canterbury. Nella scena finale, l'arcivescovo viene schiacciato a morte da grandi blocchi di pietra che

---

[188] Sulle sette ebraiche chassidiche (ebrei mistici cabalistici) si legga *Psicoanalisi dell'ebraismo* e del *fanatismo ebraico*.

cadono dalle volte, e l'intera cattedrale crolla sui fedeli. È questo che fa sognare il regista Jack Gold.

Interno di un convento (Italia, 1977) è ambientato in un convento italiano del XIX secolo. La badessa scopre che suor Veronica ha un amante che viene a trovarla di notte. La badessa licenzia il giovane, ma per vendicarsi Veronica fa versare oppio nel cibo del convento. Un'ondata di follia sessuale travolge le suore. "Un pamphlet bello e vibrante contro l'oppressione e l'ipocrisia", secondo Claude Bouniq-Mercier. Il film è di Walerian Borowczyk, che non è certo un cattolico.

The Omen, uscito nel 1976, è un film di Richard Donner: Robert Thorn (Gregory Peck) è l'ambasciatore degli Stati Uniti a Londra. Ha un figlio di 5 anni, Damien, che ha adottato alla nascita all'insaputa della moglie, che ha appena subito un aborto traumatico. Nella casa dell'ambasciatore si verificano diverse morti tragiche e strane. Un giorno, nel suo ufficio, riceve un prete allucinato che era in ospedale quando è nato suo figlio. Padre Brennan cerca di convincerlo che Damien non è altro che l'Anticristo. La camera da letto del prete è completamente ricoperta di pagine della Bibbia e ben 47 crocifissi sono appesi alle pareti. È chiaro che la religione cattolica può far impazzire le persone... Il famoso regista Richard Donner (che ha diretto *Arma letale*) si chiamava in realtà Richard Schwartzberg. La sceneggiatura è stata scritta da David Seltzer.

Nello stesso genere, c'è il famoso film di William Friedkin *L'esorcista*, uscito nel 1973. Ma ne *L'esorcista* il regista conferisce ai due sacerdoti cattolici una certa dignità. Quindi *L'esorcista* non è un film completamente anticristiano.

Flavia la monaca musulmana, di Gianfranco Mingozzi (Italia, 1974): all'inizio del XV secolo, la giovane Flavia, commossa dalla sorte di un saraceno ferito, viene punita e mandata in convento dal padre. Un'incursione di una truppa di saraceni offre a Flavia l'opportunità di riacquistare la libertà. Diventa la moglie di un capo moresco, che però la delude. I cristiani la puniscono terribilmente: nuda, le tagliano i gambi prima di sgozzarla. "Un appello alla liberazione della donna" e "un ingenuo anticlericalismo", secondo i critici. Ma la vera domanda è: Mingozzi o Minkowski?

Vediamo anche che le suore possono essere molto cattive. *Papillon* è un famoso film americano del 1973 sul mondo carcerario. L'attore Steve McQueen interpreta un detenuto deportato a Cayenne. La vita è un inferno. Ma riesce a fuggire, attraversa il mare e viene accolto da un convento di suore. La madre superiora è molto sospettosa, ma alla fine accetta di offrirgli ospitalità e gli dà una stanza per la notte. Purtroppo per lui, però, la mattina dopo viene svegliato dalla polizia: le suore cattoliche sono così, subdole e false. Il film è di Franklin Schaffner, che nel 1978 aveva realizzato anche un film antinazista, *I ragazzi del Brasile* (1978).

Nel nome del padre (Italia, 1971), di Marco Bellochio: Angelo e Franck non sopportano i limiti della loro scuola gesuita e si ribellano agli insegnanti. Salvatore, dal canto suo, si fa portavoce del personale e indice uno sciopero che si conclude con il suo licenziamento. Gli alunni "si ribellano alla Chiesa e alla sua sottomissione delle loro menti", scrive Jean Tulard.

La sposa del pirata (Fr, 1969) è un film che porta "il marchio": nella campagna francese, una giovane zingara vive con la madre e una capra in una capanna di legno lontano dal villaggio. I rapporti con gli abitanti del villaggio sono tesi e conflittuali. Nomadi buoni contro sedentari cattivi: abbiamo già la trama di una sceneggiatura che promette di essere molto "cosmopolita". Un giorno, sua madre viene uccisa da un'auto sulla strada. Durante la calca, uno degli abitanti del villaggio spara a morte alla sua capra. La ragazza rimane sola e decide di vendicarsi dei bastardi del villaggio. Essendo piuttosto carina, va a vendere il suo fascino ai contadini, ma anche ai notabili del villaggio, avendo cura di registrarli con un registratore. Quando il prete viene a trovarla nel tentativo di redimerla, lei gli chiede di pregare in chiesa... Per la sua capra! Per il diavolo, per così dire.

Alla fine del film, la vediamo entrare nella chiesa dove si sta celebrando una messa, che ovviamente viene interrotta. Con l'aiuto di una scala, posiziona il registratore sopra la porta ed esce di nascosto dallo stesso modo in cui è entrata. Sentiamo poi riecheggiare nella navata le voci registrate degli uomini che hanno approfittato dei suoi favori. Mentre inveiscono contro le loro stesse mogli e i loro vicini, la costernazione lascia rapidamente il posto a un regolamento di conti. La ragazza brucia la sua capanna e parte, lontana da questi abitanti "meschini e timorosi", come direbbe Alain Minc. Questo film tipicamente ebraico è opera di Kelly Kaplan.

In *Él* (Messico), uscito nel 1953, Luis Buñuel ritrae un personaggio cattolico autoritario e antipatico. Questo ricco proprietario terriero si innamora di Gloria, che vede a una funzione religiosa. Ottiene il suo consenso e la fa diventare sua moglie, ma a poco a poco, e senza motivo, diventa follemente geloso, fino alla paranoia acuta. Una cerimonia religiosa viene interrotta dal litigio. In una scena del film si vede anche un prete goloso che mangia a bocca aperta davanti agli altri invitati. È questo prete, amico del ricco proprietario terriero, che fa la morale alla giovane sposa venuta a chiedergli consiglio. Vediamo anche un prete che bacia il piede di un chierichetto e alcuni riferimenti al Marchese de Sade... Il regista, Luis Buñuel, era stato educato dai padri gesuiti, ma a quanto pare l'autoritarismo di quell'ambiente lo aveva disgustato dalla religione. Il film fu prodotto da Oscar Dancigers, di origine "russa".

La città prigioniera (USA, 1952): Jim e Marge Austin fuggono dalla cittadina di Kennington dove, come giornalista, Jim ha scoperto una rete di corruzione che si estende a tutte le autorità cittadine, compreso il clero. Il caso verrà presentato al Senato. Un film di Robert Wise. [189]Nel 1952, i produttori di Hollywood dovevano ancora essere cauti nell'attaccare il cristianesimo per non suscitare le ire dei goyim.

Nel Medioevo, i cristiani non erano impregnati di tutta questa propaganda cosmopolita e non provavano alcun senso di colpa nei confronti degli ebrei. Pietro il Venerabile, abate di Cluny nel XII secolo, scrisse una lettera al re Luigi VII, allora impegnato in una crociata: "Gli ebrei", disse, "sono i più grandi nemici dei cristiani e peggiori dei saraceni". [190] E aggiungeva: "Tuttavia, non è opportuno metterli a morte, ma riservare loro un supplizio più grande, che è quello di essere sempre schiavi, timidi e fuggitivi". A quel tempo, le persone sapevano come difendersi dai continui attacchi e scherni provenienti dalla "comunità".

Il bolscevismo

Nell'ottobre del 1917, la rivoluzione bolscevica scoppiò in Russia sotto forma di colpo di Stato. Inizialmente, l'obiettivo ideologico non era solo quello di "liberare i lavoratori", ma anche di costruire un mondo perfetto, un mondo senza confini, dove regnasse l'uguaglianza. Bisognava fare tabula rasa, in modo che potesse emergere un "uomo nuovo". In realtà, il fanatismo egalitario del comunismo portò immediatamente a una successione di crimini e massacri. In tutto, nei primi trent'anni, più di trenta milioni di russi e ucraini sono stati liquidati dalla follia criminale dei nuovi padroni. Dopo l'esperimento maoista in Cina, la Rivoluzione russa è stata la seconda più grande tragedia della storia umana.

Ma se all'inizio del XXI secolo è lecito denunciare gli orrori del comunismo, nei Paesi democratici è ancora perfettamente vietato insistere sull'identità dei suoi principali istigatori. Eppure il comunismo è stato essenzialmente un affare ebraico: Karl Marx era nipote di un rabbino; anche Lenin aveva origini ebraiche da parte di madre; Trotsky, il capo dell'Armata Rossa, si chiamava in realtà Bronstein; Kamenev, che fu

---

[189] Il Codice Hays (Motion Picture Production Code) è stato in vigore tra il 1934 e il 1967. Determinava, nelle produzioni americane, con una serie di regole restrittive (censura), cosa poteva essere visto sullo schermo e cosa no (NdT).

[190] Fleury, *Histoire ecclésiastique*, par l'abbé Gayraud, *Antisémitisme de Saint Thomas d'Aquin*, p. 105, in André Spire, *Quelques juifs et demi-juifs II*, Grasset, 1928, p. 187. Naturalmente, ci sarà sempre un Goy a dimostrarci che l'ebraismo è soprattutto "diversità", anche se ciò che lo caratterizza è proprio la sua incomparabile omogeneità nel mondo.

presidente del Soviet di Mosca, si chiamava in realtà Rosenfeld; così come Zinoviev, il padrone di Leningrado, si chiamava Apfelbaum; il primo presidente dell'Unione Sovietica era ebreo, lo stretto collaboratore di Lenin si chiamava Sverdlov, eccetera. L'elenco dei dignitari bolscevichi ebrei è semplicemente infinito.

La rivoluzione scoppiata a Berlino nel 1918 fu guidata da altri ebrei: Karl Liebknecht e Rosa Luxemburg. Nello stesso periodo, in Ungheria, Bela Kun era a capo di un governo rivoluzionario composto quasi esclusivamente da ebrei, e dopo il 1945 si sa che gli ebrei hanno guidato il Paese, così come in Polonia, Cecoslovacchia e Romania.[191] Il famoso scrittore Alexander Solzhenitsyn, dopo molti altri, ha dimostrato il coinvolgimento di numerosi leader ebrei in questa storia, e in effetti i dottrinari ebrei, i funzionari ebrei e i torturatori ebrei portarono una responsabilità particolarmente schiacciante per le atrocità commesse in nome di questa sanguinosa utopia tra il 1917 e il 1947.

Dopo il crollo dell'Unione Sovietica nel 1991, gli intellettuali ebrei di tutto il mondo si sono buttati completamente nell'avvento di una società multiculturale e sono diventati i più accaniti sostenitori dell'immigrazione in tutti i Paesi. Naturalmente, si tratta sempre dello stesso progetto: costruire un mondo cosmopolita e senza confini, di pace (*shalom*), dove le persone sono libere e uguali e dove tutte le identità sono scomparse per sempre - tranne la propria. È così che immaginano di essere riconosciuti un giorno come popolo di Dio.

Ecco un'altra testimonianza che si aggiunge alle tonnellate di prove e ai chilometri di testi già esistenti. Nel 1992 fu pubblicato in Germania *Das Ende der Lügen* (*La fine delle bugie*), un libro della storica russo-ebraica Sonja Margolina che ebbe l'effetto di una piccola bomba. L'autrice, figlia di un bolscevico russo, descriveva la partecipazione di massa degli ebrei alle atrocità bolsceviche.

"L'entusiastica partecipazione degli ebrei bolscevichi alla sottomissione e alla distruzione della Russia era sproporzionata, scriveva... Gli ebrei erano ormai ovunque e a tutti i livelli di potere. Il popolo russo vedeva gli ebrei a capo della città dello zar, Mosca, dove si concentrava il nuovo potere sovietico, e anche come comandanti dell'Armata Rossa... Il comune cittadino russo aveva molto probabilmente a che fare con un interrogatore o un boia ebreo. Ovunque il russo andasse, incontrava ebrei in posizioni elevate... Il popolo era indignato dal fatto che i comunisti ebrei fossero coinvolti nella distruzione delle chiese russe.

---

[191] Leggete i capitoli dedicati a questo argomento in *Speranze planetarie* (Russia 1917 e anni '20) e *Fanatismo ebraico* (URSS ed Europa centrale negli anni '30 e '40 e guerra civile spagnola).

Sonja Margolina ha riconosciuto anche un'altra realtà: "I potenziali distruttivi, criminali e patologici che si erano annidati all'interno della comunità ebraica sono stati messi in moto nei primi anni della rivoluzione sovietica.

Gli uomini dei servizi repressivi erano chiaramente riconoscibili: "Se l'ufficiale, l'aristocratico o il burocrate in uniforme erano tipici del regime zarista, allora, sotto il nuovo potere rivoluzionario bolscevico, il commissario ebreo con la sua giacca di pelle e la sua pistola automatica, che spesso parlava un russo stentato, divenne una figura simbolica del nuovo regime".

Sonja Margolina citò anche il caso di Jakov Bljumkin, un socialista di sinistra che aveva ucciso l'ambasciatore tedesco von Mirbach nel 1918: "Questo avventuriero nevrotico", scrisse, "era stato accettato dalla Cheka come ricompensa per i servizi resi ai bolscevichi". Nadesha Mandelstam raccontò nelle sue memorie che, in un caffè di Kiev, Blkhumkin mostrò a una folla inorridita moduli in bianco di sentenze capitali. Si vantava di poter scrivere qualsiasi nome volesse su quei moduli prestampati".

Alla fine degli anni Venti, "un numero apprezzabile di comunisti ebrei investiti del potere di vita e di morte fu visto per la prima volta nelle campagne. Fu durante la collettivizzazione che si affermò definitivamente l'immagine dell'ebreo come nemico implacabile del contadino, anche nei luoghi più remoti dove nessuno aveva mai visto un ebreo nella carne... Per una persona imparziale come lo storico newyorkese Boris Paramov, la presenza degli ebrei al potere era così evidente che si chiedeva se la promozione degli ebrei a posizioni di comando non fosse stata una "gigantesca provocazione" al popolo russo... Gli ebrei di tutto il mondo sostenevano il potere sovietico e rimanevano in silenzio di fronte a qualsiasi critica dell'opposizione".

Vale la pena notare che alcuni intellettuali ebrei possono confessare i crimini dei loro compagni, ma solo dopo un certo tempo, quando le passioni si sono già dissipate. Un resoconto di Nahum Goldmann conferma la preponderanza degli ebrei nel sistema comunista: "Molti comunisti erano essi stessi ebrei e antisionisti, ha scritto. Un giorno Litvinov [il ministro degli Esteri, ndlr] arrivò a Ginevra con una delegazione di quattordici membri, undici dei quali erano ebrei. Ho chiesto al ministro: "Ma perché avete bisogno di un *minyan* (un *minyan* è un quorum, una riunione di preghiera di almeno dieci fedeli)? Litvinov, che parlava molto bene lo yiddish, rise e spiegò: "È molto semplice. Mi servono solo persone che parlino francese, inglese e tedesco, e in Russia solo gli ebrei conoscono le lingue straniere". Nel 1976, aggiunge Goldmann, questo non è più vero, ma lo era all'epoca.[192] Negli anni '30, erano gli ebrei a fare l'Internazionale".

Dopo la guerra, i Paesi occupati dall'Armata Rossa subirono la vendetta degli ebrei intronizzati da Stalin nei posti di comando di quei Paesi. Nel numero di giugno 1995, *L'Arche*, il "mensile dell'ebraismo francese", ha pubblicato un reportage sulla Germania. Alexandre Adler scriveva alle pagine 44-45: "Gli ebrei formano oggi l'élite naturale, l'aristocrazia intellettuale accettata per consenso nella nuova società tedesca, proprio quando l'influenza dell'ebraismo ufficiale è la più debole in Europa".

Abbiamo appreso che la cognata del filosofo Walter Benjamin (suicidatosi nel 1940 dopo aver attraversato il confine con la Spagna) era diventata Ministro della Giustizia della Germania Est (DDR: Repubblica Democratica Tedesca). Alexandre Adler ha scritto qui: "Come Ministro della Giustizia della Germania Est, Hilde, *Roter Hilde*, è stata responsabile di diverse migliaia di condanne a morte che erano, come minimo, sommarie. La sorte ha voluto che una delle sue discepole, Elisabeth Heimann, oggi settantenne e ancora ebrea, finisse per essere condannata in linea di principio a cinque anni per essersi rifiutata di fare atto di contrizione per le condanne a morte che ha generosamente distribuito nella DDR durante la sua lunga e vendicativa carriera".

Alexandre Adler ha citato anche il caso di Markus Wolf, un "ebreo malvagio", "eterno capo del servizio di intelligence comunista", l'HVA, "che aveva messo la sua mente sarcastica e sempre sveglia" al servizio dei suoi padroni stalinisti: "Abortire le fidanzate di qualche ministro bavarese in una clinica di Berlino Est, mandare qualche Don Giovanni a sedurre la segretaria nubile di un importante uomo politico, abbindolare Willy Brandt [capo del governo della Germania Ovest] con un giovane militante completamente devoto e servile"."[193]

Anche lo storico François Fejtö, un ebreo francese di origine ungherese noto per i suoi studi sulla storia dell'Europa centrale, lo ha riconosciuto, anche se in modo furtivo: "La loro presenza in posizioni di autorità ha fornito nuovo carburante per l'antisemitismo "popolare"". Solo diversi decenni dopo la tragedia, alcuni intellettuali ebrei hanno finalmente iniziato a riconoscere timidamente la schiacciante responsabilità della loro "comunità".

---

[192] Nahum Goldmann, *Le Paradoxe juif*, Stock, Parigi, 1976, pagg. 39, 40.
[193] François Fejtö, *Dieu et son juif*, ed. Pierre Horay, 1997, p. 37.

Ebraismo corrosivo

Gli intellettuali e i cineasti ebrei lavorano instancabilmente per stabilire la "pace" sulla terra. La loro propaganda, in un modo o nell'altro, mira a dissolvere tutti i valori ancestrali, tutte le religioni e tutte le identità, per sradicare le presunte fonti di conflitto tra i popoli. L'ebraismo è quindi essenzialmente un potere dissolutore.[194]

Pierre Goldmann, un gangster della Francia degli anni Settanta che il filosofo Bernard-Henri Lévy ammirava, ha espresso molto chiaramente questo potere corrosivo intrinseco dell'ebraismo. Fu intervistato dal quotidiano *Le Monde* il 30 settembre 1979, poco prima del suo assassinio. Il giornalista gli chiese: "Secondo lei, l'ebraismo ha qualcosa di specifico da apportare al mondo di oggi?" E Pierre Goldman rispose: "Ciò che gli ebrei possono apportare alla civiltà è il vagabondaggio apolide, il sentimento di non appartenenza. Credo nei valori ebraici che gli antisemiti odiano. Credo nel nichilismo, nella negatività. Credo nell'ebreo libertario che è lì come principio dissolutore di valori positivi, perché non è né l'uomo di una terra, né l'uomo di una patria, né l'uomo di una nazione".

I commenti di Goldman confermano di fatto le analisi di tutti gli antisemiti da sempre: l'ebraismo è un potere corrosivo, un solvente, una minaccia costante per i popoli, le nazioni e le civiltà di tutta l'umanità.

Nel 1934, lo storico dell'arte e saggista Elie Faure confermò questa valutazione, evocando il sarcasmo isterico dello spirito ebraico e il suo "potere di disintegrazione": "Questa risata beffarda e sarcastica - Heine, Offenbach - contro tutto ciò che non è ebraico... La sua analisi spietata e il suo sarcasmo irresistibile hanno agito come un potente vetriolo". Elie Faure l'ha detto molto esplicitamente: "Freud, Einstein, Marcel Proust, Charlie Chaplin hanno aperto in noi, in tutte le direzioni, vie prodigiose che abbattono le paratie dell'edificio classico, greco-latino e cattolico, all'interno del quale il dubbio bruciante dell'anima ebraica era rimasto in attesa, per cinque o sei secoli, dell'opportunità di scuoterlo...L'ebreo potrebbe essere visto come qualcosa di diverso da un demolitore armato del dubbio corrosivo che Israele ha sempre opposto all'idealismo sentimentale dell'Europa fin dai Greci?".

Nel suo pamphlet del 1965 intitolato *Il problema ebraico; di fronte al Concilio (Le Problème Juif; Face au Concile)*, Léons de Poncins, un patriota francese, citava giudiziosamente il linguista James Darmesteter. L'ebreo, scriveva James Darmesteter, "è il medico dell'incredulità. Tutti i rivoltosi dello spirito vengono da lui nell'ombra o allo scoperto. È al lavoro nell'immensa officina del grande imperatore blasfemo Federico e dei

---

[194] Su Pierre Goldmann, leggere *Psicoanalisi dell'ebraismo* e *Fanatismo ebraico*.

principi di Svevia o di Aragona;[195] È lui che forgia tutto quell'arsenale criminale di ragionamenti e di ironia che lascerà in eredità agli scettici del Rinascimento, ai libertini del grande secolo, e il sarcasmo di Voltaire non è che l'ultima e clamorosa eco di una parola mormorata sei secoli prima all'ombra del ghetto e ancora prima (nei contro-evangeli del primo e del secondo secolo) al tempo di Celso e di Origene, nella culla stessa della religione di Cristo"."

Come scrisse il *Jewish World* del 9 febbraio 1883: "La dispersione degli ebrei li ha resi un popolo cosmopolita. Essi sono l'unico popolo veramente cosmopolita e, in questa veste, devono agire e agiscono come solvente di tutte le distinzioni di razza o nazionalità".

Nel suo *Ritratto di un ebreo*, pubblicato nel 1962, Albert Memmi lo afferma in modo inequivocabile: "Vivevamo nell'attesa impaziente di tempi nuovi, straordinari, e ci sembrava di scorgere già i segni precursori: l'inizio dell'agonia di religioni, famiglie e nazioni.[196] Non provavamo altro che rabbia, disprezzo e ironia per i ritardatari della storia che si aggrappavano a questi residui".[197]"

L'alba del Nostro Giorno brilla già all'orizzonte", scrisse uno dei suoi profeti, il cui cervello era assuefatto dalla visione dell'imminente trionfo. Léons de Poncins, che si riferiva a queste parole, aggiungeva giustamente: "Il sogno messianico può assumere le forme più diverse, l'obiettivo finale rimane immutato: il trionfo dell'ebraismo, della legge ebraica e del popolo ebraico. È l'unificazione del mondo sotto la guida del popolo ebraico. Sotto l'apparenza dell'universalismo, è in realtà l'imperialismo ebraico che cerca di dominare e schiavizzare il mondo".

Il bersaglio degli attacchi della propaganda cosmopolita deve quindi essere la magistratura, l'esercito e l'aristocrazia europea. Al cinema, alcuni film "sociali" incoraggiano surrettiziamente la gente comune a rivoltarsi contro le autorità e le élite europee, che sono spesso ritratte come corrotte e stantie, da rovesciare e sostituire al più presto.

Un Crime di Jacques Deray (Francia, 1992) denuncia l'alta borghesia. Un avvocato riesce a far assolvere il suo cliente dal duplice omicidio dei genitori. Il cliente rivela i suoi oscuri segreti...

---

[195] James Darmesteter, *Coup d'oeil sur l'histoire du peuple juif*, Paris, 1881, in Julio Meinvieille, *El Judío en el misterio del mundo (1937)*, Cruz y Fierro Editores, Buenos Aires, 1982, p. 72. Citato da Léons de Poncins, *Le Problème Juif; Face au Concile*, 1965 (pamphlet). Citato a sua volta da André Spire, *Quelques juifs*, Éd. Grasset, Parigi, 1928. La citazione era già presente nel libro di Mons. Henri Delassus, *L'Américanisme et la conjuration antichrétienne*, Société de Saint-Augustin, D. de Brouwer et Cie, Paris 1899, p. 48.

[196] Albert Memmi, *Portrait d'un juif*, Gallimard, 1962, p. 186, e in Léon de Poncins.

[197] Alfred Nossig, *Integrales Judentum*, Renaissance Verlag, Berlino, 1922, in Léon de Poncins.

In *F.I.S.T.* (USA, 1978), Kovak, un immigrato polacco che lavora allo scarico dei camion, si unisce alla Federazione dei Teamsters (FIST). I sindacalisti si alleano con la mafia per sconfiggere le milizie dei boss. Un film di Norman Jewison, che ha diretto l'anticattolico *Agnese di Dio* (1985).

In *I tre giorni del Condor* (USA, 1975), Turner, alias "il Condor", lavora per la CIA in una sezione di ricerca bibliografica. Ben presto scopre una rete segreta all'interno dell'organizzazione che non esita a far assassinare i suoi colleghi. Da quel momento in poi, la sua vita è in bilico. Il film è "una denuncia impeccabile delle nefandezze della CIA", si legge nella *Guide des films* di Jean Tulard. Il film è stato diretto da Sydney Pollack.

Je sais rien mais je dirai tout (*Non so niente ma vi dirò tutto*) di Pierre Richard (Francia, 1973): Pierre è il figlio in rivolta di un fabbricante di armi. "Pierre Richard si confronta con i poteri forti, come i padroni, la Chiesa e l'esercito, per realizzare un film molto dinamico.

Coup pour coup (*Colpo di stato*, Francia, 1971): In una fabbrica di abbigliamento, le operaie subiscono vessazioni e ritmi infernali. Due dirigenti vengono licenziati e presto scoppia uno sciopero selvaggio che va oltre i sindacati. Il proprietario, rapito e umiliato, deve cedere. Gli operai hanno vinto lo sciopero da soli e promettono di continuare la lotta. Il film è diretto da Marin Karmitz. Va notato che Marin Karmitz ha poi diretto MK2, un'importante rete cinematografica francese. Come molti dei suoi correligionari, anche lui è passato dall'estrema sinistra alla destra liberale. Nel gennaio 2009 abbiamo appreso che è stato nominato dal Presidente francese Nicolas Sarkozy a capo del "Consiglio per la creazione artistica".

La forza del male di Abraham Polonsky (USA, 1948): Joe Morse è un avvocato del sindacato del crimine un po' sopraffatto dai casi di cui si occupa. "Al di là degli scherzi, è la società capitalista che Polonsky voleva mettere in discussione in questo thriller, che è anche un film sociale", ha scritto Jean Tulard.

Lo sciopero (URSS, 1924): in una fabbrica della Russia zarista, un operaio viene ingiustamente accusato di furto e si suicida. Scoppia uno sciopero, ma alla fine gli operai vengono massacrati dai malvagi aristocratici russi. Gli aristocratici ebrei bolscevichi saranno molto più benevoli nei confronti del popolo. Il film è del leggendario Sergei Eisenstein, un vero russo, che ha diretto anche *Corazzata Potemkin* (1925) e *Ottobre* (1927) nello stesso genere "sociale".

Per indebolire l'aristocrazia goy, era anche necessario incoraggiare i matrimoni con le classi lavoratrici. *The Late George Apley* (USA, 1947) è un film di Joseph Mankiewicz: un notabile di Boston, George Apley, scopre che la figlia frequenta un ragazzo povero e che il figlio John ignora la cugina per una giovane donna di periferia. Mette in ordine la famiglia, ma alla fine ritorna ai suoi pregiudizi borghesi.

The King and the Chorus Girl (USA, 1937) racconta la storia di un aristocratico che si innamora di una ballerina del cabaret *Folies-Bergère* di Parigi. Il film è stato diretto da Mervyn Leroy, con una sceneggiatura di Norman Krasna.

Ancora meglio, sullo stesso filone, è *Gipsy* (Gran Bretagna, 1957), sulla tumultuosa storia d'amore tra una zingara e un membro dell'aristocrazia inglese. Un film del cosmopolita Joseph Losey.

Il giudizio di Dio (*Le jugement de Dieu*), di Raymond Bernard (Francia, 1949), denuncia le tensioni sociali della società medievale e del cattolicesimo. Racconta la storia dell'amore folle e impossibile - a metà del XV secolo - tra il giovane principe Alberto di Baviera e Agnés Bernauer, figlia di un barbiere speziale. Alberto sposa Agnés, ma lei viene presto accusata di stregoneria da malvagi ecclesiastici. Viene arrestata, processata e condannata ad annegare nelle acque del Danubio. Disperato, Albert si getta nel fiume per raggiungerla. La sceneggiatura è di Bernard Zimmer.

In effetti, se si guarda un po' più da vicino, ci si rende conto che la storia degli europei non è altro che una lunga oppressione. Il periodo medievale, in particolare, è stato particolarmente buio:

La regina vergine (*The Virgin Queen*, USA, 1965): Nell'XI secolo, il signore locale nota una giovane contadina durante una battuta di caccia. La ragazza è promessa in sposa a un uomo e devono sposarsi, ma il signore fa valere il suo diritto di pernada (un'invenzione dei repubblicani francesi del XIX secolo). "Le scene di battaglia e l'erotismo si combinano molto bene". Il film è di Franklin Schaffner.

La canzone di Rolando (*La chanson de Roland*, Francia, 1977) fa rivivere la storia dell'eroe franco. Il regista si è semplicemente preso qualche libertà con la famosa leggenda: nel XII secolo, una compagnia di comici accompagna i pellegrini in cammino verso Santiago de Compostela. Essi cantano le gesta degli eroi della guerra santa. La strada è piena di insidie e di violenza. Roland si interroga sull'origine di questo male e sul vero ruolo sociale che dovrebbe svolgere. Si rende conto di servire un ordine ingiusto e, dopo l'attacco a Roncisvalle, torna nelle Fiandre per unirsi ai contadini in rivolta. Da quel momento in poi, canterà di speranza e non più di fato e destino. "Una riflessione pertinente... un film di grande intelligenza analitica", ha scritto Claude Bouniq-Mercier *nella Guide des films*. Il film è di Franck Cassenti, che non ci ha mai preso in giro.

La polizia, la magistratura e l'amministrazione penitenziaria sono, ovviamente, piene di bianchi bastardi e psicopatici. Completiamo ora l'elenco che abbiamo pubblicato nei nostri libri precedenti. In *Sleepers* (USA, 1996), quattro giovani membri di una gang finiscono in prigione, torturati e violentati da guardie degenerate e sadiche. Un film di Barry Levinson.

I ragazzi del coro è un film di Robert Aldrich (USA, 1977): racconta la vita quotidiana di una stazione di polizia di Los Angeles. C'è Cachalote, un poliziotto in attesa della pensione, Roscoe, un bruto razzista, e Baxter, un dilettante masochista. Quest'ultimo si suicida. Un altro poliziotto uccide accidentalmente un omosessuale e sarà punito. La sceneggiatura è di Christopher Knopf e Joseph Wambaugh.

A quanto pare, dobbiamo credere che la maggior parte delle persone imprigionate sia in realtà innocente. Prendiamo *Hurricane Carter* (USA, 1999): Il pugile Hurricane Carter, condannato all'ergastolo per triplice omicidio, è in realtà innocente. Il film è di Norman Jewison (ancora lui!). Vent'anni prima, Jewison aveva realizzato *Giustizia per tutti* (1979): Kirkland, un avvocato troppo impulsivo, finisce in carcere per aver aggredito un giudice perverso a cui rimprovera di aver lasciato marcire in prigione un uomo innocente. Ora il giudice, accusato di stupro, lo chiama come avvocato. Norman Jewison "non si ferma davanti a nulla per mettere in discussione il sistema giudiziario e il mondo carcerario (stupro, isteria)".

In *True Crime* (USA, 1999) di Clint Eastwood, un giovane nero viene condannato a morte per omicidio, ma un giornalista vuole dimostrare la sua innocenza. La sceneggiatura è di Larry Gross e Stephen Schiff.

Anche l'Unione Sovietica e gli Stati comunisti dell'Europa centrale, che avevano cacciato gli ebrei dal potere dopo la Seconda Guerra Mondiale, dovettero subire un duro colpo. In *La confessione* (*L'Aveu*, Francia, 1970), Constantin Costa-Gavras descrive l'interminabile interrogatorio di un uomo innocente a Praga nel 1951. Esausto, confessa crimini di cui non è colpevole. Il film è tratto dal libro di Arthur London.

Anche i registi ebrei si sono espressi chiaramente a favore dell'abolizione della pena di morte. Indubbiamente, questo non era solo il frutto di una profonda riflessione filosofica, ma anche motivato da un interesse oggettivo, perché sappiamo che i criminali ebrei sono numerosi in tutte le forme di traffico illecito e nella mafia internazionale (armi, droga, diamanti, riciclaggio di denaro, ruffianeria, omicidi su commissione, ecc.)

In *Dead Man Walking* (USA, 1995) di Tim Robbins, Matthew Poncelet, accusato di un duplice omicidio, viene condannato a morte ma si dichiara innocente. Il film è "un violento attacco alla pena di morte, tanto più che il condannato non ispira molta autocommiserazione. È ottuso, fascista, razzista, ma comunque un essere umano", ha scritto Bouniq. Grazie comunque.

Daniel (USA, 1983): Daniel, i cui genitori comunisti furono giustiziati sulla sedia elettrica in piena epoca maccartista, decide di scoprire la verità. Il film di Sydney Lumet rivisita l'esecuzione dei Rosenberg. Lumet sostiene che la coppia fu condannata a morte come esempio.

Nel 1957, Sydney Lumet aveva già diretto *Twelve Angry Men*: Dodici giurati si riuniscono nella sala delle deliberazioni per decidere il verdetto da emettere nei confronti di un imputato diciottenne. Poiché l'imputato rischia la pena di morte, la giuria deve essere unanime. Si procede al primo scrutinio: undici giurati votano colpevole e uno non colpevole. Davis, l'unico giurato a votare per la non colpevolezza, riesce, con la sua eloquenza e il rigore della sua dimostrazione, a convincere uno a uno gli altri giurati che l'accusa è viziata e che l'imputato non può che essere dichiarato non colpevole.

Le pull-over rouge (*La maglia rossa*, Francia, 1979) è un altro appello contro la pena di morte. Il film è stato diretto da Michel Drach.

In *The Detective* (USA, 1968) di Gordon Douglas, Joe Leland, un poliziotto onesto, cattura un omosessuale sospettato di aver ucciso il suo partner. Lo fa parlare e ottiene la sua condanna a morte. Promosso capitano, rompe con la moglie ninfomane. Si rende conto della corruzione dei suoi superiori. Peggio ancora, scopre che l'uomo che ha mandato sulla sedia elettrica era innocente. La sceneggiatura è di Aby Mann.

Voglio vivere! (USA, 1958): Barbara, sospettata dell'omicidio di una ricca vedova, viene condannata a morte. Un "appello contro la pena di morte" diretto da Robert Wise (di nuovo!).

Je suis un sentimental, di John Berry (Fr-It, 1955): stanno per ghigliottinare un uomo innocente! Basato su una sceneggiatura di Lee Gold.

Condannato (USA, 1950): Joe Hufford viene accusato di omicidio nonostante sia innocente. Un film di Henry Levin. In breve, tutti sono innocenti, soprattutto gli ebrei.

Anche la gerarchia militare può essere biasimata: *Allons z'enfants*, di Yves Boisset (Francia, 1981): Simon Chalumot viene inserito dal padre in una scuola per fanti di truppa. Odia la vita militare. Durante la convalescenza in ospedale, ha una breve relazione con la sorella Beatrice. Una "critica violenta dell'esercito". La sceneggiatura è di Jacques Kirsner.

Il processo di Billy Mitchell è un film di Otto Preminger (USA, 1955). Il colonnello Mitchell è convinto che l'aviazione avrà un ruolo fondamentale nelle guerre future. Diventa una seccatura e viene presto deferito alla corte marziale ed espulso dall'esercito. Il film è "un'accusa ai giudici retrogradi".

Orizzonti di gloria (1958) dipinge un ritratto feroce dei generali francesi nel 1916. Il film è stato a lungo vietato in Francia. È di Stanley Kubrick, che ha diretto anche *Full Metal Jacket*, un altro film antimilitarista.

I registi cosmopoliti non attaccano solo la cultura europea. Ovunque si trovino, devono attaccare le élite locali per sostituirle:

Ecco un esempio di attacco alla cultura indiana, un film tamil: *Un asino nell'enclave dei bramini* (*Un âne dans l'enclave des Brahmanes*, India, 1977): un asino entra nell'enclave bramina di un villaggio e viene adottato come animale domestico da un insegnante. All'inizio, i membri della casta dei bramini non vogliono che l'animale entri nel loro recinto sacro. Ma presto l'asino provoca visioni miracolose nei sacerdoti e l'animale diventa oggetto di venerazione. Una "satira acida contro il fanatismo della casta superiore dei bramini" e "un'opera di riferimento del nuovo cinema d'autore indiano". Il film è di John Abraham, tamil fino al midollo.

Il frullato (*Le Barattage*) è un film indiano del 1976. Un veterinario, il dottor Rao, viene inviato in un piccolo villaggio del Gujarat per creare una cooperativa casearia. Rao si affida alla comunità intoccabile e al capo Bhola, che finiscono per prendere in mano il loro destino, nonostante i tentativi di intimidazione da parte dei potenti. Jean Tulard ha scritto qui: "Questo potente film sociale autoprodotto ha avuto un profondo impatto in India e dimostra ancora una volta la simpatia di Shyam Benegal per gli oppressi e il suo desiderio di cambiare la mentalità attraverso il cinema".

Il seme (India, 1974): In un villaggio indiano, una contadina, serva in casa di un proprietario terriero, viene sedotta dal suo padrone. Questi perpetua impunemente una serie di abusi nei confronti dei contadini, ma la rivolta è alle porte. Il regista Shyam Benegal è "uno dei registi più talentuosi dell'India".

Come vediamo, l'ebraismo è una forza dissolvente universale per tutte le nazioni in cui penetra.[198] Come scrisse molto esplicitamente Nahum Goldman: "Le cose stanno così: gli ebrei sono rivoluzionari per gli altri popoli, non per se stessi".

Si legga anche questa testimonianza trovata nel libro del cattolico francese Roger Gougenot des Mousseaux, scritto nel 1869. Gougenot cita il "resoconto molto curioso estratto da una relazione fatta dal dottor Buchanan, nel 1810, alla Chiesa anglicana, riguardo a questa fede messianica la cui perseveranza non è meno notevole tra gli israeliti dell'India che tra quelli della parte centrale dell'Europa". "Durante il mio soggiorno in Oriente, ho incontrato ovunque ebrei animati dalla speranza di tornare a Gerusalemme e di vedere il loro Messia. Ma due cose mi hanno colpito soprattutto: il ricordo della distruzione di Gerusalemme e la speranza di vedere un giorno questa città santa rinascere dalle sue rovine. Senza un re, senza una patria, non smettono di parlare della loro nazione; la lontananza del tempo e del luogo non sembra aver indebolito il ricordo della loro disgrazia. Parlano della Palestina come di un Paese vicino e facilmente accessibile... Credono che il momento della loro liberazione non sia lontano e guardano alle rivoluzioni che scuotono l'universo come foriere di libertà.[199] Un segno sicuro del nostro prossimo passo, dicono, è che in quasi tutti i Paesi le persecuzioni contro di noi stanno diminuendo"".

---

[198] Nahum Goldmann, *Le Paradoxe juif*, Stock, Paris, 1976, p. 72.
[199] Gougenot des Mousseaux. *El Judío, el judaísmo y la judaización de los pueblos cristianos*, versione pdf. Tradotto in inglese dalla professoressa Noemí Coronel e dalla preziosa collaborazione del team di Nacionalismo Católico Argentina, 2013, p. 495.

Si veda anche ciò che il famoso scrittore irlandese James Joyce scrisse in un dialogo del suo *Ulisse*: "Tenga presente ciò che dico, signor Dedalus", disse, "l'Inghilterra è nelle mani degli ebrei. In tutti i posti più alti: nelle sue finanze, nella sua stampa. E sono il segno del declino di una nazione. Ovunque si radunino, si nutrono della forza vitale del Paese. Li ho visti arrivare già da qualche anno. Per quanto siamo qui, gli imbroglioni ebrei sono già all'opera di distruzione.[200] La vecchia Inghilterra sta morendo".

Dietro la facciata di dissomiglianza, il pensiero ebraico è in realtà notevolmente omogeneo. Che siano di destra o di sinistra, marxisti o liberali, religiosi o atei, sionisti o "perfettamente integrati", gli ebrei sono i più accaniti sostenitori di una società multiculturale e di un mondo senza frontiere, per la semplice ragione che il mondo di "pace" che desiderano instaurare è la *conditio sine qua non* per l'arrivo del loro sospirato messia. Quindi un ebreo si riconosce da tre cose: ciò che dice, ciò che scrive e ciò che fa. Se le sue parole e le sue azioni favoriscono il cosmopolitismo, è un ebreo. Se le sue parole e le sue azioni sono radicate nella terra e nell'anima della nazione, è un goy. È su questa base che dobbiamo ragionare. Possiamo poi affinare i criteri con l'ascendenza, il cognome e la fisionomia, per essere sicuri di non avere a che fare con un ebreo sintetico. Naturalmente la genealogia rimane un criterio importante per definire l'ebraismo di un individuo, poiché gli stessi ebrei riconoscono come ebreo chiunque sia nato da madre ebrea. Tuttavia, ci sono persone che hanno un solo nonno ebreo da parte di padre e che si sentono ebrei fino in fondo. D'altra parte, l'ebraismo può anche perdersi nel corso delle generazioni, per cui è possibile incontrare un "Blumenthal" che non è più consapevole della sua ebraicità.

Anche l'onomastica - lo studio dell'origine dei cognomi - non è infallibile, poiché molti ebrei, con il pretesto dell'integrazione, modificano i loro cognomi per dar loro una consonanza più locale o addirittura li cambiano radicalmente. Ovviamente, un personaggio televisivo, cinematografico, bancario o mafioso è molto più sospetto di un vecchio contadino autoctono. Ma nessuno nella storia ha mai attaccato gli ebrei "perché sono ebrei", bensì perché sono, per loro stessa ammissione, "irritanti" e "fastidiosi", ossessionati dall'unificazione del mondo e dalla distruzione di tutto ciò che non è ebreo. Questo è precisamente ciò che gli ebrei chiamano "lavorare per la pace nel mondo", o in modo subdolo.

---

[200] *Ulisse*, James Joyce, citato in Albert Memmi, *Portrait d'un juif*, Gallimard, 1962, p. 129.

Diritti umani

I diritti umani sono un concetto chiave nell'arsenale della propaganda cosmopolita. Significa che ogni essere umano, indipendentemente dalla razza, dalla nazionalità o dalla religione, può stabilirsi e vivere dove vuole, senza badare ai confini e ignorando i diritti delle popolazioni indigene nei loro Paesi. I diritti umani sono quindi una macchina da guerra ideologica che lavora per dissolvere le identità nazionali ed etniche e non è un caso che, ancora una volta, siano gli intellettuali ebrei a gridare a gran voce questi principi.

René Cassin è stato uno dei grandi uomini della Repubblica francese.[201] Questo ex presidente dell'Alleanza israelita universale (*Alliance Israélite Universelle*), dal 1943 fino alla sua morte nel 1976, è stato anche il padre della Dichiarazione universale dei diritti dell'uomo del 1948, che egli vedeva come "una laicizzazione dei principi dell'ebraismo". Questo è anche ciò che ha detto il rabbino capo Jacob Kaplan: "Per trovare la fonte originale del 1789, dobbiamo tornare indietro oltre l'antichità classica, alla Bibbia, alla Torah e ai profeti". Durante la Seconda guerra mondiale, René Cassin immaginava "una sorta di ministero universale dell'istruzione". I suoi piani presero forma dopo la guerra, con la creazione dell'Unesco. Dopo il ritorno al potere del generale de Gaulle nel 1958, fu incaricato di redigere la Costituzione della Quinta Repubblica. Ricevette un dottorato onorario dall'Università Ebraica di Gerusalemme e fu rieletto presidente della Corte europea dei diritti dell'uomo nel giugno 1968, poco prima di ricevere il premio per i diritti umani e il premio Nobel per la pace. René Cassin morì il 20 febbraio 1976 e le sue ceneri furono trasferite al Pantheon nel 1987.

Ma per comprendere meglio il destino di questa figura emblematica e l'ideologia che incarnava, sembra necessario presentare le sue azioni durante la Seconda guerra mondiale. René Cassin andò in esilio a Londra nel 1940. Nel 1943 fu nominato dal generale de Gaulle a capo del Comitato giuridico di Algeri e gli fu affidata la preparazione di una giurisdizione eccezionale per punire i crimini di collaborazione: le Corti di giustizia. René Cassin fu l'inventore del postulato giuridico secondo cui il governo del Maresciallo Pétain era illegale dal 16 giugno 1940, data che segnò la caduta del ministero di Paul Reynaud e la nomina del Maresciallo a Presidente del Consiglio da parte di Albert Lebrun. In seguito a questo sotterfugio, i funzionari che avevano obbedito al maresciallo Pétain furono

---

[201] Dichiarazione rilasciata durante il colloquio *della Decalogue Lawyers Society*, tenutosi a Chicago nel 1970; in Yann Moncomble, *Les Professionnels de l'anti-racisme*, Faits et Documents, 1987, p. 60-64.

soggetti agli articoli 75 e seguenti del Codice penale. Dal 1944 in poi, i tribunali incaricati di processare i cittadini francesi colpevoli di aver obbedito al Maresciallo Pétain hanno emesso 2.853 condanne a morte, 2.248 condanne ai lavori forzati a vita (più 454 in contumacia), 8.864 condanne ai lavori forzati a tempo determinato (più 1.773 in contumacia), 1.956 condanne alla reclusione e 22.883 pene detentive.

Inoltre, decine di migliaia di persone furono condannate alla degradazione nazionale, una pena fino ad allora sconosciuta nel diritto francese. L'indegnità e la degradazione nazionale comportarono la perdita del diritto di voto, l'ineleggibilità, la perdita dell'accesso ai posti di lavoro nella pubblica amministrazione e nelle imprese pubbliche, la perdita di tutti i gradi nell'esercito, la perdita del diritto alla pensione, la perdita del diritto di insegnare, di avviare un'attività commerciale, di dirigere una società di stampa o di radiodiffusione e la perdita del diritto al risarcimento dei danni di guerra. Questo è stato anche il lavoro di René Cassin.

Il 27 novembre 1967, dopo la Guerra dei Sei Giorni e la vittoria dell'esercito israeliano, il generale de Gaulle osò parlare, in una famosa conferenza stampa, di "Stato d'Israele bellicoso, deciso ad espandersi" e di "un popolo sicuro di sé e dominatore". Queste parole non furono apprezzate dagli ebrei e provocarono "una grande agitazione nella comunità". La reazione di René Cassin, raccontata qui dall'ex Presidente del Consiglio, Pierre Mendés France, fu la seguente: "Durante il ricevimento del Consiglio di Stato all'Eliseo il giorno di Capodanno, il Presidente si avvicinò a René Cassin e gli disse che era stato frainteso, ecc. Cassin rispose: "Nel *Mein Kampf*, Generale, l'aggettivo "dominatore" applicato agli ebrei compare quaranta volte".[202] Senza rispondere, il generale alzò le braccia al cielo, allontanandosi mentre Cassin osservava a voce alta: "Generale, la parola che lei ha usato è un termine assassino". Sappiamo che gli intellettuali ebrei sono "altamente intolleranti alla frustrazione", come recita una certa diagnosi medica.

Nel 1958, un certo Daniel Mayer fu eletto presidente della Lega dei Diritti dell'Uomo (*Ligue des Droits de l'Homme*). Rimase in questa posizione fino al 1975. Anche lui si schierò a favore della tolleranza, ma, ancora una volta, si trattava di un discorso di esportazione.[203] Il 31 gennaio 1950, durante una riunione della Lica (Lega contro l'antisemitismo), aveva dichiarato a proposito della liberazione e dell'epurazione del 1944: "Ci sono state molte teste rasate, ma non abbastanza teste tagliate".

Daniel Mayer era un ebreo subdolo. Dal 1962 al 1967 ha collaborato regolarmente con il giornale *Témoignage chrétien*. Ma quando il

---

[202] Claude Vigée, *Délivrance du souffle*, Flammarion, 1977, p. 213.
[203] Yan Moncomble, *Les Professionels de l'anti-racisme*, Faits et Documents, 1987, p. 20.

settimanale protestò contro l'occupazione di nuovi territori arabi da parte dei coloni israeliani nel 1967, smise di scriverci, nello stesso momento in cui Marcel Bleustein-Blanchet, presidente dell'agenzia Publicis, tagliò bruscamente tutta la pubblicità del giornale.

Questo senso di appartenenza non gli aveva impedito di dichiarare un giorno: "Sono prima di tutto un socialista, poi un francese e infine solo un ebreo".[204] Il settimanale *L'Express* del 4 marzo 1983 riportava le parole di un diplomatico israeliano: "Per fortuna in ebraico si legge tutto al contrario". Gli intellettuali ebrei hanno chiaramente l'abitudine di confondere la comunità ebraica con l'umanità nel suo complesso e di proiettare su un piano universale ciò che in realtà riguarda solo gli ebrei.[205] Elie Wiesel ha scritto ad esempio: "Per salvare il nostro popolo, dobbiamo salvare tutta l'umanità".[206] E guardate cosa disse Franz Kafka: "Chi colpisce un ebreo colpisce l'umanità".

Anche Nahum Goldmann ha espresso lo stesso egocentrismo: "È nell'interesse di tutta l'umanità che il popolo ebraico non scompaia", ha detto, perché è portatore di "valori che riguardano tutta l'umanità".

In queste condizioni, è naturale che i palestinesi si liberino e lascino a loro il sito: "Israele è l'unico modo per dare al popolo ebraico l'opportunità di continuare il suo contributo alla civiltà umana.[207] Così, l'umanità ha il diritto di dire agli arabi: "Vi chiediamo di sacrificare l'uno per cento dei vostri territori per servire l'intera umanità"".[208]

Un altro intellettuale ebreo, André Neher, ha scritto in modo molto naturale: "Il mondo ha bisogno dell'ebreo, ma l'ebreo si aspetta e vuole che il mondo esprima questo bisogno".

Alla fine del 1986, Elie Wiesel ricevette il Premio Nobel per la Pace. Nel suo *discorso di Oslo*, pronunciato in quell'occasione, parlò come sempre di memoria, speranza, umanità e "pace" sulla terra. Sappiamo che Elie Wiesel ha sempre amato le grandi frasi: "La memoria sfida la morte, perché la morte ferma la memoria; la memoria nega l'odio, perché l'odio nega la memoria".

Sembrava anche che confondesse la setta ebraica con l'umanità nel suo complesso, come se gli ebrei fossero la quintessenza dell'umanità: "La nostra sopravvivenza ha senso agli occhi dell'umanità nel suo complesso", scriveva. "Raccontando il martirio del mio popolo, evoco la sofferenza di tutti i popoli". E ancora: "La sofferenza degli ebrei deve riguardare tutta

---

[204] Yan Moncomble, *Les Professionels de l'anti-racisme*, Faits et Documents, 1987, p. 22.
[205] Elie Wiesel, *Mémoires, tome I*, Seuil, 1994, p. 51.
[206] Bernard-Henri Lévy, *Le Testament de Dieu*, Grasset, 1979, pag. 181.
[207] Nahum Goldmann, *Le Paradoxe juif*, Stock, Paris, 1976, p. 238.
[208] André Neher, *L'Identité juive*, 1977, Petite Bibliothèque Payot, 2007, p. 35.

l'umanità.[209] Verrà il giorno in cui i crimini contro gli ebrei saranno considerati crimini contro l'umanità, e i crimini contro l'umanità crimini contro il popolo ebraico". In breve, se si strappa un pelo della barba di un rabbino, si attacca tutta l'umanità.

Quindi, l'antisemitismo non è solo una questione ebraica: è "affare di tutti". Nell'ottobre 2004, l'Unione degli studenti ebrei di Francia (Uejf) ha voluto lanciare una campagna contro l'antisemitismo e fare di questa lotta "una grande causa nazionale". Secondo Yonathan Arfi, responsabile dell'associazione, l'obiettivo era quello di "produrre uno shock emotivo, l'unico modo per lasciare un'impressione profonda". La campagna di affissioni pianificata rifletteva questa volontà degli ebrei, deliberata o meno, di provocare i goyim. I manifesti mostravano Cristo, "dipinto con lo spray" con l'insulto "sporco ebreo", e la Vergine Maria con il bambino Gesù in braccio, imbrattata con la scritta "sporco ebreo". "Il nostro obiettivo non è provocare o offendere gratuitamente", ha spiegato Yonathan, ma convincere tutti che l'insulto "sporco ebreo" contamina e degrada tutti gli uomini senza eccezioni". Lo slogan era: "L'antisemitismo - e se fosse affare di tutti?

Tuttavia, il progetto non è piaciuto a tutti e, sotto la pressione della Licra (Lega internazionale contro il razzismo e l'antisemitismo), l'Uejf è stata costretta a fare marcia indietro. La Licra ha ritenuto che la campagna fosse "scioccante" e potesse "avere un effetto controproducente".

"Siamo delusi", ha riconosciuto Yonathan Arfi. A suo avviso, "questa campagna espone quanto sia insopportabile la brutalità morale e intellettuale dell'antisemitismo". Questi manifesti "sono rivolti a tutti e il messaggio è fondamentalmente cristiano: Gesù è stato il primo antirazzista".

Rudolph Loewenstein cercava anche di farci ammettere che l'ebraismo era al centro della nostra civiltà, così come il cristianesimo.[210] Ha confuso le due cose, evocando senza mezzi termini "i principi di giustizia, libertà, carità e dignità umana con cui l'ebraismo e il cristianesimo hanno permeato la civiltà occidentale".

Poiché è assolutamente impossibile che la gente ce l'abbia con gli ebrei, e solo con gli ebrei, dal momento che sono innocenti, la ragione del loro odio può essere solo l'odio per l'intera umanità. L'intellettuale ebreo in questo caso stava tipicamente proiettando il male su un piano universale.

"Lì, a Treblinka, scrive Martin Gray, non uccidevano gli ebrei, non sterminavano una razza particolare: i boia volevano distruggere l'uomo, e avevano deciso di iniziare con quelli che chiamavano ebrei; ma tutti gli

---

[209] Elie Wiesel, *Discours d'Oslo*, Grasset, 1987, p. 28, 18, 38, 41
[210] Rudolph Loewenstein, *Psicanalisi dell'antisemitismo*, 1952, PUF, 2001, p. 154.

uomini erano condannati. Solo i boia e i loro cani sarebbero rimasti vivi. A Treblinka stavano eliminando l'uomo.[211] Ma per nascondere meglio questa gigantesca impresa, i boia avevano cercato di nascondere l'essere umano sotto il nome di ebreo".[212]

Pertanto, possiamo legittimamente pensare che nella mente dei leader della Lega dei Diritti dell'Uomo si trattasse soprattutto di difendere il diritto degli ebrei di imporre la loro visione e il loro progetto al resto del mondo [Uomo=Ebreo, ndt].

"Israele è il popolo di Dio e della poesia, scriveva Edouard Valdman.[213] Non appena gli ebrei rinunceranno a questo, perderanno se stessi e, perdendosi, minacceranno l'uomo". In questo modo egli esprimeva istintivamente l'orgoglio smodato di Israele o, più precisamente, la megalomania caratteristica della personalità isterica.

Disprezzo per i goyim

Nahum Goldmann, fondatore del Congresso Ebraico Mondiale, ha espresso l'opinione comune che gli ebrei dell'Europa centrale avevano dei Goyim all'inizio del XX secolo: "L'opinione che generalmente si ha degli ebrei degli shtetlj - quei piccoli villaggi isolati in un ambiente Goy - mi sembra sbagliata, ha scritto. Si dice spesso che questi ebrei conducano un'esistenza infelice, persino miserabile. Non è del tutto vero: gli ebrei si trovavano certamente in una posizione economica poco invidiabile; inoltre, non avevano voce in capitolo a livello politico. Ma non sono i fatti oggettivi a determinare una vita: è la reazione psicologica a quei fatti. E da questo punto di vista, gli ebrei erano nel complesso un popolo abbastanza felice". E Goldmann aggiunge: "Gli ebrei consideravano i loro persecutori come una razza inferiore... Nella mia piccola città di Wisznewo, vivevamo in una zona rurale e la maggior parte dei pazienti di mio nonno erano contadini. Ogni ebreo si sentiva dieci volte, cento volte, superiore a questi umili contadini: era istruito, aveva imparato l'ebraico, conosceva la Bibbia, studiava il Talmud; in breve, si sentiva molto al di sopra di questi analfabeti".[214] E ancora: "Il popolo ebraico ha sempre creduto nella propria superiorità (espressa nella forma classica del "popolo eletto")".

"Certo, gli ebrei furono privati dei diritti politici, ma se li avessero avuti, probabilmente non ne avrebbero fatto uso. La politica dei goyim (non ebrei) non li interessava: quel mondo era estraneo a loro e sentivano di essere solo

---

[211] Martin Gray, *En nombre de todos los míos*, Plaza & Janés, Barcellona, 1973, p. 176.
[212] Una definizione di umanità confermata dall'esegesi rabbinica nel Talmud, ad esempio in *Keritot; 6b*.
[213] Édouard Valdman, *Les Juifs et l'argent*, Ed. Galilée, 1994, pag. 20.
[214] Nahum Goldmann, *Le Paradoxe juif*, Stock, Parigi, 1976, p. 21, 16

di passaggio. Un giorno, il Messia sarebbe arrivato e li avrebbe portati in Israele. Quindi l'unica cosa importante era sopravvivere fino all'arrivo del Messia, senza preoccuparsi troppo della realtà degli "altri".[215] Grazie a questo ragionamento, aggiunge Goldmann, gli ebrei riuscirono a superare ciò che avrebbe distrutto qualsiasi altro popolo".

Il gangster degli anni Settanta, Pierre Goldmann, ha lasciato una testimonianza concorde di come gli ebrei considerano il resto del mondo. Ecco cosa disse in un'intervista pubblicata su *Le Monde* il 30 settembre 1979, intitolata *Goldman l'étranger*: "Sì, odio l'umiliazione. Ho sbagliato a parlare di rabbini umiliati. Mio padre mi spiegò che l'ebreo barbuto, dedito al lavoro intellettuale, che veniva frustato dal cosacco, non era affatto umiliato. Egli disprezzava profondamente il cosacco. Era perfettamente consapevole della sua superiorità. Nella religione ebraica, va detto, c'è un grande disprezzo per gli altri".

Il romanziere Arnold Mendel, ebreo di origine polacca, non era da meno. In uno dei suoi libri, ha dato la seguente definizione della parola yiddish "*Goïmnachess*": "Un termine di disprezzo, usato in giudeo-tedesco e in yiddish. Goïmnachess si riferisce a piaceri, glorie e trionfi, difficilmente degni delle vanità puerili dei Goyim, i non ebrei...[216] E noi avevamo un'indulgenza sprezzante per quel mondo di *goïmnachess*, per la sua futilità e volgarità".

Nel 1997, lo storico François Fetjo ha scritto: "Le disgrazie della vita, le piccole e grandi disgrazie e persino le catastrofi, le pestilenze, le guerre, i pogrom, Auschwitz, l'ebreo le sopporta, vi si adatta e vi sopravvive. Le palesi ingiustizie a cui è sottoposto, le umiliazioni, che sopporta anche da parte della maggioranza degli uomini, gli sembrano naturali perché non ha una buona opinione dell'uomo, del "gentile", del non scelto. Lo ritiene capace di tutto.[217] La crudeltà e l'odio degli uomini non lo impietosiscono, giustificano solo il suo disprezzo".[218]

Anche Theodor Herzl, il fondatore del sionismo, espresse questo immenso orgoglio: "La nostra razza è, in tutto, più capace della maggior parte dei popoli del mondo".

Si veda anche quanto scriveva lo studioso Gilles Keppel nel 1994 in *Le Retour de Dieu*, citando la *Revue de la jeunesse loubavitch de France*: "Dio ha creato l'intero universo secondo la divisione fondamentale dei quattro regni: minerale, vegetale, animale e umano". È scritto che esiste in realtà

---

[215] Nahum Goldmann, *Le Paradoxe juif*, Stock, Paris, 1976, p. 21.
[216] Arnold Mendel, *Tikoun*, Mazarine, 1980, p. 18, 29
[217] François Fetjö, *Dieu et son juif*, ed. Pierre Horay, 1997, p. 43, 44.
[218] Theodor Herzl, *L'État juif*, Stock-plus ed. Collection Judaïsme/Israël, p. 217. ["Il sionismo è il ritorno all'ebraismo e precede il ritorno alla terra degli ebrei". Theodor Herzl *Lo Stato di Israele e altri scritti*, Editorial Israel, Buenos Aires, 1960, p. 195].

un quinto genere: *AmIsrael*, il popolo ebraico. E il divario che lo separa dal quarto genere - l'insieme della specie "parlante", umana - non è minore del divario tra l'umano e l'animale".

Quanto al rabbino capo di Francia, Joseph Sitruk, si spinse a dichiarare sulla rivista ebraica *Passages* nel maggio 1988, a proposito del generale de Gaulle e della sua famosa frase sul popolo ebraico - "sicuro di sé e dominatore": "Non ho mai avuto l'impressione che si sbagliasse sull'essenziale".

In pratica, quando gli ebrei sentono di avere mano libera, questo disprezzo si traduce in brutalità e crudeltà al pari dei peggiori despoti della storia. In Israele, in particolare, alcuni alti funzionari sostengono apertamente la pulizia etnica contro gli arabi.

Avigdor Lieberman, nominato vice primo ministro per gli Affari strategici nel 2006, ha incoraggiato il trasferimento delle popolazioni arabe della Cisgiordania: "Ha detto chiaramente di essere favorevole all'espulsione, per rendere Israele uno Stato ebraico omogeneo "per quanto possibile"", hanno scritto John Mearsheimer e Stephen Walt nel loro libro del 2007 che ha fatto il giro del mondo: *The Israel Lobby and US Foreign Policy*.

I due accademici americani hanno spiegato i metodi adottati dagli ebrei fin dall'inizio del loro insediamento in Palestina: "Furono i terroristi ebrei dell'Irgun a piazzare per la prima volta bombe negli autobus o nei luoghi affollati della Palestina alla fine del 1937", hanno spiegato i professori. Basta leggere ciò che Ben-Gurion scrisse nel suo diario il 1° gennaio 1948, quando si riuniva spesso con altri leader sionisti per discutere come affrontare la questione palestinese: "È giunto il momento di reagire con fermezza e violenza. Dobbiamo specificare il momento, il luogo e l'obiettivo. Se attacchiamo una famiglia, dobbiamo brutalizzarla senza pietà, donne e bambini compresi. Altrimenti non sarà una reazione efficace... Non dobbiamo distinguere tra colpevoli e non colpevoli".

Questi metodi non sono cambiati nel tempo: "*Tsahal* ha fucilato centinaia di prigionieri egiziani durante le guerre del 1956 e del 1967. Nel 1967 espulse tra i 100.000 e i 260.000 palestinesi dalla Cisgiordania appena conquistata e 80.000 siriani dalle alture del Golan. Quando le vittime di questa pulizia etnica hanno tentato di tornare a casa, spesso disarmate, gli israeliani le hanno talvolta uccise a colpi di pistola. [219] Amnesty International stima che tra il 1967 e il 2003 Israele abbia distrutto più di 10.000 case in Cisgiordania e nella Striscia di Gaza".

---

[219] John J. Mearsheimer / Stephen Walt, *Le Lobby pro-israélien et la politique étrangère américaine*, La Découverte, 2007, pagg. 103, 112, 113, 115.

Dopo la Guerra dei Sei Giorni, nel giugno 1967, un certo Victor Tibika pubblicò un piccolo libro di propaganda sionista intitolato *1967, Risveglio e unità del popolo ebraico*, che mirava a incoraggiare gli ebrei in Francia a stabilirsi in Israele. L'autore suggeriva che ebrei e arabi erano stati i migliori amici del mondo. Si trattava, ovviamente, di propaganda e non del lavoro di uno storico. Così Victor Tibika si permise di scrivere: "Non ho dimenticato l'eccellente cooperazione e comprensione tra ebrei e arabi in Nord Africa. Nel 1941-1942, gli arabi algerini si comportarono perfettamente con gli ebrei".[220] Ma nel 1967 gli arabi, a suo avviso, commisero un grave errore: "Fu un'aggressione arabo-fascista contro un piccolo Paese che aspirava solo alla pace".

Victor Tibika aveva anche un dono speciale per far parlare i palestinesi: "Molti arabi nelle zone controllate da Israele mi hanno detto: 'Non ci aspettavamo davvero che fossero così concilianti e indulgenti nei nostri confronti, mentre il nostro comportamento nei loro confronti sarebbe stato molto diverso se avessimo vinto.[221] Bisogna dire che i nostri capi ci avevano riempito la testa con la loro propaganda anti-israeliana e con i loro slogan che predicavano nient'altro che l'uccisione e lo sterminio degli ebrei... Questa propaganda non ha fatto altro che eccitarci contro gli ebrei, descrivendoli come mostri e incitandoci a sterminarli in una guerra santa, in nome dell'Islam! Il nostro venerato profeta Maometto non avrebbe certo approvato!'".

Nel 1994, Claude Lanzman, nel suo film a gloria dell'esercito israeliano *Tsahal*, giunse alla stessa conclusione. In un'intervista rilasciata al quotidiano *Le Figaro*, esaltò con la sua solita *chutzpah* l'eccezionale gentilezza dei soldati *di Tsahal*, condannando al contempo l'intrinseca corruzione del sangue dei soldati francesi: "Il paracadutista israeliano, spiegò Claude Lanzmann, non è il paracadutista francese... Il soldato ebreo non ha la violenza nel sangue. Può uccidere, ma non è un assassino. Per cominciare, hanno i capelli. In *Tsahal* non c'è il culto della virilità, non c'è machismo. I soldati sono gentili, teneri. Gli altri: hanno l'atto di violenza nel sangue".

Durante la Seconda Guerra Mondiale, come sappiamo, non tutti gli ebrei furono vittime: molti di loro combatterono negli eserciti alleati o nei gruppi partigiani dell'Est.[222] Nel 2007, ad esempio, la Lituania ha aperto un

---

[220] Victor Tibika, *1967, Réveil et unité du peuple juif*, p. 70, 40
[221] Victor Tibika, *1967, Réveil et unité du peuple juif*, p. 69, 70
[222] Yad Vashem è l'istituzione ufficiale israeliana creata in memoria delle vittime dell'Olocausto durante la Seconda Guerra Mondiale. Il sito si trova nella foresta di Gerusalemme, sul versante occidentale del Monte Herzl ("Monte della Memoria"). Dal 2007 ha una delegazione in Spagna e organizza eventi commemorativi in tutto il Paese: https://yadvashemspain.com/. (NdT).

procedimento contro un certo Yitzhak Arad, ex direttore dell'istituto Yad Vashem in Israele, che aveva combattuto contro i nazisti in quel Paese. La Lituania ha chiesto ufficialmente a Israele di permetterle di indagare sul massacro di 300 civili lituani. Le memorie di Yitzhak Arad contengono descrizioni dettagliate dei suoi crimini.

Abbiamo già visto alcuni casi simili in *Fanatismo ebraico*, ma pochissime notizie di questo tipo sono passate attraverso i filtri dei media tradizionali nei decenni successivi alla fine della guerra.

Ci sono anche i casi dei fratelli Tuvia e Aaron Bielski, leader di una macchia ebraica polacca accusata di numerosi omicidi, tra cui il massacro di 128 contadini a Nabiloki l'8 maggio 1943. In seguito Aaron si stabilì negli Stati Uniti e cambiò il suo cognome. Ora si fa chiamare Aaron Bell. Nel 2007 è stato accusato di essersi appropriato dei risparmi (250.000 dollari) di un vicino di casa cattolico di 93 anni.

Il disprezzo per i goy era evidente anche nelle parole di Philppe Sollers, uno scrittore "francese" piuttosto mediatico.[223] Nel 1999, durante una campagna elettorale europea, Jean-Pierre Chevènement, un politico di sinistra con una certa vena patriottica, ebbe la suprema audacia di criticare Daniel Cohn-Bendit, dicendo dell'ex leader del Maggio '68 diventato candidato ambientalista che "in un certo senso era il rappresentante delle élite globalizzate".

Questo banale commento è bastato a scatenare una violenta campagna di stampa contro di lui. Il 28 gennaio, *Le Monde* ha pubblicato in prima pagina un articolo dello scrittore Philipe Sollers, ex maoista e amico di Bernard-Henri Lévy, intitolato *La France en moulé*.[224] In esso, Sollers denunciava i "vili rentiers", la "stupidità francese senza pari" e riversava la sua bile: "La Francia ammuffita, diceva, ha sempre odiato i tedeschi, gli inglesi, gli ebrei, gli arabi, gli stranieri in generale, l'arte moderna, gli intellettuali pignoli, le donne che pensano o che sono troppo indipendenti, i lavoratori ribelli e, in breve, la libertà in tutte le sue forme".

La reazione di Sollers è molto sintomatica: quando un intellettuale ebreo pensa di essere bersaglio di critiche, il suo primo istinto è quello di rendersi ridicolo associandosi nella sua disgrazia ad altre comunità: zingari, protestanti, operai, immigrati, lebbrosi, eretici perseguitati dall'Inquisizione, e così via. È infatti incomprensibile che siano gli ebrei, e solo gli ebrei, a essere individuati, e nessun altro.

---

[223] Programma *pubblico*, presentato da Michel Field, 10 gennaio 1999.
[224] In Elisabeth Lévy, *Les Maîtres censeurs*, Lattès, Poche, 2002, p. 291, *La France moisie*, Le Monde, 28 janvier 1999.

Giudaismo apocalittico

L'attesa del Messia è l'asse attorno al quale si struttura l'universo mentale degli ebrei. Gli ebrei hanno una fede assoluta nella sua venuta, che sarà il momento della loro liberazione. Si lasciano trasportare dalle profezie e sono, per così dire, assorbiti dalle speranze messianiche.

Queste appaiono, ad esempio, nel film *Kadosh*, del regista israeliano Amos Gitai (1999): A Gerusalemme, nel quartiere ebraico ultraortodosso di Mea Shearim, Meir vive da dieci anni con Rivka, ma lei non gli ha dato figli. Il rabbino costringe Meir a ripudiare Rivka e a sposare un'altra donna. Rivka si chiude in clausura, ma Malka, sua sorella, decide che è arrivato il momento di ribellarsi. Il film denuncia con forza le usanze di questi ebrei chassidici, che trattano le loro mogli come bestiame. Sentiamo anche il rabbino che fa la morale al povero Meir, spiegandogli che è suo dovere sposare la moglie per avere figli, perché è dovere di ogni ebreo procreare: "È così che possiamo sconfiggerli", gli dice chiaramente.

Meir gli chiede allora - per la comprensione degli spettatori - di chi stia parlando e il rabbino risponde: "degli altri", prima di aggiungere, dopo una pausa: "dei malvagi, dei pagani che governano questo Paese".[225] Ma tutti avranno capito che il messaggio è in codice e che si tratta proprio di sconfiggere i goyim.

Un altro passaggio del film mostra un ebreo chassidico al volante della sua auto, che usa un megafono per invitare gli ebrei a riunirsi. È il 1999 ed egli avverte gli ebrei che i tempi stanno arrivando, che il Messia sta per arrivare e che i goyim devono essere puniti per tutto il male che hanno fatto agli ebrei. La scena è piuttosto rivelatrice dello spirito ebraico, animato dalla speranza messianica di dominare il mondo. Gli intellettuali ebrei

---

[225] Sul movimento chassidico (misticismo ebraico cabalistico), leggere *Psicoanalisi dell'ebraismo* e *Fanatismo ebraico*. I *chassidici* (o chassidim), ha scritto Elie Wiesel, "minarono l'importanza dello studio talmudico sostenendo che recitare i salmi era importante quanto studiare a fondo la Torah". I loro avversari, i *mitnagdim*, "non apprezzavano l'esibizionismo dei *chassidim*, che gridavano mentre pregavano, si agitavano, sbattevano sui muri e sulle scrivanie per raggiungere l'estasi. Inoltre, si riunivano in case private dove, invece di studiare la Bibbia, si raccontavano storie sconclusionate e imparavano melodie popolari". Dovevano essere puniti: "Alcuni venivano fustigati pubblicamente, altri espulsi dalla città. I centri chassidici furono dispersi e i loro capi umiliati. Poi si decise di fare un ulteriore passo avanti nella repressione, anatemizzando i *chassidim* in massa: i loro scritti furono bruciati, i loro libri distrutti e le comunità vicine e lontane furono mobilitate contro di loro". Elie Wiesel, *Célébrations hassidique II*, Seuil, 1981, pagg. 37-39. Gli ebrei hanno l'abitudine di bruciare i libri dei loro avversari. In Israele, gli studenti di Yehuda hanno bruciato i Vangeli cristiani il 20 maggio 2008. Nel Medioevo, anche i libri di Maimonide, tra gli altri, venivano bruciati dai rabbini.

parlano di "pace" sulla terra e di "pacificazione" dei popoli e degli individui. La loro vittoria è "ineluttabile", come quella del proletariato al tempo del comunismo trionfante. La storia dimostra, però, che sono soprattutto le dolorose battute d'arresto a sembrare "ineluttabili".[226]

Nell'Haggadah di Pesach, testo ebraico utilizzato per la cerimonia della Pasqua ebraica che commemora la liberazione dall'Egitto, la corrispondente traduzione francese della preghiera del Kiddush a pagina 9 recita: "Benedetto sei tu, Signore, nostro Dio, Re dell'Universo, che ci hai scelti fra tutti i popoli e ci hai innalzati al di sopra di tutte le nazioni, e ci hai santificati con i tuoi comandamenti". Il libro è stato prefato dal rabbino capo di Francia, Joseph Sitruk.[227]

Nel suo libro del 1973, intitolato *Enciclopedia profetica*, l'autore Jacques Lévitan ha espresso in modo molto esplicito le ossessioni planetarie degli intellettuali ebrei. Il libro si rivolgeva a un pubblico ebraico esperto, per cui l'autore poté esprimersi con maggiore franchezza rispetto ai suoi colleghi più attenti ai media. Le prime frasi del libro sono quelle di un rabbino, tratte da un libro del 1964 intitolato *La Conscience juive devant l'histoire (La coscienza ebraica di fronte alla storia,* Edizioni Payot). Ecco cosa disse questo rabbino, citato da Jacques Lévitan:

"Sulla vasta scacchiera del mondo si sta svolgendo una lotta gigantesca, il cui esito sarà indubbiamente noto prima della fine del sesto millennio (del calendario ebraico, cioè intorno all'anno 2000). L'obiettivo di questa vasta lotta è il possesso del mondo rivendicato da due gruppi umani, entrambi alla ricerca del dominio planetario. L'umanità cerca un punto d'appoggio e si muove irrevocabilmente verso un governo mondiale. Tra quarant'anni si realizzerà l'unità del mondo.[228] Questa unità che abbiamo cercato e che abbiamo proclamato con tutte le vie dell'esilio per due millenni, sarà raggiunta in vita o in morte, ma sarà raggiunta".

Il resto del libro tendeva a dimostrare, con calcoli basati sulla Torah e sulla Cabala, che il tempo era vicino. Questo tempo sarebbe stato sicuramente quello finale!

Jacques Lévitan ha sicuramente rivendicato un posto nella lunga lista dei profeti di Israele. Ascoltate queste elucubrazioni:

---

[226] Il termine Haggadah (ebraico: "narrazione" o "discorso") si riferisce a una raccolta di racconti della tradizione orale ebraica, nonché a testi letterari ebraici di natura non giuridica, a volte provenienti da dibattiti e scritti rabbinici (come il Talmud), tra cui storie, leggende, parabole e molti altri racconti che possono riferirsi alla storia ebraica (NdT).

[227] Il *Kiddush* (aramaico: santificazione) è una benedizione recitata sul vino durante lo Shabbat e altre festività ebraiche.

[228] Jacques Lévitan, *Encyclopédie prophétique*, La Pensée universelle, 1973, p. 13.

"Guardando indietro, vediamo che gli Israeliti rimasero in Egitto per 430 anni (cfr. *Esodo 12:40* ed *Ezechiele 4:5-6*). Ora, ciò che è stato fatto è ciò che sarà fatto. Risulta che l'Impero Ottomano, da cui discendono i Turchi, occupò la terra d'Israele per 400 anni, precisamente dal 1517 al 1917. A questi 400 anni dobbiamo aggiungere 30 anni di dominio britannico per arrivare a 430 anni: il 1947, data della liberazione della terra d'Israele. Il Tempio fu costruito 480 anni dopo l'uscita dall'Egitto (cfr. *Re 6/1*). Se, quindi, a questi 430 anni (1947) aggiungiamo 50 anni (1997: 480 anni), otteniamo la data approssimativa della ricostruzione del Santuario (in mezzo all'angoscia dei tempi... cfr. *Daniele 9/26*). Infatti, come la donna genera nel dolore della sua liberazione, così il mondo genererà nel dolore della sua liberazione, "desiderando di sopportarlo con tribolazioni per renderlo felice alla fine" (cfr. *Deuteronomio 8/16*).[229] Questo sembra confermare che il destino dell'umanità è scritto in anticipo nel libro della vita".

È scritto che quattro imperi devono succedersi prima della venuta del Messia, secondo le visioni del profeta Zaccaria, che vide "quattro corna" che disperdevano Giuda, Israele e Gerusalemme [*Zaccaria 2:2*].[230] Zaccaria si riferisce ai quattro regni di Babilonia, Persia, Grecia e Roma, "che dominavano su Israele e le facevano tanto male".

Jacques Lévitan utilizzava fonti bibliche per spiegare l'epoca contemporanea: il primo impero, secondo lui, era ora quello dell'aquila nazista; il secondo impero (l'Orso) era l'URSS. "Il terzo impero, non ancora pienamente sovrano, era rappresentato fino ad allora da Nasser (la Pantera)". Il quarto impero, il nuovo Magog, sarebbe stato il blocco asiatico.

"Quando andammo in stampa all'inizio del 1971, Nasser era già scomparso dal mondo dei vivi da diversi mesi...[231] Avrà contribuito... alla creazione di un'unità araba che prefigura questo terzo impero a quattro teste (quattro re) deciso a sollevarsi e a riconquistare Israele... Possiamo concludere, quindi, che ci stiamo avvicinando a passi da gigante alla fine dei giorni, quando il nostro smarrimento aumenterà". Dobbiamo aspettarci, a quanto pare, un nuovo scontro su larga scala prima della venuta del Messia "di Israele e liberatore di tutta la terra".

Il popolo d'Israele doveva anche prepararsi a nuove persecuzioni: "È un fatto che Israele è nato dalla persecuzione. Ora il Messia - come Mosè - nascerà da una seconda persecuzione, senza dubbio ancora più temibile della precedente".

---

[229] Jacques Lévitan, *Encyclopedie prophétique*, La Pensée universelle, 1973, p. 295, 296. Per gli ebrei, le sofferenze terrene che precedono "la nascita del Messia" sono paragonabili alle sofferenze della donna prima del parto.
[230] Leggi in *Psicoanalisi dell'ebraismo*.
[231] Jacques Lévitan, *Encyclopedie prophétique*, La Pensée universelle, 1973, p. 14, 15.

Ma l'esito finale è già scritto.²³² È nei testi stessi: "Gerusalemme, l'ombelico della terra, è destinata a diventare "il trono del Signore" e "la metropoli di tutte le nazioni"".

In effetti, la "pace universale" deve essere preceduta da grandi catastrofi. Gli ebrei attendono con ansia rivoluzioni, guerre e catastrofi, così come persecuzioni che immaginano annunceranno il giorno della Redenzione. Queste sono, come dicono loro stessi, "le doglie del parto del Messia".

Le persecuzioni sono quindi considerate parte del processo di redenzione. Se, dopo tutti questi secoli di indicibili sofferenze, gli ebrei sono ancora presenti, è perché la loro natura non può che essere divina. Così ha spiegato lo scrittore Edouard Valdman, prendendosela con la Chiesa cattolica:

"Nonostante gli sforzi della Santa Inquisizione, e di tutte le inquisizioni", scriveva, gli ebrei sono ancora lì, grazie a qualche diabolico gioco di prestigio. Una strana domanda? Molti genocidi sono riusciti, indiani, neri, armeni, ecc. e spesso con l'assenso della Chiesa romana. Un popolo c'è sempre stato e ha sempre resistito.²³³ Bisogna accettarlo, e a quanto pare non è facile".

Anche François Fetjó ha espresso questa idea: "Anche battuto, schiacciato, disperso, è sopravvissuto, cosa che non è accaduta a nessun altro popolo.²³⁴ Ecco dunque la prova suprema data dai farisei della vocazione eterna di Israele".

Gli ebrei sembrano in grado di resistere all'assalto di tutti i loro nemici: "I sopravvissuti a ogni catastrofe hanno riscoperto la loro invincibilità", ha scritto Manès Sperber. Fin dall'antichità, "vediamo che non si sono mai considerati veramente sconfitti, ma, al contrario, credono che sia stato loro promesso un futuro trionfo che sarà definitivo.²³⁵ Rivendicano un alleato invincibile, il loro Dio, l'unico vero Dio, che regna su tutto l'universo".

Mentre sono estasiati dalla durata dell'ebraismo tra le rovine di popoli e civiltà scomparse (Babilonia, Persia, Grecia, Roma), gli intellettuali ebrei rimangono molto discreti sul ruolo svolto dal fanatismo egualitario dell'ebraismo nel crollo di queste grandi civiltà.

L'ebraismo alimenta così una tensione messianica che porta invariabilmente gli ebrei di tutto il mondo ad aspettarsi i peggiori scenari apocalittici per l'umanità. "Nella letteratura ebraica tradizionale, spiega Benbassa, l'arrivo dell'era messianica, annunciata dal ritorno del profeta Elia, è associata a cataclismi, guerre, rivoluzioni e varie pestilenze. Benbassa ci ha fornito gli elementi costitutivi del messianismo ebraico,

---

[232] Jacques Lévitan, *Encyclopedie prophétique*, La Pensée universelle, 1973, pagg. 302, 303, 310.
[233] Édouard Valdman, *Les Juifs et l'argent*, Ed. Galilée, 1994, p. 29.
[234] François Fetjö, *Dieu et son juif*, Ed. Pierre Horay, 1997, p. 64.
[235] Manès Sperber, *Être Juif*, Odile Jacob, 1994, p. 60, 133.

come li abbiamo presentati in modo molto più dettagliato nei nostri primi tre libri. "Il libro di Isaia", scrive Benbassa, "descrive l'età messianica in due forme, una catastrofica e una utopica.[236] La liberazione finale è la fine dell'esilio, la riunione in Terra Santa delle tribù disperse e la restaurazione della sovranità politica di Israele sotto l'autorità di un discendente di Davide, ma è anche l'instaurazione di una pace universale, resa possibile dall'adesione delle nazioni al culto dell'unico Dio".

Anche il romanziere Arnold Mandel sembrava attendere le catastrofi con febbrile impazienza: "Sono sempre stato, più o meno inconsciamente, un catastrofista, ammetteva.[237] Mi sarebbe piaciuto vivere al tempo delle Crociate, della Grande Peste, del Terrore Rosso o dell'esodo degli ebrei dalla Spagna nel 1492, sotto Isabella la Cattolica".[238]

Manès Sperber scrisse: "Il senso della permanenza della catastrofe era generale per tutti noi". Lo scrittore Chaim Potok, ne *Gli eletti*, un romanzo del 1967, confermò questo stato d'animo ed espresse la sua fede nella venuta del Messia: "Poco prima della sua venuta, scrisse, ci sarà un periodo di grandi catastrofi". Per bocca di uno dei suoi personaggi, esprimeva le inclinazioni attiviste di molti ebrei: "Sono stanco di aspettare.[239] È arrivato il momento di portare il Messia, non di aspettarlo".

Rivoluzioni, cataclismi, guerre ed epidemie, ogni tipo di follia omicida e tutto ciò che può avvicinare l'umanità all'apocalisse sembrano essere una benedizione per la setta. Elie Faure lo dice tra le righe: "La sua missione storica è chiaramente definita, e forse per sempre.[240] Sarà il fattore principale di tutti i tempi apocalittici, come lo è stato alla fine del mondo antico e come lo è alla fine - a cui stiamo assistendo - del mondo cristiano".

Non dovrebbe quindi sorprendere la presenza di numerosi film basati su sceneggiature di catastrofi. Le storie di fantascienza, inoltre, sono sempre un pretesto per unire gli esseri umani di tutte le razze contro gli alieni.

Abbiamo visto ad esempio in *Deep Impact* (USA, 1998) come un gigantesco asteroide stesse per schiantarsi sulla Terra. Il pianeta è stato salvato in extremis dal Presidente americano, un uomo nero. In *Independence Day* (USA, 1996), il regista Roland Emmerich mostra il pianeta attaccato dagli alieni e salvato da un nero e da un ebreo. In *Mars*

---

[236] Benbassa, *La Souffrance comme identité*, Fayard, 2007, p. 85, 83. Si tratta quindi di un progetto politico immanente, nazionalista e imperialista, e non di una religione trascendentale. Sull'attesa di grandi catastrofi, si veda *Speranze planetarie*, *Psicoanalisi dell'ebraismo* e *fanatismo ebraico*.
[237] Arnold Mandel, *Tikoun*, Mazarine, 1980, p. 39.
[238] Manès Sperber, *Être Juif*, Odile Jacob, 1994, p. 114, 136.
[239] Chaïm Potok, *L'élu*, 1967, Calmann-Lévy, 1969, p. 117, 237
[240] Élie Faure, *L'Âme juive* dans *La Question juive vue par vingt-six éminentes personnalités juives*, Paris, E.I.F, 1934, in Léon de Poncins, *Le Problème Juif; Face au concile*, 1965 (opuscolo).

Attacks (USA, 1996) di Tim Burton, dischi volanti invadono i cieli degli Stati Uniti e i marziani, con i loro cervelli ipertrofizzati, sono tutt'altro che amichevoli.

Il villaggio dei dannati è un film di John Carpenter (USA, 1995): in seguito a uno strano fenomeno che colpisce un villaggio, diverse donne rimangono incinte e danno alla luce bambini biondi e altamente intelligenti. In realtà si tratta di alieni intenzionati a conquistare la Terra. Nel 1988, John Carpenter dirige il celebre film *Essi vivono* (USA, 1988): grazie a speciali occhiali, il protagonista, Nada, scopre che una piccola parte della popolazione è composta da alieni dall'aspetto perfettamente normale. Essi formano un'élite che governa il mondo attraverso la menzogna e la corruzione. Questi occhiali le permettono anche di leggere i messaggi subliminali sui cartelloni pubblicitari che comandano la sottomissione degli esseri umani. Sono ovunque, controllano tutto, ma voi non li vedete!

Quando non sono gli alieni, sono i vampiri a minacciare l'umanità: in *Ritorno a Salem'Lot* (USA, 1987), questi vampiri sono di natura piuttosto particolare, ma anche qui si tratta soprattutto di un'inversione accusatoria: un antropologo si reca a Salem'Lot con suo figlio. Succedono cose strane e diventa presto chiaro che la città è in mano a vampiri nazisti! Un film di Larry Cohen.

Abbiamo già menzionato il ruolo di influenti ebrei nelle rivoluzioni comuniste in Europa durante il XX secolo. Dobbiamo anche menzionare il ruolo di alcuni ebrei nello scatenare le guerre che hanno avuto luogo negli ultimi decenni. Per quanto riguarda la Seconda guerra mondiale, vale la pena di citare due testimonianze che confermano quanto abbiamo già presentato nei nostri libri precedenti. Lo storico ebreo americano Saul Friedlander ha citato un estratto di un discorso tenuto dal famoso aviatore Charles Lindbergh l'11 settembre 1939 davanti a 8.000 persone a Des Moines, Iowa: "Chi sono gli agitatori della guerra?". [241] Lindbergh censurava l'amministrazione statunitense, gli inglesi e gli ebrei... "Il pericolo più grande per questo Paese risiede nelle loro grandi proprietà e nella loro influenza sul nostro cinema, sulla stampa, sulla radio e sul governo". [242] E Saul Friedlander ha aggiunto: "Forse senza rendersene conto, Lindbergh era sceso in quel momento allo stesso livello di un famoso agitatore antisemita americano, il predicatore radiofonico Charles

---

[241] Saul Friedländer, *Il Terzo Reich e gli ebrei (1939-1945), Los años del exterminio*, Galaxia Gutenberg, Barcellona, 2009, p. 369-370.
[242] "Non possiamo permettere che le passioni e i pregiudizi naturali di altri popoli portino il nostro Paese alla distruzione". Saul Friedländer, *Il Terzo Reich e gli ebrei (1939-1945)*, p. 370 (discorso di Des Moines).

Coughlin, o addirittura allo stesso livello delle argomentazioni di Goebbels".

Tuttavia, un'altra testimonianza di Nahum Goldmann ha fatto molta più luce sul ruolo svolto dai leader ebraici intorno al presidente degli Stati Uniti: "Roosevelt non solo amava l'umorismo, ma lo praticava brillantemente", scrive Goldmann. Eccone un esempio, preso in circostanze particolarmente tragiche. Un giorno d'estate del 1943, ricevemmo dei messaggi terrificanti da Gerhart Riegner, che ci raccontava i dettagli della "Soluzione Finale" dei nazisti per annientare gli ebrei. Era sabato e telefonai immediatamente a Stephen Wise per avere un consiglio. Durante il fine settimana, il Presidente Roosevelt si fermava raramente a Washington, preferendo riposare nella sua casa di campagna a Hyde Park. Suggerii di aspettare il suo ritorno il lunedì mattina per informarlo di queste orribili rivelazioni, ma Wise ritenne che le circostanze fossero abbastanza gravi da rivolgersi immediatamente al consigliere del Presidente, Sam Rosenman, che aveva affittato una casa vicino a quella di Roosevelt per essere sempre a disposizione in caso di necessità. Avvertito da Wise, Rosenman ci chiese di incontrarlo a casa sua. Era una giornata molto calda e noi tre eravamo in maniche di camicia sulla terrazza di Rosenman quando sentimmo il rumore dell'auto del Presidente; l'auto di Roosevelt si fermò davanti alla terrazza e, vedendoci tutti insieme, il Presidente disse: "Bene, Rosenman, Stephen Wise e Nahum Goldmann che parlano insieme! Andate, ragazzi, Sam mi dirà lunedì cosa devo fare".[243] La sua auto iniziò ad allontanarsi e Roosevelt la fermò per dirci: "Immaginate quanto Goebbels pagherebbe per avere una fotografia di questa scena: il Presidente degli Stati Uniti che riceve istruzioni dai Tre Saggi di Sion".[244]

All'inizio del XXI secolo, la principale forza organizzata che si oppone al messianismo ebraico sembra essere l'Islam radicale, almeno quello sciita sostenuto dall'Iran. Gli attentati dell'11 settembre 2001 a New York hanno giustificato l'invasione statunitense dell'Afghanistan e dell'Iraq.[245] Da

---

[243] Nahum Goldmann, *Le Paradoxe juif*, Stock, Paris, 1976, p. 189. Nella Francia di Léon Blum e Daladier, prima della guerra, Jean Zay era stato Ministro dell'Istruzione ed era un fervente sostenitore della guerra contro la Germania, così come il suo collega al Ministero degli Interni, Georges Mandel.
[244] Sugli "oligarchi russi", leggere *La mafia ebraica*.
[245] Sulla lobby sionista neoconservatrice degli Stati Uniti si veda *Fanatismo ebraico*. La politica estera degli Stati Uniti per il XXI secolo è stata plasmata in modo decisivo da un gruppo di personalità sioniste neoconservatrici, molto presenti e influenti nei media statunitensi e nell'amministrazione di Washington negli anni Novanta. Questa politica è stata preparata e annunciata pubblicamente in articoli e documenti che sono passati alla storia degli archivi dei giornali. Ad esempio: *A Clean Break: A New Strategy for Securing the Realm*, un documento del 1996 scritto da un think tank guidato da Richard Perle per l'allora Primo Ministro israeliano Benjamin Netanyahu. Questo

allora, negli Stati Uniti e in Europa, la lobby ebraica sta cercando di lanciare l'Occidente in una nuova guerra contro l'Iran; e anche la Russia del presidente Putin - che si è liberata degli "oligarchi" - è l'obiettivo della piccola "comunità mediatica internazionale". In effetti, i diritti "umani" non si applicano ai nemici dell'"umanità".

Le dichiarazioni bellicose e l'agitazione di molti ebrei influenti (dichiarati o meno) su questo tema sono così evidenti che persino il settimanale di sinistra *Marianne* di Jean-François Kahn si è allarmato per la situazione. Nel suo numero del 17 febbraio 2007, si potevano leggere alcune discrete righe: "Goffaggine: il Consiglio rappresentativo delle istituzioni ebraiche francesi (Crif) ha invitato tutti i candidati alle elezioni presidenziali per chiedere loro di sostenere l'idea della guerra contro l'Iran. Questo dimostra che le lezioni della storia non vengono mai imparate: le stesse persone commettono sempre gli stessi errori. Questo è l'ebreo eterno, immerso e plasmato dalla lettura della Torah, del Talmud e dello Zohar: i testi non cambiano, e nemmeno l'ebreo testardo.

Hollywood si è naturalmente fatta carico della propaganda planetaria. Negli anni '80 e '90, ci sono stati una trentina di film che ritraevano gli arabi che cercavano di schiavizzare il mondo "libero".

In *Regole d'ingaggio* di William Friedkin (USA, 2000), l'ambasciata statunitense nello Yemen è minacciata da una folla manipolata da islamisti. Sono così vili che il pubblico applaude quando i Marines americani iniziano il massacro.

L'Union sacrée (Francia, 1989) di Alexandre Arcady è un film piuttosto emblematico (si legga in *Psicoanalisi dell'ebraismo*).

---

documento includeva idee di James Colbert, Douglas Feith, Charles Fairbanks, Robert Loewenberg, David Wurmser e Meyrav Wurmser. Un altro documento importante è stato il rapporto *Rebuilding America's Defenses Strategy, Forces and Resources For a New Century*. Questo rapporto del 1997 era il risultato di un'iniziativa del famoso *think tank* neo-conservatore PNAC (*Project for the New American Century*). Il PNAC è stato fondato da William Kristol e Robert Kagan nel 1997 e sciolto nel 2006. Questo progetto ha visto la collaborazione di una legione di personalità: Bruce P. Jackson, Mark Gerson, Randy Scheunemann, Ellen Bork, Timothy Lehmann, Giselle Donnely, Reuel Marc Gerecht, Gary Schmitt, Michael Goldfarb, Dov Zakheim, John R. Bolton, Richard Perle, Elliot Abrams, Gary Bauer, William J. Bennett, John Ellis Bush, Dick Cheney, Eliot A. Cohen, Midge Decter, Paula Paula Decter, John Ellis Bush, Dick Cheney, Eliot A. Cohen, Midge Decter, Paula Paula Ellis Bush e John Ellis Bush. Cohen, Midge Decter, Paula Dobriansky, Steve Forbes, Aaron Friedberg, Francis Fukuyama, Frank Gaffney, Fred C. Ikle, Donald Kagan, Zalmay Khalilzad, Norman Podhoretz, J. Danforth Quayle, Peter W. Rodman, Stephen P. Rosen, Henry S. Rowen, Donald Rumsfeld, Vin Weber, George Weigel, William Schneider Jr, Paul Wolfowitz. Si veda anche un articolo del *New York Times* del 30 gennaio 1998 di William Kristol e Robert Kagan intitolato *"Bombardare l'Iraq non è sufficiente"*.

L'assedio è un film di Edward Zwick (USA, 1988): Gli Stati Uniti sono diventati il bersaglio di attacchi terroristici. Per rappresaglia, un commando rapisce un leader musulmano fondamentalista. Un ultimatum viene inviato all'unità antiterrorismo di New York.

Delta Force, di Menahem Golan (USA, 1986): Gli arabi dirottano un aereo e terrorizzano i passeggeri.

Ritorno al futuro (USA, 1985) di Robert Zemeckis ritrae dei trafficanti d'armi arabi tanto violenti quanto stupidi.

In *Deadly Target* (*Wronh is right*, USA, 1982) di Richard Brokks, un terrorista arabo progetta di distruggere Tel Aviv e Gerusalemme con due bombe atomiche. Questa gente è completamente pazza!

In *Network* (USA, 1977), vediamo come gli arabi e i loro petrodollari stiano comprando l'intera America. Un presentatore invita gli spettatori a ribellarsi. Questo film proiettivo è di Sydney Lumet.

Black Sunday (USA, 1977): una terrorista palestinese minaccia di uccidere migliaia di americani riuniti in uno stadio di Miami per una partita di football. Elimina chiunque si metta sulla sua strada. Un film di John Frankenheimer.

L'ombra del gigante (USA, 1966) è un film di Melville Shavelson sulla creazione dello Stato di Israele. I palestinesi sono ritratti come brutali e assetati di sangue, mentre Kirk Douglas, nei panni di un soldato americano, viene in soccorso per prestare la sua esperienza alla giusta causa israeliana.

Nel settembre 2007, il ministro Bernard Kouchner, il famoso ideatore e sostenitore dell'"ingerenza umanitaria", ha espresso il suo guerrafondai nei confronti dell'Iran del presidente Ahmadinejad, facendo ribollire di gioia tutti quei neoconservatori che sognavano di utilizzare i soldati francesi per difendere gli interessi ebraici nel mondo.

Il 22 settembre 2007, il settimanale *Marianne* ha citato Antoine Sfeir, un intellettuale molto popolare in Francia, specializzato in questioni mediorientali: "Sfeir è sorpreso dall'ignoranza di molti intellettuali francesi. Ignorano, ad esempio, che il presidente Ahmadinejad, illuminista e antisemita, 'appartiene a un movimento apocalittico di pazzi messianici che non è affatto rappresentativo del regime'". Ancora una volta, si tratta di un'inversione accusatoria.

È chiaro, tuttavia, che gli ebrei non si fermeranno volontariamente. Nonostante tutte le battute d'arresto che la storia ha inflitto loro, rimangono convinti della loro missione e continuano la loro lotta frenetica contro il resto dell'umanità. Per riprendere una frase di Ernst Jünger: sono "come macchine di ferro che si fermano solo quando si rompono".

Nel suo piccolo libro di propaganda sionista, scritto nel 1970, Victor Tibika già deplorava l'atteggiamento ostile degli arabi nei confronti degli ebrei che avevano rubato loro la terra dopo la Guerra dei Sei Giorni del 1967: "In futuro, diceva, gli storici giudicheranno sicuramente molto duramente i nemici di Israele se, mantenendo il loro atteggiamento provocatorio e aggressivo, daranno nuovamente inizio a una guerra che, questa volta, degenererà in una conflagrazione apocalittica dell'universo".[246]

E Victor Tibika ha continuato: "L'unica cosa che resta a tutti noi, figli di Dio a pieno titolo, indipendentemente dal colore della nostra pelle, è lavorare e pregare instancabilmente, con tutte le nostre forze, per una pace definitiva nel mondo".

Ovviamente, è tutta una questione di vocabolario. Tutti sono a favore della "pace". Dopo aver schiacciato i loro nemici, sono sempre a favore della "pace".

---

[246] Victor Tibika, *Réveil et unité du peuple juif*, 1970, pag. 92.

PARTE SECONDA

PSICOPATOLOGIA DEL GIUDAISMO

1. La grande solitudine degli ebrei

Un enigma in mezzo alle nazioni

André Neher, intellettuale ebreo degli anni Settanta, ha espresso la pesante solitudine degli ebrei nel mondo: "La definizione dell'uomo-Israele, ha scritto, è proprio quella di essere l'uomo della solitudine". È "un popolo solitario", e questa solitudine è "drammatica". E ha aggiunto: "Non essere come gli altri, vivere nella solitudine, rimanere nella dimora", questo è il destino del popolo ebraico.[247] André Neher ha poi citato la Torah: "Sì, è un popolo che abiterà da solo e non sarà riconosciuto come una delle nazioni" (Numeri XXIII, 9)".[248]

A lbert Memmi, nel suo *Ritratto di un ebreo*, pubblicato nel 1962, lamentava il destino dei suoi connazionali: "Conosco bene il dolore dell'amore deluso, scriveva: amare senza essere amati, questo è in breve il dramma civile di molti ebrei; desiderare disperatamente di essere amati, adottati una volta per tutte, mentre si è quasi certi di non essere mai amati".

Nel secondo volume parla ancora della "terribile solitudine" del popolo ebraico: "L'isolamento è un corollario della scelta", scrive. E si chiedeva: "Perché questo destino crudele? Perché sono stati gettati in questa storia terribile che li schiaccia e li punisce continuamente?".

La risposta non potevache essere di natura divina: "L'elezione spiega tutto, conforta tutto; rassicura e lusinga, esige e attrae.[249] È allo stesso tempo la gloria e il dovere dell'ebreo, l'onere, il privilegio e la protezione".

---

[247] André Neher, *L'Identité juive*, 1977, Seghers, 1989, pagg. 23, 24, 26.
[248] Albert Memmi, *Portrait d'un juif*, Gallimard, 1962, p. 198.
[249] Albert Memmi, *Portrait d'un juif II*, Gallimard, 1966, pag. 127-129.

Nella sua *Psicoanalisi dell'antisemitismo* del 1952, Rudolph Loewenstein esprimeva la stessa angoscia: "Come bambini puniti ingiustamente, gli ebrei soffrono per l'ingiustizia ma anche per la mancanza di affetto. Perché gli uomini, come i bambini in questo senso, si aspettano una prova d'amore dal destino, dal mondo intero, da Dio. [250]Gli ebrei, nonostante la loro convinzione di essere i preferiti di Dio, forse soffrono più per la mancanza di affetto che per tutte le disgrazie che subiscono".

Shmuel Trigano, professore universitario, ha insistito sull'unicità di Israele: "L'aspetto più unico del popolo ebraico - ha scritto - è l'idea della sua doppia autonomia. Il popolo ebraico si considera un'entità autonoma, sia politicamente, in relazione alle altre nazioni, sia spiritualmente, in relazione agli altri sistemi religiosi... L'autonomia è un concetto ebraico essenziale. Si riferisce all'autogoverno in conformità con le leggi e le norme specifiche del popolo ebraico...[251] L'autonomia politica e spirituale è garantita dall'alleanza stipulata con Dio".

La storia di Barry Lyndon, l'eroe del film di Stanley Kubrick (1975), sembra un'allegoria dell'iniziato.[252] Il film riflette magnificamente le ansie dell'ebraismo e probabilmente non è una coincidenza che Stanley Kubrick abbia utilizzato questa sceneggiatura per adattarla. A metà del XVIII secolo, Barry Lyndon è un giovane nobile irlandese che, per amore, sfida a duello un ufficiale inglese. Sicuro dei suoi diritti, provoca uno scandalo. Una macchinazione lo mette fuori gioco. Credendo di aver ucciso l'ufficiale inglese, è costretto a fuggire. Si arruola nell'esercito britannico e parte per i campi di battaglia dell'Europa. Barry Lyndon fugge dal campo di battaglia, da un combattimento che non lo riguarda, diserta l'esercito e passa dall'altra parte. Mente, racconta qualsiasi cosa all'ufficiale che lo interroga e alla fine riceve una decorazione. Diventa poi una spia, ma tradisce di nuovo per salvare un connazionale. Fa quindi fortuna nei salotti aristocratici imbrogliando al gioco d'azzardo. Entra in una grande famiglia benestante per approfittare delle ricchezze accumulate dagli altri. Come padrone di casa, si comporta come un dittatore, sperperando l'eredità familiare, incitando all'odio e seminando discordia e follia. Alla fine, un membro della famiglia si ribella, lo affronta e lo caccia; e Barry Lyndon prende la via dell'esilio, evitato da tutti, come all'inizio.

Gli ebrei sono acutamente consapevoli della loro solitudine in questo confronto con il resto dell'umanità. Edouard Valdman era un intellettuale ebreo di secondo piano, ma il suo libro del 1994, *Ebrei e denaro*, contiene

---

[250] Rudolph Loewenstein, *Psychanalyse de l'antisémitisme*, 1952, Presses Universitaires de France, 2001, p. 211.
[251] Shmuel Trigano, *La Société juive à travers l'histoire*, t. I, Fayard, 1992, p. 71.
[252] *La fortuna di Barry Lyndon* (1844) di William Makepeace Thackeray.

alcuni spunti interessanti. Innanzitutto, vale la pena notare che, pur avendo affrontato molte questioni, Valdman non ha detto quasi nulla sul rapporto tra ebrei e denaro. Ma il titolo era più da venditore, e questa era chiaramente la cosa più importante. Fare soldi, ma non parlarne troppo. Leggete attentamente il testo che segue. Edouard Valdman elogiava la psicoanalisi, ma il lettore informato vedrà in essa un'introspezione identitaria propria dell'ebraismo. "La psicoanalisi, diceva, è ascoltare la parola dell'altro dentro di sé, dell'ignoto dentro di sé... accettare di scavare nel proprio abisso.[253] Significa cercare di vedere se la ragione di questo scontro perpetuo con il mondo esterno, di questa ferita che sentiamo costantemente nel nostro contatto con esso, come se il rapporto con l'altro fosse impossibile, non sia da ricercare innanzitutto in noi stessi".

Avete capito: si tratta proprio dell'ebraismo. Valdman parlava dell'ebraismo e del suo "scontro perpetuo con il mondo". Qualche pagina prima, Edouard Valdman aveva già parlato del "mistero" dell'ebraismo, della sua "estraneità": "Qual è l'origine, oggi come ieri, dell'antisemitismo polacco? scrive Valdman: È l'estraneità dell'ebraismo, questa impossibilità di comprenderlo, quando è proprio disincarnazione, rottura e apertura".[254] Ma l'intellettuale preferisce proiettare il male sulla cultura europea: "Auschwitz non è un incidente, ma l'espressione ultima, all'interno della cultura europea, di quell'immensa paura dello strano, dell'ignoto, del vuoto che sta dentro ogni essere umano e che la presenza dell'ebreo ha proprio la vocazione di rivelare".

Nella stessa ottica, la psicanalista Elisabeth Roudinesco ha potuto scrivere: "Il destino del popolo ebraico appare allo storico come un fenomeno paradossale, incredibile e quasi incomprensibile.[255] È unico e senza paragoni nella storia dell'umanità".

Da parte sua, il famoso filosofo Bernard-Henri Lévy è rimasto estasiato dal mistero del popolo ebraico: "Un caso assolutamente unico di ribellione a qualsiasi logica, all'oblio o al genocidio, di ostinazione nel dire no, nel negare il verdetto dei fatti, nello sfidare la macchina dei secoli nella sua processione di ammonizioni e di fatalità assassine".[256] Questo "popolo indomito" è quindi "uno degli enigmi più profondi per la coscienza contemporanea".[257]

L'influente direttore della stampa Jean Daniel non ha detto altro: "Il mistero ebraico è un fenomeno commovente che può sollevare domande mistiche e portare alcuni a credere nell'elezione di un popolo".

---

[253] Édouard Valdman, *Les Juifs et l'argent*, Ed. Galilée, 1994, p. 48.
[254] Édouard Valdman, *Les Juifs et l'argent*, Ed. Galilée, 1994, p. 31.
[255] Elisabeth Roudinesco, *Le Malheur d'Israël*, Cluny, 1956, p. 7.
[256] Bernard-Henri Lévy, *Le Testament de Dieu*, Grasset, 1979, pagg. 8, 9.
[257] Jean Daniel, *La Blessure*, Grasset, 1992, p. 259.

Ancora una volta sentiamo l'eco delle parole di André Glucksmann: "Due millenni in cui è stata una domanda viva per il mondo intero.[258] Due millenni di innocenza, che non hanno nulla a che fare con nulla".

Già prima della guerra, Daniel Pasmanik scriveva: "Nel suo insieme, la storia del popolo ebraico è unica e senza equivalenti al mondo. Ancora oggi è un enigma insolubile per sociologi, filosofi e storici.[259] Ogni cultura è originale, ma la cultura ebraica, il prodotto della storia ebraica, è assolutamente eccezionale".

Anche André Neher si è dilungato sul "mistero" dell'ebraismo. L'ebreo", scriveva, "è qualcosa di diverso da un uomo nel senso terreno, tecnico e banale del termine". Questo "mistero" è "il segno stesso della sua origine divina, trascendente ed eterna". L'ebreo non è quindi un uomo come gli altri: "Quest'uomo che accetta di essere l'uomo particolare, l'uomo "altro", l'uomo "non come gli altri", è Israele".

André Neher ci avverte, tuttavia, che corriamo il rischio di una grande delusione se ci avviciniamo a questo essere divino che vive in mezzo a noi ed entriamo in conversazione con lui: "L'osservatore può cogliere questo sguardo divino che illumina l'ebreo e lo aureola di una santità esemplare; ma poi corre il rischio di non accorgersene e di rimanere stupefatto e deluso quando scopre che questo testimone della luce divina è allo stesso tempo un lavoratore della crosta terrestre".[260] È quella che l'autore chiama "la caratteristica e fatale ambiguità dell'ebreo".

Il piano dell'ebraismo per l'unificazione del mondo e la pace sulla terra, una "pace assoluta e finale", comporta un fanatismo egualitario che è in assoluta opposizione alle leggi della natura. Gli ebrei sono ben consapevoli che il loro progetto è contrario alle leggi di questo mondo.

Nel 1968, il romanziere Albert Cohen, in *Bella del señor,* lo ha detto chiaramente:

"Israele è il popolo dell'innaturale, portatore di una folle speranza che il naturale aborrisce".[261] E continuava in una trance profetica: "Le porzioni più nobili dell'umanità sono di anima ebraica e stanno salde sulla loro roccia che è la Bibbia oh miei ebrei a cui parlo in silenzio sappiate che il

---

[258] André Glucksmann, *Le Discours de la haine*, Plon, 2004, p. 88.

[259] Daniel Pasmanik, *Qu'est-ce que le Judaïsme*, Lipschutz, 1930, p. 83.

[260] André Neher, *L'Identité juive*, 1977, Petite Bibliothèque Payot, 2007, p. 32, 26. [Per attenuare questa delusione, suggeriamo al lettore di cercare e guardare una *danza chabad chassidica* su youtube, per esempio. O, al contrario, di leggere *La mafia ebraica*, a seconda dei punti di vista. NdT]

[261] Albert Cohen, *Bella del Señor*, Anagrama, Barcellona, 2017, pagg. 711-716. Si tratta del flusso di coscienza, un flusso ininterrotto senza punteggiatura tipografica o differenziazione in cui emergono i pensieri e le impressioni del personaggio (si può leggere nel famoso soliloquio di Molly Blum nell'*Ulisse* di James Joyce e nei romanzi di Marcel Proust).

vostro popolo li venera per aver voluto lo scisma e la separazione per aver intrapreso la lotta contro la natura e le sue leggi".

Anche la femminista Elisabeth Badinter aveva sottolineato l'inclinazione degli ebrei a opporsi alle leggi della natura: "Il dominio della natura su di noi si sta ritirando, e con esso la differenza tra i sessi". E di passaggio ha esaltato il Nuovo Ordine Mondiale promesso dai profeti: "L'uguaglianza è in via di realizzazione, genera la somiglianza che pone fine alla guerra...[262] Il XX secolo ha inaugurato nella nostra parte del mondo qualcosa che assomiglia a una nuova era", scriveva, respingendo le obiezioni: "I moralisti vedranno in questo cambiamento, così contrario all'ordine naturale, solo una manifestazione di decadenza analoga a tante altre che la storia ha conosciuto".

Il piccolo libro del filosofo Emmanuel Levinas, *Alcune riflessioni sulla filosofia dell'hitlerismo*, pubblicato nel 1934, prometteva alcune perle. In realtà, si tratta di un'incomprensibile sciocchezza. Inoltre, nella ristampa del 1997, si scopre che il testo del grande filosofo è in realtà lungo solo una ventina di pagine; il resto del libro è un saggio di Miguel Abensour, il cui nome è scritto in piccolo sulla copertina. Alla ventesima pagina ci si sente quindi un po' ingannati, anche se forse Abensour potrebbe rivelarsi non peggiore di Levinas. Sbagliato! Anche Abensour, come il suo maestro, è totalmente illeggibile.[263] Sentite questa: "Per Levinas, la fonte della barbarie nazista risiederebbe d'ora in poi - al di là di ogni contingenza o accidente - in una "possibilità essenziale del Male elementare" che avrebbe a che fare con l'ontologia dell'Essere, interessata all'essere". Non c'è bisogno di continuare a leggere: è tutto dello stesso tipo.

Tuttavia, siamo riusciti a salvare la seguente idea, sepolta in questo imbroglio dialettico: "Il destino ebraico può quindi essere definito come un essere estraneo al mondo, una sfida e una messa in discussione del mondo che sembra contenerlo".

È l'ebreo "extraterrestre", per così dire.[264] "In questo caso", continua Abensour, citando Levinas, "l'antisemitismo può dispiegarsi come la rivolta della Natura contro la Soprannatura, l'aspirazione del mondo alla propria apoteosi, alla beatificazione nella propria natura".

Ciò che Edouard Valdman scrisse sulla natura riecheggia le parole di Albert Cohen, Elisabeth Badinter ed Emmanuel Levinas: "Prima di Abramo, gli uomini erano racchiusi nella Natura, scrisse, nel fascino della

---

[262] Elisabeth Badinter, *L'un est l'autre*, Éd. Odile Jacob, 1986, p. 245, 250. Per saperne di più, leggere in *Fanatismo ebraico*.
[263] Emmanuel Levinas, *Quelques Réflexions sur la philosophie de l'hitlérisme*, 1934, Rivages poche 1997, p. 95.
[264] Emmanuel Levinas, *Quelques Réflexions sur la philosophie de l'hitlérisme*, 1934, Rivages poche 1997, p. 36.

bellezza e di tutti i terrori del mondo. Erano allora idolatri... Giravano in tondo nel cerchio della loro stessa tragedia". Edouard Valdman espresse ancora una volta l'egocentrismo patologico dell'ebraismo, incapace di vedere il mondo se non attraverso il suo messianismo: "Fino ad allora [prima di Abramo], non c'è Storia, scrisse; c'è solo il cerchio e la fatalità". E Valdman continua: "Per questi uomini, per gli ebrei, il mondo sarà d'ora in poi una marcia e una ricerca. Non ci sarà riposo. Ma durante il cammino, essi sono diventati altri.[265] Non saranno mai più schiavi della natura, della nazione, della ripetizione, del suolo". Il popolo ebraico non conosce riposo. "Non può più riposare", aggiunge due pagine dopo.

Ma il problema non è che gli ebrei non possono riposare, bensì che impediscono agli altri di vivere in pace vantandosene.[266] Questa è un'idea che troviamo spesso nell'ebraismo intellettuale.

Alla domanda "Che cos'è un ebreo?", il premio Nobel Isaac Bashevis Singer, intervistato dal *New York Times Magazine* nel novembre 1978, rispose: "Un ebreo è qualcuno che, non riuscendo ad addormentarsi, impedisce a tutti gli altri di addormentarsi".

La geremiade ebraica: 4000 anni di pura sofferenza

Gli stessi ebrei presentano spesso la loro storia come una "valle ininterrotta di lacrime". Senza dubbio, i lamenti e le geremiadi sono profondamente radicati nell'anima ebraica.

Esther Benbassa è un'intellettuale ebrea che sembra più serena della maggior parte dei suoi colleghi. In un libro pubblicato nel 2007, intitolato *Sofferenza come identità*, Esther Benbassa ha mostrato una certa dose di altezzosità nel mettere in discussione l'unicità di Israele e nel denunciare la visione lachimica che gli ebrei hanno della propria storia. Scriveva giustamente: "Ancora oggi, quando si parla degli ebrei, la prima cosa che viene in mente è la loro sofferenza... La sofferenza e il vittimismo hanno acquisito il valore di un quasi-dogma per molti ebrei secolarizzati.[267] Per alcuni è un sacrilegio toccarli, anche solo alludervi".

Si dice spesso che Heinrich Graetz, l'autore della monumentale *Storia degli ebrei* in undici volumi, pubblicata in Germania tra il 1853 e il 1875, sarebbe stato "l'ideologo, l'architetto indiscusso di questa storia lachimica". Ma in realtà, molto prima di lui, Joseph Ha-Cohen aveva già scritto nel 1560 *La valle delle lacrime*, che raccontava le violenze antisemite in

---

[265] Édouard Valdman, *Les Juifs et l'argent*, Ed. Galilée, 1994, p. 17-19.
[266] Si vantano di essere "fastidiosi", "irritanti", si legge nelle dichiarazioni di Elie Wiesel, Emmanuel Levinas, Daniel Cohn.Bendit, George Steiner in *Psicoanalisi dell'ebraismo* e in *Fanatismo ebraico*.
[267] Esther Benbassa, *La Souffrance comme identité*, Fayard, 2007, p. 116.

Europa fin dai tempi delle Crociate: "*La valle delle lacrime* avrebbe fatto del suo autore il rappresentante archetipico della visione lachimica della storia ebraica, scrive Benbassa. Egli fu influenzato dai racconti delle Crociate". In effetti, la prima crociata del 1096 segna, secondo gli ebrei europei, l'origine delle loro disgrazie nelle terre cristiane.[268]

Il pensatore ebreo tedesco Hermann Cohen cercò di dare un senso a queste persecuzioni: "Nella sua opera postuma pubblicata nel 1918, *La religione della ragione*, vide la sofferenza degli ebrei come un segno messianico rivolto alle nazioni".

Il famosissimo Jacques Attali, che è stato consigliere del presidente socialista François Mitterrand prima di diventare consigliere del conservatore liberale Nicolas Sarkozy [e in seguito padrino del banchiere Rothschild Emmanuel Macron, ndt], era naturalmente impregnato di sofferenza ebraica. Nel suo libro sul grande banchiere Siegmund Warburg, pubblicato nel 1985, ha versato qualche lacrima sul destino dei poveri banchieri ebrei del Medioevo.[269] Essi, scrive Attali, "sono costretti a prestare denaro ai principi per attirare la loro protezione, a rischio di essere creditori dei potenti per garantire la loro libertà, sapendo di moltiplicare allo stesso tempo il rischio di finire come capri espiatori, e avendo imparato, in quattromila anni di sofferenza, ad articolare una morale e un'azione".[270]

Anche l'attore americano Kirk Douglas si è indignato per l'eterna e ancora inspiegabile persecuzione degli ebrei: "I miei genitori sono stati tra i fortunati, fortunati a sfuggire ai pogrom in Russia, dove i giovani cosacchi, alimentati a vodka, si divertivano a galoppare nel ghetto e a spaccare la testa a qualche ebreo". E Kirk Douglas avrebbe potuto aggiungere: "Così, per gioco", perché gli ebrei sono innocenti di tutto ciò che può essere loro imputato.

Questo è esattamente ciò che lo scrittore Joseph Joffo vuole farci credere ne *Il cavaliere della Terra Promessa*, il suo romanzo pubblicato nel 1983. L'intero romanzo, dall'inizio alla fine, racconta le umiliazioni subite dai poveri ebrei russi all'inizio del XX secolo:
"Con un grido di trionfo, Ivan gli cadde addosso e lo colpì,... Ripeteva in continuazione: Ebreo! Ebreo!... Andrej sentì il dolore sopraffarlo. Tutto ciò che lo circondava divenne una macchia e lui sprofondò in un buco nero".

Quanto a Myriam: "Era stata umiliata e violentata perché era ebrea" (pagine 77 e 79). Le ragazze russe non andavano a letto con gli ebrei: "All'improvviso, Olga spinse via Andrei. Nei suoi occhi balenò la sfiducia.

---

[268] Esther Benbassa, *La Souffrance comme identité*, Fayard, 2007, p. 111.
[269] Jacques Attali, *Un homme d'influence*, Seix Barral, Barcellona, 1992, p. 11.
[270] Kirk Douglas, *Il figlio dello stracciavendolo* (1988), Cult Books, *2021*, p. 18

- Sei... ebreo? chiese lei. Lui non rispose. Lo sguardo di Olga si indurì. Afferrò la camicetta e la tenne davanti a sé come per proteggersi. "Ebreo! Sei un ebreo!", ripeté. Era come se avesse sputato le parole.
- Sì", disse Andrei.
Ha fatto una risata amara.
- Pensare che sarei andata a letto con un ebreo... Siete tutti ladri e bugiardi", gridò Olga, "razza dannata, ci avete ingannato! Senza una parola, Andrej lasciò la stanza" (pagina 233).

I cosacchi se la prendono anche con i vecchi, per gioco: "I tre vecchi continuavano a pregare, facendo oscillare i loro busti con rinnovato vigore". Un soldato si fece avanti, "travolse il candeliere con la sua sciabola e lo mandò all'altro capo della stanza". Ben presto "i tre vecchi, trascinati nel fango, furono gettati ai piedi del colonnello".

I russi amavano umiliare i poveri ebrei: "Ora, ebrei, vi inchinerete davanti a questo maiale e direte la preghiera dei morti!". Ci fu qualche risata, ma i quattro uomini non si tirarono indietro.

- Hai sbagliato a fare il duro", disse il sottufficiale. Se è così, troveremo qualcosa di più divertente.

Estrasse la sciabola e, con un movimento rapido, tagliò la gola allo sfortunato maiale. Il sangue sgorgò...

- Ora vi inginocchierete e berrete il sangue del maiale", ordinò il sergente.

Gli uomini non si muovevano ancora. Il cosacco afferrò la sua frusta di cuoio intrecciato e cominciò a colpire. La cinghia fischiò. Il cuoio cadde sui quattro vecchi ebrei.[271] Quando Andrei cercò di intervenire, il sergente rispose: "No, non mi hanno fatto niente, ma tu devi divertirti un po'!".

Tuttavia, gli ebrei della Russia all'inizio del XX secolo non erano tutti poveri diavoli perseguitati senza motivo dai malvagi cosacchi. Abbiamo già visto in *Fanatismo ebraico* che la maggior parte della ricchezza mineraria era nelle mani di ricchi imprenditori e banchieri ebrei. Sholem Asch, che insieme a Scholem Aleichem e Isaac Bashevis Singer è stato uno dei grandi scrittori di lingua yiddish, lo conferma in uno dei suoi romanzi, intitolato *Pietroburgo* e pubblicato nel 1933. In esso, un rivoluzionario ebreo si rivolge ai suoi compagni dell'alta finanza per ottenere denaro e sovvenzioni: "Volete sapere, signori, perché veniamo da voi? Perché il capitale russo è concentrato nelle vostre mani. Lì c'è il petrolio della Russia che parla", e guardò Boris Khaimovitch, "accanto a me ho il tè della Russia, laggiù lo zucchero della Russia, e qui ci sono le foreste della Russia di fronte a me". - E il giovane indicò ognuno di questi signori, con un sorriso quasi cinico sulle labbra. - I poveri ebrei sono l'unico popolo oppresso in

---

[271] Joseph Joffo, *Le Cavalier de la terre promise*, Edizioni Ramsay, 1983, p. 266, 267, 267, 279, 280

Russia; il capitale ebraico è ancora libero.[272] Per questo siamo venuti a trovarli".

Manès Sperber, influente intellettuale degli anni Settanta, era piuttosto caricaturale quando parlava delle persecuzioni. Sperber scriveva, ad esempio: "Con le Crociate iniziò l'era del martire senza nome, una successione quasi ininterrotta di oppressione e sofferenza". Naturalmente non poteva dimenticare la "Shoah": "Da decenni ormai non passa giorno che non pensi a quel periodo in cui il mio popolo, nel cuore dell'Europa, fu umiliato fino alla disumanizzazione ed eliminato dagli assassini al potere. Non passa giorno in cui non riesca a dimenticare l'indifferenza con cui il mondo ha tollerato tutto questo per anni. Da allora, una tale solitudine si è annidata nei cuori dei miei simili".[273] E ha aggiunto: "L'Europa è caduta più in basso del fondo dell'abisso: è diventata teatro di un genocidio praticato ogni giorno contro esseri umani indifesi".

Anche il romanziere Chaim Potok ha accusato il mondo intero. In *"The Chosen"*, scrive della situazione degli ebrei nel 1942: "Gli inglesi hanno fatto entrare alcuni ebrei e poi hanno chiuso la porta. Neanche l'America si era preoccupata abbastanza di loro. Nessuno si era preoccupato abbastanza.[274] Il mondo aveva chiuso le porte e sei milioni di ebrei erano stati massacrati. Che mondo! Che mondo di pazzi!" Se il mondo intero ha permesso che i poveri ebrei soffrissero, allora il mondo intero è colpevole e un giorno dovrà espiare i suoi crimini. Questo è un discorso ricorrente.

La leggenda di Mosè è servita anche a perpetuare la sofferenza ebraica. Come sappiamo, Batya, la figlia del faraone, scoprì il bambino abbandonato nelle acque del Nilo.[275] Elie Wiesel ha scritto di questo episodio biblico: "Sapeva di essere ebreo perché non piangeva come un bambino ma come un adulto, come una comunità di adulti; tutto il suo popolo piangeva in lui, dice un commentatore".

L'anniversario di questo continuo lamento ebraico è il 9 di Av (fine luglio-inizio agosto nel calendario cristiano), cioè il giorno della distruzione dei due templi, il primo distrutto da Nabucodonosor nel 486 a.C. e il secondo dalle legioni romane di Tito nel 68 d.C..

L'espulsione di massa degli ebrei dalla Spagna nel 1492 ebbe luogo lo stesso giorno, secondo Abravanel, che allora era il leader della comunità ebraica spagnola. Esther Benbassa fa notare, tuttavia, che fu il 31 luglio, cioè il 7 Av, che l'ultimo ebreo lasciò le terre di Spagna, e non il 9, e aggiunge: "Qui vediamo ancora una volta come l'autore inserisce le vicissitudini del presente nel quadro liturgico tradizionale accettato per le

---

[272] Scholem Asch, *Pétersbourg*, 1933, Belfond, 1985, p. 51.
[273] Manès Sperber, *Être Juif*, Odile Jacob, 1994, p. 97, 28, 110.
[274] Chaïm Potok, *L'élu*, 1967, Calmann-Lévy, 1969, p. 212.
[275] Elie Wiesel, *Celebración bíblica*, pdf Proyectos Editoriales, Buenos Aires, p. 153.

grandi catastrofi...[276] La Spagna viene identificata con la terra d'Israele e l'espulsione con la distruzione del Tempio, mentre Abravanel stesso viene trasformato in un nuovo Ezechiele, profeta dell'esilio".

Nel 2007, il libro di John Mearsheimer e Stephen Walt sulla *Lobby* conteneva una serie di considerazioni che confermavano lo stesso punto. Essi sottolineavano, ad esempio, che il nuovo antisemitismo non risale all'inizio del XXI secolo: "Nel 1967, Arnold Foster e Benjamin Epstein dell'ADL [Anti-Defamation League] pubblicarono *The New Antisemitism*".

In effetti, gli intellettuali ebrei hanno sempre lamentato la recrudescenza del fenomeno. L'11 maggio 2002, l'editorialista *del New York Times* Frank Rich ha ammesso: "Come molti altri ebrei, forse sono troppo incline a credere che tutto il mondo sia antisemita.

Questa paura profonda degli ebrei americani è emersa quando Israele è stato criticato in tutto il mondo nella primavera del 2002", hanno aggiunto i due accademici americani. Nat Hentoff, scrivendo per il *Village Voice*, disse all'epoca: "Se all'improvviso una voce da un altoparlante gridasse per strada: "Tutti gli ebrei a Times Square!", non sarei affatto sorpreso". Ron Rosenbaum ha sostenuto sul *New York Observer* che "un secondo Olocausto potrebbe benissimo verificarsi".[277] Questa preoccupazione si è diffusa a tal punto che il settimanale *New Republic* ha ritenuto necessario mettere in prima pagina questo titolo tratto da un articolo di Leon Wieseltier, anch'egli molto impegnato nella difesa di Israele: "Hitler è morto: un appello contro il panico etnico degli ebrei americani"."

In Francia la situazione è molto simile. Nel suo numero del 1995, *L'Arche*, il mensile dell'ebraismo francese, ha pubblicato un articolo di un certo Christian Boltanski, che a pagina 24 scriveva: "La guerra in Francia mi ha insegnato che il nostro vicino ha un solo desiderio: ucciderci, che il nostro vicino, estremamente gentile e simpatico, può ucciderci il giorno dopo, che lo stesso uomo che bacia suo figlio al mattino può ucciderne altri nel pomeriggio". E ha anche aggiunto: "... e che noi stessi ne siamo capaci".

Vent'anni prima, i leader delle comunità non vedevano il mondo in modo diverso. Nel 1978, ad esempio, *Le Droit de vivre*, l'organo ufficiale della Lega contro l'antisemitismo (Licra), titolava in prima pagina: "Sconfiggere l'antisemitismo per evitare il peggio". Nel 1991, il suo presidente ha dichiarato: "Abbiamo il diritto di essere preoccupati. Ho l'impressione che ci troviamo nel 1934 o nel 1938".

Nel suo libro *Ritratto di un ebreo*, pubblicato nel 1962, anche Albert Memmi lamentava la misera condizione degli ebrei: "L'ebreo in quanto ebreo - scriveva - non può quasi mai influire sul destino nazionale di cui è

---

[276] Esther Benbassa, *La Souffrance comme identité*, Fayard, 2007, p. 86.
[277] John J. Mearsheimer / Stephen Walt, *Le Lobby pro-israélien et la politique étrangère américaine*, La Découverte, 2007, p. 207, 210.

comunque parte: non viene consultato e, il più delle volte, non chiede nemmeno di essere consultato, perché si accontenta di essere dimenticato e trattato come se non esistesse. Ma se lo chiede, scopre subito la sua impotenza". E Albert Memmi ha insistito sulla stessa linea: "Noi siamo, in fondo, i reietti, gli scarti della storia. Vogliamo passare inosservati, ma poiché la storia si fa senza di noi, il più delle volte si fa anche contro di noi. Come abbiamo visto, tutto avviene come se l'ebreo fosse designato e offerto come vittima espiatoria alla povera fantasia di carnefici, dittatori e politici. Ma non è un caso: socialmente e storicamente, l'ebreo è il punto più debole della nazione, l'anello più debole della catena, che deve quindi cedere per primo".[278]

Questo tema si ripete in tutto il suo libro: "Gli ebrei sono particolarmente oppressi, più gravemente, più generalmente degli altri". E c'è ancora motivo di allarme: "L'anno scorso, i muri di Parigi sono stati nuovamente ricoperti di slogan e simboli antiebraici.[279] Una casa editrice ha scelto lo stesso momento per lanciare un dizionario contenente numerose definizioni offensive degli ebrei".

Nel secondo volume, continua: "Sì, l'ebreo è ancora essenzialmente un oppresso... In Argentina, le cosce di alcune studentesse ebree sono state incise con svastiche. In Inghilterra si sono tenuti raduni neonazisti, che ancora una volta hanno scandito "Fuori gli ebrei!".[280] In America, le sinagoghe continuano ad essere saccheggiate: venticinque in due anni!".

Nel novembre 2007, il canale televisivo pubblico France 3 ha trasmesso uno degli innumerevoli servizi sulla straordinaria sofferenza degli ebrei all'inizio del XXI secolo: *Comme un juif en France* (*Come un ebreo in Francia*). Tutti i testimoni, senza eccezione, hanno interpretato il solito ruolo dell'ebreo lamentoso e piangente. Con tali testimonianze, un osservatore potrebbe dire, cinque generazioni dopo, che il nostro tempo è stato davvero terribile per i poveri ebrei. Erano stati diffamati, molestati e maltrattati nelle scuole e nelle strade delle grandi città. Le loro sinagoghe erano state bruciate e avevano avuto paura. Erano stati costretti a fuggire da Israele (due o tremila all'anno, su un totale di circa un milione di individui), e nessuno si preoccupava e si prendeva cura di loro. In nessun punto del documentario, naturalmente, ci è stato detto dei ministri ebrei, dei miliardari ebrei, degli ebrei onnipresenti in TV, alla radio e al cinema, sempre pronti a dare lezioni di tolleranza e di senso di colpa per imporsi con più forza come un popolo omogeneo e inesorabilmente razzista in mezzo alla gente che li ha accolti.

---

[278] Albert Memmi, *Portrait d'un juif*, Gallimard, 1962, p. 193, 195, 219.
[279] Albert Memmi, *Portrait d'un juif*, Gallimard, 1962, p. 212.
[280] Albert Memmi, *La Libération du Juif, Portrait d'un Juif II*, Gallimard, 1966, p. 14, 13

Alla fine del XX secolo, i milioni di immigrati afro-musulmani, che gli intellettuali ebrei avevano fatto tanto per portare in Francia nel giro di pochi decenni, stavano cominciando a causare seri problemi. Dall'inizio del nuovo millennio si sono verificate rivolte diffuse nelle periferie francesi e i pochi attacchi antisemiti che si sono verificati, per quanto piccoli, hanno allarmato molto i leader della comunità ebraica.

Per questo motivo, gli ebrei si sono recentemente resi conto che gli arabi e i musulmani rappresentano oggi il principale pericolo per loro. [281]Roger Cukierman, eletto presidente del Crif nel 2001, ha pubblicato un articolo su *Le Monde* il 5 febbraio 2002 in cui scriveva: "Il pericolo più immediato non proviene dall'estrema destra tradizionale, ma da alcuni fanatici islamisti o da individui isolati che spesso vengono tattilmente definiti "giovani teppisti" delle periferie".

Molti intellettuali ebrei sono passati apertamente alla destra dura, liberale e filoamericana. André Glucksmann, Alexandre Adler, Marc Weitzmann, Pascal Bruckner, Romain Goupil e Alain Finkielkraut perseguono così i loro obiettivi messianici di unificazione mondiale proprio perché sono ebrei, perché sono ancora ebrei. Certo, ci sono ebrei che si sono sinceramente integrati nella società francese, ma non sono più ebrei. Perché sono francesi.

Il 27 aprile 2006, il settimanale *Le Point* ha pubblicato un articolo sull'antisemitismo in Francia e sull'emigrazione di alcuni ebrei in Israele. In esso Julien Dray, leader socialista e cofondatore di SOS Racisme negli anni '80, spiegava che, rispetto ai milioni di arabi che oggi vivono in Francia, gli ebrei non hanno molto peso. Sentite questa: "La verità è che la comunità ha commesso un errore andando in quella direzione. È diventata una lobby per influenzare la politica estera della Francia. [282] È un atteggiamento suicida, perché lobby contro lobby non si può competere". In effetti, è abbastanza chiaro che la lobby ebraica del commercio mondiale, della finanza internazionale e dei media non può competere con la formidabile lobby dei negozianti di quartiere magrebini e dei trafficanti di hashish.

Lo stesso numero del settimanale riportava anche le dichiarazioni del noto filosofo Alain Finkielkraut. Allarmato dall'aggressività dei giovani

---

[281] Roger Cukiermamn, *Ni fiers ni dominateurs*, Edition du Moment, 2008, p. 240. Si leggano le dichiarazioni di Cukierman e di altri presidenti del Crif in *Speranze planetarie*, *Psicoanalisi del giudaismo* e *Fanatismo ebraico*. [In quegli anni è apparso in Francia "Youthland", NdT].

[282] L'appartamento di Julien Dray è stato perquisito nel dicembre 2008. L'uomo è sospettato di frode. Qualche anno fa ha acquistato un orologio del valore di 38.000 euro, in parte in contanti. Ha anche prelevato decine di migliaia di euro dai conti dell'associazione SOS Racisme.

musulmani che vivono in Francia, anche lui era passato alla "destra". Anche lui ha espresso questa sofferenza identitaria della personalità ebraica. Denunciava il discorso di questi immigrati, che ora si atteggiavano a vittime dell'Occidente e facevano una pericolosa concorrenza alla propaganda vittimistica ebraica: "Ci sono schiavi immaginari in Francia", diceva il pensatore, "nativi immaginari che vogliono regolare i loro conti con gli ebrei. Senza dubbio credono che l'Olocausto sia una scelta e sono invidiosi. Non so se gli ebrei siano cambiati, ma la situazione è nuova. Ne soffro non solo come ebreo, ma anche come francese, soprattutto perché due degli insulti più comuni sono "maledetto ebreo" e "maledetto francese"".

Doppia sofferenza, dunque, per Alain Finkielkraut.[283] I suoi commenti ricordavano ciò che lo storico Pierre Vidal-Naquet aveva scritto nelle sue memorie su suo padre Lucien, che aveva sofferto anche lui molto prima della guerra: "Lucien, diceva, era un ebreo francese che sentiva come francese l'insulto fatto a lui in quanto ebreo".

Nello stesso numero di *Le Point*, anche Shmuel Trigano, autore che i lettori di *Speranze Planetarie* conoscono già un po', ha espresso il suo grande dolore: "Perché giudicare gli ebrei per essersi rivolti a destra...? È patetico che gli unici francesi a cui si chiede di dimostrare di essere buoni francesi siano gli ebrei. Ci si aspetta che siano la quintessenza della Francia. E poiché la Francia ha perso la testa, diventano i capri espiatori di tutto ciò che va male. L'ebreo è un capro espiatorio, sempre perseguitato senza motivo. È uno dei grandi enigmi della storia.

Il rabbino Haïm Dynovisz ha detto semplicemente: "Con gli arabi, o colpisci o vieni colpito. Non c'è *kavod* (rispetto) da mostrare a un arabo. O lui è sotto i tuoi piedi o tu sei sotto i suoi".

I giornalisti di *Le Point* scrivono: "Interrogato su questa morale razzista, Haïm Dynovisz ha protestato: "Sto parlando della civiltà araba, non di individui che, presi singolarmente, sono molto buoni". I lettori del settimanale potevano quindi essere rassicurati sul fatto che Haïm Dynovisz non sarebbe stato trascinato in tribunale come un comune goy.

Victor Malka non era certo un intellettuale di grande rilievo, ma ciò che ha scritto è piuttosto rivelatore. La sua *Lettera ai miei amici musulmani*, pubblicata nel 2006, era piena di buoni sentimenti, anche se il suo obiettivo era semplicemente quello di convincere i musulmani in Francia a rispettare l'"Uomo".[284] Il suo discorso era un po' puerile, come talvolta accade ai pensatori e agli sceneggiatori ebrei.

---

[283] Pierre Vidal-Naquet, *Mémoires I*, 1930-1955, Seuil, pag. 102.
[284] Edouard Drumont aveva già notato questo tratto caratteriale, letto in *Psicoanalisi dell'ebraismo*.

Victor Malka riconosceva che gli intellettuali ebrei erano sempre pronti a sostenere gli immigrati: "Avete notato", scrisse, "il gran numero di intellettuali tra di noi - a volte essi stessi provenienti dal Marocco, dall'Algeria o dalla Tunisia - che sostengono le loro richieste e si occupano della loro causa ogni giorno sulle colonne della stampa nazionale?".

Ma gli arabi dovevano capire che il sostegno che avrebbero potuto ricevere dagli ebrei residenti in Francia dipendeva dal loro rispetto delle leggi democratiche: "Possiamo essere i vostri migliori compagni di viaggio non appena taglierete tutti i legami - facendolo sapere a voce alta e chiara, inequivocabilmente - con i fondamentalisti di ogni genere e varietà (che siano egiziani o sauditi), con i loro progetti liberticidi e i loro impossibili sogni di dominio". È noto, infatti, che i musulmani fanatici cercano il dominio del mondo: l'esatto contrario degli ebrei, insomma.[285]

I musulmani sono quindi invitati a riformare la loro religione per diventare veri occidentali, buoni consumatori docili e cosmopoliti, desiderosi di far funzionare la macchina economica a pieno regime: "Probabilmente dovrete rispolverare alcune delle vostre usanze per aggiornarle ai tempi francesi", ha scritto con orgoglio Victor Malka.

Gli intellettuali ebrei, per la maggior parte, ci spiegano spesso che nel corso della storia le relazioni tra ebrei e arabi sono sempre state cordiali. In realtà, non c'è bisogno di fare molte ricerche per rendersi conto che questo discorso è in gran parte fallace. Più che altro, bisogna capire che per loro la verità storica non ha alcuna importanza quando si tratta di lavorare a favore della comunità ebraica.

Se ci credono, ebrei e arabi in Francia possono essere i migliori amici del mondo: "Abbiamo convissuto per la maggior parte del tempo in armonia e in pace. Meglio ancora, a volte in una sorta di simbiosi", ci assicura Malka.

E avrebbe potuto anche aggiungere: "Noi in cima al potere, voi in fondo alla scala". In effetti, tutto il libro è scritto con questo tono accondiscendente: "Vedete, i nostri problemi e i vostri non sono così distanti come potreste pensare a prima vista...". Il discorso assomiglia a quello di uno psichiatra che fa un'iniezione a una vittima un po' sospettosa, come un altro modo per dire: "Vede, alla fine non fa così male".

Il 22 febbraio 2007, il settimanale *Le Point* ha pubblicato un articolo sugli ebrei francesi che si sono stabiliti in Israele: "Si riuniscono in gruppi omogenei a Beit Vagan, Har Nof, Kyriat Moshe o Bnei Braq, i quartieri religiosi di Gerusalemme o Tel Aviv", si legge. Queste poche migliaia di ebrei sono letteralmente "disgustati" da ciò che la Francia è diventata. Ecco cosa scrive il giornalista a proposito di uno di questi emigranti: "A 55 anni, non avrebbe mai immaginato che sarebbe stato così facile per lui dare una

---

[285] Victor Malka, *Lettre à mes amis musulmans*, Albin Michel, 2006, p. 21, 192

croce definitiva alla sua vita in Francia. Per lui era un segno che il divorzio era già stato concluso da tempo. Non ha trovato parole abbastanza dure per De Gaulle, Giscard, Michel Jobert e Roland Dumas, che ha accusato senza riserve di "aver venduto la Francia al mondo arabo". Jacques Chirac, da parte sua, aveva scandalosamente favorito gli "immigrati arabo-musulmani" a scapito degli ebrei francesi.

Ecco cosa ha detto il ventenne Miguel. Nato a Marsiglia, Miguel si è arruolato nello Tsahal, l'esercito israeliano: "La Francia è costretta a scegliere tra la feccia e gli ebrei. Ha detto chiaramente da che parte sta. Non credo che fosse libera di fare questa scelta. Gli ebrei in Francia non contano nulla; gli altri, invece, possono bruciare migliaia di auto se vengono disturbati".

Alex Moïse, cofondatore di Radio Shalom e segretario generale della Federazione delle organizzazioni ebraiche in Francia, ha parlato ad *Actualité juive* il 24 luglio 2008: "Sono convinto che l'ebraismo europeo sia in via di estinzione", ha dichiarato. L'assimilazione e l'islamizzazione dilagante del continente fanno sì che tra vent'anni sarà difficile vivere come ebreo. La Cina e l'India dovrebbero ospitare in futuro comunità fiorenti". Vediamo come l'ebreo sia pronto a partire alla ricerca di nuove terre, continuando così il suo eterno peregrinare.

In tutti i Paesi democratici, il più piccolo incidente "antisemita" assume spesso proporzioni gigantesche, in proporzione all'influenza degli ebrei sui media. Ma non tutti questi incidenti sono colpa dei "neonazisti" o dei musulmani.

Questi sono solo alcuni esempi che si aggiungono alla lunga lista di falsi attacchi antisemiti che abbiamo già elencato in *Jewish Fanaticism* (2007).

Nel 1990, un contabile del Maryland, Joel Davis, è stato condannato per frode assicurativa. Aveva dato fuoco alla sua casa di campagna e aveva coperto le pareti con graffiti antisemiti.

Nello stesso anno, un tribunale israeliano ha condannato un ebreo, David Goldner, per aver scritto graffiti antisemiti su 300 tombe ebraiche in un cimitero di Haifa. Il colpevole ha spiegato di averlo fatto per rendere gli ebrei consapevoli del pericolo e unirsi contro il nemico (*Los Angeles Times*, 28 maggio 1999).

Nel 1995, a Portland, nell'Oregon, un altro ebreo, Dan Davenport, è stato condannato per atti simili: ha dato fuoco alla sua casa e ha dipinto svastiche sui muri per raccogliere i soldi dell'assicurazione.

Nel 1996, a Miami, Al Rubin è stato condannato a tre anni di carcere e suo figlio a otto anni per aver imbrattato una scuola ebraica, la Hillel County Scholl, con graffiti nazisti e aver distrutto gli scuolabus.

Nel 1998, un quindicenne ebreo di Huntington Beach, in California, è stato arrestato insieme ad altri quattro amici per aver dipinto e bruciato una svastica nel giardino dei genitori. In seguito ammise di averlo fatto perché i genitori gli avevano proibito di andare a una festa in spiaggia e anche perché la madre si era rifiutata di dargli tre dollari per comprare le sigarette.

Nel febbraio 2000, Alan Jay Lorenz, un ebreo, ha decorato due sinagoghe del Connecticut con graffiti che invitavano a "uccidere gli ebrei" (*Associated Press*, 11 febbraio 2000).

Nell'ottobre 2007, la comunità ebraica francese è rimasta scioccata quando una studentessa ebrea di 13 anni è stata aggredita da tre uomini di "tipo magrebino e africano" sulle scale della stazione della metropolitana della Chiesa di Pantin. Si è trattato di un chiaro caso di aggressione antisemita. Kelly F. ha sporto denuncia e l'Ufficio nazionale di monitoraggio dell'antisemitismo, diretto da Sammy Ghozlan, si è rivolto alle autorità pubbliche. Il settimanale *Rivarol* del 26 ottobre 2007 ha spiegato che dopo la vicenda della RER D, in cui una giovane donna aveva denunciato che il suo corpo era stato ricoperto di svastiche, questa volta le autorità erano state più caute e avevano aspettato le conclusioni dell'inchiesta prima di reagire. Hanno fatto la cosa giusta: "Interrogata a lungo dalla polizia di sicurezza dipartimentale, l'adolescente ha fornito diverse versioni contraddittorie prima di ammettere, l'11 ottobre, di essersi ferita accidentalmente su una recinzione e di aver inventato l'incidente, di cui non ha fornito alcuna spiegazione".

Faits et Dcouments, la newsletter di Emmanuel Ratier, ha riferito il 15 novembre 2007 che per diverse settimane sono fiorite svastiche sui muri della George Washington University, dove circa un terzo degli studenti sono ebrei. Diverse organizzazioni comunitarie hanno sporto denuncia e, grazie alle telecamere di sorveglianza, il colpevole è stato colto in flagrante. L'autore è Sarah Marshak, una studentessa della comunità ebraica.

Sebbene possano esserci incidenti reali, la copertura mediatica è comunque spesso del tutto sproporzionata. Esther Benbassa è una delle poche intellettuali ebree che riconosce le carenze della sua comunità. Ha osservato che "la stampa ebraica dedica troppo spazio agli incidenti più piccoli, che in genere sono poco preoccupanti". L'antisemitismo non è certo morto, scriveva, ma oggi non vedo perché essere ansiosi di individuarlo ovunque". Anche la stampa non ebraica mantiene vivo il fenomeno. Non so bene come chiamarlo: ossessione? [286] Accanendosi costantemente sull'antisemitismo, denunciando senza sosta qualsiasi discorso non conforme alla norma, rintracciando instancabilmente la minima traccia di odio, di rifiuto o anche di semplice indifferenza, stiamo indubbiamente creando una comunità di sofferenza illusoria".

---

[286] Esther Benbassa, Jean-Christophe Attias, *Les Juifs ont-ils un avenir?* J.C. Lattès, 2001, p. 108-114

Lo stesso Sigmund Freud aveva una forte tendenza all'iperemozionalità. Il suo discepolo e biografo Ernst Jones scrisse di lui nella sua *Vita e opere di Sigmund Freud*: "Si sentiva ebreo nel profondo del suo essere, e questo evidentemente significava molto per lui. Aveva una sensibilità esagerata, comune tra gli ebrei, al minimo accenno di antisemitismo, e aveva pochissimi amici non ebrei.[287] Era fortemente contrario all'idea che gli ebrei fossero impopolari o inferiori in qualsiasi modo, ed evidentemente soffrì molto, fin dai tempi della scuola e soprattutto all'università, per l'antisemitismo".

La verità è che questa inclinazione alla geremiade è ovviamente di natura patologica. La "grande fragilità emotiva", come abbiamo già studiato in *Psicoanalisi dell'ebraismo* e *Fanatismo ebraico*, è uno dei sintomi della patologia isterica. Non è una semplice coincidenza se è proprio dallo studio di questa malattia che Freud ha sviluppato le sue teorie psicoanalitiche.

L'ebreo errante. Israeliti neuropatici

Tutti gli osservatori dell'ebraismo hanno notato la straordinaria omogeneità del pensiero ebraico e le molte somiglianze tra individui di carattere molto diverso. Alla fine del XIX secolo, di fronte al massiccio afflusso di ebrei dalla Russia e dall'Europa orientale, alcuni francesi si allarmarono nel vedere questi stranieri affollare le strade di Parigi, ma anche beneficiare del misterioso sostegno delle alte sfere del potere repubblicano. I loro abiti stracciati e l'aspetto malaticcio di molti di loro sollevarono dubbi tra gli igienisti e i medici francesi dell'epoca, già impegnati a curare la propria popolazione.

Il numero di aprile 1998 della rivista comunitaria *Passages* ha pubblicato un interessante articolo su questo tema, a firma di un certo Tristan Mendés France. Egli sottolineava che la stampa parlava allora di "un'invasione ebraica di Parigi".

"Questo arrivo disordinato spinse un gran numero di ebrei senza casa nel centro della città, che vivevano in promiscuità o in vagabondaggio. La gente cominciò presto ad associare questo stato di vagabondaggio all'antica leggenda dell'ebreo errante, al punto da ritenere che fosse nella natura dell'ebreo vagare senza sosta".[288]

---

[287] Ernst Jones, *Vida y Obra de Sigmund Freud, Volume I*, Editorial Anagrama, Barcellona, 1981, p. 48.
[288] Jean-Martin Charcot (1825-1893) è stato un neurologo francese, professore di neurologia clinica presso la Facoltà di Medicina di Parigi e membro dell'Accademia di Medicina francese. È stato lo scopritore della sclerosi laterale amiotrofica (SLA), una malattia neurodegenerativa che porta il suo nome nella letteratura medica francofona. Insieme a Guillaume Duchenne, è stato il fondatore della moderna neurologia, uno dei

L'autore fa poi riferimento al lavoro del professor Jean-Martin Charcot, all'ospedale della Sapêtrière, e "all'elaborazione di una patologia della migrazione": "Dobbiamo al professor Charcot, scrive, e in particolare alle sue famose "lezioni del martedì", la prima concezione teorica della patologia dell'ebreo errante. Il medico immagina che gli ebrei soffrano di uno stress specifico ereditato nel corso dei secoli, probabilmente come conseguenza delle successive esclusioni a cui sono stati sottoposti".

Altri dopo di lui individuarono una patologia legata allo sradicamento del viaggio. Nel 1893, il dottor Henry Meige, allievo di Charcot, continuò e approfondì i suoi studi di medicina. Avendo avuto modo di osservare ebrei nevrastenici o erranti, dedicò ai loro casi la sua tesi di dottorato, pubblicata nel 1893 con il titolo *Studio su alcuni viaggiatori neuropatici; L'ebreo errante nella Salpêtrière*: "Così, l'ebreo errante esiste anche oggi", scrisse. Cartaphilus, Ahasverus, Isaac Laquedem rientrano nel campo della patologia nervosa allo stesso modo delle malattie di cui abbiamo appena raccontato la storia".[289] L'ebreo errante potrebbe essere stato "una sorta di prototipo degli israeliti neuropatici che vagavano per il mondo".

Tristan Mendés France ha sottolineato che queste considerazioni erano state ampiamente sfruttate all'epoca dai nazionalisti francesi, che accusavano i poveri ebrei di tutti i mali: "Alla nevrosi ebraica legata al vagabondaggio di cui parlava Charcot rispondeva l'"implacabile malattia ebraica" legata al cosmopolitismo denunciata da Edouard Drumont".

Naturalmente, nelle parole di Mendès France, queste accuse antisemite apparivano del tutto deliranti e fuori luogo. Gli ebrei, ad esempio, erano accusati di essere la causa di un'epidemia di congiuntivite e di costituire una vera e propria "peste sociale".[290] Una seconda campagna sullo stesso tema fu lanciata nel 1920 da alcuni ex senatori anti-Dreyfus, questa volta accusando gli ebrei immigrati di portare "ogni tipo di malattia, compresa la lebbra e, soprattutto, la malattia numero 9 [la peste]".

Louis Dausset, uno di questi senatori, dopo aver citato i pericoli epidemici posti dagli immigrati ebrei a Parigi, sostenne che essi erano anche "portatori di veleno rivoluzionario". Queste osservazioni furono ripetute nel novembre dello stesso anno sul giornale *Le Petit Bleu*: "Questi indesiderabili diffondono non solo i germi, ma anche le dottrine del

---

grandi promotori della medicina clinica e una figura di spicco del positivismo. I suoi lavori sull'ipnosi e sull'isteria, che diedero origine alla Scuola della Salpêtrière, ispirarono sia Pierre Janet nei suoi studi di psicopatologia sia Sigmund Freud, che fu per breve tempo suo allievo e uno dei suoi primi traduttori in tedesco, nella sua invenzione della psicoanalisi. (NdT).

[289] Henry Meige, *Étude sur certains névropathes voyageurs; Le Juif errant à la Salpêtrière*, p. 61, 68, 69

[290] Si veda la nota63.

bolscevismo disfattista tra le classi inferiori con cui entrano in contatto" (*Le Petit Bleu*, 3 novembre 1920). Nel 1920, Gaudin de Vilaine, un altro senatore, riassume la situazione economica degli immigrati ebrei a Parigi: "microbi anarchici", conclude senza mezzi termini.

Anche gli altri immigrati furono usati come capri espiatori. Gli ebrei non erano gli unici accusati, il che fu senza dubbio un grande sollievo per Tristan Mendès France. "Ogni immigrato ha quindi una propensione naturale a questo tipo di patologia, a questa malattia della nazione. Questo presupposto a priori che gli immigrati siano portatori di malattie perverte il discorso sull'immigrazione, senza riuscire a distinguere chiaramente la fantasia dalla realtà medica".

Tristan Mendès France concludeva, quindi, che gli europei non si erano ancora completamente scrollati di dosso le vecchie e ridicole leggende che ancora strutturavano la parte più profonda del loro essere, "quegli schemi ancestrali in cui l'ebreo... diventa l'agente di diffusione di un male antinazionale che non può essere contenuto".

E ha usato questo esempio: "Jean-Marie Le Pen è un veicolo rivelatore.[291] Utilizzando il neologismo *sidaïque* - contrazione di sida e *judaïque* - non è altro che una cinghia di trasmissione della vecchia leggenda dell'ebreo errante portatore di epidemie". In breve, secondo Mendès France, gli ebrei non hanno diffuso alcun male sociale o malattia, e sono completamente innocenti di ogni responsabilità per i crimini del bolscevismo e innocenti di qualsiasi cosa possa essere loro imputata. Gli europei, invece, dovevano liberarsi di tutte le vecchie leggende che ancora intasavano i loro cervelli e impedivano loro di comprendere tutti i benefici dell'ebraismo.

Tra tutte le leggende popolari, quella dell'Ebreo Errante è una delle più universalmente diffuse. La misteriosa figura dell'eterno vagabondo ha alimentato la fantasia di molti autori e artisti da tempo immemorabile: romanzieri, poeti, letterati e pittori hanno studiato, commentato e riprodotto in varie forme i suoi tratti immutabili.[292] Gregorio di Tours fu il primo a rendere nota la leggenda.[293]

---

[291] *Sidaïque*: parola coniata da Guillaume Faye, giornalista e scrittore di "estrema destra", e resa popolare da diversi esponenti del Fronte Nazionale, tra cui l'ex presidente Jean-Marie Le Pen. Si basa sull'acronimo francese Sida. La Commissione generale della lingua francese ha raccomandato l'uso del termine *sidéen*, mentre altri hanno preferito il termine *sidatique* (sidoso). (N.B.).
[292] Gregorio di Tours, *Epistola ad Sulpilium Bituriensem*, traduzione dell'abbé Marolles, II, 712, p. 148. [Gregorio di Tours (539-594) fu un chierico e uno storico vissuto all'epoca dei re merovingi di Francia. È conosciuto soprattutto per i suoi scritti, che costituiscono una testimonianza letteraria e storica essenziale del VI secolo e dei periodi precedenti da lui descritti].
[293] Mathieu Pâris, *Historia Major*, in fol. édit. Will Wats, p. 352, Londra, 1640.

Ma è a Matthew Paris, un benedettino inglese vissuto al tempo di Enrico III, che dobbiamo il primo resoconto dettagliato: Cartophilus (o Cartaphilus), il portiere del pretorio di Ponzio Pilato, colpì Gesù Cristo con un pugno mentre varcava la soglia e gli disse: "Cammina! Perché ti fermi?" Gesù si voltò e gli disse: "Io vengo. Ma tu aspetta la mia seconda venuta: camminerai per sempre". E Cartofilo si mise in cammino, senza fermarsi mai più.[294] *"Ne morra pas voirement / Jusqu'au jour del jugement"*.

Più vicino a noi nel tempo, l'Ebreo Errante ha affascinato altri romanzieri: Goethe, Béranger e, soprattutto, Eugene Sue, che ne ha presentato un'altra versione nel 1844. Il leggendario ebreo incrociava il suo cammino, contaminando i suoi passi con il male di cui portava il fardello. Si allontanava, carico di maledizioni e di morte.[295] Eugene Sue mostrava l'uomo eternamente maledetto, sulle alture di Montmartre, che invocava Dio affinché lo liberasse dalla calamità invisibile che seminava sul suo cammino, la peste, poiché l'epidemia di colera del 1834 aveva riacceso la paura nella città.

Per i cristiani di un tempo, la leggenda dell'ebreo errante simboleggiava il nomadismo degli israeliti, colpevoli ai loro occhi di aver condannato a morte Cristo, e che pagavano il loro crimine vagando per sempre.

Il mito dell'ebreo errante Ahasverus è di origine tedesca. Secondo i cronisti germanici del Medioevo, quando Ponzio Pilato chiese agli ebrei se volessero far uccidere Gesù o Barabba, Ahasverus, un calzolaio, fu uno di quelli che gridò più forte: "Gesù! Gesù!" Gesù, portando la Santa Croce, passò davanti alla bottega del calzolaio. Si appoggiò ad essa. Ahasverus lo spinse via con forza e Gesù disse al calzolaio: "In verità, io mi fermerò e tu, Ahasverus, camminerai per sempre". Improvvisamente pentito, il giudeo, piangendo, lasciò Gerusalemme in quell'ora. E fu così che, avendo rifiutato di aiutare Gesù sulla via della croce, Assavero fu condannato a vagare di paese in paese, senza potersi mai stabilire da nessuna parte.

Nel XIX secolo si chiamava Isaac Laquedem. La sua fama rivaleggiava con quella della mitica Bestia di Gévaudan. La brava gente del paese credeva di averlo visto a Beauvais, Strasburgo o Metz. La maledizione di cui era oggetto suscitava talvolta pietà o terrore. Numerosi lamenti la evocavano:

"C'è qualcosa sulla terra / Più sorprendente / Della grande miseria / Del povero ebreo errante / Che il suo misero destino / Sembra triste e infelice".

Un giorno, nei pressi della città / di Bruxelles, nel Brabante, / alcuni docili borghesi / passarono di lì e lo avvicinarono; / non avevano mai visto / un uomo così barbuto.

---

[294] Cronaca in rima di Ph. Mouskes, de. Reiffemberg, p. 491. Il francese era ancora parlato alla corte del regno d'Inghilterra.
[295] Eugène Sue, *Le Juif errant*, 1844, Laffont, Parigi, 1990.

I suoi vestiti erano tutti deformi / E molto malvestiti / Fece credere che l'uomo / Era uno straniero, / Portava un grembiule da operaio / Davanti a sé.

Gli dissero: - Buongiorno, maestro, /Per favore permetteteci/ La soddisfazione di stare/ Un momento con voi/ Non rifiutate/ Di tornare un po' sui vostri passi.

- Signori, io protesto/ Perché sono molto infelice/ Non mi fermo mai,/ Né qui, né altrove,/ Con il bel tempo o con il cattivo tempo,/ Cammino senza sosta.

- Vieni in questa locanda, venerabile vecchio, / Con un boccale di birra fredda / Prendi parte con noi, / Ti tratteremo / Come meglio possiamo.

- Accetterò di bere / Due drink con voi, / ma non posso sedermi, / devo stare in piedi, / sono davvero / confuso dalle vostre gentilezze.

E l'ebreo errante concluse:

- Signori, il tempo sta per scadere/ Addio alla compagnia. /Grazie per la vostra cortesia/ Vi ringrazio, /Sono troppo tormentato/ Quando mi fermo.

Il nazionalista francese Edouard Drumond aveva visto chiaramente che l'agitazione frenetica e permanente degli ebrei era soprattutto la manifestazione di una nevrosi, e che questa nevrosi molto specifica corrispondeva esattamente alla patologia isterica che Doctr Charcot stava studiando all'epoca e che Freud avrebbe studiato dopo di lui. Tuttavia, nel 1886, quando finì di scrivere i due volumi della *Francia ebraica*, Edouard Drumond non aveva ancora abbastanza materiale per fare una diagnosi precisa della malattia molto specifica che affliggeva gli ebrei. Ecco cosa scriveva nel primo volume della *Francia ebraica*: "La nevrosi è la malattia implacabile degli ebrei. In questo popolo a lungo perseguitato, che vive sempre nell'angoscia perpetua e nelle cospirazioni incessanti, poi scosso dalla febbre della speculazione, che, inoltre, esercita professioni in cui è coinvolta solo l'attività cerebrale, il sistema nervoso ha finito per alterarsi completamente. In Prussia, la percentuale di pazzi è molto più alta tra gli israeliti che tra i cattolici... Le rivelazioni più curiose su questo argomento le ha fatte il dottor Charcot nelle sue lezioni all'ospedale della Salpêtrière, a proposito degli ebrei russi, gli unici di cui possiamo parlare, visto che gli altri nascondono accuratamente le loro malattie nei loro palazzi".

Drumont era allarmato dal favoloso potere che l'élite ebraica aveva così rapidamente acquisito nella società cristiana: "Questa nevrosi, l'ebreo ha finito, curiosamente, per comunicarla a tutta la nostra generazione", scriveva. La nevrosi ebraica ha giocato la sua parte nei destini del mondo. Durante i vent'anni in cui i semiti hanno, come disse Disraeli, tirato i fili della diplomazia segreta, e hanno ridotto i veri ambasciatori al rango di comparse, durante i vent'anni in cui hanno diretto la politica europea, questa politica è diventata veramente irrazionale e folle".

Nel secondo volume della *Francia ebraica*, troviamo anche questa osservazione pertinente: "Sono sempre in movimento, incessantemente su tutti i cartelloni pubblicitari, occupano continuamente Parigi con le loro personalità rumorose e vanitose; si attraggono e si promuovono a vicenda facendosi eco l'un l'altro. Sarah Bernhardt non può muovere un passo senza che Wolf suoni la sua tromba; Arthur Meyer appare immediatamente; Marie Colombier interviene e il frastuono è impercettibile... La nevrosi ebraica ha ovviamente molto a che fare con questa agitazione frenetica; non è naturale, infatti, che non si possa riposare, né lasciare gli altri. Per questi appassionati di pubblicità, il sonno stesso sembra non esistere; pensano di essere morti quando non sentono più alcun rumore intorno a loro".

E Drumont si affida all'intuizione dei medici e degli specialisti francesi del suo tempo: "Su questi particolari stati d'animo, che rivelano un innegabile disturbo del sistema nervoso, sarà utile consultare Legrand du Saulle che, nel suo libro sull'*isteria*, ha visto e descritto chiaramente il lato malsano di queste manifestazioni. [296] Il dotto medico spiega molto chiaramente come le virtù stesse siano diventate, per questi esseri teatrali, un'occasione per apparire, per stare sul palcoscenico".

Jacques Ploncard, patriota francese, fu uno dei pochi resistenti antisemiti che si ispirarono all'opera di Charcot. Purtroppo, pubblicò un solo articolo sull'argomento. Apparve sulla rivista *L'Ethnie française*, nel gennaio 1943, con il titolo *Note sur l'hystero-neurasthénie juive* (Nota sull'isteroneurasthénie ebraica): "Grida come quelle di Leon Blum "*Je vous hais!*" (*Ti odio!*), accompagnate da un sussulto del suo corpo, sono sintomi che non possono ingannare, scrisse. C'è un'isteria di massa ebraica. Gli antichi ebrei sembrano averne già sofferto. Nel Nuovo Testamento vediamo una moltitudine di individui posseduti da demoni, di pazzi, di uomini con spiriti impuri che invocano Cristo per essere liberati. E Jacques Ploncard continua: "Bénédikt, Charcot e molti altri autori riconoscono che l'isteria è più diffusa negli ebrei che negli ariani. Secondo le loro osservazioni, si tratta principalmente di un'isteria che colpisce più gli uomini che le donne. Spesso è combinata con la nevrastenia".

Ploncard fa riferimento anche al dottor Jean Flamant, che nella sua tesi di dottorato (pubblicata nel 1934 dalla libreria ebraica Lipschutz) aveva studiato *La patologia degli israeliti*: "Charcot ha osservato una grande proporzione di neuropatici e di isterici tra gli ebrei e ha riportato numerose osservazioni sul soggetto... Il professore ebreo Lombroso trovò in Italia un numero di alienati ebrei quattro volte superiore a quello degli ariani".

---

[296] Édouard Drumont, *La France juive*, 1886, tomo I, p. 105, 106, 108; tomo II, p. 231, 232

Gli ebrei sentono il bisogno morboso di comunicare la loro malattia al resto dell'umanità. Ne *La grande paura dei Biemensants*, pubblicato nel 1931, Georges Bernanos, che denunciò il fanatismo degli ebrei all'epoca dell'affare Dreyfus, notò anch'egli questa perenne agitazione: "Era chiaro, scrisse, che a lungo andare l'agitazione frenetica e convulsa del mondo ebraico avrebbe finito per spezzare i nervi di un popolo già infettato da questa nevrosi orientale".[297] E Bernanos aggiungeva, forse senza rendersi conto dell'esattezza della sua diagnosi: "È così che una donna isterica trionfa sull'uomo migliore".

---

[297] Georges Bernanos, *La grande paura dei bien-pensants, Edouard Drumont*, 1931, Grasset, Poche, 1969, p. 323.

2. Favola isterica

Favola isterica I

La fabulazione è uno dei tanti sintomi della patologia isterica. Come sappiamo, l'isteria è molto diffusa nell'ebraismo. Questa patologia, che tanto ha attirato l'attenzione di Sigmund Freud, è anche estremamente contagiosa, e bisogna sottolineare che gli ebrei sono i grandi specialisti di questi deliri politico-religiosi che infiammanoregolarmente l'umanità. La personalità isterica esprime sempre le sue angosce con grande emozione, in modo da comunicarle rapidamente al suo ambiente. All'inizio, la sua fragilità emotiva e le sue crisi esistenziali suscitano pietà e impediscono a chi gli sta vicino di rendersi conto della sua straordinaria capacità di manipolazione. Solo dopo qualche tempo, le persone intorno a lei, esauste, preferiscono allontanarsi da lei o decidono di tenerla a distanza. Questo è l'intero dramma della storia dell'ebraismo.

Dopo la distruzione del Tempio, i tormenti della Prima Crociata, l'espulsione dalla Spagna e da tutti i Paesi d'Europa, i pogrom dei cosacchi in Oriente, ecc. le disgrazie subite dagli ebrei durante la Seconda Guerra Mondiale hanno provocato in loro un nuovo trauma e da allora gli ebrei, attraverso il moderno sistema mediatico, ne hanno approfittato per condividerlo con il resto dell'umanità. Trasmesse in diretta in televisione e al cinema, le grida di indicibile sofferenza e i lamenti assordanti hanno finito per mettere in ginocchio l'umanità, letteralmente stordita da tanta emozione. Eppure, in tutta questa incessante logorrea, c'è una parte evidente di favola.

Nel 1967, Simon Wiesenthal, il famoso cacciatore di nazisti, pubblicò un libro intitolato *Gli assassini tra noi*. Contiene diversi esempi di evidente fabulazione isterica. All'inizio del libro, un certo Joseph Wechsberg tratteggia un ritratto di Simon Wiesenthal. Nel campo di concentramento di Lwów, "una delle guardie SS più perverse era conosciuta come "Tom Mix", un soprannome preso dal famoso artista di film western. Il passatempo preferito di Tom Mix" era girare per il campo a cavallo e sparare ai prigionieri. Ci sono diversi testimoni oculari dei crimini di "Tom Mix", ma Wiesenthal non è riuscito a trovare l'uomo in questione perché non conosce il suo vero nome".[298]

---

[298] Simon Wiesenthal, *Gli assassini tra noi*, (pdf) Editorial Noguer, Barcellona, 1967,

Joseph Wechsberg ha anche affermato che le SS erano colpevoli di atrocità indicibili: "Ho letto un'altra lettera in cui una SS descrive come hanno ucciso i bambini ebrei appena nati gettandoli contro il muro e poi ha chiesto se il suo bambino sta bene con il morbillo".[299]

Vediamo anche che i nazisti sapevano come celebrare le grandi occasioni con stile: "Le SS avrebbero giustiziato alcuni ebrei per festeggiare il compleanno del Führer".

Avevano più pietà per gli animali che per i poveri ebrei. Nell'estate del 1944, gli ebrei del campo furono trasferiti: "Furono fatti marciare attraverso la città, che era sotto il fuoco dell'artiglieria pesante, e quando raggiunsero la stazione furono spinti in un vagone merci, già affollato di polacchi.[300] Qualcuno disse che le SS li avrebbero gassati lì, ma quando la porta si riaprì e un uomo delle SS di nome Blum fece salire un cagnolino nero e diede loro una gabbia con dentro un canarino, minacciando di giustiziarli tutti se fosse successo qualcosa agli animaletti, Wiesenthal capì che non li avrebbero gassati: le SS amano gli animali".

Joseph Wechsberg ha poi raccontato come Simon Wiesenthal sia sfuggito alla morte. Wiesenthal aveva fatto parte di un convoglio di prigionieri trasferiti da Buchenwald a Mauthausen nel cuore dell'inverno. Weschberg scrisse: "Delle tremila persone che avevano lasciato Buchenwald tre settimane prima, ne erano rimaste vive solo milleduecento. Centottanta morirono nel tragitto dalla stazione al campo di concentramento di Mauthausen, un percorso di soli sei chilometri". Wiesenthal ricorda fin troppo bene il freddo terribile, la notte limpida, lo scricchiolio della neve ghiacciata sotto i piedi. Ogni passo era uno sforzo maggiore. Si scoprì che camminava accanto al principe Radziwill, uno dei cui parenti avrebbe poi sposato la sorella della vedova di John F. Kennedy. Le loro braccia erano legate l'una all'altra e cercavano di sorreggersi a vicenda, ma alla fine non riuscirono ad andare avanti e caddero nella neve. Wiesenthal sentì una voce che diceva: "Siete vivi?", e poi uno sparo. Ma le SS dovevano avere le mani insensibili, perché il proiettile si conficcò tra Wiesenthal e Radziwill. La colonna scomparve nell'oscurità, ma Wiesenthal e Radziwill continuarono a rimanere sdraiati. Dopo un po' cominciò a sentirsi a suo agio, quasi al caldo, sdraiato sulla neve, e ricorda di aver dormito per un po' e poi di essere stato sollevato e gettato in un camion con i cadaveri. Più tardi gli fu detto che le autorità del campo avevano mandato a raccogliere i morti in modo che gli abitanti di Mauthausen, quando andavano a lavorare al

---

pag. 13, 16.
[299] Simon Wiesenthal, *Gli assassini tra noi*, (pdf) Editorial Noguer, Barcellona, 1967, p. 24.
[300] Simon Wiesenthal, *Gli assassini tra noi*, (pdf) Editorial Noguer, Barcellona, 1967, p. 29.

mattino, non fossero scioccati dalla vista di tanti cadaveri. A quanto pare, lui e Radziwill erano quasi rigidi per il freddo e si presumeva che fossero morti. Ma quando il camion arrivò al crematorio del campo e i corpi furono rimossi, i prigionieri assegnati al lavoro notarono che i due uomini non erano "del tutto morti". Fortunatamente non c'erano SS e il cortile era buio pesto; così i prigionieri portarono Wiesenthal e Radziwill alle vicine docce, li spogliarono dei loro vestiti e li misero sotto un getto di acqua fredda che li rianimò.[301] Dalle docce, uno stretto corridoio conduceva alle baracche del campo, e i due furono condotti segretamente in una di esse, deboli e storditi, ma vivi". Dobbiamo crederci.

Simon Wiesenthal ha poi raccontato la propria esperienza di cacciatore di nazisti dopo la guerra. Franz Murer era un terribile criminale: "Szymon Bastocki, un ex residente di Vilna, ora a New York, ha testimoniato di un certo giorno del marzo 1943, quando Murer radunò donne e bambini nella piazza del campo di lavoro, ordinando alla polizia di strappare i bambini alle loro madri e di caricarli sui camion in attesa. I neonati furono lanciati in aria come pacchi. [302]Si verificarono scene strazianti, ma Murer rimase intransigente".

Il dottor Josef Mengele, originario di Günzburg, sul Danubio, in Baviera, era il noto medico capo di Auschwitz. Aveva conseguito un dottorato in filosofia presso l'Università di Monaco. Aveva studiato la *Critica della Ragion Pura* di Kant e, come ha raccontato Wiesenthal, "si era contemporaneamente immerso nella spazzatura razziale del filosofo hitleriano Alfred Rosenberg". Era anche medico presso l'Università di Francoforte.

Ecco cosa disse di lui Simon Wiesenthal: "Ho la testimonianza di un uomo che ha visto Mengele gettare una creatura viva nelle fiamme e di un altro che ha visto Mengele uccidere una ragazza di quattordici anni con una baionetta. Pazzesco, non è vero?

Ma il dottor Mengele era ancora più sadico. Il suo amico Hermann Langbein "raccontò che una volta Mengele entrò nel blocco dei bambini ad Auschwitz per misurarne l'altezza. Era molto arrabbiato perché molti di loro erano bassi rispetto alla loro età e li fece mettere uno dopo l'altro contro un palo all'ingresso con dei chiodi che segnavano l'altezza appropriata per ogni età. Se i bambini non raggiungevano il chiodo, Mengele faceva un segno con la frusta e il bambino veniva portato nella camera a gas. In questa occasione furono uccisi più di 1.000 bambini.

---

[301] Simon Wiesenthal, *Gli assassini tra di noi*, (pdf) Editorial Noguer, Barcellona, 1967, p. 31.
[302] Simon Wiesenthal, *Gli assassini tra noi*, (pdf) Editorial Noguer, Barcellona, 1967, p. 53.

Ma non è tutto: Mengele "sacrificò migliaia di bambini gemelli provenienti da tutta Europa, iniettando loro soluzioni dolorose per cercare di cambiare il colore marrone dei loro occhi in blu [che bastardo]... Ad Auschwitz, la sua sala operatoria era pulitissima, le siringhe con cui spesso iniettava l'acido carbolico, la benzina o l'aria, che uccidevano i suoi pazienti in pochi secondi, sempre sterili". Mengele era la SS perfetta. Sorrideva alle belle ragazze mentre le mandava a morire.[303] Davanti al crematorio di Auschwitz fu sentito dire: "Qui gli ebrei entrano dalla porta ed escono dal camino".

Tuttavia, alcuni ebrei erano sopravvissuti alla sorveglianza dell'orribile dottor Mengele. È così che il grande Elie Wiesel ha raccontato la storia.[304] A tutti i sopravvissuti dei "campi di sterminio", Wiesel ha lasciato questa commovente testimonianza: "E di questa famiglia di cinque o sette nani che la gente veniva a vedere e ad applaudire da ogni dove: sono tutti sopravvissuti alle selezioni e alle torture di Mengele a Birkenau".

Dopo la guerra, Mengele visse tranquillamente per diversi anni nella sua città natale. Nel 1950 fuggì prima in Spagna e, nel 1959, in Paraguay. Non fu mai arrestato, nonostante l'accanimento dei cacciatori di nazisti. Per gli ebrei fu indubbiamente il cosiddetto "capro espiatorio", come è scritto nella Torah, cioè una vittima espiatoria che gli ebrei ritengono responsabile dei loro crimini indicibili.

Martin Gray è stato uno dei grandi testimoni dell'Olocausto. Nel 1971 ha raggiunto la fama internazionale con il suo libro *In the Name of All My People*. Nel 1941, Martin Gray aveva diciassette anni e viveva nel ghetto di Varsavia, dove trafficava merci. "I miei profitti erano enormi...", scrive a pagina 67. Racconta di essere stato arrestato dalla polizia e interrogato sui suoi traffici. Quando rimase in silenzio, la polizia tedesca fece sdraiare il ragazzo su un tavolo e lo torturò orribilmente per diversi giorni, picchiandolo con manganelli, calci all'inguine e bruciandogli le mani con sigarette e le ferite con l'acido. Lo hanno anche appeso "per i piedi e per le braccia come il corpo di un animale appeso a un gancio da macellaio", ha scritto. Quando mi lasciarono cadere a terra e il boia rosso e sudato si avvicinò a me, dissi in tedesco: "Parlerò". E poi, mentre l'ufficiale si avvicinava, Martin Gray fece un gesto eroico. Scrive: "Si avvicinò a me, con il manganello alzato. Raccogliendo le mie forze, gli ho sputato in faccia". L'ufficiale, gridando, ordinò ai soldati di uscire: "Il suo volto era contro il mio. Mi ucciderete e non avrete ottenuto nulla! Ho sputato di nuovo".

---

[303] Simon Wiesenthal, *Gli assassini tra di noi*, (pdf) Editorial Noguer, Barcellona, 1967, p. 110, 111.
[304] Elie Wiesel, *Mémoires, tome I*, Seuil, 1994, p. 48.

Dopo tre o quattro giorni di torture, Martin Gray era ancora abbastanza forte da resistere. Il poliziotto della Gestapo gli propose un accordo: lo avrebbe lasciato vivere se avesse consegnato i suoi complici. Gray rispose: "Prima mi faccia curare... e mi dia i documenti di un ariano". Infine, fu trasportato in infermeria dove il medico della Gestapo Scherbel venne a visitarlo: "Seppi in seguito che a volte operava i prigionieri senza anestesia, solo per compiacere se stesso.

Una mattina, una settimana dopo, il medico polacco che lo curava si rivelò un complice. Gli iniettò nelle vene una sostanza che lo fece delirare, per far credere che fosse affetto da febbre tifoidea. I tedeschi, temendo il contagio, lo portarono di corsa in un ospedale di periferia. Lì fu liberato dai suoi compagni, legato e calato con una corda lungo la facciata dell'edificio. Un cadavere era stato messo al suo posto sul letto. [305]È così che Martin Gray è uscito vivo da questa terribile prova.

In seguito fu nuovamente arrestato e inviato al campo di Treblinka, dove divenne un *Totenjuden*, un ebreo della morte. Insieme ad altri detenuti, rimuoveva i cadaveri dei poveri ebrei dalle camere a gas, "quelle nuove camere così ben concepite, scrive Gray, con i loro rubinetti a doccia attraverso i quali veniva fatto passare il gas". Scaricò le "migliaia di corpi" su barelle e li gettò nelle fosse. Martin Gray rimosse i cadaveri dalla camera a gas subito dopo la gasazione, senza nemmeno prendere la precauzione di indossare una maschera antigas, anche se il devastante gas Zyklon B impregnava i vestiti e i corpi delle vittime: "Tra i corpi caldi trovammo quelli di bambini ancora vivi. Solo bambini, schiacciati contro i corpi delle loro madri. Li abbiamo strangolati con le nostre mani, prima di gettarli nella fossa: e abbiamo rischiato la vita, perché stavamo perdendo tempo. Perché i boia volevano che tutto fosse fatto in fretta".

La vita nel campo era atroce. I cani mordevano i prigionieri: "Sentivamo le grida folli, l'abbaiare dei cani. E a volte trovavamo uomini mutilati, con il basso ventre insanguinato. I cani venivano frustati dagli uomini per spingere i vivi alla morte".

Il giorno dopo, fu il suo turno di lavorare nelle fosse: "Ogni volta che arrivava un grosso convoglio, venivamo tutti spinti nelle fosse, nelle porte di legno delle camere a gas, e tornavamo indietro a prendere le barelle di tela, correndo sotto il martellamento del bulldozer che scavava in profondità nella sabbia gialla, verso altre fosse.[306]... Dovevo scendere nella fossa, stare sopra i cadaveri, sistemarli come se fossero pezzi di legno,

---

[305] Martin Gray, *En nombre de todos los míos*, Plaza & Janés, Barcelona, 1973, p. 116-118.
[306] Martin Gray, *In nome di tutti i miei*, Plaza & Janés, Barcellona, 1973, pagg. 161, 164, 168.

sistemarli come se fossero pezzi di legno, prenderli a calci come se non fossero stati, mezz'ora prima, esistenze vibranti di paura e di speranza".

C'erano anche poliziotti ebrei che collaboravano con i tedeschi: "Ogni poliziotto ebreo doveva portare quattro teste al giorno... Avevo sognato di uccidere quegli uomini che, per salvarsi la pelle, davano la vita ai boia". (pagina 127).

Martin Gray riesce a fuggire da un treno bestiame, ma viene nuovamente catturato. La polizia scoprì che era circonciso: "Cercai ancora di protestare, di spiegare che ero stato malato, che ero stato operato da bambino; ma non mi ascoltarono più; parlai per non cadere nella disperazione". Ancora una volta fu atrocemente picchiato e torturato, ma si rifiutò di dare i nomi dei partigiani. Un ufficiale tedesco che lo sorvegliava gli salvò la vita facendolo fuggire nella foresta. [307] In realtà, era un ebreo in uniforme tedesca: "Ovunque uomini [ebrei] sopravvissero; alcuni nascosti sotto l'uniforme dei carnefici".

Per sfuggire ancora una volta ai tedeschi, Martin Mietek dovette nascondersi nel lurido pozzo di una dependance. La scena che segue è sorprendentemente autentica: "Sentivo urla, cani che abbaiavano, voci. Scivolai nella merda, prima fino alla vita, poi ancora più giù, fino al collo, con lo stomaco in preda a spasmi di disgusto e la bocca piena di bile amara". Non pensare, Mietek, sopravvivi, Mietek. Rimisi le assi sopra di me, appoggiando le braccia sullo strato ghiacciato che mi circondava, ma che si stava sciogliendo a poco a poco. Fuori, sempre i cani vicino alla baracca: entrò un soldato: i suoi stivali schiacciavano le assi, la sua lampada le illuminava. Parlava con il suo compagno, che era rimasto fuori... Sentivo i suoi stivali raschiare il pavimento. La sua merda mi è finita sulla schiena. Quando quello aveva finito, entrò l'altro, e di nuovo la merda, sulla mia schiena.[308] Non mi muovevo, non respiravo, non esistevo: ero una cosa insensibile, un pezzo duro piantato nella merda, un pezzo di ferro che nulla avrebbe intaccato".

Poi attraversò campi e foreste, nella neve, dormendo nelle fattorie e derubando i contadini polacchi: "Come una volpe, rubai uova e galline... Rubai pancetta e pane e i contadini mi inseguirono... Poi vendetti loro sacchi di juta, preziosi in quel periodo di stenti, che avevo appena rubato dalle scale del loro granaio. Trovai delle bestie con il volto di uomini..." (pagg. 214-215), scrive Gray. Già all'inizio del suo racconto aveva espresso la sua opinione sugli indigeni: "Come potevo non odiare quei

---

[307] Martin Gray, *En nombre de todos los míos*, Plaza & Janés, Barcellona, 1973, pagg. 202, 204.
[308] Martin Gray, *En nombre de todos los míos*, Plaza & Janés, Barcellona, 1973, p. 213. È immerso negli escrementi fino al collo, ma riceve le feci sulla schiena. Strano...

gentili polacchi che passeggiavano lungo *la Marszalkowska*" (pagina 101); "Per me la vendetta avrebbe vissuto" (pagina 153), giurava Gray.

Poi parte alla ricerca dei partigiani nella foresta: "Che gioia vincere finalmente, alzare un grido di guerra, iniziare il tempo della vendetta" (pag. 219). "Era arrivato il momento della prova; ero con la mia gente con un fucile in mano, avremmo cominciato a fargliela pagare, e il debito era immenso" (pag. 234). In effetti, la vendetta, come sappiamo, è un tema ricorrente nella letteratura ebraica.[309] "Vendetta" è, infatti, il titolo della seconda parte del libro di Martin Gray. Durante i combattimenti a Varsavia, uno dei suoi compagni affermò di aver "visto i tedeschi incendiare l'ospedale del ghetto; li aveva visti spaccare le teste dei neonati contro i muri, aprire i grembi delle donne incinte, gettare i malati nelle fiamme.[310] L'aveva visto". E se li ha visti, allora dobbiamo credergli.

"Poi iniziò il periodo dell'eroismo: vidi una ragazza cospargersi di benzina, darsi fuoco e gettarsi su un carro armato; vidi uomini avvicinarsi ai tedeschi con le braccia alzate in aria, per poi avventarsi su di loro e strappargli le armi. Per sopravvivere abbiamo fatto ricorso a tutte le forme di guerra. Nascondendomi tra le rovine, chiamavo i tedeschi con il tono gutturale di uno di loro e li uccidevo di notte. Poi alcuni di noi indossarono le uniformi delle SS che avevamo recuperato il primo giorno... e camminarono lungo la strada fino a una barriera sorvegliata da una dozzina di soldati.[311] Ci avvicinammo con calma e poi aprimmo il fuoco".

Così accumularono una serie di imprese contro i tedeschi e i polacchi antiebraici, accoltellando a morte, incendiando caseifici e segherie. "Era Mietek il partigiano, che spiava i traditori, che organizzava la loro punizione... Era Mietek il vendicatore". Poi si unì alle file del nemico, la NSZ polacca, miliziani antisemiti, spacciandosi per uno di loro. Il loro capo, Zemba, "era una bestia con la faccia da uomo": "Ora ero lì, tra quei banditi, a ridere con loro. Il mio calvario durò alcune settimane... Di notte uscivo dal villaggio, mi addentravo nella foresta e un compagno mi aspettava. Mi fece i nomi delle NSZ, la situazione dei villaggi che erano loro fedeli, i contadini che li aiutavano... Giurava con gli altri, beveva con loro, li

---

[309] Martin Gray, *In nome di tutto il mio popolo:* "Ci vendicheremo, Martin. Alla fine saremo i più forti", p. 38; "Quando potremmo levare un grido di guerra, quando potremmo vendicare i nostri morti?" p. 95; "Quando leveremo un grido di guerra? Zofia, quando ci vendicheremo?", p. 105; "Non potevo lanciare il grido di guerra e la vendetta", p. 114; "Vivere per gridare, dire, vendicare", p. 155; "Vivere, vivere per vendicarmi...", p. 156; "Ero uscita per vendicarmi", p. 185; "Ero fuggito da Treblinka, per combattere e vendicarci", p. 187; "... sarei sopravvissuto... solo se necessario, e almeno un uomo sarebbe rimasto per vendicarli", p. 193; "- Tu ci vendicherai", p. 196; "Sono sopravvissuto, ho combattuto, vi ho vendicati", p. 357.

[310] Martin Gray, *En nombre de todos los míos*, Plaza & Janés, Barcellona, 1973, p. 237.

[311] Martin Gray, *En nombre de todos los míos*, Plaza & Janés, Barcellona, 1973, p. 239.

imbrogliava. Tuttavia, mi resi conto che erano sospettosi... Ridevano tutti alla vista del gesto di Zemba... Io volevo vivere, vincere, non scoppiare sotto i coltelli di quei banditi ubriachi.[312] Per vincere... Mi alzai come per chiedere da bere o per parlare; poi saltai verso la porta e, voltandomi, lanciai una granata contro la casa, per correre nella foresta, verso i miei alberi". Martin Mietek aveva anche piazzato esplosivi sulle ferrovie e fatto saltare interi treni.

In seguito fu assegnato a un'unità dell'NKVD sovietico, la polizia politica. Con la sua unità, fu in grado di dispensare giustizia nei campi, con tutta l'umanità degli "uomini" che i commissari politici bolscevichi sapevano dispensare.

Dopo la guerra, partì per gli Stati Uniti. A New York si riunì alla sua famiglia, che miracolosamente non era stata sterminata. Fu un "miracolo", uno tra centinaia di migliaia. In una località balneare a poche ore da New York, incontra ebrei russi e polacchi e lavora in un albergo: "Ancora una volta avevo cambiato nome: Martin, Mietek, Micha, Mendle; ma ero sempre io, non cambiavo; ero io, con un piano da realizzare. Altri otto giorni e divenni capo cameriere. La maggior parte di loro erano studenti, che si prendevano gioco di me, della mia frenesia".

Martin Gray fece soldi, molti soldi, "freneticamente". Era il suo modo di far venire il messia degli ebrei: "Farai una fortuna; vuoi i dollari e li avrai. Non correre così tanto che scoppierai", gli dissero. Che mi importava dei dollari? Dovevo costruire una fortezza, in fretta, perché aspettavo la pace da secoli... La vita è una corsa, Mietek, devi correre. Moltiplicai le mie attività, i giochi, le vendite, i servizi, gli spettacoli. Ho accumulato dollari.[313] La sera crollavo a letto, esausto".[314] Alla fine della sua lunga carriera Gray si dedica al commercio di antichità su larga scala, saccheggiando opere d'arte in tutta Europa, soprattutto nella Germania occupata, sempre "in preda alla frenesia".

Anche Wladyslaw Szpilman ha lasciato una testimonianza straordinaria. Il suo libro, *Il pianista*, pubblicato nel 1946, raccontava la straordinaria storia di un musicista ebreo nel ghetto di Varsavia. L'autore scrisse questo racconto subito dopo la guerra, ma le autorità sovietiche ritirarono rapidamente il libro dalle librerie perché conteneva "verità" vergognose sul comportamento di russi, polacchi e lettoni. Nel 1940, gli ebrei della Polonia

---

[312] Martin Gray, *In nome di tutti i miei*, Plaza & Janés, Barcellona, 1973, p. 259, 261, 262.
[313] Martin Gray, *In nome di tutti i miei*, Plaza & Janés, Barcellona, 1973, pagg. 330, 332.
[314] Per quanto riguarda i loschi affari di Martin Gray e il saccheggio dei paesi sconfitti, leggere *La mafia ebraica*.

occidentale furono deportati in treni verso la capitale: "Su alcuni treni, appena la metà dei passeggeri rimase viva, e con gravi congelamenti.[315] L'altra metà era costituita da cadaveri, irrigiditi dal freddo, che stavano imprigionati tra i vivi e cadevano a terra quando questi ultimi si muovevano".

Il regista Roman Polanski ha adattato la storia di Wladyslaw Szpilman per il grande schermo. Il suo film include una scena in cui i soldati tedeschi gettano un vecchio e la sua poltrona da una "finestra del terzo piano" (pagina 82). Il film mostra anche la scena in cui una madre, nascosta con il suo bambino in braccio, è costretta a soffocarlo per evitare di essere scoperta dalle SS (pagina 106).

Alcune SS possono sembrare, a prima vista, esseri umani perfettamente normali: "Alla testa della piccola colonna c'era un SS che, da buon tedesco, amava i bambini, anche quando stava per vederli andare all'altro mondo. Era particolarmente affezionato a un ragazzino di dodici anni, violinista, che portava il suo strumento sotto il braccio. Le SS gli dissero di mettersi alla testa del corteo e di suonare, e così iniziarono la marcia. Quando li ho incontrati in via Gesia sorridevano e cantavano in coro; il piccolo violinista suonava per loro e Korczak portava due dei bambini più piccoli, anch'essi sorridenti, e raccontava loro alcune storie divertenti.[316] Sono sicuro che anche nella camera a gas, quando il fluido letale li soffocava e trasformava la speranza nei loro cuori in terrore, "il vecchio dottore" sussurrava loro, in un ultimo sforzo, che tutto era a posto e che tutto sarebbe andato bene, per risparmiare ai suoi alunni, almeno, la paura del passaggio dalla vita alla morte".

I nazisti avevano i loro metodi. Qui, Wladyslaw Szpilman descrive ciò che ha visto con i suoi occhi, ai margini del ghetto, alla periferia di una strada senza uscita: "C'erano corpi che giacevano a terra: i cadaveri di coloro che erano stati uccisi il giorno prima per qualche crimine, forse anche per aver cercato di fuggire. Tra i cadaveri degli uomini c'erano quelli di una giovane donna e di due ragazze con il cranio fracassato. Il muro ai piedi del quale giacevano i corpi presentava tracce di sangue e materia cerebrale. I bambini erano stati uccisi con uno dei metodi preferiti dai tedeschi: afferrati per le gambe, erano stati gettati violentemente contro il muro.[317] Grandi mosche nere si posavano sui cadaveri e nelle pozze di sangue a terra, e i corpi si gonfiavano e si decomponevano quasi a vista

---

[315] Wladyslaw Szpilman, *Il pianista del ghetto di Varsavia*, Turpial Amaranto, Madrid, 2003, p. 57.
[316] Wladyslaw Szpilman, *Il pianista del ghetto di Varsavia*, Turpial Amaranto, Madrid, 2003, p. 98-99.
[317] Wladyslaw Szpilman, *Il pianista del ghetto di Varsavia*, Turpial Amaranto, Madrid, 2003, p. 101.

d'occhio per il calore". Tuttavia, abbiamo dei dubbi sulla realtà di questi metodi nazisti. Anzi, siamo propensi a pensare che si tratti piuttosto di un caso di "proiezione", o di inversione accusatoria, se preferite.

Wladyslaw Szpilman si nascose per diversi mesi nella soffitta di una delle tante case abbandonate di Varsavia, finché un giorno si trovò faccia a faccia con un ufficiale tedesco educato e colto, che lo informò che il quartier generale delle forze speciali di Varsavia stava per trasferirsi. Quando l'ufficiale seppe che il povero ebreo era un pianista, gli chiese di suonare sul pianoforte a coda che si trovava lì. Fu lì, tra le macerie, che Wladyslaw Szpilman suonò il notturno in do diesis minore di Frédéric Chopin.[318] Dopo di che, l'ufficiale tedesco, ha raccontato Szpilman, si vergognava di essere tedesco: "Mi vergogno di essere tedesco, dopo tutto quello che sta succedendo", ha confessato. Come si può notare, anche Wladyslaw Szpilman si è dato da fare per incolpare i Goyim.

Alla fine del libro c'era il diario del capitano Wilm Hosenfeld, un ufficiale tedesco antinazista: "Ci siamo coperti di una vergogna che non può essere cancellata; è una maledizione che non può essere tolta.[319] Non meritiamo alcun perdono; siamo tutti colpevoli", scrisse nel suo diario personale. Anche se si potrebbe giurare che sia stato lo stesso Szpilman a scrivere il testo.

Il 25 luglio 1942, Hosenfeld descrisse le atrocità che i tedeschi erano in grado di commettere: "Da qualche parte vicino a Lublino sono stati costruiti edifici con stanze che possono essere riscaldate dalla corrente elettrica, come crematori. Gli sfortunati vengono portati in queste stanze e bruciati vivi, e ogni giorno migliaia di persone possono essere uccise in questo modo, evitando così l'inconveniente di sparare loro, scavare fosse comuni e seppellirle".

Il 6 settembre 1942, Hosenfeld raccontò ciò che aveva sentito da persone che erano riuscite a fuggire dall'inferno di Treblinka, nella Polonia orientale: "Le migliaia di donne e bambini devono essere spogliati nudi e poi vengono portati in una baracca mobile, dove vengono gassati. La baracca è posta sopra una fossa e ha un meccanismo che apre una delle pareti e solleva il pavimento, in modo che i cadaveri cadano nella fossa. È in funzione da molto tempo... Il mio confidente ha saputo tutto questo da un ebreo che è riuscito a fuggire con altri sette missionari".

Il 13 agosto 1942 ci fu una sparatoria nel ghetto di Varsavia: "Una donna raccontò a un mio conoscente polacco che diversi uomini della Gestapo erano entrati nella maternità ebraica, avevano preso i neonati [questa è

---

[318] Wladyslaw Szpilman, *Il pianista del ghetto di Varsavia*, Turpial Amaranto, Madrid, 2003, p. 180.
[319] Wladyslaw Szpilman, *Il pianista del ghetto di Varsavia*, Turpial Amaranto, Madrid, 2003, pag. 204.

un'ossessione!], li avevano messi in un sacco, erano usciti e li avevano gettati in un carro funebre. I malvagi non si sono lasciati commuovere dalle grida dei bambini o dalle lamentele strazianti delle madri. Anche se è difficile da credere, era così".

Il 21 agosto 1942, Hosenfeld annotò nel suo diario questa considerazione: "No, le cose non possono andare avanti così, per il bene della natura umana e della libertà di spirito. I bugiardi e coloro che distorcono la verità devono morire ed essere privati della loro capacità di governare con la forza, e allora ci sarà di nuovo spazio per un'umanità più libera e più nobile".

E il 23 giugno 1942: "Non posso credere che Hitler voglia una cosa del genere e che ci siano tedeschi in grado di dare ordini del genere.[320] Ma, in tal caso, può esserci solo una spiegazione: sono malati o anormali, o pazzi". È proprio così: "malati o anormali, o pazzi".

Abbiamo già citato a lungo Elie Wiesel nei nostri libri precedenti, notando la sua propensione alla fabulazione. In effetti, il grande "Uomo" ha presentato nella sua opera alcune confessioni, abilmente distillate in forma ellittica. Ecco altri fatti interessanti sul "caso" Wiesel. In un libro del 1993 intitolato *L'Holocauste au scanner* (*L'Olocausto sotto la lente d'ingrandimento*), lo storico svizzero-tedesco Jürgen Graf ha scritto: "Nella *Notte*, la sua "testimonianza" pubblicata nel 1958, non dice nulla sulle camere a gas... Wiesel quindi non ha visto le camere a gas, né ne ha sentito parlare, altrimenti ne avrebbe parlato". E l'autore osserva giudiziosamente: "Attenzione, le camere a gas compaiono improvvisamente nella versione tedesca, *Die Nacht zu begraben*, Elischa, traduzione di Curt Meyer-Clason, pubblicata dalle edizioni Ullstein; ogni volta che nel testo originale compare la parola "crematorio", Meyer-Clason la traduce con "camera a gas"".

In assenza di camere a gas, Wiesel aveva visto ciò che nessun altro aveva visto: "Non lontano da noi, da una fossa si levavano fiamme gigantesche. Stavano bruciando qualcosa. Un camion si avvicinò alla fossa e scaricò il suo carico: erano bambini. Erano bambini! Sì, li ho visti, con i miei occhi li ho visti... Bambini in fiamme (è incredibile se da allora il sonno fugge dai miei occhi?) Così è lì che stavamo andando. Un po' più avanti ci sarebbe stata un'altra fossa più grande per gli adulti... Padre, se è così, non voglio aspettare ancora. Andrò alle recinzioni elettrificate. È meglio che agonizzare per ore tra le fiamme".

Ma a Elie Wiesel sarebbe stata risparmiata l'interminabile agonia tra le fiamme senza dover ricorrere al filo spinato elettrificato. Mentre camminavano dritti verso la morte, verso le fosse incandescenti, ecco cosa

---

[320] Wladyslaw Szpilman, *Il pianista del ghetto di Varsavia*, Turpial Amaranto, Madrid, 2003, p. 198-202.

accadde: "La nostra colonna aveva solo una quindicina di passi da fare. Mi morsi le labbra perché mio padre non sentisse le mie mascelle tremare. Mancavano ancora dieci passi. Otto. Sette. Camminavamo lentamente, come se stessimo seguendo un'auto funebre, seguendo la nostra stessa sepoltura. Solo quattro passi. Tre passi. Ora la fossa e le fiamme erano molto vicine a noi. Ho fatto appello a tutte le mie forze residue per saltare fuori dai ranghi e gettarmi contro il filo spinato. Nel profondo del mio cuore dissi addio a mio padre, a tutto l'Universo e, mio malgrado, le parole *"Yizgadal veyiskadash shmé raba...* Che il suo nome sia lodato e santificato..." si formarono e uscirono dalle mie labbra in un sussurro. Il mio cuore stava per scoppiare. Era così.[321] Ero davanti all'Angelo della Morte... No. A due passi dal fossato, ci ordinarono di girare a sinistra e ci fecero entrare in una baracca". Come in un film americano.

A proposito del massacro di Babi Yar, vicino a Kiev, "attestato solo da testimoni oculari presentati dall'NKVD sovietico", riporta Jürgen Graf, Elie Wiesel scrisse: "Più tardi, seppi da un testimone che per mesi e mesi la terra non aveva smesso di tremare e che di tanto in tanto sgorgavano geyser di sangue". Questo è simile a ciò che scrisse anche il romanziere Isaac Bashevis Singer descrivendo le atrocità dei cosacchi durante i pogrom del XVII secolo: "Moses Bunim fu impalato. Gemeva tutta la notte. Venti cosacchi hanno costretto tua sorella Leah e poi l'hanno fatta a pezzi"...[322] In una mattina del genere era difficile credere che questo fosse un mondo in cui i bambini venivano uccisi o sepolti vivi e in cui la terra si nutriva di sangue come ai tempi di Caino". Questa era ovviamente un'immagine tratta dal Talmud.

Il 20 gennaio 1945, di fronte all'avanzata dell'Armata Rossa, più di 98.000 ebrei furono evacuati da Auschwitz.[323] Elie Wiesel preferì lasciare il campo di Auschwitz con i nazisti e percorrere le strade coperte di neve piuttosto che aspettare tranquillamente in una caserma i liberatori sovietici. Perché i nazisti si diedero tanto da fare per portare con sé i prigionieri ebrei di Auschwitz e di altri campi, quando sarebbe stato più comodo "gasarli" o fucilarli sommariamente? Curiosamente, nessuno degli storici di punta della televisione ha mai risposto a questa domanda.

Nel suo libro *L'industria dell'Olocausto*, pubblicato nel 2000, Norman Finkelstein ha anche rivelato le numerose contraddizioni di Elie Wiesel: "Nelle sue acclamate memorie, Elie Wiesel ricorda che, quando aveva solo

---

[321] Elie Wiesel, *Trilogía de la noche*, Austral-El Aleph Editores, Barcellona, [undicesima stampa 2023!], p. 42, 43, 44, in Jürgen Graf, *L'Holocauste au scanner*, Guideon Burg Verlag, 1993, p. 54-56.
[322] Isaac Bashevis Singer, *Lo schiavo*, Debols!llo, Penguin Random House, Barcellona, 2019, p. 110, 129
[323] Elie Wiesel, *Mémoires, tome I*, Seuil, 1994, p. 119, cfr. *Psicoanalisi dell'ebraismo.*

diciotto anni dopo la sua liberazione da Buchenwald, lesse *La critica della ragion pura* - non ridete - in yiddish. Anche a prescindere dal fatto che lo stesso Wiesel confessa che all'epoca "non aveva idea della grammatica yiddish", va detto che *La critica della ragion pura* non è mai stata tradotta in yiddish". E Finkelstein ha aggiunto: "Wiesel ricorda anche con ogni sorta di intricati dettagli un "misterioso studioso talmudico" che "padroneggiava l'ungherese in due settimane", per poi sorprenderlo. Wiesel racconta a un settimanale ebraico che "spesso diventa rauco o perde la voce" mentre legge i libri in silenzio, perché li legge "interiormente ad alta voce". E, a un giornalista *del New York Times*, ricorda la volta in cui fu investito da un taxi a Times Square. "Ho fatto il giro di un intero isolato. Il taxi mi ha investito all'angolo tra la 45esima e Broadway e l'ambulanza mi ha raccolto sulla 44esima".[324] "La verità che offro è senza mezzi termini", dice Wiesel con un sospiro, "non so come fare in altro modo"."[325]

Favola isterica II

Nel suo piccolo libro del 1993 *L'Holocauste au scanner (L'Olocausto sotto la lente d'ingrandimento)*, lo scrittore svizzero-tedesco Jürgen Graf ha esaminato alcune contraddizioni nelle testimonianze e ha raccolto il lavoro dei ricercatori revisionisti. I primi resoconti sullo sterminio degli ebrei, scrive, apparvero nel 1942 su giornali controllati dai sionisti, come il *New York Times*, e molto probabilmente erano dovuti al Congresso ebraico mondiale.

Jürgen Graf ha citato uno storico americano:

"Nel suo libro *The Hoax of the Twentieth Century*, lo scrittore Arthur Butz studia la genesi della bufala del secolo. Oltre alle camere a gas, le colonne del *New York Times* hanno fantasticato su ogni metodo immaginario di omicidio che esiste e che esisterà mai. Il 30 giugno 1942 riferirono di un "poligono di tiro" dove ogni giorno venivano fucilati mille ebrei e il 7 febbraio 1943 di "stazioni di avvelenamento del sangue" nella Polonia occupata. Ma mentre il poligono di tiro e le stazioni di avvelenamento del sangue sono stati consegnati alle pagine di coda della

---

[324] Wiesel, *Tutti i fiumi*, p. 121-130, 139, 163-164, 201-202, 336. *Jewish Week*, 17 settembre 1999, *New York Times*, 5 marzo 1997, in Norman Finkelstein, *La industria del Holocausto*, Ediciones Akal, Madrid, 2014, p. 76.
[325] Jürgen Graf, *Der Holocaust auf dem Prüfstand -Augenzeugenberichte versus Naturgesetze*, 1992, Guideon Burg Verlag, Basilea, Svizzera. Jürgen Graf, *L'Holocauste au scanner, Témoignages oculaires ou lois de la nature*, Guideon Burg Verlag, 1993. Jürgen Graf, *El Holocausto bajo la lupa, Testimonios oculares versus leyes de la naturaleza*, con prologo di Joaquín Bochaca, Editorial Revisión, Buenos Aires, 1997.

storia già prima della fine della guerra, le celle di esecuzione a vapore hanno avuto più successo, comparendo persino al processo di Norimberga. Lì, il 14 dicembre 1945, fu messo a verbale quanto segue: Tutte le vittime dovevano togliersi i vestiti e le scarpe, che venivano poi raccolti; poi tutte le vittime - prima le donne e i bambini - venivano spinte nelle camere della morte. Una volta che le camere erano piene, venivano chiuse ermeticamente e il vapore veniva soffiato dentro... Dai rapporti presentati si può stimare che a Treblinka furono sterminate diverse centinaia di migliaia di ebrei (Documento di Norimberga, PS-3311). Esattamente 75 giorni dopo, l'Alta Corte aveva già dimenticato le camere a vapore: ora parlava improvvisamente delle camere a gas di Treblinka".[326] E Jürgen Graf conclude: "Quindi solo dopo la fine della guerra fu raggiunto un accordo sulla forma finale della leggenda".

Belzec, nella Polonia orientale, era un altro campo di "sterminio", il terzo più grande, secondo la storiografia ufficiale. Seicentomila ebrei vi sarebbero stati gassati. La storia di Belzec, ha detto Jürgen Graf, "è una versione in miniatura dell'intera leggenda dell'Olocausto". Belzec fu aperto nel marzo 1942 come campo di transito per gli ebrei deportati in Russia. Poco dopo l'apertura del campo, si diffuse la voce che vi si stessero compiendo dei massacri.[327] Lo storico italiano Carlo Mattagno indagò su queste voci e scoprì diverse versioni degli eventi.

Secondo una prima variante, gli ebrei furono spinti in una baracca dove dovettero stare in piedi su una piastra metallica attraverso la quale fu fatta passare una corrente elettrica letale (come riportato nel dicembre 1942 dal giornale del governo polacco in esilio *Polish Fortnightly Review*).

In una seconda variante, gli ebrei furono fucilati e quelli che non furono fucilati furono gassati o fulminati (Dichiarazione del Comitato d'Informazione Alleato del 19 dicembre 1942).

Terza variante: gli ebrei furono uccisi dal calore di una fornace elettrica. Questo è stato dichiarato da Abraham Silberschein (*Die Judenausrottung in Polen*, Ginevra, agosto 1944).[328]

Stefan Szende, dottore in filosofia, ha presentato un'altra variante nel suo libro *Der letzte Jude aus Polen (L'ultimo ebreo di Polonia)*: "I treni carichi fino all'orlo di ebrei venivano portati attraverso un tunnel nei sotterranei del luogo dell'esecuzione... Tutto veniva preso da loro... Gli oggetti venivano ordinatamente separati, inventariati e usati per gli scopi della

---

[326] Jürgen Graf, *El Holocausto bajo la lupa*, Editorial Revisión, Buenos Aires, 1997, p. 57, 58.
[327] *Annales d'histoire révisionniste n°1*, printemps 1987, p. 15-107, in J. Graf, *The Holocaust under the magnifying glass*.
[328] Europa-Verlag, Zurigo-New York, 1945, p. 290, in J. Graf, *L'Olocausto sotto la lente di ingrandimento*, p. 60, 61.

razza padrona... Gli oggetti venivano ordinatamente separati, inventariati e utilizzati per gli scopi della razza dominante. Per evitare questo lavoro complicato e lungo, tutti i trasporti venivano poi consegnati nudi. Gli ebrei nudi venivano portati in enormi sale. Queste sale potevano contenere diverse migliaia di persone. Non avevano finestre ed erano fatti di metallo con un pavimento sommergibile. Il pavimento di queste sale, con le migliaia di ebrei sopra, veniva poi calato in una vasca d'acqua, che si trovava al di sotto; ma solo in misura tale che le persone sulla piattaforma metallica non erano completamente coperte dall'acqua. Quando l'acqua arrivò ai loro fianchi, fu attivata una linea ad alta tensione attraverso l'acqua. Dopo pochi istanti, tutti gli ebrei, migliaia alla volta, erano morti. Poi il pavimento metallico si sollevava di nuovo. Su di esso giacevano i cadaveri dei giustiziati. Un'altra corrente elettrica veniva attivata e la piattaforma metallica diventava un forno crematorio incandescente, finché tutti i cadaveri non diventavano cenere. Gigantesche gru sollevavano l'immensa urna e scaricavano le ceneri. Grandi camini di tipo industriale evacuavano il fumo. La procedura era terminata. Il treno successivo era già in attesa con altri ebrei davanti all'imboccatura del tunnel. Ogni treno portava da tre a cinquemila, e a volte anche di più, ebrei. Ci furono giorni in cui il ramo di Belzec aveva trasportato venti o anche più treni. La tecnologia moderna stava trionfando sotto la guida dei nazisti. Avevano risolto il problema di come giustiziare milioni di persone".

Esisteva anche una quinta variante: gli ebrei venivano fulminati in docce elettriche e poi trasformati in sapone. Questa versione proviene dallo stesso Simon Wiesenthal: "La gente, ammassata, incitata dalle SS, dai lettoni e dagli ucraini, correva attraverso il cancello aperto verso il "bagno". Potevano entrare 500 persone alla volta. Il pavimento della "sala da bagno" era di metallo e le docce pendevano dal soffitto. Quando lo spazio era pieno, le SS collegavano la corrente ad alta tensione, 5.000 volt, alla piastra metallica. Allo stesso tempo, le docce versavano acqua. Un breve urlo e l'esecuzione era finita. Un medico capo delle SS, il dottor Schmidt, controllò le vittime attraverso uno spioncino, dopodiché fu aperta la seconda porta, attraverso la quale entrò il "commando dei cadaveri" che rimosse rapidamente i morti.[329] C'era già posto per i prossimi 500".

Secondo Simon Wiesenthal, i cadaveri delle vittime non furono "ridotti in cenere in una bara crematoria incandescente", come sostiene Stefan Szende: i carnefici li usarono per produrre sapone con il marchio RIF, "*Rein jüdisches Fett*", in inglese "pure Jewish fat". In realtà, RIF stava per

---

[329] Simon Wiesenthal, *Der neue Weg*, Vienne, 19, 20, 1946, in J. Graf, *L'Olocausto sotto la lente di ingrandimento*, p. 60.

"*Reichstelle für Industrielle Fettversorgung*"; in inglese: "Department *for the* Supply of Industrial Grease of the Reich".

E Wiesenthal continua: "Nell'ultima settimana di marzo (1946), la stampa rumena riportò una storia unica Nella piccola città rumena di Folticeni, con tutta la solennità e la regolare cerimonia di sepoltura, venti casse di sapone furono sepolte nel cimitero ebraico... Sulle casse era scritto l'acronimo RIF - "Puro Grasso Ebraico"... Alla fine del 1942, si sentì per la prima volta la terribile espressione "Trasporto di Sapone"! Era nel Governatorato Generale (polacco) e la fabbrica si trovava in Galizia, a Belzec. Dall'aprile 1942 al maggio 1943, 900.000 ebrei furono utilizzati in quella fabbrica come materia prima".

Simon Wiesenthal ha aggiunto il suo commento: "Per il mondo civile è forse incomprensibile come i nazisti e le loro mogli guardino il sapone nell'ufficio del Governatore Generale. In ogni saponetta vedevano un ebreo, che avrebbero stregato impedendo così di allevare un secondo Freud, Ehrlich o Einstein... La sepoltura del sapone in una piccola città rumena sembrerà soprannaturale. Il dolore stregato, racchiuso in questo piccolo oggetto quotidiano, lacera il già insensibile cuore umano di questo secolo. In questa era atomica, il ritorno alle stregonerie del Medioevo più oscuro sembra un fantasma![330] Eppure è vero!". Sarebbe stato un vero peccato perdere questa testimonianza di Simon Wiesenthal. Il grande cacciatore di nazisti è morto nel 2005.[331] Per quanto riguarda il sapone fatto con grasso ebraico e gli altri paralumi fatti con pelli ebraiche, curiosamente nessuna star della TV ne ha più parlato da almeno quindici anni.

Ecco una sesta variante: Ebrei assassinati con la calce viva.[332] Questa versione è stata scritta dal polacco non ebreo Jan Karski, autore del libro *Storia di uno Stato segreto*, pubblicato nel 1944 e pubblicato in francese nel 1948 con il titolo *Mon témoignage devant le monde (La mia testimonianza al mondo)*, da cui estraiamo il seguente passaggio: "Il pavimento del treno[333] (su cui erano stati stipati gli ebrei) era coperto da uno spesso strato di polvere bianca. Era calce viva. Chiunque sa cosa

---

[330] Simon Wiesenthal, *Der neue Weg*, Vienne, 17, 18, 1946, in J. Graf, *L'Olocausto sotto la lente d'ingrandimento*, p. 62.
[331] Nel 1988, la celebrità di fama mondiale Kirk Douglas citò ancora questa storia nelle sue memorie: "Le atrocità commesse nell'Europa civilizzata furono di una portata tale da sfidare la comprensione. È difficile credere che degli esseri umani siano stati capaci di condurre altri esseri umani in una stanza e, con la scusa di far loro la doccia, li abbiano portati alla morte asfissiandoli con il gas, per poi strappare loro i denti d'oro, rasare loro i capelli e trasformare i loro cadaveri in sapone e la loro pelle in paralumi". Kirk Douglas, *Il figlio dello straccivendolo* (1988), Cult Books, 2021, p. 173
[332] *Houghton Miffling*, Boston, The Riverside Press, Cambridge.
[333] Citato da R. Faurisson, *Réponse à Pierre Vidal-Naquet*, 1982, p. 44, in J. Graf, *The Holocaust under the magnifying glass*.

succede quando l'acqua viene versata sulla calce... A contatto con la calce, la carne si disidrata rapidamente, brucia. Gli occupanti del treno si stavano lentamente consumando la carne dalle ossa... Il crepuscolo si avvicinava quando le 45 carrozze erano state riempite (le avevo contate).[334] Il treno, con il suo carico martoriato di carne umana, si inclinava e risuonava di ululati strazianti".

Anche ad Auschwitz i metodi di esecuzione erano diversi e vari, a seconda dei "testimoni". Eugène Aroneanu, un ebreo di origine rumena che era stato nel campo di Auschwitz, raccontò uno di questi metodi nel suo "resoconto degli eventi": "A circa 800-900 metri dal luogo in cui si trovano i forni, i prigionieri salgono su carrelli che scorrono su rotaie. Ad Auschwitz sono di dimensioni diverse e possono contenere da 10 a 15 persone. Quando il carrello è carico, viene fatto scendere lungo un pendio e poi corre a tutta velocità lungo un corridoio. Alla fine del corridoio c'è un muro e dietro c'è la porta del forno. Nel momento in cui colpisce il muro, la porta si apre automaticamente.[335] L'uomo ribalta il carrello e getta il suo carico umano nel forno".

La testimonianza di Zofia Kossak è stata altrettanto toccante. Secondo lei, lo Zyklon B introdotto nella camera a gas di Auschwitz non fu "gettato", come avevano sostenuto alcuni testimoni: "Salì da fori nel pavimento verso l'alto: uno stridente suono di campana, e immediatamente il gas cominciò a salire attraverso i fori nel pavimento. Da un balcone, da cui si poteva vedere la porta, le SS osservavano con curiosità l'agonia, il terrore e gli spasmi di coloro che erano consacrati alla morte. Per questi sadici era uno spettacolo di cui non si stancavano mai... La trance di morte durava tra i 10 e i 15 minuti... Potenti ventilatori espellevano il gas. A questo punto apparvero i membri della squadra speciale con le maschere antigas e aprirono la porta di fronte all'ingresso dove c'era una rampa con piccoli carrelli. La squadra caricò i cadaveri sul carrello, con la massima fretta. Altri aspettavano. E poi accadeva spesso che i morti venissero riportati in vita. In questa concentrazione il gas narcotizzava soltanto e non uccideva. Molte volte accadeva che le vittime riprendessero i sensi sulle auto...[336] Scendevano dalla rampa a tutta velocità e scaricavano il loro carico direttamente nella fornace".

---

[334] Jürgen Graf, *El Holocausto bajo la lupa*, Editorial Revisión, Buenos Aires, 1997, pagg. 62, 63.
[335] Aroneanu, *Camps de concentration*, Office français d'édition, 1945, p. 182, in J. Graf, *The Holocaust under the magnifying glass*, p. 88.
[336] Zofia Kossak *Du fond de l'abîme, Seigneur*, Albin Michel, 1951, pagg. 127-128, in J. Graf, *L'Olocausto sotto la lente d'ingrandimento*, pag. 89.

Diversi autori hanno descritto come circa ottocentomila cadaveri di Treblinka siano stati eliminati senza lasciare traccia.[337] Il romanziere "russo" Vassili Grossmann ha anche rivelato le sorprendenti abilità pirotecniche dei nazisti in *Die Hölle von Treblinka*: "Lavoravano giorno e notte. Le persone che avevano assistito alle cremazioni dicono che questi forni assomigliavano a giganteschi vulcani, il cui terribile calore bruciava i volti dei lavoratori e che le fiamme raggiungevano un'altezza di 8-10 metri... Verso la fine di luglio il calore divenne soffocante. Quando le fosse venivano aperte, il vapore ne usciva come da gigantesche caldaie. Il fetore terribile e il calore dei forni uccidevano le persone magre che crollavano morte sulle griglie dei forni mentre volevano trascinare i morti verso di loro".

Yankel Wiernik ha fornito altri dettagli "piccanti": "I cadaveri venivano immersi nella benzina. Questo comportava costi notevoli e il risultato era insoddisfacente; i cadaveri maschili non volevano essere cremati. Ogni volta che appariva un aereo nel cielo, il lavoro veniva interrotto e i cadaveri venivano ricoperti di foglie per non essere individuati dall'alto. Era uno spettacolo raccapricciante, il più orribile mai visto da occhi umani. Quando si bruciavano i cadaveri delle donne incinte, i grembiuli scoppiavano e si potevano vedere gli embrioni in fiamme nel corpo materno... I gangster stanno vicino alle ceneri e sono scossi da risate sataniche. I loro volti brillano di una gioia davvero diabolica.[338] Brindano alla scena con grappa e i liquori più pregiati, mangiano, scherzano e si mettono comodi, riscaldandosi accanto al fuoco".

Daniel Zimmermann ci aveva avvertito che il suo libro del 1996, splendidamente intitolato *L'anno del mondo*, era un romanzo. È la storia di François Katz, un brillante studente dell'Ecole Normale Supérieure, poco prima della Seconda guerra mondiale. François Katz proveniva da una famiglia di ebrei polacchi perfettamente integrati, come tutti gli ebrei polacchi. Era un piccolo genio dotato: "Vinse il concorso generale di greco e latino. Alla "*Normale Sup*" scelse il professor Levi come relatore della sua tesi. Era un uomo straordinario: tutto in lui è attraente, il suo volto *voltairiano* e invecchiato, l'ampiezza della sua erudizione, la sottigliezza del suo umorismo, il suo frequente uso di parabole e metafore quando finge di interrogarsi ad alta voce...". Evidentemente, di fronte a tanta perfezione ebraica, c'era sempre qualche goy invidioso tra gli alunni che lo chiamava "ebreo talmudista". Ma erano solo piccoli goyim amareggiati e non c'era motivo di farne un dramma.

---

[337] Citato da *Historische Tatsachen*, n. 44, in J. Graf, *L'Olocausto sotto la lente di ingrandimento*, p. 91, 92.
[338] Donat, *Il campo di sterminio di Treblinka*, pagg. 170-171, in J. Graf, *L'Olocausto sotto la lente d'ingrandimento*, pag. 92.

Quindi François Katz non era affatto ebreo. All'amico Jacques Ravanal, protestante delle Cevennes, assicurò di non essere "affatto ebreo". Inoltre - si legge nelle prime pagine del libro - suo padre si era "categoricamente opposto" alla sua circoncisione. Per due generazioni, la sua famiglia "aveva rinunciato a questo tipo di mutilazione, perpetuata da rabbini oscurantisti, così come aveva rinunciato a tutte le pratiche religiose".

Dieci pagine dopo, indicando all'amico un gruppo di ebrei ortodossi per strada, François torna su questo punto importante: "Capisci, Jacques, perché dico di non essere ebreo?" E Jacques risponde: "Ma capisci quello che dicono? - Certo", rispose François, "mia madre mi ha insegnato lo yiddish. È il nostro codice segreto, perché mio padre non lo conosce". A parte questo, François Katz non era ebreo. Inoltre, non esiste una "comunità ebraica" e gli ebrei non esistono, come è noto, se non attraverso gli occhi degli antisemiti.

François Katz era anche molto patriottico. Era molto attivo nell'Unione patriottica degli israeliani francesi. [339] Suo padre era il capitano Katz, il cui atteggiamento eroico contraddiceva tutte le statistiche dell'epoca sui suoi commilitoni: "Eroe di Verdun, tre volte ferito, cinque decorazioni, Legione d'onore per eccezionali imprese con le armi". Qualche decennio più tardi, una delle più belle dimore private di Parigi avrebbe dedicato una mostra permanente in memoria di questo manipolo di "patrioti" molto speciali. Ma François, lui, ahimè, mille volte ahimè, fu dichiarato inabile al servizio nel 1940, esonerato definitivamente a causa dei suoi "handicap fisici".

Nel 1940 scoppia la guerra e viene promulgato lo statuto ebraico. François non era ebreo, ma, come si legge sulla copertina del libro, "il regime di Vichy e i nazisti gli diedero torto": che bastardi! Internato dalla polizia francese nel campo di Drancy, fu coinvolto in una spirale che lo portò a partecipare all'impensabile. "Da Drancy a Treblinka, passando per Auschwitz, François viene immerso nel complesso dei campi di concentramento... Questo viaggio nelle profondità delle tenebre è anche un viaggio di iniziazione... François si abitua all'orrore e svolge i compiti più abominevoli". Il libro è "un'implacabile constatazione della natura umana. Un romanzo profondamente commovente e indimenticabile".

Ad Auschwitz, François Katz deve affrontare l'inferno. Per cominciare, ecco una scena di combattimento tra prigionieri. Un incontro di pugilato organizzato dalle autorità del campo: "Senza arbitro, inutile per un pugilato a oltranza, senza regole", e il perdente andava dritto alla camera a gas senza nemmeno aver avuto il tempo di farsi una doccia. Müller, un colosso ebreo, stava regolando i conti con un polacco muscoloso che probabilmente era

---

[339] Daniel Zimmermann, *L'Anus du monde*, Le Cherche Midi, 1996, p. 24, 21, 17

molto antisemita.³⁴⁰ "Lo afferra per la testa e la fa a pezzi con una ginocchiata, prima di lasciarlo crollare, morto... liberandosi così dalla camera a gas". All'uscita dal ring, Müller si congratula con un capitano delle SS che aveva scommesso su di lui. Il capitano delle SS era felice: aveva appena vinto mille marchi.

Nel frattempo - non va dimenticato - i forni crematori "fumavano giorno e notte". Entrò in scena il crudele dottor Mengele che, dietro i suoi "modi raffinati", conduceva ogni sorta di "esperimenti terrificanti" sui prigionieri. Mentre François - che era anche un meraviglioso violinista - suonava *la Berceuse* di Fauré, Mengele infilava siringhe nel petto dei bambini [sta diventando noioso].

Qui François ha una visione dell'orrore: nella stanza buia vede "decine di teschi umani con leggende scritte in calligrafia gotica: 'Ebreo russo, commissario politico', 'Ebreo polacco, rabbino', 'Ebreo tedesco, famoso matematico', ecc. Dietro ognuno di essi, un barattolo di formaldeide contiene il cervello corrispondente". Mengele aveva anche ridotto alcune teste, alla maniera degli indiani Jivaro. Le aveva fissate su piccoli blocchi di marmo e le aveva usate come fermacarte!

Appena arrivati ad Auschwitz, i prigionieri furono spogliati di tutti i loro averi. Ma Kramer, il comandante del campo, si infuriò quando si rese conto che la nuova partita di ebrei francesi aveva lasciato pochissimo oro. Mengele interrogò François al riguardo, e François rispose che erano gli stessi gendarmi francesi a estorcere denaro agli ebrei prima di spedirli fuori: "I maiali, si cacciano di frodo in una riserva di caccia sorvegliata". Mengele rabbrividì per l'irritazione, contagiando a sua volta Kramer che smise di picchiare Hans", il capo Kapo ebreo che, per farsi perdonare, aveva chiesto di frustare a morte un prigioniero appena arrivato.

La sera Kramer, il comandante delle SS, diede una "splendida festa".³⁴¹ Era "di buon umore", ma François non riuscì a contenere la sua indignazione quando lo vide "prendere gentilmente Hans per un braccio e portarlo via per ordinare una pelliccia di visone per sua moglie come regalo di Natale".

Auschwitz era un'attività molto redditizia per le SS. La banca di Auschwitz-Birekenau, si legge, custodiva "favolosi tesori provenienti da tutta Europa". Anelli nuziali, denti e dentiere d'oro venivano fusi in lingotti. Ogni settimana, sotto stretta sorveglianza, un'ambulanza con l'emblema della Croce Rossa usciva per consegnare il bottino alla Banca dell'Impero (pag. 104)... Bisogna ammettere che la Croce Rossa, e tutte le croci in generale, non sono di buon auspicio.

---

[340] Daniel Zimmermann, *L'Anus du monde*, Le Cherche Midi, 1996, p. 105, 106
[341] Daniel Zimmermann, *L'Anus du monde*, Le Cherche Midi, 1996, p. 113, 126, 116

Il prossimo carico di ebrei doveva essere portato alla camera a gas. François, che era un virtuoso violinista, suonò alcune melodie yiddish per calmarli appena scesi dal treno. Gli uomini e le donne furono separati e François Katz si offrì, per galanteria, di portare la valigia di una giovane donna ebrea. Non ebbero quasi il tempo di conoscersi, perché i prigionieri furono immediatamente inviati alle docce collettive. La giovane donna aveva notato François: "Se è costretta a spogliarsi davanti a quei signori", disse, indicando le SS accalcate all'ingresso, "preferisce che rimanga anche lei, perché si fida di lui".

Le donne si guardarono preoccupate, bisbigliarono tra loro e si rifiutarono di spogliarsi davanti alle SS. La giovane donna, che aveva attirato l'attenzione di François, capì allora cosa stava per accadere. Cominciò a spogliarsi lentamente e si verificò una scena straordinaria, "indimenticabile": "... I suoi seni apparvero, splendidi, senza reggiseno. François vorrebbe scappare, ma non può, ipnotizzato... Anche le SS sono rimaste a bocca aperta... Ancora più lentamente, la giovane donna si tira su la gonna, sgancia le calze dal reggicalze, se le toglie e si sfila languidamente i piedi nudi. Si alza di nuovo in piedi, con gli stivali in mano, salta in piedi come un gatto e pianta il tacco a spillo nell'occhio di una SS. Questi gli strappa la pistola e spara a Schillinger. Schillinger crolla, colpito al cranio. Spara altre due volte prima di sciogliersi nel gruppo di donne. Terrorizzati e senza rispondere al fuoco, gli uomini delle SS fuggono verso l'uscita. François si infila tra loro. - Fuoco a volontà! Le SS contrattaccano a colpi di mitragliatrice. Urla di terrore, dolore e agonia. I feriti vengono finiti. [342]Silenzio". Un episodio incredibile, non è vero?

Nel campo di Auschwitz c'erano anche donne SS: "Sono crudeli come o più dei loro colleghi maschi. Una di loro picchia a sangue una donna "musulmana" inanimata. In posizione di guardia, a dieci passi di distanza, Hans si scopre e sussurra:

- La chiamano la puttana. Ogni giorno uccide almeno trenta persone in questo modo.

Le SS girano il corpo senza vita con il piede".

François Katz ebbe un brutto incontro con Mietek, detto il Sanguinario. Mietek era un polacco della peggior specie, un membro condannato di diritto comune del comando disciplinare. Alla vigilia di Natale, aveva deciso che nessun ebreo sarebbe stato tollerato in posizioni di responsabilità, tranne quelli che avevano reso grandi servizi. E si dà il caso che avesse un favore da chiedere a François: nascondere una borsa piena di gioielli nella stanza di Hans. Per convincere meglio François, lui e i suoi accoliti uccidono un prigioniero recalcitrante davanti ai suoi occhi: "Mietek

---

[342] Daniel Zimmermann, *L'Anus du monde*, Le Cherche Midi, 1996, p. 121.

il Sanguinario solleva il prigioniero, lo mette sul fornello rovente, sfrigola, il suo corpo martoriato sussulta, puzza... Mietek il Sanguinario lo sventra con un coltello, lo sventra a mani nude, grugnendo di piacere".

François non aveva scelta. Così andò a nascondere la preziosa borsa sotto il materasso del suo amico Hans, seguito con discrezione da un informatore. Le SS perquisirono la stanza e Hans fu arrestato sul posto. La sera, sulla piazza dell'appello non fu eretta una forca, ma una croce. Il comandante delle SS lesse la sentenza. Daniel Zimmermann scrive: "... Hans si lasciò crocifiggere senza opporre resistenza. Senza urlare, con poco sangue e, fin dall'inizio, con violente contrazioni di tutti i muscoli. Per respirare, il colosso deve tirare le braccia, il che, secondo Mengele, era la prova che la causa della sua morte sarebbe stata effettivamente la mancanza di ossigeno, che si sarebbe indubbiamente accelerata se le sue gambe fossero state spezzate, in modo che non potesse più sostenersi su di esse e, come conseguenza meccanica, sarebbe soffocato rapidamente." Mengele disse a François: "Mi sembra di ricordare, segretario, che voi ebrei facevate così. Inoltre, ho letto che somministravate una bevanda narcotica ai condannati prima della crocifissione per alleviare le loro sofferenze, se la memoria non mi inganna... Ah, non conosceva nemmeno queste piccole disposizioni umanitarie? Beh... A parte questo, come ci si sente a vedere il proprio migliore amico immobilizzato come una farfalla?".[343]

A ccanto al condannato rimasero solo François, Mengele e una guardia, che assistettero all'agonia del disgraziato: "Kramer scende dal piedistallo, torna a casa, la moglie e i figli lo aspettano per festeggiare il Natale, Heil Hitler!".

François vide anche con i suoi occhi le SS che schiacciavano le teste dei bambini. Bielas, il comandante in seconda del sanatorio di Treblinka, era in visita ad Auschwitz. Chiese al suo collega, il dottor Mengele, di "prestargli" questo educato piccolo genio del violino. Mengele esitò un attimo: "E poi mi ridarai il suo cranio e il suo cervello? Affare fatto!".

François fu quindi inviato a Treblinka. Appena arrivato al campo, vide le guardie ucraine alle prese con i poveri ebrei: "Una pallottola nella nuca e il corpo viene rovesciato, o spinto, nella fossa di incenerimento dove ardeva un fuoco permanente alimentato da zolfo. Ben presto rimase solo un bambino dimenticato e urlante.[344] Un uomo delle SS lo afferra per i piedi e gli sbatte la testa contro la parete di un carro".

Ecco un'altra scena toccante: i prigionieri erano sull'attenti. Un ragazzo ebreo, a cui le SS avevano insegnato a denunciare i suoi compagni, "indica

---

[343] Daniel Zimmermann, *L'Anus du monde*, Le Cherche Midi, 1996, p. 124, 128, 130, 131
[344] Daniel Zimmermann, *L'Anus du monde*, Le Cherche Midi, 1996, p. 153. Probabilmente si trattava di un'antica usanza ebraica con i bambini goyim rapiti.

un uomo che ha rotto i ranghi per grattarsi le dita". Il cane salta in piedi, abbatte la preda, la afferra per i genitali e li strappa, poi attacca le interiora. Bielas ironizza:
- Il numero di lavoratori è sbagliato, decano del settore![345]
- Meno un'unità, che è morta improvvisamente di emorragia, corregge Galewski, imperturbabile".

François Katz imparò anche a uccidere i suoi stessi fratelli: "Sul pavimento, due uomini si contorcono dal dolore, tenendosi la pancia. Intorno a loro, i detenuti esultano, scommettendo su chi morirà per primo. Si voltano rispettosamente quando appare Galewski. Raccoglie una mazza da terra e la porge a François:
- Uccideteli!
- Colpirli in testa?
- No, così.

Galewski appoggia il manico della frusta sulla gola del capo blocco. Sale in cima e alterna il piede destro e quello sinistro, oscillando: scrocchiando, pronto, ora tocca a François fare lo stesso. Un giovane della sua età, con un'espressione sofferta sul volto, pronto a morire come prova. [346]Successo, François è un buon allievo incallito".

Anche la scena del barbecue gigante è molto memorabile: Stumpfe, un SS, era soprannominato la Morte che ride. Era solito gettare sul rogo bambini ebrei vivi (pagina 182). Sopra le gigantesche fosse, binari su pilastri di cemento "sostenevano travi trasversali in acciaio". Era una "griglia ciclopica" che consumava migliaia di cadaveri: "Sotto l'effetto del calore, i cadaveri sembravano tornare in vita. Convulsioni, contorsioni, soffrivano di nuovo. Fischi, stridori, braccia e gambe si contraevano, i tronchi si raddrizzavano. Le pelli si screpolavano, i volti piangevano. Deflagrazioni, uteri esplosi, feti espulsi.
- Forza, forza, più veloce, più veloce!

... François stava accendendo il falò funebre... Lavorava tra i cadaveri. Metteva il grasso fuso sui corpi, come si fa con il cosciotto d'agnello nel forno: "Con un secchio all'estremità di un palo, lo estraeva dal fondo della fossa, nella cisterna che raccoglieva il grasso umano". [347]Alterato, accecato dal fumo, impazzito dalle frustate, soffocando, ruttando, vomitando, urinando e defecando in piedi, versava il combustibile bollente nei punti in cui il fuoco era meno intenso".

Di fronte a tanti orrori, François decise di farsi circoncidere. Abramo non era stato circonciso all'età di novantanove anni? "Quindi alla fine accetti di firmare il patto di alleanza con il Santo, che sia benedetto?", chiese

---

[345] Daniel Zimmermann, *L'Anus du monde*, Le Cherche Midi, 1996, p. 156.
[346] Daniel Zimmermann, *L'Anus du monde*, Le Cherche Midi, 1996, p. 165.
[347] Daniel Zimmermann, *L'Anus du monde*, Le Cherche Midi, 1996, pag. 183.

l'amico Mosché. E François rispose: "Non ci credo e non ci crederò mai. Ma voglio fare un'alleanza con voi, fratelli miei? Il giorno dopo scoppiò l'insurrezione". Queste le ultime righe di questo magnifico e commovente racconto.

Nei ringraziamenti alla fine del libro, Daniel Zimmerman ha spiegato di essersi "ispirato principalmente alle numerose testimonianze dei sopravvissuti ai campi di sterminio nazisti". Ha aggiunto che, sebbene la storia fosse "romanzata", scriverla è stata un'esperienza "molto faticosa". "Più di mezzo secolo dopo Drancy, Auschwitz e Treblinka, era forse giunto il momento per me di aggiungere il dovere dell'immaginazione a quello della memoria?".

Così recita la quarta di copertina del libro: "In questo libro la finzione si sostituisce alla memoria". E i lettori avranno anche notato che Daniel Zimmermann è un puro genio letterario: "Grazie alla sua scrittura acuta e allucinata, Zimmermann trascende i fatti più insopportabili e li metamorfosa in diamanti neri".

Speriamo, tuttavia, di poter dire che non abbiamo creduto a una sola parola della storia. Tutto sembra falso: la morte del pugile, i teschi del dottor Mengele, l'episodio del tacco a spillo, il morso del pastore tedesco, la crocifissione teatrale e i bambini gettati sul rogo, per non parlare di tutto il resto. Il fatto che i leader della comunità ebraica abbiano permesso la pubblicazione di questo romanzo, che mette in discussione tutte le sofferenze dei campi di concentramento, è sorprendente.

Favola isterica III

Anche l'accademico francese Maurice Reims era un sopravvissuto all'Olocausto. Aveva conosciuto il famigerato Danecker, Oberfüher della Gestapo di sinistra memoria. Danecker era straordinario, scriveva: snello, elegante, alto, di bell'aspetto, ariano, insomma. Molto sinceramente, mi avvertì: "Non uscirai mai da Drancy, dove ti sto portando, a meno che tu non sia morto. Ci penserò io stesso!". [348]Era un uomo che non faceva mistero del suo odio per gli ebrei".

È deplorevole che Maurice Rheims non abbia spiegato ai suoi lettori le ragioni dell'odio delle SS Danecker verso gli ebrei. Sarebbe stata una testimonianza molto importante. Ma ancora più importante, ovviamente, è che sia tornato vivo dall'inferno di Drancy.

Il 23 agosto 2008, *The Telegraph* ha pubblicato l'ennesima testimonianza di un sopravvissuto all'Olocausto, Eugène Black. Egli aveva appena scoperto negli archivi di Arolsen che le sue due sorelle, che credeva fossero

---

[348] Maurice Rheims, *Une Mémoire vaganbonde*, Gallimard, 1997, p. 68.

state gassate ad Auschwitz, erano in realtà morte sotto le bombe alleate mentre lavoravano in una fabbrica vicino a Buchenwald.

Emmaly Reed era un'altra di queste sopravvissute. Era stata separata dalla madre, dal padre e dai fratelli maggiori ebrei all'età di 3 anni [cioè nel 1933...] e inviata al campo di concentramento di Dachau. All'età di 77 anni, questa donna girava per le scuole degli Stati Uniti raccontando le atrocità che aveva vissuto. Con il titolo *Twelve Years in German Concentration Camps: A Survivor Speaks Out (Dodici anni nei campi di concentramento tedeschi: una sopravvissuta parla)*, il settimanale statunitense *The Western Times* del 27 marzo 2008 ha annunciato una conferenza che la sopravvissuta all'Olocausto avrebbe tenuto in una scuola superiore del Kansas. Aveva 15 anni quando l'esercito francese la salvò: "Era la fine della guerra e le SS dovevano fuggire in fretta, così ci appesero al muro. Ci misero delle catene al collo. Se respiravamo, ci strangolavamo e morivamo. Quasi il 50% delle persone morì. Se non fossero arrivati i francesi in quel momento, sarei morto anch'io".

A proposito di Hitler, questa donna disse di averlo visto uccidere un bambino che le stava accanto: "(...) e lo guardai in faccia. Non era il volto di un essere umano, era il volto del diavolo". Sono scene che non si dimenticano. La notte ho ancora gli incubi e mi sveglio urlando".

Jean-Jacques Servan-Schreiber, fondatore del giornale *L'Express*, era uno Schreiber francese di terza generazione, discendente di ebrei prussiani che vendevano stoffe per strada.[349] Dopo la Grande Guerra, fecero fortuna creando il primo giornale dedicato al commercio e comprendente la pubblicità: *Les Echos*. Nelle sue memorie, *Passioni,* pubblicate nel 1991, racconta che nel 1938, quando aveva solo tredici anni, suo padre, giornalista, lo aveva portato con sé in un viaggio di reportage a Monaco. Fu così che il giovane Schreiber ebbe l'opportunità di avvicinarsi personalmente al Cancelliere Adolf Hitler:

"Lì, alla fine del ponte, una lunghissima Mercedes si muove lentamente", scrive. Tutti gli occhi sono puntati su di essa... Io sto lì con le braccia a penzoloni. Il Führer, in piedi nel suo coupé, mi raggiunge. Un grido: la voce di Hitler. Ordina al suo autista di fermarsi e l'auto frena. Gli occhi di Hitler, a due metri di distanza... Li vedo ancora! Esprimono l'essenza di questo personaggio già favoloso. Sono azzurri, striati di nero e di giallo, e sembrano non avere sguardo. Ha visto che non ho alzato il braccio! Anzi, non ci ho nemmeno pensato. Non l'avrei fatto, voglio credere, se mi fosse venuto in mente, ma semplicemente non mi è venuto in mente... Hitler ruggisce tre o quattro frasi il cui significato non ho difficoltà a capire! Sono

---

[349] Su JJSS: Christine Ockrent, *Françoise Giroud, une ambition française,* Fayard, Paris, 2003, pagg. 88, 89.

ipnotizzato dal suono di quella voce, che sento dal vivo e non alla radio. Non mi viene ancora in mente di alzare il braccio, il mio corpo è congelato e il mio sguardo è fisso sugli occhi affascinanti di Hitler. Un altro grido all'autista e la macchina riparte. Poi il boato della folla verso di me si trasforma improvvisamente in una tempesta...[350] Fortunatamente, due poliziotti tedeschi mi afferrano il braccio, mi tirano fuori dalla tempesta e mi riportano all'albergo, dove trovo mio padre".

Questa testimonianza è simile a quella dello scrittore Mark Halter. Anche Marek Halter aveva storie straordinarie da raccontare. Durante la Seconda guerra mondiale, quando era ancora un bambino, ebbe l'opportunità di incontrare personalmente Stalin, il "Padre dei popoli". All'epoca, si rifugiava al sole con i genitori, in Uzbekistan, come centinaia di migliaia di altri ebrei polacchi: "Mia madre, scrive, aveva la tessera dell'Unione degli Scrittori Sovietici... Fui incluso nella delegazione dei Pionieri dell'Uzbekistan che dovevano partecipare alla Festa della Vittoria a Mosca... All'ultimo momento, fui incaricato di offrire a Stalin il corpetto dei Pionieri dell'Uzbekistan. Ero così emozionato che dovettero spingermi.[351] Stalin prese i miei fiori, mi passò la mano tra i capelli e disse qualcosa che non capii da quanto era turbato".[352]

La tendenza di Marek Halter a inventare storie è ben nota, essendo stata ampiamente screditata dal settimanale *Le Point* del 28 aprile 2005. In questo caso, anche la testimonianza di Servan-Schreiber era molto sospetta. Come possiamo vedere, ci sono spesso analogie tra le storie d'infanzia di questi ebrei. Stesse piume, stessi rami, come direbbe il buon Jean de La Fontaine.

Imre Kertesz, premio Nobel per la letteratura, deportato ad Auschwitz all'età di 14 anni, ha rilasciato un'intervista alla rivista *Le Point* il 3 gennaio 2008. Ha spiegato ai lettori il sentimento opprimente che lo consumava. Era stato trovato mezzo morto in una pozza di acqua ghiacciata sul cemento di Buchenwald. Ha raccontato:

"Non riesco ancora a considerare razionale il fatto che io sia stato salvato, perché dovrei essere salvato io, perché non qualcun altro? Imre ha colto l'occasione per metterci in guardia dal risveglio del mostro: "L'antiamericanismo e l'antisemitismo sono il carburante delle nuove dittature. Come l'Iran, che da un lato nega l'Olocausto ma dall'altro lo usa a proprio vantaggio quando gli fa comodo. Dobbiamo quindi essere vigili; tutta l'Europa deve essere vigile". Ha poi spiegato: "Mi rifiuto semplicemente di dare la mia testimonianza senza ulteriori indugi. Quando i sopravvissuti dei campi scompariranno, l'esperienza di Auschwitz, se

---

[350] Jean-Jacques Servan-Schreiber, *Passioni*, Fixot, 1991, p. 12.
[351] Marek Halter, *Le Fou et les rois*, Albin Michel-Poche, 1976, p. 26, 33
[352] A questo proposito, si veda *Speranze planetarie*.

crediamo ad Adorno, sarà un ricordo morto. Al contrario, credo che un'altra generazione dovrà riprendere questo tema e inventare qualcosa di nuovo". In effetti, l'immaginazione è fondamentale per scacciare i demoni.

Ecco un estratto del racconto di Malinka Zanger, pubblicato nel 2008 e intitolato *Malinka*. Racconta la storia di una ragazza ebrea polacca di circa quattordici anni, la cui famiglia è stata annientata e che è miracolosamente sopravvissuta: "Wladek, dal suo campo, ha potuto vedere la messa in scena. Quando sono arrivati a Bobryk, hanno radunato tutti gli abitanti. Poi li misero tutti in fila contro un muro. Quando si raggiunse il numero di ventinove, tutti dovettero fuggire per ordine del comandante. E così iniziò la caccia all'uomo... Tra le vittime c'erano un bambino e degli anziani che non potevano muoversi. Hanno inseguito la madre, mirando più volte alla sua testa... Mia sorella Luba all'inizio non era tra loro, ma è corsa a stare con la mamma. Le hanno sparato alla guancia e l'hanno sepolta viva... Il bambino, che sorrideva ai boia, è stato il bersaglio di quattro fucilate. Una donna anziana, uscita da una casa in fiamme, era come una palla di fuoco. La caccia era finita quando avevano contato ventinove vittime".

Nella prefazione al libro, il grande cacciatore di nazisti Serge Klarsfeld ha scritto: "Le testimonianze dei sopravvissuti all'Olocausto sono numerose. Naturalmente, anche così, diremo sempre che non sono sufficienti. C'è sempre una carenza del tipo di testimonianza che pensiamo di avere il diritto di aspettarci da ogni sopravvissuto". E poco più avanti ha aggiunto: "La storia che stiamo per leggere è una di quelle che generano quell'esitazione che spesso si avvicina al dubbio".

Nel loro libro sulla *Lobby*, John Mearsheimer e Stephen Walt citano un articolo del 2002 di Leon Wieseltier sul settimanale *New Republic*: "La comunità è diventata ipersensibile, sommersa da un disastro immaginario che non può più controllare intellettualmente. La morte è alle porte di ogni abitante ebreo. La paura è ovunque. La ragione ha perso la testa. L'angoscia è diventata la prova suprema di autenticità. Abbondano i paragoni vaghi e provocatori.[353] L'Olocausto immaginario è onnipresente".

André Schwarz-Bart era noto soprattutto per aver vinto il Premio Goncourt nel 1959 per il suo libro *Le Dernier des Justes* (*L'ultimo giusto*). Lo scrittore, morto il 30 settembre 2006, era di origine polacca. Suo padre aveva iniziato a studiare per diventare rabbino e poi aveva lavorato come giostraio. Il 3 ottobre 2006, Robert Faurisson, famoso storico revisionista, ha scritto un interessante articolo sull'autore de *Gli ultimi giusti*: "Il successo de *Gli ultimi giusti* è stato clamoroso e ha fruttato al suo autore

---

[353] John J. Mearsheimer / Stephen Walt, *Le Lobby pro-israélien et la politique étrangère américaine*, La Découverte, 2007, p. 210.

somme considerevoli, ha scritto Faurisson. Centinaia, forse migliaia di articoli e studi sono stati dedicati, in Francia e all'estero, a quello che oggi è considerato il primo *grande libro* sulla *Shoah*. Ma l'autore era un plagiario, una frode letteraria. Questa è la conclusione di uno studio pubblicato da Francine Kaufmann, docente dell'Università Bar-Illan in Israele, nella *Revue d'histoire de la Shoah*, settembre-dicembre 2002, pagg. 69-99. Questo testo contiene un elenco di autori ebrei sistematicamente saccheggiati dal nostro falsario: Martin Buber, Manès Sperber, Isaac Babel, Michel Borwicz e altri. Ma André Schwarz-Bart ha anche approfittato di una lettera di Madame de Sévigné che racconta come, nel 1676, la marchesa di Brinvilliers fu condannata per avvelenamento, decapitata e bruciata. Aveva anche riprodotto parola per parola alcune righe del romanzo dello scrittore cinese Lu Xun, *La vera storia di Ah Q*. Peccati veniali, naturalmente, poiché queste rapine sono state commesse con la pia intenzione di farci piangere gli ebrei e il loro martirio".

Lo specialista in materia, Robert Faurisson, ha concluso: "La letteratura concentrazionaria è piena di questi furti, plagi e truffe. In primo luogo, poiché tutte queste storie sono in gran parte fittizie, i loro autori procedono qua e là con piccoli furti nella letteratura non ebraica, e poi, in secondo luogo, questi vengono a loro volta rubati dai loro colleghi ebrei. Il risultato è una catena infinita di storie, racconti, romanzi, film e persino opere presumibilmente storiche che non fanno altro che copiarsi a vicenda. Questa può essere definita "la circolazione circolare" (dixit Bourdieu) del commercio letterario, artistico, cinematografico o universitario di menzogne e commerci olocaustici. Gli incauti immaginano di trovarsi di fronte a testimonianze sovrapposte: la realtà è che si trovano di fronte alle invenzioni di bugiardi e ladri. Per fare un solo esempio, si potrebbe scrivere una tesi di linguistica solo sul personaggio del "dottor Mengele nella letteratura concentrazionaria ebraica". Mostrerebbe fino a che punto gli autori ebrei semplicemente si ripetono, a volte senza cambiare una sola virgola. Tutti evocano la figura di questo presunto boia di Auschwitz alla maniera del romanziere o truffatore Schwarz-Bart, vincitore del Premio Goncourt 1959, le cui storie, come quelle dei suoi compatrioti, non sono altro che una serie di cliché, implausibilità, storie assurde e Grand Guignol mescolate a sperma, sangue e materia fecale, il tutto ispirato all'Antico Testamento e al Talmud. In questo senso, *L'ultimo giusto* è, un anno dopo il racconto autobiografico e mendace di Elie Wiesel *La notte*, "il primo grande libro sulla Shoah"".

Il 20 ottobre 2006, su Internet, Robert Faurisson è tornato nella mischia e ha aggiunto, oltre al suo articolo su Schwarz-Bart: "Le giurie del Premio Goncourt hanno un certo debole per la letteratura olocaustica del tipo di André Schwarz-Bart. Per il 2006, hanno dovuto incoronare il romanzo di Jonathan Littell, l'autore ebreo di *Les Bienveillantes*". Faurisson ha citato un articolo di Peter Schöttler pubblicato su *Le Monde* il 14 ottobre: "Il narratore, una sorta di Tom Riley in uniforme delle SS, non fa altro che sguazzare nel sangue e nella merda (senza dimenticare lo sperma, naturalmente!), dicendo il più delle volte cose poco interessanti come si trovano in un certo tipo di letteratura aeroportuale".

Naturalmente, gli storici che osano mettere in dubbio le testimonianze dei sopravvissuti sono automaticamente ricercati, estradati e condannati. Nel 2002, il revisionista René-Louis Berclaz è stato consegnato dalla Serbia alla Svizzera, dove è stato condannato a 8 mesi di carcere. La Svizzera ha imprigionato per un anno anche Gaston Amaudruz, che all'epoca aveva più di 80 anni, e Jürgen Graf.

Lo storico Ernst Zündel è stato consegnato dagli Stati Uniti al Canada e poi dal Canada alla Germania, dove è stato condannato nel febbraio 2007 a cinque anni di carcere, che sta scontando a Mannheim. Il revisionista belga Siegfried Verbeke è stato consegnato dai Paesi Bassi alla Germania, dove ha scontato nove mesi di carcere. Nel 2006 è tornato in Belgio, dove è stato incarcerato per un anno. Nel novembre 2005, gli Stati Uniti hanno consegnato il revisionista tedesco Germar Rudolf alla Germania, dove è stato condannato a tre anni di carcere. In Austria, lo storico semi-revisionista David Irving, di nazionalità britannica, è stato arrestato dalla polizia nel novembre 2005 e imprigionato a Vienna per undici mesi. Gerd Honsik, che si era rifugiato in Spagna, è stato arrestato ed estradato nell'ottobre 2007 e incarcerato per 18 mesi. L'ingegnere Wolfgang Frölich è stato condannato a quattro anni di reclusione.

Nel gennaio 2008, anche Sylvia Stolz, avvocato di Ernst Zündel, è stata condannata e sta scontando una pena detentiva di tre anni a Heidelberg. Nell'ottobre 2008, il revisionista australiano Frederick Töben, dottore in filosofia, è stato arrestato in Inghilterra ed estradato in Germania, dove aveva già scontato nove mesi di carcere per i contenuti del suo sito web. È stato infine rilasciato poche settimane dopo. A dicembre, il giovane Kevin Käthe è stato processato a Berlino e condannato a otto mesi di carcere.

In Francia, Robert Faurrisson è stato multato in numerose occasioni. Anche il professor Jean-Louis Beger ha ricevuto una condanna a un mese di carcere con sospensione della pena nel 2000. Georges Theil ha ricevuto una condanna a sei mesi di carcere e quasi 60.000 euro di multa e danni.[354]

---

[354] Vincent Reynouard (nato nel 1969) è un ingegnere chimico francese, professore di matematica, storico e autore di diversi saggi, video e documentari revisionisti. Nel novembre 2015, Reynouard è stato processato da un tribunale della Normandia per aver negato l'Olocausto in alcuni post sui social media. Reynouard, che ha scelto di rappresentarsi da solo nel processo, è stato condannato a due anni di carcere; la pena è stata aumentata a causa delle precedenti condanne di Reynouard. Vincent Reynouard è poi andato in esilio nel Regno Unito, da dove ha continuato a pubblicare le sue opere e

Nel giugno 2008, Vincent Reynouard è stato condannato a due pene detentive di un anno, in Francia e in Belgio, e da allora è in fuga.

Il 1° novembre 2005 le Nazioni Unite hanno vietato il revisionismo.

"Il 1° novembre, all'unanimità e senza votazione, scrive Faurisson, i rappresentanti delle 191 nazioni che compongono l'ONU hanno adottato - o permesso di adottare - una bozza di risoluzione israeliana che proclama il 27 gennaio "Giornata internazionale di commemorazione in memoria delle vittime dell'Olocausto". La bozza rifiuta anche qualsiasi negazione dell'Olocausto come evento storico, sia essa totale o parziale. L'esistenza del revisionismo storico è così riconosciuta in tutto il mondo", scrive Faurisson, "il che dimostra la sua forza e la sua vita, ma, allo stesso tempo, questa decisione significa che i revisionisti sono soggetti a un divieto morale da parte di tutti i Paesi del mondo... La storia delle società e delle religioni è ricca di divieti, proscrizioni e scomuniche, ha proseguito Faurisson, ma mentre fino a poco tempo fa le vittime potevano, almeno in linea di principio, sperare di trovare rifugio al di fuori del loro Paese o del loro gruppo di origine, qui la condanna è, per la prima volta al mondo, di carattere universale, il che conferma che il revisionismo storico ha un carattere eccezionale e anche che gli ebrei, ancora una volta, sono in grado di ottenere privilegi esorbitanti".

È vero che per gli ebrei la verità storica ha poca importanza. Ciò che conta per loro è il mito che corrisponde all'idea che hanno del loro ruolo storico e della loro missione sulla terra. Scrivono e interpretano la storia solo nell'interesse dell'ebraismo:

"Maimonide considerava lo studio della storia una perdita di tempo, scrive Esther Benbassa.[355] Più tardi, Joseph Caro, autore dello *Shulchan Aruch* (La tavola servita) e uno dei principali codificatori della legge rabbinica, proibì la lettura della storia non solo il sabato, ma anche durante la settimana".[356]

Così Israel Finkielstein, il famoso archeologo israeliano autore di *The Bible Unearthed* (2001), può dimostrare con l'archeologia che la partenza dall'Egitto non può essere avvenuta: questo non ha importanza, perché per

---

i suoi video su Internet. Nel novembre 2022, Reynouard è stato arrestato in Scozia. Il 12 ottobre 2023, i tribunali scozzesi hanno autorizzato la sua estradizione che, dopo una battaglia legale, è stata confermata il 26 gennaio 2024, dopo che Vincent Reynouard aveva esaurito tutti i possibili ricorsi. È stato consegnato alle autorità francesi il 2 febbraio 2024, accusato da un giudice istruttore di Parigi di "negazione di crimini di guerra", "negazione di crimini contro l'umanità" e "incitamento all'odio". È stato rilasciato sotto controllo giudiziario.

[355] Esther Benbassa, *La Souffrance comme identité*, Fayard, 2007, p. 77.

[356] Norman Finkielstein, Neil Asher Silberman, *La Biblia desenterrada, Una nuova visione arqueológica dell'antico Israele e delle origini dei suoi testi sagradici* (2001), Siglo XXI, Madrid, 2003.

gli ebrei il mito è sempre molto più forte della realtà. Sono una comunità con un'immaginazione fertile, persino delirante, che si scervella continuamente.

Alexandre Minkowski lo ha illustrato perfettamente. Nel suo libro del 1980 *Un ebreo poco cattolico*, raccontava i suoi inizi nel mondo del "trambusto". Dopo la pubblicazione del suo libro, fu invitato a un programma televisivo, condotto dal presentatore Michel Drucker, uno dei suoi colleghi. Scrive: "Mi basta leggere o ascoltare una storia un po' eroica o esemplare perché la mia immaginazione si scateni e mi faccia credere di averla vissuta. [357]Quel pomeriggio ero allo stesso tempo un alpinista, un marinaio solitario, un cantante e un premio Nobel per la biologia". E continua: "È stato grazie a una domanda, anche se molto anodina, e a un atto di audacia di cui non sarei mai stato capace in nessun'altra compagnia, che mi sono affermato come grande esperto di sport". Quella domenica si giocava una semifinale del campionato francese di rugby. Drucker chiese a ciascuno di noi il proprio pronostico. Non avevo mai messo piede su un campo da rugby, ma quel giorno non aveva importanza. Niente poteva fermarmi. Eppure, francamente, non sono ancora sicuro di aver compreso appieno le regole del gioco. Tuttavia, la mia conoscenza del vocabolario tecnico è sufficiente per permettermi di commentare una partita nei dettagli senza che i miei interlocutori sospettino per un attimo che io sappia a malapena di cosa sto parlando. È così che, da quel giorno, sono stato considerato un vero intenditore.[358] Il giorno dopo il programma, ricevetti una lettera voluminosa che mi convinse che il rugby non aveva segreti per me".

Qualche pagina più avanti, Minkowski confessa la sua inclinazione a dire sciocchezze con il massimo dell'aplomb e della chutzpah. È la famosa *chutzpah* di cui gli intellettuali ebrei amano vantarsi: "Sono capace di parlare con sicurezza di ciò di cui non so nulla, soprattutto se mi trovo di fronte a qualcuno", ha scritto. Fortunatamente, i giornalisti di RTL hanno avuto la buona idea di mettermi in contatto diretto con la signora Veil, allora ministro della Sanità... Rispetto molto la signora Veil, ma alcuni suoi atteggiamenti mi offendono. Così, per una volta, ho deciso di fare un appello per una medicina radicalmente nazionalizzata... Mi sono persino lanciato in una diatriba di sinistra e ho attaccato il "denaro", il noto agente della corruzione. E più parlavo, più mi sorprendeva - e anche un po' mi spaventava - il fatto di poter difendere con tanto ardore e convinzione un'opinione che non era del tutto mia. Dopo il programma, ho ricevuto

---

[357] "Siamo buddisti americani, informatici indiani, ecologisti arabi, pianisti giapponesi, medici senza frontiere". Pierre Lévy, *World philosophie*, Odile Jacob, 2000, p. 42, in *Speranze planetarie*.
[358] Alexandre Minkowski, *Un juif pas très catholique*, Ramsay, 1980, pagg. 63-65.

molte lettere e telefonate di ammirazione, a volte anche ditirambiche. Questo mi ha convinto che l'unica cosa da fare per essere creduti è affermare qualcosa con autorità. Non importa quello che dici, devi essere persuasivo... Devi "metterti in mostra", senza giri di parole o imbarazzi... Allora cominciai a parlare dei miei viaggi nei Paesi comunisti. Non risparmiai alcun dettaglio, raccontando come avevo incontrato Castro, Pham Van-Dong e Zhou Enlai, inserendo un piccolo aneddoto personale su ognuno di loro per far capire che, pur non essendo amici intimi, li conoscevo abbastanza bene. Forse esageravo un po', ma mi sembrava straordinariamente credibile".

Possiamo chiudere questo capitolo con una citazione di un film di Christian Merret-Palmair, intitolato *Les Portes de la gloire* (*Le porte della gloria*, Francia, 2000). Si tratta di una storia di venditori porta a porta che girano per i villaggi e le città del nord della Francia per convincere i clienti a vendere loro i loro gingilli. Alla fine del film, uno di questi venditori, soprannominato Balzac, recita il suo piccolo verso: "Se si confronta la sorte di due uomini, uno dei quali è dotato di un vero merito e l'altro gode di una falsa gloria, si avrà la sensazione che il secondo sia più felice del suo rivale e quasi sempre più ricco. L'impostura eccelle e trionfa nella menzogna. Ma senza impostura, la verità non è nulla. Questo non è dovuto, a mio avviso, a una qualche inclinazione malvagia della nostra specie, ma al fatto che la verità è sempre troppo semplice e troppo povera per soddisfare gli uomini che chiedono, per il loro divertimento o per la loro eccitazione, una parte di illusione e di errore. La natura è la prima a ingannarci in questo modo, perché è essenzialmente attraverso l'illusione e la menzogna che ci rende la vita piacevole o almeno sopportabile".

I goyim favolisti: gli ebrei sintetici

Gli ebrei sono la popolazione più colpita dalla patologia isterica. Tuttavia, non sono gli unici a soffrire di questi disturbi psichici. Il delirio isterico e l'immaginazione malata sono presenti anche in alcuni autori non ebrei. E quando questi autori parlano delle disgrazie subite durante la guerra, gli ebrei le riconoscono istintivamente come proprie. Essi beneficiano quindi di tutte le macchine pubblicitarie e delle reti di distribuzione che li catapultanorapidamente alla fama mondiale.

Il caso di "Misha Defonseca" è stato piuttosto emblematico. In un libro "autobiografico" intitolato *Surviving with Wolves* (*Sopravvivere con i lupi*), pubblicato nel 1997, la settantenne Misha Defonseca ha raccontato la sua straordinaria storia. Racconta la storia di una bambina ebrea di otto anni che, nel 1941, partì alla ricerca dei suoi genitori, deportati ad Auschwitz. Con l'aiuto di una semplice bussola, lasciò il suo paese natale, il Belgio, e attraversò a piedi la Germania e la Polonia fino all'Ucraina, nella speranza di ritrovare i suoi genitori. Ha percorso 3.000 chilometri. Per sopravvivere, rubò cibo e vestiti, evitando gli uomini e la loro violenza. Nelle foreste, si unì a un branco di lupi e divenne uno di loro.

Nel 2008, il libro di Misha Defonseca è stato adattato in un film diretto da Vera Belmont. Il film è violentemente antitedesco. [359]La ragazza parla con odio di quegli "sporchi tedeschi", e anche i cattolici ne escono male. Vediamo, ad esempio, un'orribile arpia che saluta la ragazza con un discorso da schiavista. Un crocifisso è esposto in modo evidente sul muro. In effetti, i cattolici sono noti per trarre profitto da qualsiasi cosa, anche a spese di una povera ragazza ebrea (anzi, proprio il contrario degli ebrei).

Su Internet, lo storico revisionista Robert Faurisson ha denunciato l'impostura, perché in realtà Misha Defonseca non era affatto ebrea. Si chiamava Monique de Wael e la sua storia era assurda. Il 28 febbraio 2008, la storia è finalmente venuta alla luce.

Nel *Nouvel Observateur* del 10 gennaio 2008, in occasione dell'uscita del film, Serge Aroles, autore di *L'Enigme des enfants-loups (L'enigma dei bambini-lupo)*, ha espresso il suo parere: "L'esuberante fiction di Misha Defonseca - ha detto - ripete tutti i soliti cliché surrealisti, che la scienza e gli archivi hanno irrimediabilmente distrutto ogni volta che ha indagato su un caso di bambino-lupo: questa bambina condivide la vita di un branco (6 adulti e 4 lupacchiotti), perché si fa compagni lupini modulando l'ululato del lupo; I suoi denti (9 anni), i suoi denti, non le sue mani, strappano la pelle di una lepre e sgranocchiano le ossa della preda (provateci, anche con i denti da adulto); La sua lingua lecca efficacemente l'acqua (di nuovo, provateci!); pacifica i lupi maschi minacciosi "saltando immediatamente sulla loro schiena" e piagnucolando "come i cuccioli"; le sue ferite vengono curate dalla saliva (in realtà iperinfetta!) dell'intero branco che è venuto a leccare le sue ferite, ecc.". E continuava: "Ma ci sono due invenzioni di Misha Defonseca il cui eccesso non ha eguali; due favole che non ho mai incontrato in una storia di sette secoli (1304-1954): 1. In un "giorno eccezionale", tutti i lupi del branco vanno a caccia, lasciando a lui il compito di occuparsi dei cuccioli, anche di uno di loro ferito, il che, secondo l'autore, dimostra la grande fiducia che si era guadagnato. 2. Quando, ormai membro del branco, la bambina osa urinare alzando la zampa, viene "sgridata" dalla lupa dominante, che "le ordina di chinarsi come le altre femmine" per urinare (pag. 162). Paradossalmente, nel mio libro sull'argomento, ho dato una spiegazione scientifica inconfutabile al fenomeno dei bambini-lupo: nella storia dell'umanità, ci sono stati casi esclusivamente di cuccioli allattanti accolti da una lupa solitaria in stato di

---

[359] *"Sales boches"* in francese nel testo.

pseudo-gestazione (gravidanza nervosa). La lupa li allatta e li difende, ma la loro aspettativa di vita è breve".

Il *quotidiano* belga *Le Soir* ha pubblicato una dichiarazione di Misha Defonseca, in cui ammette che la sua storia, presentata come autentica, era un'opera di fantasia e non un racconto autobiografico, come aveva sostenuto per dieci anni. "Mi sono raccontato una vita, un'altra vita. Mi scuso", ha dichiarato. "Mi sono sempre sentito ebreo", titolò tutta la stampa il giorno dopo.

Il 2 marzo, il sito web del quotidiano belga *Le Soir* ha riportato che il padre di "Misha", Robert de Wael, membro di una rete di resistenza, era stato arrestato dai nazisti. Ha poi tradito i suoi compagni per vedere la figlia e ha partecipato all'interrogatorio dei suoi ex compagni d'arme. Il suo nome - il massimo dell'ignominia - è stato rimosso dalla stele del municipio di Schaerbeek che rendeva loro omaggio.

"Sì, mi chiamo Monique De Wael, ma da quando avevo quattro anni volevo dimenticarlo. I miei genitori furono arrestati quando avevo quattro anni. Sono stata accolta da mio nonno, Ernest De Wael, e poi da mio zio, Maurice De Wael. Mi chiamavano "la figlia del traditore" perché mio padre era sospettato di aver parlato sotto tortura nella prigione di Saint-Gilles. A parte mio nonno, odiavo le persone che mi avevano accolto. Mi trattavano male. Mi sentivo diversa. È vero che mi sono sempre sentita ebrea, e più tardi nella vita ho potuto riconciliarmi con me stessa venendo accolta in questa comunità. Certo, mi sono sempre detta una vita, un'altra vita, una vita che mi separasse dalla mia famiglia, una vita lontana dagli uomini che odiavo. Anche per questo mi sono innamorata dei lupi, per questo sono entrata nel loro mondo. E ho mescolato tutto. Ci sono momenti in cui faccio fatica a distinguere tra la realtà e il mio mondo interiore... Mi scuso con tutti coloro che si sentono traditi, ma vi prego di mettervi nei panni di una bambina di quattro anni che ha perso tutto, che deve sopravvivere, che cade in un abisso di solitudine, e di capire che non ho mai voluto altro che evocare la mia sofferenza".

Dopo queste confessioni, Serge Aroles, stupito dalla portata degli eventi, ha dichiarato: "Il caso di Misha Defonseca non è nel mio libro, era talmente delirante che non mi sono soffermato su di esso, pensando che tutti se ne sarebbero resi conto rapidamente". E ha ribadito: "Una lupa da adottare può sviluppare una "gravidanza nervosa" e ritrovarsi con le mammelle piene di latte. È molto probabile che, per un caso statistico, alcuni neonati nascosti nella foresta a causa di guerre, carestie o abbandono siano stati allattati per un breve periodo. Ma questo vale solo per i neonati. E questo, senza dubbio, ha alimentato il mito dei bambini-lupo... [Ma] quando Misha Defonseca spiega che una lupa l'ha rimproverata per aver urinato come un maschio quando ha alzato la zampa, o che si è ritrovata a fare la baby-sitter nel branco, nessuno si è mai spinto così in là nel delirio".

L'editore francese Bernard Fixot, che detiene i diritti mondiali del libro, ha dichiarato: "Ho posto alcune domande a Misha molto tempo fa, nel 1995. Mi interessava sapere come era sopravvissuto... Le storie sui lupi, ovviamente, mi hanno sorpreso molto... Conoscevo Misha molto bene. Mi fidavo molto di lei. Quando si pubblicano dei documenti, non si controlla tutto. Si controlla quando può causare danni ad altre persone. In questo caso, nessuno. Era una storia molto bella che ha danneggiato solo i nazisti". Ha poi confermato che non intraprenderà azioni legali contro l'autrice belga.

Vera Belmont, la regista che ha realizzato il film *Sopravvivere con i lupi*, ha dichiarato di essere "un po' arrabbiata" con Misha Defonseca. "Ma ha costruito qualcosa, come una salvaguardia contro l'affondamento. Perciò il mio cuore soffre per lei".

La regista ha detto di non aver mai avuto dubbi sulla presunta ebraicità della signora Defonseca, ma di non aver creduto del tutto al resto della sua storia sul suo viaggio con i lupi. "È difficile essere ebrei, quindi non ho mai pensato nemmeno per un secondo che qualcuno si ammantasse di questa identità... Se mi avesse detto la verità, l'avrei fatto comunque, perché, essendo io stessa ebrea e volendo parlare di quel periodo, non potevo parlarne direttamente", ha aggiunto. La regista ha precisato che la dicitura "Basato su una storia vera" sarà rimossa dai titoli di coda del film, che resterà comunque nelle sale.

Maxime Steinberg, uno storico "belga" della Shoah, ha sottolineato che le deportazioni di ebrei iniziarono in Belgio nell'agosto del 1942. Misha Defonseca ha anticipato i fatti di un anno e mezzo... La sua traversata dell'Europa senza l'aiuto dei lupi è altrettanto implausibile. Dopo una lunga battaglia legale e finanziaria, che alla fine ha perso, l'editore americano ha pubblicato su Internet un estratto di un registro dell'anno scolastico 1943-1944, che attesta che all'epoca in cui l'eroina sosteneva di trovarsi nelle foreste della Polonia, adottata da un branco di dieci lupi, in realtà andava a scuola a Schaerbeek. Il documento era accompagnato da un estratto del certificato di battesimo cattolico di "Misha", che era nato nel 1937 a Etterbeeck e non era ebreo né di padre né di madre. I registri scolastici di Schaerbeek confermano inoltre che durante l'anno scolastico 1943-1944 Monique Dewael aveva frequentato la scuola con Marguerite Levy, nientemeno che la sorella del suo futuro marito.

Vale la pena menzionare anche il caso dello svizzero Binjamin Wilkomirski. Alla fine del 1955, Wilkomorski pubblicò un piccolo libro di 150 pagine, *Bruchstücke aus einer Kindheit 1939-1948*, in cui raccontava le sue esperienze. Il libro fu tradotto in una dozzina di lingue e fu un successo mondiale. La traduzione francese è stata pubblicata nel gennaio

1997 da Calmann-Lévy, con il titolo *Fragments / Une enfance 1939-1945*. La quarta di copertina recitava:

"Binjamin Wilkomirski non conosce la sua data di nascita, non conosce le sue origini precise e non ha più parenti. Era ancora molto giovane quando si intensificarono i rastrellamenti di ebrei in Polonia. Suo padre fu assassinato davanti ai suoi occhi, lui fu strappato dalla sua famiglia e, all'età di quattro anni, fu deportato nel campo di sterminio di Majdanek. "I miei primi ricordi assomigliano a un campo di rovine punteggiato da immagini ed eventi isolati. Frammenti di memoria dai contorni duri e taglienti che ancora oggi non posso toccare senza farmi male. Spesso in disordine caotico e, per la maggior parte, impossibili da classificare in ordine cronologico. Frammenti che resistono ossessivamente alla preoccupazione per l'ordine dell'adulto che sono diventato e che sfuggono alle leggi della logica". Sono questi frammenti che l'autore ricostruisce qui attraverso gli occhi del bambino che è stato. Un libro indimenticabile, un capolavoro di scrittura e di emozione. Binjamin Wilkomirski vive attualmente in Svizzera. È costruttore di strumenti musicali e clarinettista".

Il 22 dicembre 2002, Robert Faurisson ha riassunto la questione in un articolo illuminante che riproduciamo qui di seguito: "In realtà, questo pamphlet di 150 pagine è un capolavoro di non scrittura e di assenza di emozioni, ci ha detto Faurisson. È un prodotto di scarsa qualità il cui autore, nel migliore dei casi, suona la cornamusa. Lungi dallo scoprire "frammenti di memoria dai contorni duri e netti", il lettore non trova altro che insipidezza, incoerenza, indefinitezza (nel tempo e nello spazio), confusione, vaghezza, fumo, vapore, nebbia e grigiore. L'azione ristagna, il dialogo suona vuoto. Il tono è sbagliato: le continue grida, il panico e i capricci dell'eroe sono per lo più privi di tono. Se tutto è vago, è di proposito. È chiaro che l'autore ha evitato di fornire dettagli su luoghi, tempi o personaggi perché temeva di tagliarsi fuori con dei frammenti. Afferma di essere stato internato a Majdanek, ma si astiene dal descrivere il campo, salvo localizzarlo su una collina che, in realtà, non è mai esistita. Poi lascia intendere di essere stato ad Auschwitz, ma non scrive il nome di Auschwitz, per cui non può essere accusato di essersi sbagliato sul campo. Salvo rare eccezioni, i personaggi non hanno uniformi, gradi, lingue, mansioni precise e nemmeno - e questa è la goccia che fa traboccare il vaso - caratteristiche veramente distintive; non sono altro che fantasmi o spauracchi di cartone. I paesaggi che attraversiamo sono ovunque e in nessun luogo. Questa attenzione a cancellare ogni dettaglio compromettente è caratteristica del bugiardo o del falsario. Esclude la buona fede. Sarebbe sbagliato affermare che l'autore ha finito per credere alla sua stessa storia. Il nostro truffatore è costantemente all'erta. Si osserva come fanno i bugiardi. Non divaga, né cede all'illusione. Costruisce la sua storia pezzo per pezzo, frase per frase, faticosamente".

E Faurisson ha concluso il lavoro: "Centocinquanta pagine di tale verbosità tradotta dal tedesco avrebbero dovuto essere un campanello d'allarme per i più creduloni. Tutti avrebbero dovuto rendersi conto che Binjamin Wilkomirski appartiene alla categoria dei falsi testimoni che, non avendo nulla da dire su un'esperienza vissuta, si riducono a mettere insieme un puzzle di luoghi comuni, stereotipi, kitsch e sentimenti prefabbricati. Altrettanto fittizio è il resoconto delle atrocità con cui l'autore cosparge la sua narrazione apparentemente autobiografica. Nel suo libro, i cattivi passano la maggior parte del tempo ad afferrare malignamente i bambini per lanciarli attraverso una finestra contro un muro, a fracassargli il cranio, a spaccargli la fronte con una palla, a seppellirli vivi nel fango, a gettarli nel fuoco, per farne "combustibile" (sic) o, più semplicemente, per sollevarli da terra per le orecchie, per rinchiuderli in canili pieni di parassiti, per farli camminare sugli escrementi fino alle ginocchia, per infilare bastoncini di vetro "nei fischietti dei bambini" (p. 60). 60). In un mucchio di cadaveri, vediamo il ventre di una donna gonfiarsi e aprirsi; il nostro uomo può testimoniarlo: "L'addome si squarcia e un enorme ratto, tutto lucido e imbrattato di sangue, si precipita giù dal mucchio di cadaveri. Altri topi spaventati emergono dal groviglio di cadaveri e fuggono: li ho visti, li ho visti! Le donne morte partoriscono topi, topi! Il nemico mortale dei bambini della campagna. I ratti ci attaccano notte dopo notte, i loro morsi infliggono ferite orribilmente dolorose e incurabili, ferite che nulla può guarire e che fanno marcire vivi i bambini! (p. 84)".

Nonostante l'atroce qualità letteraria e le invenzioni degne del Grande Spettacolo delle Marionette", continua Faurrisson, il libro divenne rapidamente un bestseller. Quando è stato pubblicato, l'élite della Shoah è andata in estasi. Soffocarono l'ammirazione per la forza della testimonianza e il talento dell'autore. Lea Balint, specialista israeliana dei bambini della Shoah, Lawrence Langer, Daniel Goldhagen e Blake Eskin diventano paladini della causa, insieme a Wolfgang Benz, direttore del Centro di ricerca sull'antisemitismo di Berlino, e Annette Wieviorka in Francia. Dal *New York Times* al *Nouvel Observateur,* dal *Daily Telegraph* e dal *Guardian* a *Le Monde,* i media fremono di gioia e felicità. Negli Stati Uniti, il libro è stato promosso dall'*Holocaust Memorial Museum* di Washington e ha vinto il *National Jewish Book Award for Autobiography*, mentre l'*American Library Association* lo ha inserito nella lista dei "*Best Book for Young Adults*" del 1997. In Gran Bretagna ha ricevuto il *Jewish Quarterly* Literary Award e, in Francia, il premio *Mémoire de la Shoah*. Le testimonianze orali di B. Wilkomirski sono state accuratamente raccolte dalla *Shoah-Foundation* di Steven Spielberg, una fondazione nata per raccogliere 50.000 testimonianze video in quasi cinquanta Paesi al fine di dimostrare al mondo che i revisionisti sono dei falsificatori della storia. Wilkomirski ha viaggiato e tenuto numerose conferenze, soprattutto nelle scuole. Ha accumulato una fortuna. Il suo primo miracolo è stato quello di trovare suo padre in Israele, un sopravvissuto di Majdanek di nome Jaakov Morroco. Sotto lo sguardo delle telecamere, padre e figlio si sono abbracciati piangendo. Secondo miracolo: una californiana che si fa chiamare Laura Grabowski e si presenta come una sopravvissuta di Auschwitz sostiene di averlo incontrato in quel campo di concentramento. Ancora una volta, il ricongiungimento è avvenuto davanti alle telecamere dell'aeroporto di Los Angeles. Laura Grabowski lo ha accolto a braccia aperte, gridando: "È il mio Binji!" Da parte sua, mostra le cicatrici degli esperimenti mediatici di Mengele. È anche musica. Il nostro clarinettista e la sua compagna partono per un tour di conferenze e concerti. Si recano in pellegrinaggio ad Auschwitz. E lì, sempre davanti alle telecamere, il nostro eroe rivela che Mengele gli aveva inflitto esperimenti medici per far diventare blu il colore marrone dei suoi occhi, un episodio che non aveva mai menzionato nel suo libro. C'è un episodio che avrebbe dovuto essere un campanello d'allarme: quando gli viene chiesto di descrivere Mengele, B. Wilkomisrski si rifiuta di farlo (*L'enfant des camps de la mort: vérité ou mensonges*, documentario per la televisione britannica di Christopher Oliglati, 1999).

"Già nel 1995, un giornalista svizzero, Hanno Helbling, capo del dipartimento culturale della *Neue Zürcher Zeitung*, aveva avvertito l'editore tedesco Suhrkampf della bufala. Ma Hanno Helbling non aveva la fortuna di essere ebreo e fu ignorato come un volgare revisionista. Solo quando un ebreo di nome Daniel Ganzfried, nato in Israele e residente in Svizzera, scrisse sul settimanale svizzero *Die Weltwoche* (27 agosto e 3 settembre 1998), il processo si mise in moto, portando a una serie di rivelazioni sulla vera identità dell'impostore. Ovviamente, tutto il merito della scoperta va all'ebreo e non al "revisionista" H. Helbling, il cui nome sarebbe rapidamente caduto nell'oblio.

"Abbiamo appreso che il vero nome di Binjamin Wilkomirski era in realtà Bruno Grosjean. Nato come figlio naturale di Yvonne Berthe Grosjean il 12 febbraio 1941 a Bienne (cantone di Berna), fu da lei affidato a un orfanotrofio. Adottato da una coppia benestante di Zurigo, i Doesseker, adottò il nome della famiglia e divenne noto come Bruno Doesseker. La madre morì nel 1981, ricevendo la sua magra eredità. Non è mai stato ebreo. La sua nascita a Riga è pura invenzione. Trascorse l'intera infanzia in Svizzera, non a Majdanek, Auschwitz o in qualsiasi altro luogo in Lettonia, Polonia o Germania. Non ha mai vissuto in un orfanotrofio a Cracovia. Un'analisi genetica ha dimostrato che non è imparentato con Jaacov Morrocco. Ha visitato Riga, Auschwitz o Cracovia solo come turista, molto tempo dopo la guerra.

"Laura Grabowski, invece, è quella che si potrebbe definire un'artista della truffa in gonnella. Il suo vero nome è Laura Rose Wilson; è nata negli

Stati Uniti da genitori cristiani ad Auburn, nello stato di Washington. Dieci anni prima, con lo pseudonimo di Lauren Statford, aveva scritto un libro in cui si presentava come vittima di rituali satanici, mostrando cicatrici che in seguito attribuì agli esperimenti di Mengele.

"L'impostore inizia a combattere le accuse. Mescola proteste, minacce e lamenti. In assenza del vero padre, incontra il vero zio, che accetta di sottoporsi a un test genetico, ma l'impostore rifiuta. Cominciano a emergere testimonianze di persone che lo conoscevano bene; si scopre che, fin da giovane, Bruno aveva una forte propensione alla menzogna. Veniamo a sapere che uno psicoterapeuta ebreo, Elitsur Bernstein, era coinvolto nell'impresa del falsario; specialista in memorie sepolte, aveva aiutato il clarinettista a ricostituire la sua identità di Binjamin Wilkomirski, presumibilmente nato a Riga, poi internato in un orfanotrofio di Cracovia e deportato nei campi di concentramento nazisti. Alcuni ebrei iniziano allora a prendere le distanze da questo goy che ha giocato a fare l'ebreo e la cui impostura, ormai fin troppo evidente, rischia di danneggiare l'intera comunità. Raul Hilberg e Yehuda Bauer esprimono il loro scetticismo. Ebrei come Judith Shulevitz in Canada, o Deborah Dwork e Deborah Lipstadt negli Stati Uniti, si ostinano a difendere l'impostore o il suo lavoro; a loro avviso, poco importa se la storia è autentica o meno, perché bisogna stare attenti a non fare il gioco dei revisionisti.

"Nel 1999, Elena Lappin, ebrea di origine russa, ha dedicato all'argomento uno studio, *L'uomo con due teste,* che è stato tradotto e pubblicato nel 2000 dalla casa editrice L'Olivier (direttore generale: Olivier Cohen) con il titolo *L'Homme qui avait deux têtes (L'uomo con due teste).* Questa volta la spiegazione è semplice: per Elena Lappin l'autore è sincero perché ha una doppia personalità. Jorge Semprun non esita a esprimere la stessa opinione (*Le Journal du Dimanche,* 6 febbraio 2000, p. 27); coglie l'occasione per elogiare la narrativa che, secondo lui, deve "sostituirsi sempre più alla storia"; afferma: "Questo è già successo nel cinema. Spielberg e Benigni hanno usato la finzione per andare oltre la realtà, e chiaramente funziona".

Ma sempre più voci si sono levate per denunciare l'involontario contributo dell'autore all'ascesa del revisionismo. Il racconto del professor Faurisson è abbreviato come segue: uno dopo l'altro, il libro è stato ritirato dal mercato dagli editori, i tribunali di Zurigo sono intervenuti, ed è stata presentata una denuncia per frode. Nell'aprile 2000, abbiamo appreso che il giudice istruttore ha deciso di "chiudere l'inchiesta sull'autore delle false memorie su Auschwitz". Ecco il testo dell'Agenzia telegrafica svizzera: "...Il tribunale di Zurigo ha chiuso l'inchiesta su questo caso. Dalle indagini è emerso che non ci sono prove concrete che indichino che l'autore del libro intendesse nascondere in modo "fraudolento" la sua vera identità...

Sebbene sia stato dimostrato che il libro contiene dichiarazioni false, non ci sono prove che il suo autore abbia mentito".

Questa decisione del tribunale avrebbe dovuto suscitare una valanga di commenti", ha aggiunto Faurrisson, ma sembra essere stata seguita da un silenzio totale. Oggi l'affare Wilkomirski sembra essere finito, senza dubbio con il sollievo di molti. E Robert Faurrisson ha concluso: "È chiaro che quando si tratta di menzogne sull'Olocausto, il sistema giudiziario svizzero non ragiona in modo diverso da quello francese, tedesco, austriaco, olandese, canadese o australiano. Sostiene le menzogne commesse in buona fede, o anche quelle *probabilmente* commesse in buona fede".

Ma per Faurrisson, "il re degli impostori" resta Elie Wiesel: "In termini di falsa testimonianza", scrive, "Elie Wiesel continua la sua carriera molto più avanti di Martin Gray, Filip Müller, Rudolf Vrba, Mel Mermelstein, Abraham Bomba, Fania Fénelon e della considerevole moltitudine di altri mitomani dell'"Olocausto". Resta da dire che un giorno la loro fama e la loro fortuna come premi Nobel per la pace non saranno pari a quelle dei Rothschild. Per il momento, nel suo campo, Elie Wiesel rimane il re degli impostori e accanto a lui, diciamolo, il goy Bruno Grosjean è quasi insignificante".[360]

Misha Defonseca e Binjamin Wilkomirski, entrambi orfani, erano ovviamente casi patologici. Come sappiamo, l'isteria è estremamente contagiosa e, in questo caso, la patologia potrebbe essere stata favorita anche dal contatto regolare con i membri della setta.[361]

André Malraux è stato un noto scrittore della seconda metà del XX secolo. È stato anche ministro della Cultura del generale de Gaulle dal 1959 al 1969. Roger Peyrefitte, un altro romanziere, non è certo un personaggio che stimiamo molto, ma il suo ritratto di André Malraux merita di essere riprodotto qui: "Ha usato il comunismo, poi il gollismo... L'unica volta che l'ho visto, in carne e ossa, è stato grazie a Montherlant. Quando tornai da Atene, dall'amministrazione centrale, tra il 1938 e il 1940, ero un assiduo frequentatore della Biblioteca Nazionale... Spesso incontravo Montherlant lì... Uscivamo insieme e pranzavamo al Louis XIV, in Place des Victoires. Un giorno mi disse: "Guarda, ecco Malraux"... Non ci salutavamo, mi disse

---

[360]La scrittrice Anne Kling ha riassunto molti di questi casi di mitomani dell'Olocausto nel suo libro *Menteurs et affabulateurs de la Shoah*, Editions Mithra, 2013. (NdT).

[361]André Malraux (1901-1976) è stato un romanziere, avventuriero e politico francese. Rappresenta la cultura francese che ruota intorno al secondo terzo del XX secolo e la sua vita combina gli elementi romanzeschi dello scrittore con l'espressione dell'uomo pubblico, la propaganda del politico e la realtà degli eventi storici che ha vissuto. Questa miscela ha portato alcuni suoi critici, come il biografo Olivier Todd, a considerare Malraux "il primo scrittore della sua generazione a riuscire a costruire efficacemente il proprio mito". Celebre è il suo romanzo *La Esperanza*, ambientato durante la guerra civile spagnola. (wikipedia) (NdT).

Montherlant. Io sono considerato di destra, lui è un rosso. Un cattivo ragazzo, ma un grande scrittore... Ti presto *La Esperanza"*. Gli restituii il libro qualche giorno dopo: "Non sono riuscito ad andare oltre la pagina 12". Ammetto che è uno scrittore; ci sono delle belle formule, dei lampi di genialità. Ma la lettura richiede uno sforzo costante...". In effetti, Montherlant, come molti altri, era stato colpito dalla commedia eroica di Malraux. Mi disse dopo la guerra: "Mi venne l'idea di rileggere *La Esperance*". E aveva ragione. Come lei, non sono riuscito a finirlo...".[362]

"Malraux non voleva che la sua biografia fosse pubblicata. Avrebbe preferito che ci limitassimo a consultare la sua opera. Ovviamente, la sua biografia è la distruzione della sua opera! Cosa dice il *who's who*, cioè lo stesso Malraux, organizzatore e capo dell'aviazione straniera al servizio del governo spagnolo.[363] Basta leggere le memorie del comandante dell'aviazione repubblicana spagnola, pubblicate due o tre anni fa, per convincersene: non sapevano come liberarsi di Malraux, inattivo, incompetente, disturbava tutte le attività del gruppo. Di conseguenza, pur essendo andato in Spagna, non vi svolse alcun ruolo decisivo...

"Malraux colonnello? Si è dato il grado, come Chaban si è dato il grado di generale. Malraux al comando della brigata "Alsazia-Lorena"? È stata fondata nel giugno del '44, che bello sforzo. Ho la testimonianza di un uomo che stimo e a cui ho già accennato e che era uno dei tredici capi delle reti di resistenza. Cosa ha scoperto di Malraux? Nessuna impresa d'armi, solo la formazione della famosa brigata, due mesi prima della liberazione...

"Malraux ha affermato di aver fatto esplodere un treno, ma non ha mai indicato né il luogo né la data. E, ripeto, non c'è traccia di queste presunte imprese d'armi. Per precauzione, citava sempre lo stesso testimone, un testimone affidabile: il suo complice nella fumeria d'oppio, Emmanuel

---

[362] Roger Peyrefitte (1907-2000) è stato uno scrittore e storico francese e un sostenitore dei diritti degli omosessuali. Peyrefitte si è sempre dichiarato apertamente omosessuale, o meglio pederasta: "Amo gli agnelli, non i montoni" (*J'aime les agneaux, pas les moutons!*). Ancor più di André Gide, e a differenza di Henry de Montherlant, di cui fu a lungo amico e complice, Peyrefitte concepì la sua carriera letteraria come una militanza a favore dell'amore per gli efebi (wikipedia). Henry de Montherlant (1895-1972) è stato uno dei principali romanzieri, saggisti e drammaturghi francesi del suo tempo. Autore di una settantina di libri, è noto soprattutto per i romanzi *Les Bestiaires* (1926), *Les Jeunes Filles* (1936-1939), *Les Garçons* (1969) e per le opere teatrali *La Reine morte* (1942), *Le Maître de Santiago* (1947), *La Ville dont le prince est enfant* (1951), *Port Royal* (1954) e *Le Cardinal d'Espagne* (1960). Appassionato di corride, del mondo mediterraneo e del periodo classico in generale, fu eletto membro dell'Accademia di Francia nel 1960. Dopo la sua morte (suicidio), la sua ambigua vita sentimentale e sessuale ha suscitato alcune polemiche. (NdT).

[363] Peyrefitte si riferisce probabilmente alle memorie di Ignacio Hidalgo de Cisneros pubblicate nel 1961 e nel 1964 (NdT).

d'Astier de la Vigerie. Volete un altro esempio? Nel suo *Antimemoir*, racconta di aver scoperto il regno della regina di Saba in aereo. Conoscevo questa storia. Me l'ha raccontata Jean Vigneau, il mio primo editore. Quando fece quel famoso volo in compagnia di Corniglion-Molinier, glielo chiesi direttamente... Mi rispose che lui e Malraux si erano messi d'accordo per mettere in piedi questa farsa e fingere che alcuni mucchi di sabbia fossero un regno scomparso...

"Malraux storico dell'arte? Quando ero negli Stati Uniti nel 1967, un professore di Princeton mi disse che gli studenti prendevano zero quando facevano riferimento all'illeggibile *Les Voix du silence* [*Les Voix du silence*, un saggio sull'arte di Malraux, ndt]. Ha mai parlato di amore? Sempre di morte. Ha mai sorriso? Guardate il suo volto sinistro, che appariva sempre in storie sinistre. La sua scomparsa fu presentata nella Francia giscardiana più o meno come quella di De Gaulle nella Francia pompidelliana. [364] È naturale che il mondo ufficiale, creatore di imposture, voglia onorare il re degli impostori".

Va ricordato che André Malraux condivideva la sua vita con una certa Clara Goldschmidt, che aveva sposato nel 1921 e che i lettori di *Psicoanalisi dell'ebraismo* hanno già conosciuto.

Le mogli ebree sembrano esercitare una certa influenza su alcuni scrittori.[365] Anche Anatole France, ad esempio, aveva sposato un'ebrea, un'ebrea austriaca di nome Armande de Caillavet.[366] Ecco la testimonianza di Xavier Vallat: Anatole France aveva ventiquattro anni più di lui, ma aveva mostrato nei confronti di Vallat una certa simpatia; "una simpatia curiosa, che si tingeva di considerazione protettiva".[367] Era stato l'affare Dreyfus a separarli: "Si era lasciato trascinare dal dreyfusismo per avere pace nel suo falso matrimonio, scrive Vallat. Ma in privato era un sano giudice del merito del caso.[368] Un giorno mi disse: "Tutto questo finirà male per il Paese"".

---

[364] Roger Peyrefitte, *Propos secrets*, Albin Michel, 1977, p. 198-202. [Pompidoliana: dalla presidenza di George Pompidou; Giscardiana: dalla presidenza di Giscard d'Estaing. NdT.]

[365] Anatole France (1844-1924) è stato uno dei grandi scrittori e critici letterari della Terza Repubblica francese, considerato un'autorità morale di prim'ordine. Per tutta la sua opera gli fu assegnato il Premio Nobel per la letteratura nel 1921.

[366] Avvocato cattolico e politico di estrema destra, antisemita e collaborazionista durante l'occupazione (NdT).

[367] Si veda la nota 63.

[368] Xavier Vallat, *Charles Maurras, n. d'écrou 8.321*, Plon, 1953, p. 20, 22. Xavier Vallat aggiunge: "Tuttavia, una volta seppellita Madame Armande, pubblica *Gli dei hanno sete*, che è un atto controrivoluzionario".

3. La mentalità cosmopolita

Il processo di colpevolizzazione dei goyim

La colpevolizzazione degli "altri" è una tendenza molto diffusa tra gli intellettuali ebrei. Nel 1946, Jules Isaac pubblicò un libro intitolato *Gesù e Israele* in cui affermava: "Circa sei milioni di ebrei uccisi semplicemente perché erano ebrei. Con grande disonore non solo del popolo tedesco, ma di tutta la cristianità. [369]Perché senza secoli di catechesi, predicazione e vituperazione cristiana, la catechesi, la propaganda e la vituperazione di Hitler non sarebbero state possibili".

Tutta l'umanità è colpevole di ciò che è accaduto durante la Seconda Guerra Mondiale.[370] È quello che ha voluto dirci anche Elie Wiesel: "Il mondo sapeva e ha taciuto", ha detto in un discorso a Oslo.[371] Anche Martin Gray ha mostrato la stessa tendenza a incolpare gli altri: "Il mondo intero ci lascia morire"; "Il mondo intero ci lascia assassinare...", ha scritto.[372]

Alexandre Minkowski, che all'inizio del suo libro si dichiara cristiano, nei "documenti allegati" alla fine si lascia andare a commenti poco amichevoli nei confronti dei cattolici, e si compiace di pubblicare una lettera di un misterioso lettore cattolico la cui fraseologia sembra piuttosto talmudica. Si legge: "Il cristianesimo si è reso colpevole davanti a Dio e alla storia di atrocità incommensurabili contro gli ebrei. Abbiamo creato un colossale tabù che sta rovinando la salute morale e spirituale dell'intero mondo occidentale... C'è un solo rimedio possibile per tutto questo: il pentimento. Dobbiamo prendere sul serio l'avvertimento di Gesù: "Se non vi pentite, perirete" (Luca XIII, 3)... È giunta l'ora della verità per la Chiesa cristiana, per il cristiano, riguardo a Israele.[373] Un *mea culpa* storico sta

---

[369]Jules Isaac, *Jésus et Israël, (1946)*, Fasquelle, Paris, 1959, p. 508; citato in Léon de Poncins, *El Judaísmo y la Cristiandad*, Ediciones Acervo, Barcelona, 1966, p. 24-25. [Un libro altamente raccomandabile per il numero di citazioni di eminenti figure dell'ebraismo e per il loro coinvolgimento nella riforma portata dal Concilio Vaticano II. Ripubblicato da Omnia Veritas nel 2015. (NdT)].

[370] Elie Wiesel, *Discours d'Oslo*, Grasset, 1987, pagg. 13 e 22.

[371]Martin Gray, *Au nom de tous les miens*, Robert Laffont, 1971, p. 109. (Traduzione omessa in Plaza & Janés, 1973, p. 102).

[372]Martin Gray, *En nombre de todos los míos*, Plaza & Janés, Barcellona, 1973, p. 193.

[373]Alexandre Minkowski, *Un juif pas très catholique*, Ramsay, 1980, pagg. 289, 290.

davanti a noi come una sfida... La Chiesa malata sarà guarita e riunita solo quando si sarà pentita".

Il libro di Alexandre Minkowski si concludeva con queste righe. Non resta che inginocchiarsi davanti agli ebrei". Ma queste righe potrebbero essere state scritte dall'autore stesso, usurpando l'identità di un cattolico per minare il cattolicesimo dall'interno.

Questa costante denuncia dei fondamenti della civiltà europea aprì la strada al Concilio Vaticano II (1962-1965) e alla riforma della Chiesa, alla quale Jules Isaac aveva partecipato attivamente.

Naturalmente, anche Nahum Goldmann era un altro fervente sostenitore della riforma della Chiesa cattolica. In *The Jewish Paradox*, ha spiegato il ruolo dei suoi colleghi vescovi in questo cambiamento: "C'è una commissione mista, composta da cattolici ed ebrei, che si riunisce tre volte l'anno per eliminare o modificare i passaggi controversi nei libri cattolici, dal catechismo elementare ai manuali usati nei seminari e nelle università cattoliche, senza dimenticare la liturgia e, soprattutto, l'ufficio del Venerdì Santo. Il lavoro è molto lento, perché deve essere rispettata l'indipendenza di ogni vescovo e ci sono centinaia di testi contaminati dall'antisemitismo; quindi, devono essere rimossi Paese per Paese, lingua per lingua, e questo richiederà anni".[374]

Nahum Goldmann aveva incontrato anche Papa Paolo VI: "La mia posizione di presidente del Congresso ebraico mondiale era un ostacolo, perché il Vaticano disse: 'Possiamo negoziare con l'ebraismo come religione, ma il Congresso è un'organizzazione politica'".

Elie Benamozegh è stato un eminente rabbino e intellettuale ebreo italiano, morto nel 1900, che ha anche lavorato febbrilmente per riformare la Chiesa cattolica. Sosteneva il Noachismo, un surrogato di religione universale per i Goyim previsto dal Talmud. Gérard Haddad lo cita in uno dei suoi libri: "Il Noachismo non è altro che la Chiesa cattolica... ma porta in sé elementi erronei... Deve rinunciare alla divinità di Gesù, reinterpretare piuttosto che abolire il mistero della Trinità e riconciliarsi con la fonte da cui è scaturito.[375] Si tratta di aiutare il cristianesimo a completare la sua

---

[374] Nahum Goldmann, *Le Paradoxe juif*, Stock, Paris, 1976, p. 233.
[375] Gérard Haddad, *Histoire n°3, Les Juifs en France*, novembre 1979, numero speciale, p. 249-251. [Questa era la concezione ebraica del mondo. In cielo un solo Dio, padre comune di tutti gli uomini, e sulla terra una famiglia di popoli, tra i quali Israele è il primogenito, incaricato di insegnare e amministrare la vera religione dell'umanità, di cui è il sacerdote". Elie Benamozegh, *Israël et l'humanité*, (Israele e l'umanità), Albin Michel, Parigi, 1961, p. 40, citato in Leon de Poncins, *El Judaísmo y la Cristiandad*, Ediciones Acervo, Barcellona, 1966, p. 204-205. E sul noachismo si veda: (https://noahideworldcenter.org/. (NdT)]

evoluzione finale" che era, diceva, "un ritorno ai principi di quella che lui chiamava la madre delle Chiese, il giudaismo".

All'indomani dell'Olocausto, una nuova religione mondiale, basata sulla sofferenza degli ebrei, sembra radicarsi gradualmente nelle menti delle persone, promossa senza sosta dal sistema mediatico.[376] Esther Benbassa, direttrice degli studi dell'École Pratique des Hautes Etudes, ha scritto in *Un'altra storia degli ebrei* (*Une autre histoire des juifs*, Fayard, 2007): "L'Olocausto è stato trasformato in una vera e propria teologia...[377] Il genocidio è stato sacralizzato dal termine Shoah a partire dagli anni '70, e la storia viene ormai letta solo alla luce di questa tragedia... Fare della Shoah una religione quasi universale, riconoscibile da tutti, permette [anche] di compensare la perdita di tradizioni tra coloro che si allontanano sempre più dall'ebraismo".[378]

Anche Gary Shteingart, un emigrato russo trasferitosi a New York nel 1978, ha espresso questa idea in uno dei suoi romanzi, pubblicato nel 2007: "L'Olocausto, quando viene giudiziosamente sfruttato per scopi di colpa, vergogna e vittimizzazione, può essere uno strumento straordinario per la perpetuazione ebraica".

Naturalmente, i registi ebrei hanno realizzato numerosi film su questo tema, per mostrare tutto l'orrore che i cristiani hanno inflitto agli ebrei. Ecco alcune sinossi pubblicate in *Le Guide des films*, un'ampia opera in tre volumi curata da Jean Tulard.

Lucie Aubrac (Fr. 1997) è un film sulla gloria della coppia della Resistenza francese Lucie e Raymond "Aubrac" (nato Samuel). Il 21 giugno 1943, in seguito a una delazione, Raymond Aubrac viene arrestato dalla Gestapo insieme a Jean Moulin. Lucie, sua moglie, non si ferma davanti a nulla per liberare il marito dalle grinfie della polizia tedesca. I tedeschi sono crudeli fino all'esagerazione. Questo è un film di Claude Berri, il cui vero nome è Langmann.

---

[376] La nuova Santa Trinità, diremmo: Auschwitz (il Golgota), la camera a gas (la Santa Croce) e il popolo ebraico (la Divinità sacrificata per i peccati del mondo) (NdT).

[377] Un articolo del Pew Research Center del 16 marzo 2016, intitolato "*A Closer Look at Jewish Identity in Israel and the United States*" (*Uno sguardo più ravvicinato all'identità ebraica in Israele e negli Stati Uniti*), ha fornito i risultati di un sondaggio condotto tra gli ebrei israeliani e americani sulla loro identità. Entrambi i sondaggi hanno chiesto agli ebrei un elenco di otto possibili comportamenti e attributi che potrebbero essere "essenziali" o "importanti" per la loro identità ebraica personale. In entrambi i Paesi, la maggioranza ha dichiarato che il ricordo dell'Olocausto è essenziale per la propria identità ebraica (73% negli Stati Uniti, 65% in Israele). Su https://www.pewresearch.org/fact-tank/2016/03/16/a-closer-look-at-jewish-identity-in-israel-and-the-u-s/. (NdT).

[378] Gary Shteingart, *Absurdistan*, 2006, Ed. de l'Olivier, 2008, p. 336.

Schindler's List (USA, 1993) racconta la storia vera di un industriale tedesco che salvò gli ebrei deportati impiegandoli nella sua fabbrica. Il capo del campo di concentramento, Amon Goeth, maltratta brutalmente la sua cameriera ebrea e spara ai prigionieri dal balcone della sua villa che domina il campo. I prigionieri vivono nel terrore quotidiano. La ferocia dei soldati tedeschi contrasta con la debolezza e l'innocenza degli ebrei. Questo è un film di Steven Spielberg, che ha diretto anche *Amistad*, un film che denuncia la schiavitù dei neri, dimenticando ovviamente il ruolo spaventoso degli armatori ebrei.

La sepoltura delle patate (Polonia, 1990): Nella primavera del 1946, un vecchio sellaio torna al suo villaggio natale dopo un lungo periodo di deportazione e incontra la resistenza silenziosa degli altri abitanti. A poco a poco, scopre che sono responsabili della morte di suo figlio e si vendica umiliandoli. Ridicolizza i rappresentanti del governo e denuncia i contadini per il loro atteggiamento spregevole nei confronti degli ebrei. Il film è di Jan Jakub Kolski, che naturalmente non è un contadino polacco.

Addio, ragazzi (*Au revoir les enfants*, Francia, 1987) è un famoso film. Racconta la storia dell'amicizia tra Julien, figlio di un industriale di Lille, e Bonnet, un ebreo registrato con una falsa identità. La storia si svolge in una scuola religiosa alla periferia di Parigi nel 1944. Lo sguattero, espulso dalla scuola per aver trafficato in ricatti, si reca dalla Gestapo per denunciare i bambini ebrei e i combattenti della Resistenza nascosti nella scuola. L'arresto di Bonnet pone fine in modo crudele a questa amicizia. Ancora una volta il dito è puntato contro la borghesia francese, anche se il regista, Louis Malle, era anch'egli figlio dell'alta borghesia, sebbene ebreo. Il suo film ha vinto il Leone d'Oro alla Mostra del Cinema di Venezia del 1987.

La scelta di Sophie è un film di Alan Pakula (USA, 1983): Stingo, un giovane scrittore, incontra Sophie, di origine polacca, che gli racconta gradualmente il suo passato. Naturalmente, anche lei è una sopravvissuta al campo di concentramento di Auschwitz. In una scena degna del Grande Spettacolo delle Marionette, la donna racconta come, al suo arrivo al campo, davanti ai vagoni bestiame, un ufficiale delle SS la costrinse a scegliere tra il figlio e la figlia di sette anni, che avrebbe finito per scomparire nella camera a gas. La scena di sofferenza è interminabile, ma fa comunque venire le lacrime agli occhi degli spettatori ingenui.

In *L'as des as* (1982) di Gérard Oury, i nazisti sono ridicolizzati da Jean-Paul Belmondo, allenatore della squadra francese di pugilato alle Olimpiadi di Berlino.

L'adolescente, di Jeanne Moreau (Francia, 1978): nel 1939, poco prima della guerra, Marie, una giovane parigina, viene a trascorrere le vacanze estive con la nonna in un villaggio dell'Alvernia. Si innamora di un giovane medico ebreo con cui la madre ha avuto una breve relazione. La sceneggiatura è di Henriette Jelinek.

Marathon Man (USA, 1976) è un altro film famoso: un criminale nazista rifugiato in Uruguay arriva a New York per commerciare diamanti (il business dei diamanti è tipicamente nazista, come tutti sappiamo). Riconosciuto da un ex deportato, gli taglia la gola in mezzo alla strada con un coltello nascosto nella manica. C'è anche una scena in cui un nazista tortura un prigioniero ebreo su una sedia da dentista. Il film è di John Schlesinger, che non è un nazista.

Un sacco di biglie è un film di Jacques Doillon, tratto dal romanzo di Joseph Joffo (Francia, 1975). Durante l'occupazione, un parrucchiere ebreo manda i suoi quattro figli nel sud della Francia. Un insegnante maltratta i bambini ebrei, il custode vende il suo silenzio, i contrabbandieri approfittano della situazione e la polizia e la milizia mantengono l'ordine. In breve, i francesi sono dei bastardi.

Crocevia dell'odio (USA, 1974): dopo la guerra, un soldato ebreo smobilitato viene assassinato. Il capitano Finlay conduce le indagini che lo portano a un criminale antisemita, Montgomery. Verrà ucciso dalla polizia. Nessuna pietà per gli antisemiti. Un film di Edward Dmytryk, secondo Richard Brooks.

Odessa, di Ronald Neame (Regno Unito, 1974): Nel 1963, Nasser si propone di lanciare razzi con il bacillo della peste su Israele. Viene aiutato da un'organizzazione tedesca per la riconversione degli ex nazisti, "Odessa". Basato su una sceneggiatura di George Markstein.

*Les Violons du bal (*Francia, 1973) di Michel Drach racconta l'infanzia del regista durante la guerra. "Ha imparato l'umiliazione di essere ebreo... Un film molto personale, in cui Michel Drach racconta il suo sgomento per l'odio razziale, le sue angosce e paure, ma anche il suo immenso amore per la vita. Lo racconta senza falsi sentimentalismi, con grande tenerezza, generosità ed emozione trattenuta". Questo era il commento di Claude Bouniq-Mercier.

In *L'esercito delle ombre* (Francia, 1969), Jean-Pierre Melville mostra i combattenti della Resistenza francese che cadono nelle mani della Gestapo. I nazisti organizzano un gioco al massacro. Simone Signoret interpreta il ruolo di Lucie "Aubrac". La sceneggiatura è di Joseph Kessel.

Tobruk, (USA, 1967): Durante la Seconda Guerra Mondiale, un commando di ebrei tedeschi in uniforme britannica viene incaricato di distruggere le riserve di petrolio in Libia dietro le linee tedesche. Il compito non è privo di attriti con i vecchi ufficiali britannici con pregiudizi antisemiti. Il film non è stato diretto da un ufficiale inglese: Arthur Miller, con una sceneggiatura di Leo Gordon, anch'egli non antisemita.

Il vecchio e il bambino è un noto film di Claude Berri (Francia, 1966): durante l'occupazione, un ragazzo viene mandato a vivere con una coppia di anziani in campagna. Yayo, il vecchio, è un petainista e un antisemita. Ignorando che il ragazzo è ebreo, si affeziona a lui. Quando il ragazzo parte in autobus alla fine della guerra, il vecchio non si accorgerà di nulla.

Jericho, di Henri Calef (Francia, 1946): Nel 1944, un attentato viene compiuto contro i soldati tedeschi ad Amiens. I malvagi tedeschi radunano gli ostaggi nella chiesa per la loro ultima notte. La sceneggiatura è di Claude Heymann.

Il pazzo di Hitler, di Douglas Sirk (USA, 1942): Il *Reichsprotektor* Heydrich, comandante in capo del governo nazista in Cecoslovacchia, viene ucciso da due combattenti della resistenza. Himmler decide di radere al suolo il villaggio di Ldice. Un horror. Basato su una sceneggiatura di Peretz Hirshbein e Melvin Levy.

Anche sbarazzarsi degli ebrei non sarebbe d'aiuto. Guardiamo *La città senza ebrei* (Austria, 1924): Per risolvere la disoccupazione e la crisi, il cancelliere di Utopia decide di espellere tutti gli ebrei in convogli ferroviari. Viene diffuso un pamphlet, firmato da "veri cristiani" ma in realtà scritto da un ebreo clandestino, che chiede il ritorno degli ebrei. Grazie a uno stratagemma, questi tornano presto e tutto torna alla normalità. Il film è stato diretto da un "vero cristiano": Karl Breslauer.

In realtà, gli antisemiti dovrebbero suicidarsi. È l'unica cosa buona che possono fare per redimersi. Questo è ciò che voleva dirci il regista del film *Partir, revenir* (Francia, 1985): Quando ha pubblicato il suo primo libro, Salomé Lerner ha ricordato...: Durante l'ultima guerra, il padre e la madre ebrei si erano rifugiati in Borgogna presso i loro amici Hèléne e Roland Rivière. Una lettera anonima (probabilmente un bastardo francese) li aveva denunciati. Furono deportati e morirono in un campo di concentramento, insieme al figlio Salomé, grande pianista. Salomé era l'unico membro superstite della famiglia. Roland Rivière si occupò delle indagini e scoprì che il colpevole, l'autore della lettera, era la sua stessa moglie. Hélène aveva denunciato i Lerner per la loro gelosia; tormentata dal peso della vergogna, Hélène si suicidò. Salomè, placata, poté finalmente iniziare a scrivere il suo primo libro. Secondo Claude Bourniq-Mercier, questo è un film "simpatico" di Claude Lellouch.

Per inciso, è bene sapere che gli ebrei hanno il diritto di uccidere i loro nemici (hanno sofferto molto). *La passante du Sans-Soucis* (1982) è un film di Jacques Rouffio: Max Baumstein, stimato presidente dell'organizzazione umanitaria International Solidarity, ha appena ucciso l'ambasciatore del Paraguay. [379]Arrestato, spiega alla moglie il motivo del

---

[379]Nel maggio 1926, l'anarchico ebreo Samuel Schwarzbard uccise a Parigi, in mezzo alla strada, il leader nazionalista ucraino Simon Petlioura. Il clamore mediatico attorno al processo portò alla fondazione della Lega contro i pogrom, il diretto predecessore della LICRA. La comunità ebraica si mobilitò per difendere l'assassino. Schwarzbard

suo gesto: nel 1933, quando era ancora bambino, fu martirizzato dai nazisti perché ebreo, e suo padre fu ucciso sotto i suoi occhi...

I sopravvissuti ai campi di sterminio sono stati ampiamente risarciti dai successivi governi tedeschi. A distanza di cinquant'anni, continuano ad essere erogati nuovi risarcimenti. Il 14 luglio 2000, ad esempio, un decreto pubblicato sulla Gazzetta Ufficiale della Repubblica francese ha introdotto una misura di risarcimento per gli orfani i cui genitori erano stati vittime di persecuzioni antisemite. L'articolo 2 del decreto stabiliva che la misura di risarcimento avrebbe assunto la forma, a scelta del beneficiario, di un versamento in capitale di 180.000 franchi o di una rendita di 3.000 franchi al mese (sufficiente per affittare un monolocale a Parigi in quegli anni). A titolo di confronto, un veterano di guerra riceveva circa 1.300 franchi per sei mesi, cioè poco più di 200 franchi al mese. Anche gli orfani i cui genitori erano stati "trasformati in calore e luce" dalle bombe americane (65.000 vittime francesi) non beneficiavano di tale generosità.

I risarcimenti pagati dalla Germania democratica agli ebrei di tutto il mondo dopo la guerra sono incommensurabili rispetto all'avarizia della Repubblica francese, soprattutto perché i miracolosi sopravvissuti ai campi di sterminio erano innumerevoli. Simon Wiesenthal, nel suo libro *Gli assassini tra noi*, scrisse dopo la liberazione dei campi: "Un flusso turbolento di sopravvissuti frenetici attraversò l'Europa. Facevano l'autostop, facevano brevi viaggi in jeep o si aggrappavano come potevano a vagoni ferroviari sgangherati senza porte o finestre. Si sono seduti ammassati in carri di fieno e altri hanno semplicemente camminato.[380] Hanno usato qualsiasi mezzo per avvicinarsi di qualche chilometro alla loro destinazione".

Nahum Goldmann, in qualità di presidente del Congresso ebraico mondiale, aveva condotto i negoziati con la Germania per valutare l'ammontare del risarcimento da pagare agli ebrei. Il giornalista lo intervistò: "Ottenere i risarcimenti tedeschi dopo la guerra è stato, per sua stessa ammissione, uno dei suoi risultati più importanti. Espulso dalla Germania da Adolf Hitler, lei è tornato a parlare quasi alla pari con Konrad Adenauer. Come si sono sviluppati i vostri colloqui?" Nahum Goldmann rispose: "Ovviamente, poiché centinaia di migliaia di sopravvissuti si sono stabiliti in Israele, una parte molto grande dei pagamenti individuali torna indirettamente allo Stato: ci sono migliaia di israeliani la cui base esistenziale è costituita dai pagamenti tedeschi".[381] In un altro passaggio

---

fu assolto.
[380] Simon Wiesenthal, *Gli assassini tra noi*, Editorial Noguer, Barcellona, 1967, (pdf), p. 38.
[381] Nahum Goldmann, *Le Paradoxe juif, Conversazioni in francese con Léon Abramowicz*, Parigi, Stock, 1976, pagg. 156-164, 237.

del suo libro, è stato ancora più preciso: "Nel 1945, c'erano quasi seicentomila ebrei, sopravvissuti ai campi di concentramento tedeschi, che nessun Paese voleva accogliere".

Ovviamente, la generosità della Germania democratica alimentò le speranze dei figli di questi "sopravvissuti", che presto si aspettavano di ricevere una rendita per i crimini commessi contro i loro genitori. A quanto pare, molti dei figli e delle figlie dei deportati erano stati a loro volta traumatizzati da una simile tragedia ed era giusto che la Germania risarcisse i figli delle vittime. Questo ha portato alla creazione del Fondo Fisher, dal nome di un avvocato che riteneva che si dovesse risarcire "il trattamento psicologico o addirittura psichiatrico" di 40.000 sopravvissuti di seconda generazione "mentalmente e psicologicamente colpiti".[382]

Tuttavia, nel maggio 2007, il governo tedesco ha reso noto che non intendeva pagare queste spese, che non rientravano "nei principi dei trattati internazionali sui risarcimenti". Nel luglio dello stesso anno, sul sito web in lingua inglese del quotidiano israeliano *Ynetnews*, si legge che l'avvocato Gideon Fisher, creatore del Fisher Fund, ha deciso di portare il caso in tribunale. La rete di informazione revisionista "Bocage" ha tradotto parte del testo inglese: "La prova innegabile che l'imputato [la Germania] intendeva distruggere il popolo ebraico, era che aveva persino pianificato di danneggiare la seconda generazione di sopravvissuti del popolo ebraico sapendo che, se la soluzione finale non fosse stata pienamente riuscita, il danno emotivo causato alla seconda generazione sarebbe stato così grave e sostanziale da colpire irreparabilmente la stessa razza ebraica e distruggerla completamente. Queste azioni deliberate hanno causato e continuano a causare ai ricorrenti gravi danni psicologici ed emotivi, per i quali devono essere risarciti".[383]

Il problema è che questi disturbi psicologici erano stati osservati negli ebrei molto prima della Seconda guerra mondiale. Proprio per questo Sigmund Freud, che proveniva da una famiglia di ebrei chassidici, sviluppò la psicoanalisi alla fine del XIX secolo: per cercare di curare i suoi concittadini ebrei, che costituivano la quasi totalità della sua clientela. Quindi non fu certo la Shoah a turbare questi poveri ebrei.

D'altra parte, è perfettamente legittimo chiedersi fino a che punto questi pazienti dall'immaginazione straripante - il fenomeno isterico studiato da

---

[382] Il 3 maggio 2007, sul sito web in lingua inglese del quotidiano tedesco *Spiegel Online International*, un articolo affermava che - secondo il portavoce del Ministero delle Finanze tedesco - il governo tedesco aveva già pagato circa 64 miliardi di euro ai sopravvissuti dell'Olocausto.

[383] Anne Kling ha anche scritto un libro sui risarcimenti astronomici percepiti dalle vittime ebree: *Shoah, la saga des réparations*, Editions Mithra, 2015. (NdT)

Freud - possano indulgere al morboso e arricchire mentalmente una shoah immaginaria da una storia già sufficientemente dolorosa.[384]

Umiliare e infangare l'avversario

Gli ebrei hanno una chiara tendenza a voler umiliare il nemico dopo averlo sconfitto. Ecco, ad esempio, cosa scrisse Joseph Wechsberg a proposito di Simon Wiesenthal: "Subito dopo la guerra, quando Wiesenthal lavorava per varie agenzie americane, accompagnò gli ufficiali americani nei loro tour e in diverse occasioni dovette arrestare personalmente le SS accusate di crimini. Vide nei loro occhi la stessa espressione che aveva spesso visto negli occhi degli ebrei arrestati dalle SS. Ma Wiesenthal notò una differenza notevole: alcuni dei superuomini della Gestapo e delle SS si inginocchiarono e chiesero pietà, cosa che gli ebrei non fecero mai. Wiesenthal aveva visto molti ebrei andare incontro alla morte. La maggior parte di loro aveva paura, alcuni erano così terrorizzati che gli altri dovevano sostenerli. Alcuni pregavano e altri piangevano.[385] Ma non hanno mai implorato per la loro vita". Probabilmente era vero il contrario.

Lo stesso Simon Wiesenthal raccontò questa testimonianza molto sospetta. Nel 1945, dopo la liberazione del campo di Mauthausen, le SS avevano perso ogni orgoglio: "Ora sembravano avere paura di passarmi accanto. Una SS chiese una sigaretta a un soldato americano. Il soldato gettò a terra la sigaretta che stava fumando. L'SS si abbassò, ma un'altra SS fu più veloce di lui e raccolse il mozzicone. Le due SS si azzuffarono finché il soldato ordinò loro di andarsene".

Simon Wiesenthal ebbe presto l'opportunità di arrestare il suo primo nazista. Si trattava di una guardia delle SS di nome Schmidt. Wiesenthal era accompagnato all'epoca da un ufficiale americano, il capitano Tarracusio. Ecco cosa scrisse della guardia SS: era un "ometto

---

[384] Nell'anno 2024, il mondo assiste attonito alla guerra disumana e genocida che lo Stato di Israele conduce contro la popolazione civile palestinese di Gaza. Di fronte alle manifestazioni di sostegno e solidarietà con il popolo palestinese, gli ebrei gridano all'antisemitismo e le proteste a favore dei palestinesi vengono persino represse legalmente in Occidente. Abbiamo anche visto come i soldati di Tsahal (esercito israeliano) molestino, abusino e umilino i palestinesi nei video che pubblicano sui loro social network. Alcuni media hanno fatto eco a queste umiliazioni perpetrate: https://www.eldiario.es/internacional/destruccion-humillacion-profanacion-tumbas-videos-muestran-abusos-ejercito-israeli-gaza_1_10856145.html;https://www.eldiario.es/desalambre/videos-odio-soldados-israelies-graban-comparten-redes-abusos-detenidos-palestinos_1_10694952.html. (NdT).

[385] Simon Wiesenthal, *Gli assassini tra noi*, Editorial Noguer, Barcellona, 1967, (pdf), p. 17.

insignificante, dall'aspetto anonimo come il suo nome. Sono salito al primo piano, l'ho trovato lì e l'ho arrestato. Non tentò nemmeno di opporre resistenza. Tremava. Anch'io, ma per un motivo diverso. Mi sentivo molto debole dopo aver salito le scale e a causa dell'eccitazione. Ho dovuto sedermi per un po'... [Schmidt si sedette nella jeep, tra me e il capitano Tarracusio, e implorò pietà. Piangeva. Diceva di essere stato solo "un pesce piccolo". Perché fargliela pagare? Non aveva fatto nulla di male. Aveva eseguito rigorosamente gli ordini. Giurò di aver aiutato molti prigionieri. Dissi a Schmidt: "Sì, hai aiutato i prigionieri. Ti ho visto molte volte. Li hai aiutati a raggiungere il crematorio. Poi non disse più nulla. [386]Rimase lì, accasciato sul sedile posteriore, torcendo le sue dita tremanti, finché non raggiungemmo il campo".

Ai romanzieri ebrei piace vedere i Goyim in ginocchio, tremanti di paura davanti a loro. Il romanzo *Tikoun* di Arnold Mendel ne è un buon esempio. L'ambientazione è la Parigi degli anni '30.[387] Una notte, in Rue des Francs-Bourgeois, i militanti dell'ACA (Alleanza contro l'antisemitismo) colgono in flagrante un tizio che incolla su un muro un ignobile cartello con scritto: "La Francia per i francesi! Blum al muro! Abbasso gli ebrei!". Arnold Mandel ha sbertucciato: "I membri dell'ACA erano ragazzi di quartiere, figli di sarti e di berretti, pieni di energia e per nulla gracili, focosi e con il cuore pieno di odio per i fascisti.[388] Il militante dell'Azione francese, con il suo secchio e il suo pennello, era solo". Egli provava, scrive Mandel, "una paura comica di chiunque altro, tranne che di se stesso. Si potevano vedere le sue natiche magre fremere sotto la flanella dei pantaloni da studente e la sua fronte era imperlata di sudore. I ragazzi ebrei lo circondavano. Gli avevano ordinato di finire i compiti, di divertirsi un po', prima di stenderlo". Lo picchiarono a sangue, ma fortunatamente si salvò in tempo.[389] Qui l'eroe-narratore si alza per difendere il "topo-goy" in una lunga arringa, in nome della correttezza e dei ben noti principi morali del

---

[386] Simon Wiesenthal, *Gli assassini tra noi*, Editorial Noguer, Barcellona, 1967, (pdf), p. 35, 36-37.
[387] Leon Blum (1872-1950) è stato un politico socialista, uno dei leader della Sezione francese dell'Internazionale dei Lavoratori (SFIO) e presidente del Consiglio, in qualità di capo del governo del Fronte Popolare (NdT).
[388] L'Azione *Francese* (AF, *Action Française*) è un movimento politico francese nazionalista e realista di "estrema destra". È stato fondato nel 1899, al culmine dell'affare Dreyfus, con l'obiettivo di realizzare una riforma intellettuale del nazionalismo. Originariamente strutturato come nazionalismo repubblicano, divenne rapidamente monarchico sotto l'influenza di Charles Maurras e della sua dottrina del nazionalismo integrale, che criticava l'eredità della Rivoluzione francese da posizioni antidemocratiche, antisemite e antiscolariste. (wikipedia, NdT).
[389] Arnol Mandel, *Tikoun*, Mazarine, 1980, p. 43, 44

Talmud: "Mormorarono, poi risero, e io vinsi la mia causa, forse anche perché cadeva un acquazzone e loro avevano fretta di mettersi al riparo".

Anche il famoso testimone oculare dell'Olocausto Martin Gray aveva questa inclinazione nel suo racconto *In nome di tutti i miei*.[390] A Lipsia, in Germania, alla fine della guerra, si esercitò nella sua agognata vendetta e "esplorò la selvaggina grossa": le SS, tutte vili e "servili", che "imploravano piccoli vantaggi".[391] Come fece Wladyslaw Szpilman, nel suo racconto *Il pianista*, quando scrisse: ""Non poche persone sono scampate vive durante la guerra a causa della viltà dei tedeschi, che amavano mostrare coraggio solo quando sapevano di essere molto più numerosi dei loro nemici"".

In realtà, queste testimonianze corrispondono perfettamente allo spirito ebraico in generale. Nel capitolo XLII del suo *Essai sur les moeurs et l'esprit des nations (1756) (Saggio sui costumi e lo spirito delle nazioni)*, Voltaire aveva già scritto: "La nazione ebraica... dilagante nelle disgrazie e insolente nella prosperità".

È anche dagli insulti e dalle calunnie che pronuncia che si può riconoscere quasi senza ombra di dubbio un intellettuale ebreo, qualunque sia il suo nome. Prendiamo, ad esempio, il modo in cui il noto storico William Shirer ritrasse in modo sprezzante i dignitari nazionalsocialisti nel suo famosissimo libro *The Rise and Fall of the Third Reich*, pubblicato nel 1960. Anton Drexler, uno dei fondatori del partito nazista: "Un uomo smunto, occhialuto, privo di una formazione adeguata, con un modo di pensare indipendente, ma di convinzioni ristrette e confuse, un pessimo scrittore e un oratore peggiore". Dietrich Eckart, uno dei padri spirituali del nazionalsocialismo, "giornalista acuto, poeta e drammaturgo mediocre... aveva condotto per qualche tempo, come Hitler a Vienna, la vita vagabonda di un bohémien, era diventato un ubriacone, si era dato alla morfina ed era finito in un istituto per malattie mentali". Julius Streicher, uno dei compagni preferiti di Hitler, Gauleiter della Franconia: "Questo sadico depravato... era uno degli uomini più disdicevoli intorno a Hitler... Il suo celebre settimanale, *Der Stuermer*, si nutriva di racconti osceni di crimini sessuali ebraici e di omicidi rituali ebraici; la sua oscenità produceva nausea... Era anche un noto propagandista della pornografia". Herman Goering, il famoso asso dell'aviazione, "aveva trascorso la maggior parte del suo esilio in Svezia dopo il *putsh* del 1923, era stato curato dalla sua dipendenza da narcotici nel manicomio di Langbro", ma "la moglie

---

[390] Martin Gray, *En nombre de todos los míos*, Plaza & Janés, Barcellona, 1973, p. 296-297. [Giuravano per i loro figli, per la loro madre. Avevano paura e fame. Erano servili", p. 297].

[391] Wladyslaw Szpilman, *Il pianista del ghetto di Varsavia*, Turpial Amaranto, Madrid, 2003, p. 176.

epilettica, che egli amava profondamente, aveva contratto la tubercolosi ed era diventata invalida". Goebbels, il "giovane renano ateo con un piede inutile, un'intelligenza vivace e una personalità complicata e nevrotica... era già un oratore nazionalista veemente e fanatico". "Questo piccolo fanatico zoppo ribolliva di idee utili al Führer". Alfred Rosenberg, "l'importante e stupido pseudo-filosofo che fu uno dei primi mentori di Hitler e che... aveva lanciato un vero e proprio torrente di libri e pamphlet dal contenuto e dallo stile confusi, culminati in un'opera di settecento pagine intitolata *Il mito del XX secolo,* un ridicolo guazzabuglio delle sue idee sulla supremazia nordica... Hitler ha sempre avuto un posto caldo nel suo cuore per questo filosofo dilettante ottuso, stupido e imbranato". Ha anche menzionato "l'omosessuale Roehm...". Così come Martin Bormann, "un individuo sinistro e servile... una sorta di talpa che preferiva rintanarsi nei recessi più ombrosi della vita di partito per mettere a punto i suoi intrighi".[392] Senza dimenticare Heinrich Himmler, "l'allevatore di pollame che, con i suoi occhiali, poteva essere preso per un pacifico e mediocre maestro di scuola", e Rudolf Hess: "L'uomo dalla faccia scimmiesca, alter ego del Führer nella leadership del partito nazista, aveva una fede cieca nell'astrologia.[393] ... nulla di personalmente ambizioso e fedele come un cane al capo... mente confusa, anche se meno brutalizzato di Rosenberg, volò in Inghilterra nell'illusoria speranza di negoziare la pace lì". C'era anche "il dottor Robert Ley, chimico di professione e bevitore abituale"; "Wilhelm Frick, l'unica personalità grigia. Era un tipico funzionario tedesco"; "il maniaco dell'economia Feder". E tutti guidati da "l'ex vagabondo Adolf Hitler...".

"Tale era la bizzarra collezione di squilibrati che fondò il nazionalsocialismo... la congerie di uomini intorno al capo dei nazionalsocialisti.

"In una società normale, sarebbero stati sicuramente messi da parte come un insieme grottesco di persone che non si adattavano.[394] Negli ultimi

---

[392]William L. Shirer, *L'ascesa e la caduta del Terzo Reich, volume I,* Booket, Planeta, Barcellona, 2013, p. 67, 70-71, 86, 214-215, 184, 217, 218, 72, 218, 217

[393]William L. Shirer, *L'ascesa e la caduta del Terzo Reich, volume II,* Booket, Planeta, Barcellona, 2013, pagg. 284, 282, 280.

[394]William L. Shirer, *L'ascesa e la caduta del Terzo Reich, Volume I,* Booket, Planeta, Barcellona, 2013, p. 217, 72, 71, 218-219. [Dobbiamo riprodurre qui di seguito un paragrafo di William Shirer in cui dimostra la sua grande conoscenza della storia biblica ebraica: "Queste erano le idee di Adolf Hitler, esposte in tutta la loro terrificante crudezza mentre giaceva nella prigione di Landsberg... Guardava oltre le maestose Alpi verso la sua nativa Austria, dettando un fiume di parole al suo fedele Rudolf Hess e sognando il Terzo Reich che avrebbe costruito... e governato con pugno di ferro. Che un giorno l'avrebbe costruito e vinto non ne dubitava minimamente, perché era posseduto da quell'ardente sentimento messianico comune a tanti geni spuntati dal nulla

giorni della Repubblica di Weimar, tuttavia, cominciarono ad apparire a milioni di tedeschi confusi come autentici salvatori". I nazionalsocialisti avevano quindi "cervelli anormali", mentre gli ebrei, come è noto, sono perfettamente sani di mente.

Dalla fine della guerra, la propaganda cosmopolita ha imposto anche l'idea che i francesi si comportassero in massa come dei bastardi che denunciavano gli ebrei alle autorità tedesche. Ad un esame più attento, però, ci si rende conto che questa disposizione malvagia era soprattutto da parte di alcuni ebrei, che denunciavano i loro nemici al pubblico ludibrio, come Pierre Dac, ad esempio, che trasmetteva alla radio inglese liste di francesi da liquidare.

Il Rapporto Jan Karski confermò questa tendenza negativa. Nel febbraio 1940, Jan Karski aveva redatto un rapporto per il governo polacco in esilio, in cui menzionava i sentimenti polacchi nei confronti degli ebrei, che collaboravano attivamente con gli occupanti sovietici nell'est del Paese: "È certamente vero che gli ebrei comunisti adottarono un atteggiamento entusiasta nei confronti dei bolscevichi, indipendentemente dalla classe sociale di provenienza", scrisse. Saul Friedländer, che ha raccontato questa testimonianza, ha aggiunto: "Karski, tuttavia, azzardò la spiegazione che la soddisfazione prevalente, notevole tra gli ebrei della classe operaia, fosse dovuta alle persecuzioni subite per mano dei polacchi.[395] Ciò che trovava sorprendente era la mancanza di lealtà di molti ebrei, la loro disponibilità a denunciare i polacchi alla polizia sovietica e simili".

Ci sembra di riconoscere ancora una volta un'altra proiezione accusatoria nella testimonianza di Martin Gray. Dopo la guerra, partì per l'America. A New York si riunì alla sua famiglia, che non era stata sterminata. All'inizio lavorò in una macelleria: "Lavoravo nella casa di un macellaio sulla 110ª strada: imparai a tagliare la carne, a premere un pedale che falsificava il peso quando il pacco veniva messo sulla bilancia. Il macellaio pagava bene, per evitare reclami". Ma Gray aveva troppi scrupoli e rimase dal macellaio solo per pochi giorni: "Poi spesso dava il peso giusto. Un giorno, proprio mentre stavo uscendo, andai dal padrone: 'Pagami', dissi, 'non tornerò'. Giurò in tedesco, maledicendo colui che mi aveva raccomandato". Martin Gray non poteva nascondere il suo disgusto: "Lì, nel cuore di New York, viveva anche quella razza di boia che lui conosceva perfettamente. Quella razza era ovunque: a Varsavia, a Zambrow, a Zaremby; prendeva la

---

nel corso della storia. Avrebbe unificato un popolo eletto che non era mai stato politicamente un insieme unitario. Avrebbe purificato la loro razza. Li avrebbe resi forti. Avrebbe fatto dei suoi figli i signori della terra". Ascesa e caduta del Terzo Reich, Volume I, p. 140].

[395]Saul Friedländer, *Il Terzo Reich e gli ebrei (1939-1945), gli anni dello sterminio*, Galaxia Gutenberg, Barcellona, 2009, p. 90.

maschera delle SS, del sindaco di un villaggio polacco, di un colonnello sovietico o di quel macellaio ladro. Bisognava non scendere mai a patti con loro, a nessun costo, e saper rinunciare alla sopravvivenza, costruire la propria fortezza, piuttosto che essere complici. [396]Con loro, chiunque essi siano, dobbiamo essere sempre in guerra".

A nostro modesto parere, probabilmente è stato un macellaio ebreo a falsificare i pesi. Abbiamo letto aneddoti simili nella letteratura yiddish. In ogni caso, è difficile immaginare un ebreo come Martin Gray che maneggia carne di maiale in una macelleria goy (non kosher).

Le orecchie di Haman

Come abbiamo visto, gli ebrei fanno sempre del loro meglio per evitare il servizio militare, soprattutto quando il Paese in cui vivono resiste alla loro influenza. Ma possono essere agguerriti e combattenti quando si tratta di assicurare il trionfo dell'ebraismo, in particolare quando è in gioco la promozione dell'instaurazione di regimi democratici aperti e tolleranti nei Paesi sconfitti.[397] Molti di loro, ad esempio, si sono uniti alle Brigate Internazionali in Spagna, alla Resistenza francese o all'Armata Rossa. Non sarebbe quindi sorprendente se, nel XVI secolo, dopo l'espulsione dalla Spagna, formassero "gruppi di vendetta" per combattere a fianco dei turchi nel Mediterraneo e nell'Europa orientale.

Non dimentichiamo che gli Ottomani sono arrivati due volte alle porte di Vienna, nel 1529 e nel 1683. Il castello di Cerveny Kamen, a nord-est di Bratislava, si trova a poche decine di chilometri a est della capitale austriaca in Slovacchia. Questa fortezza medievale, costruita nella seconda metà del XIII secolo, è stata successivamente trasformata in un confortevole maniero. In una delle sale del castello si possono ammirare diverse armi utilizzate nelle battaglie contro i Turchi. Dietro una teca di vetro si trova un curioso machete sottratto ai turchi, che veniva usato per tagliare le orecchie ai cristiani. L'arma metallica, lunga circa 40 cm, è piatta e arrotondata, ma soprattutto ha un foro al centro a forma di goccia d'acqua, poco più grande di un orecchio. Accanto ad esso sono stati praticati altri tre fori, a forma di tre Stelle di Davide, il che probabilmente non è una coincidenza.

---

[396] Martin Gray, *En nombre de todos los míos*, Plaza & Janés, Barcellona, 1973, p. 321.
[397] Si legga in *Fanatismo ebraico*. [In Spagna, quasi un terzo dei brigatisti era ebreo. Un altro terzo era francese. Quanto alla resistenza "francese", era in realtà antifascista e non necessariamente francese, essendo composta principalmente da ebrei e comunisti di tutte le nazionalità].

Gli ebrei hanno una lunga tradizione nel tagliare le orecchie ai loro nemici, a giudicare dalle celebrazioni della festa religiosa di Purim, quando gli ebrei di tutto il mondo mangiano dolci chiamati "orecchie di Haman". Ecco la storia di questo famosissimo episodio della storia ebraica:

La storia è ambientata a Susa, capitale della Persia, al tempo del re Assuero. Un giorno, Assuero diede ai nobili del suo regno uno splendido banchetto che durò diversi giorni. Il settimo giorno, il re ordinò alla regina Vashti, adornata con i suoi abiti più belli, di presentarsi al suo cospetto affinché tutti potessero ammirarla, perché era molto bella. Ma la regina si rifiutò di obbedire e il re si irritò a tal punto da ripudiarla. Allora fecero venire da tutto il regno le ragazze più belle perché il re Assuero potesse scegliere una nuova regina.

Un israelita di nome Mardocheo, che stava crescendo sua nipote Ester, la presentò come sua figlia. Ester, che era molto bella, fu scelta dal re, ma, su consiglio di Mardocheo, nascose accuratamente le sue origini ebraiche. Così nel letto del re c'era una cripto-ebrea. Mardocheo, avendo saputo che due guardie del palazzo volevano uccidere Assuero, informò Ester, che lo disse al re Assuero. Le due guardie furono impiccate e l'atto fu registrato negli annali del regno.

Tuttavia, Assuero aveva scelto come suo favorito un Amalecita di nome Haman, che allora era primo ministro. Il re ordinò a tutti di prostrarsi davanti a lui, ma Mardocheo non lo fece. Haman era pieno di rabbia e giurò che avrebbe distrutto non solo Mardocheo, ma anche tutto il popolo ebraico. Si rivolse al re e disse: "C'è un popolo sparso nel tuo regno le cui leggi sono diverse da quelle degli altri tuoi sudditi. Se questo è il tuo desiderio, ordina che questo popolo sia sterminato". Assuero si tolse l'anello dal dito e lo consegnò ad Haman, dicendo: "Fai quello che vuoi con i Giudei". E Haman inviò lettere sigillate a tutte le province del regno, ordinando il massacro della nazione ebraica il 13 del mese di Adar.

Quando Mardocheo seppe della sventura che minacciava gli Israeliti, si stracciò le vesti, si coprì di sacco, si cosparse il capo di cenere e uscì in città, piangendo e lamentandosi amaramente, e tutti gli Israeliti caddero nell'angoscia. Raccontò a Ester l'editto di Assuero e la esortò a recarsi dal re per chiedere clemenza per il suo popolo. Ester rispose: "Non sai che è vietato a chiunque, nemmeno a me, presentarsi davanti al re senza essere stato convocato, pena la morte? - Perché", replicò Mardocheo, "Ester teme la morte quando si tratta di salvare il suo popolo? Dio l'ha fatta regina; chi può dire che non sia stato perché fosse la liberatrice di Israele? Ester rispose: "Per tre giorni e tre notti tutti i Giudei di Susa digiunino e preghino per me, affinché Dio mi mostri il favore del re; e se devo morire, morirò".

Alla fine di quei tre giorni, Ester, vestita con i suoi gioielli migliori, si presentò al re. Egli era seduto sul suo trono. Appena la vide, le porse lo scettro d'oro che aveva in mano. Lei si avvicinò al re e si inginocchiò. Che cosa hai, regina Ester", le disse, "e che cosa chiedi? Se fosse la metà del mio regno, te lo darei?

- Re", disse Ester, "se hai trovato grazia in me, ti prego di concedermi la mia vita e quella del mio popolo, perché abbiamo un nemico che vuole portarceli via.

- Chi e dove è quest'uomo?", gridò indignato il re.

- È quel crudele Haman, qui presente; Haman vuole sterminare gli ebrei, e quel popolo è il mio popolo. Haman era confuso. Uno dei suoi servi raccontò allora ad Assuero che Haman aveva montato nel suo cortile una forca alta cinquanta cubiti per impiccare Mardocheo. "Che sia impiccato lì", disse il re. E l'ordine fu eseguito immediatamente.

Assuero emanò allora un nuovo editto per annullare il primo, e gli israeliti passarono dal lutto alla gioia e celebrarono feste.[398] In ricordo di questa liberazione, Ester e Mardocheo istituirono una festa annuale il 14 di Adar: la festa di Purim.

Nell'Antico Testamento, il libro di Ester fornisce ulteriori dettagli sull'atteggiamento degli ebrei. "Scrivevano a nome del re Assuero e le sigillavano con l'anello del re. Le lettere furono inviate da corrieri, cavalieri a cavallo delle scuderie reali. Nelle lettere il re concedeva che i Giudei di tutte le città si riunissero per difendere le loro vite, per sterminare, uccidere e annientare gli abitanti di ogni città o provincia che li avessero attaccati con le armi, insieme ai loro figli e alle loro mogli, e per saccheggiare i loro beni, e questo in un solo giorno, in tutte le province del re Assuero, il tredicesimo giorno del dodicesimo mese, che è il mese di Adar".[399] (Ester VIII, 10-12, Bibbia di Gerusalemme) I Giudei misero a

---

[398] Secondo *Histoire Sainte*, di M. Fresco, Edizioni Librairie Fresco, Parigi.

[399] Traduzioni su www.Bibliatodo.com. Nella traduzione Biblia Kadosh Israelita Messianica, Ester VIII: 12, 13, è riprodotta una presunta lettera del re Assuero:
"(...) Infatti Haman, un macedone [Amaleki], figlio di Hamdatha, essendo invero estraneo al sangue persiano e molto distante dalla nostra benevolenza, e come un estraneo ci ricevette, aveva ottenuto fino ad allora il favore che noi mostravamo verso tutte le nazioni, tanto da essere chiamato nostro padre e da essere continuamente onorato da tutto il popolo vicino al re. Ma egli, senza mostrare la sua grande dignità, si dedicò a privarci del nostro regno e della nostra vita; con molteplici e maliziosi inganni, cercò per noi la distruzione, come per Mardocheo [Mordecai] che ci salvò la vita e cercò continuamente il nostro bene, come anche l'irreprensibile Ester, partecipe del nostro regno, con tutta la sua nazione. Infatti, trovandoci privi di amici, egli cercò di far passare il regno dei Persiani ai Macedoni. Ma noi troviamo che gli Yahudim [Giudei], che questo scellerato aveva consegnato alla loro totale distruzione, non sono malvagi, ma vivono secondo le leggi più giuste; e che sono figli dell'Altissimo e Onnipotente, l'Elohim vivente, che ha ordinato il regno sia a noi che ai nostri progenitori nel modo più eccellente. Perciò fareste bene a non mettere in atto le lettere inviate da Haman, figlio di Hamdatha. Perché colui che è stato l'artefice di queste cose è appeso alle porte di Shushan con tutta la sua famiglia. Elohim, che regna su tutte le

ferro e fuoco tutti i loro nemici; fu una strage, uno sterminio: fecero quello che volevano ai loro avversari... I Giudei delle restanti province del re si riunirono per difendere la loro vita e la loro sicurezza dai loro nemici; uccisero dei loro avversari 75.000 persone, ma non saccheggiarono i loro beni. Questo avvenne il tredicesimo giorno del mese di Adar e il quattordicesimo giorno si riposarono e fu un giorno di festa gioiosa (Ester IX, 5, 16-17, Bibbia di Gerusalemme).

Questa è la storia della festa di Purim, che gli ebrei di tutto il mondo celebrano ogni anno a febbraio-marzo del nostro calendario: un po' come gli ucraini che celebrano ogni anno un sanguinoso pogrom, ma allora?

Purin in ebraico significa "caso". La data dello sterminio degli ebrei, il 13 Adar, fu decisa con l'aiuto dei dadi. Per questa festa, tutti gli ebrei si vestono in costume, perché si dice che Dio abbia agito nella maschera di Ester. L'usanza di travestirsi da personaggi biblici è molto diffusa tra gli ebrei. In Israele si tiene una grande parata in costume per le strade di Tel Aviv. I bambini si vestono da piccoli Mardocheo o Ester e agitano i loro sonagli. Nelle scuole, gli insegnanti si spogliano della loro dignità e vanno a sedersi ai banchi degli alunni mentre questi ultimi prendono posto. Queste gioiose celebrazioni sono precedute da un giorno di digiuno, "il digiuno di Ester", perché Ester aveva chiesto al suo popolo di digiunare e pregare con lei prima di avventurarsi a intercedere per loro presso il re Assuero.

Nella sinagoga, la festa di Ester viene celebrata con la lettura del Rotolo di Ester, uno dei cinque rotoli che compongono l'Agiografia. In questo giorno è permesso esprimere grande gioia, anche all'interno delle mura della sinagoga. Fischi, percussioni e sonagli scandiscono la lettura quando si fa il nome di Haman o dei suoi figli.

Il Talmud raccomanda anche di bere e di ubriacarsi durante il Purim, finché non si riesce più a distinguere tra il dire "sia maledetto Haman" e "sia benedetto Mordechai" (la lingua ebraica permette questo gioco di

---

cose, farà presto a vendicarsi di lui secondo il suo diritto. Pertanto, pubblicherete la copia di questa lettera in tutti i luoghi, affinché gli Yahudim possano vivere liberamente secondo le loro leggi. E che li aiutiate, affinché anche nello stesso giorno, che è il tredicesimo giorno del dodicesimo mese di Adar, possano essere vendicati su coloro che in tempo di afflizione si accaniranno su di loro. Perché l'Elohim onnipotente ha restituito nella gioia il giorno in cui il popolo eletto avrebbe dovuto perire. Voi, dunque, tra le vostre feste solenni, tenetelo in un giorno alto e con tutti i festeggiamenti, affinché ora e in seguito ci sia sicurezza per noi e per i Persiani colpiti; ma per coloro che tramano contro di noi, un memoriale di distruzione. Pertanto, ogni città o paese, qualunque esso sia, che non si comporti secondo queste cose, sarà distrutto senza pietà con il fuoco e la spada, e sarà reso non solo impraticabile per gli uomini, ma anche odiatissimo dalle bestie selvatiche e dagli uccelli per sempre". "Una copia dell'editto doveva essere promulgata come decreto in tutto il regno e proclamata a tutti i popoli, e gli Yahudim dovevano essere pronti in quel giorno a vendicarsi dei loro nemici". (NdT).

parole). Non si tratta di sguazzare sotto il tavolo, ma di raggiungere un livello in cui i concetti sono compresi al di là della loro semplice enunciazione.

Parenti e amici si regalano a vicenda e in questa occasione mangiano le ciambelle chiamate "orecchie di Haman". Queste ciambelle di forma triangolare si riferiscono all'usanza di tagliare le orecchie ai "criminali".

Dopo questo, analizziamo il caso di John Demjanjuk, noto come "Ivan il Terribile", il nazista di origine ucraina che seminò il terrore nel campo di Treblinka in Polonia. L'uomo fu arrestato molti anni dopo la fine della guerra, in violazione di tutti i principi dello Stato di diritto. Cittadino americano di origine ucraina, fu consegnato dalle autorità statunitensi a Israele, che lo consegnò alla giustizia come il "mostro di Treblinka". Legioni di testimoni avevano descritto sotto giuramento lo scempio compiuto da "Ivan il Terribile" a Treblinka.

Lo storico svizzero Jürgen Graf ha riportato quanto detto da questi "testimoni": "Aveva ucciso 800.000 ebrei con le sue stesse mani, con i gas di scarico di un carro armato russo sgangherato. Ha tagliato le orecchie agli ebrei per restituirle loro nella camera a gas. Con una baionetta tagliò pezzi di carne dai loro corpi. Con una sciabola aprì l'addome di donne incinte prima che venissero gassate. Con la spada tagliava i seni delle donne ebree che si dirigevano verso le camere a gas. Sparava e picchiava a morte, pugnalava, strangolava, fustigava gli ebrei a morte o li lasciava morire lentamente di fame".

Demjanjuk fu condannato a morte. Nel frattempo, le autorità giudiziarie israeliane riconobbero che l'ucraino probabilmente non era mai stato a Treblinka. Hanno quindi pensato di accusarlo di omicidio di massa nel campo di Sobibor (l'unica prova contro Demjanjuk era una carta d'identità valida per Sobibor, falsificata dal KGB; la carta di questo documento conteneva, secondo un'analisi condotta negli Stati Uniti, un componente fotochimico in uso solo dagli anni '60). [400]Ma il problema è che Demjanjuk è stato identificato da una schiera di testimoni sotto giuramento come il "mostro di Treblinka", il suo caso è una prova impressionante del valore delle dichiarazioni dei testimoni in processi di questo tipo".

Quindi questo "Demjanjuk" probabilmente non aveva mai tagliato le orecchie a nessuno. Per quanto riguarda le donne sventrate e i bambini le

---

[400] Jürgen Graf, *El Holocausto bajo la lupa*, Editorial Revisión, Buenos Aires, 1997, p. 71, 72. (Fonte: Rullmann, *Der Fall Demjanjuk* ["Il caso Demjanjuk"]). Un altro esempio: il 1° agosto 2003, il Tribunale civile di Roma (Italia) ha condannato per diffamazione una certa Rosina Stame, figlia di Ugo Stame, per aver ripetutamente affermato che suo padre era stato torturato e che il suo aguzzino non era altro che Erich Priebke, un ufficiale delle SS; le accuse si sono rivelate totalmente infondate (*Tabou*, volume 7, Ed. Akribeia, 2004, p. 60).

cui teste erano state schiacciate contro i muri, si può scommettere che ancora una volta si trattava di un caso di inversione accusatoria. "L'assalitore grida che gli si tagli la gola. Il trucco è vecchio come Mosè", scriveva Louis Ferdinand Céline in *Bagatelles pour un massacre (Bagatelle per un massacro).*

Una patologica volontà di potenza

Conosciamo la fertile immaginazione dei figli di Israele, che si sono autoassolti per secoli. Conosciamo anche la loro sete di potere. In effetti, anche la sofferenza degli ebrei trova uno sbocco nella ricerca del potere, senza dubbio per proteggersi dalla presunta ostilità degli "altri". Se da un lato ci sono ebrei che vivono in povertà, dall'altro ci sono ebrei ricchi, ricchissimi, immensamente ricchi, e il loro numero tra i miliardari del mondo (in miliardi) è del tutto sproporzionato.

Il ruolo svolto dagli ebrei nella creazione di Hollywood è abbastanza ovvio, considerando che gli ebrei, il "popolo-sacerdote" per eccellenza, hanno un messaggio da trasmettere a tutta l'umanità. Non è quindi un caso che gli studi cinematografici di Hollywood siano stati tutti fondati da imprenditori ebrei.

Hollywood, ci ha detto Jacques Attali in *Gli ebrei, il mondo e il denaro*, è un feudo ebraico: "Le aziende fondamentali di oggi sono: Universal, Fox, Paramount, Warner Bros, MGM, RCA e CBS sono tutte creazioni di immigrati ebrei provenienti dall'Europa orientale". "Adolf Zukor arrivò dall'Ungheria nel 1890 (...) nel 1917 fondò la Paramount Pictures, che mise al servizio della propaganda di guerra". Carl Laemmle, originario di Lauphaim nel Württemberg, apprendista sarto, fondò gli Universal Studios nel 1912. Nel 1923, i tre fratelli Warner, nati in Polonia, fondarono la Warner Bros. Mayer, nato a Minsk, fonda la Metro. Nel 1916, Samuel Goldfish fonda la Goldwyn, che si fonde con la Metro nel 1924.[401] L'azienda diventa Metro Goldwyn Mayer, "poi MGM, che molti traducono in yiddish - la lingua comunemente parlata a Hollywood all'epoca - con Mayer Ganze Mishpoje (tutta la famiglia Mayer)". Sebbene la Dysney non sia stata fondata da un ebreo, il suo attuale presidente porta lo stesso cognome del famoso leader bolscevico: Eisner.[402]

Questa informazione è stata confermata dallo scrittore di supermercati Paul-Loup Sulitzer nel suo libro del 1986 *L'Impératrice*: nel 1915, scrive, "Hollywood divenne la Mecca dell'industria cinematografica... la

---

[401] Jacques Attali, *Los judíos, el mundo y el dinero*, Fondo de cultura económica, 2005, Buenos Aires, p. 416.
[402] Paul-Loup Sulitzer, *L'Impératrice*, Stock, Le Livre de Poche, 1986, p. 293.

Universal di Carl Laemmle, la Paramount di Zukor e Lasky, e la Fox di William Fox (un ebreo ungherese che iniziò come clown di periferia con una spalla sotto il nome di Schmaltz Brothers)...".[403]

Nel 1988, un americano di nome Neal Gabler pubblicò un libro sull'argomento: *An Empire of Their Own*, sottotitolato: *How the Jews Invented Hollywood*. [404] Neal Gabler ci ha portato in quel mondo di "furfanti, corsari e millantatori della prima industria cinematografica". Ci ha lasciato alcuni interessanti ritratti di questi *magnati* di Hollywood, che hanno plasmato gran parte dell'immaginario occidentale per diverse generazioni.

All'inizio degli anni Trenta, la MGM di Louis Mayer aveva detronizzato la Paramount di Zukor. Louis B. Mayer "è sempre stato un estremista... Tutto ciò che faceva doveva essere più grande, un'afflizione abbastanza comune tra gli ebrei".[405]

Louis Mayer era un "*uomo di spettacolo*" e ovviamente mostrava tutti i sintomi di una personalità isterica. Neal Gabler raccontava le impressioni che il personaggio aveva lasciato su alcuni manager e registi: "Un egocentrico grandiloquente"; "altri vedevano il suo estremismo come una sorta di voracità"; "guardare Mayer mi ha fatto pensare a una mantide religiosa", disse un regista, "È un predatore... preda gli altri e gioca con loro"; "altri, addirittura, pensavano che il suo sentimentalismo fosse calcolatore e manipolatore, espresso solo per fare impressione". E ancora: "Andate a vedere Louis B. Mayer", ha detto un regista. Mayer", ha detto un regista, "era sempre un'esperienza. Era istrionico. Poteva sdraiarsi sul pavimento, pregare, cantare e illustrare il tipo di film che voleva fare, film sdolcinati che nessuno avrebbe osato fare, e poteva avere degli scatti d'ira mostruosi"... Le lacrime gli venivano facilmente agli occhi. Era famoso per scegliere le star riluttanti della MGM e per riversare dolci parole di elogio e di affetto finché Mayer non scoppiava a piangere sotto il peso della sua stessa performance. Ma non era solo spettacolo. Mayer era un uomo che intonava la sua vita in chiave emotiva, e poteva essere altrettanto emotivo e sentimentale nella sua vita privata. "Come uomo in contatto con le sue emozioni, era capace di commuoversi in molte situazioni, ha ricordato il nipote. Piangeva al cinema. L'ampiezza delle sue emozioni non si limitava

---

[403] Neal Gabler, *Le Royaume de leur rêve, la saga dei giudei che hanno fondato Hollywood*, 1988, Calmann-Lévy, 2005. Titolo originale: *An Empire of their own, How the Jews invented Hollywood*, Crown Publishers Inc, New York, 1988, traduzione dall'inglese al francese di Joahan-Frederik Hel Guedj. Neal Gabler, *Un impero tutto loro, Come gli ebrei hanno inventato Hollywood*, Confluences, 2015.

[404] Neal Gabler, *An Empire of Their Own, How the Jews Invented Hollywood*, Confluences, 2015, p. 198.

[405] Leggere *Psicoanalisi dell'ebraismo*.

ai sentimenti. Ogni emozione era enorme. Sebbene fosse difficile per lui arrabbiarsi, aveva un carattere terrificante... A volte ricorreva persino alla forza".

Ecco alcune spiegazioni che i nostri lettori potranno decifrare approfondendo il libro: Suo padre, Jacob, emigrato dalla Russia, era un venditore ambulante. "Jacob era un fallimento negli affari e in famiglia. Il suo rifugio era la religione... Jacob Mayer era tra i giusti che riponevano la Torah... ed era chiaramente uno dei pilastri della comunità ebraica".

È stato "descritto come "avaro e tirannico", e non c'era certo amore tra padre e figlio". "La famiglia era terribilmente povera... Il padre lo sfruttava spudoratamente... mentre la madre piangeva, temendo per la sua sicurezza.[406] A casa era vittima degli abusi e delle umiliazioni del padre". I rapporti con la madre erano molto diversi: "Durante gli anni della formazione, il suo unico punto di riferimento era stata la madre. Parlava di lei con un tale idealismo che persino il nipote si chiese in seguito se Mayer stesse cercando di compensare una qualche mancanza o trascuratezza".[407] Sua figlia scrisse che "sentiva che tutto ciò che c'era di buono in lui l'aveva ereditato da sua madre"... Finché visse, il ritratto di sua madre fu appeso sopra il letto di Mayer".

Harry Cohn ha seguito le orme di Louis B. Mayer per costruire la Columbia Pictures, che gestì con pugno di ferro. Cohn era figlio di un intagliatore ebreo tedesco e di una madre ebrea russa. Aveva alcuni degli stessi difetti dei suoi coetanei:

"Secondo uno scrittore che vi ha lavorato duramente, Cohn dirigeva la Columbia come se fosse il suo stato di polizia. Era duro, terrificante, spietato e impavido, insopportabilmente maleducato, sboccato, sgargiante, una macchina di potere che aveva il totale controllo finanziario e fisico del suo impero autocostruito... Si dice che avesse dispositivi di ascolto in ogni palco sonoro e che potesse sintonizzarsi su qualsiasi conversazione in corso e gridare attraverso un altoparlante se sentiva qualcosa che non gli piaceva".

"Tra le forze indomite di Hollywood, Cohn, intimidatorio e sdegnoso, era probabilmente il più temibile... Cohn era pienamente consapevole di questo effetto; era un'eminenza della Columbia Pictures e si arrogava il potere come un monarca si arroga il potere divino". "Dalla porta dell'ufficio di Cohn alla sua scrivania c'erano nove metri, una passeggiata che i visitatori chiamavano l'ultimo miglio. "Perché hai il tavolo qui, a questa distanza? - gli chiese una volta il suo amico Jonie Taps, dirigente della Columbia - rispose: "Quando arrivano al tavolo, sono già sconfitti". Mai sentito parlare

---

[406] Neal Gabler, *An Empire of Their Own, How the Jews Invented Hollywood*, Confluences, 2015, pagg. 164-168.
[407] Neal Gabler, *An Empire of Their Own, How the Jews Invented Hollywood*, Confluences, 2015, pag. 173.

di psicologia? Conosceva l'effetto che faceva. [408]Quando arrivavano lì, si cagavano addosso".

Harry Cohn rappresentava "il magnate profano, volgare, crudele, avido e donnaiolo". Era anche "astuto e manipolatore" e, "come per altri ebrei di Hollywood, la classe, la mancanza di istruzione e la religione hanno cospirato per fargli molto male". "Cohn era consumato dalla sua posa da duro... Il suo evidente disprezzo e il suo cinismo erano le armi della rabbia" e "credeva istintivamente che solo attraverso l'ostilità, il conflitto e l'acrimonia si potesse fare un lavoro superiore". "La cosa patetica è che era un uomo combattuto... tra due diverse personalità che sentiva di dover mantenere. Da un lato, voleva essere il manager più duro e spietato di Hollywood, quello che tutti temevano. Dall'altro, voleva essere visto come un uomo di gusto e di giudizio, da invidiare.

La sua estrema aggressività era senza dubbio dovuta a problemi della sua infanzia. Ecco cosa ha scritto Neal Gabler al riguardo: "Cohn sentiva il bisogno di prendere le distanze dal suo passato, come fece Louis B. Mayer, perché lo vedeva come una possibile crepa nella sua facciata di invincibilità. Mayer lo fece, perché lo vedeva come una possibile crepa nella sua facciata di invincibilità. [409]Non ha mai detto nemmeno ai suoi amici più stretti quali demoni lo perseguitassero da bambino, o quali abusi avesse subito".

Naturalmente, alcuni spiegheranno il suo carattere con la sofferenza causata dall'antisemitismo che ha subito da bambino. Ma i nostri lettori sapranno presto cosa fare dei traumi subiti dai bambini ebrei.

Per quanto riguarda i due fratelli Warner, Jack e Harry, Neal Gabler ha riportato la testimonianza di Betty, figlia di Jesse Lasky, dirigente della Universal: "Andammo in piscina e ricordo che c'erano due fratelli Warner... Ricordo che ero terrorizzata da loro... Erano due tipi brutali. Non ero abituata a tipi come loro... ragazzi del ghetto. Ecco che aspetto avevano.[410] Erano molto brutti [mostruosi], ma un tipo diverso di bruttezza [una mostruosità], ghetto... Era come quando un bambino va al circo e vede uno spettacolo di fantascienza [e vede un mostro]".[411]

---

[408] Neal Gabler, *An Empire of Their Own, How the Jews Invented Hollywood*, Confluences, 2015, p. 308, 248-249.
[409] Neal Gabler, *Un impero tutto loro, come gli ebrei hanno inventato Hollywood*, Confluences, 2015, pagg. 250, 251, 280.
[410] Neal Gabler, *An Empire of Their Own, How the Jews Invented Hollywood*, Confluences, 2015, p. 355.
[411] Neal Gabler, *Le Royaume de leur rêve, la saga des juifs qui ont fondé Hollywood*, 1988, Calmann-Lévy, 2005, p. 282. (Le traduzioni differiscono. In generale, abbiamo trovato più cruda la traduzione francese. N.T.)

Erano anche predatori sessuali: "Jack Warner ostentava le sue conquiste come se fossero trofei". Ma "il più noto e insaziabile predatore sessuale era Harry Cohn". Neal Gabler ha raccontato questo aneddoto: "Corinne Calvet, una giovane star francese bella e dalle proporzioni generose, ricevette da Cohn l'ordine di recarsi sul suo yacht per discutere un contratto. Quella sera Cohn, in pigiama, andò come un toro nella sua stanza e la aggredì.[412] La Calvet, che lo trovava fisicamente ripugnante, riuscì a impedirgli di andare oltre e a nascondersi fino a quando il suo fidanzato, l'attore Rory Calhoun, riuscì ad arrivare più tardi quella sera per portarla fuori dalla barca e metterla al sicuro".[413]

In relazione a un'epoca più recente, anche il libro di Peter Biskind del 2004 *Sex, Lies and Hollywood* presenta resoconti piuttosto edificanti del comportamento di personaggi come Bob e Harvey Weinstein, fondatori della casa di produzione Miramax sorta negli anni Novanta: "*La finezza non ha mai fatto parte dell'arsenale di Harvey. Guardate i suoi precedenti: strappava i telefoni dalle pareti e li buttava per terra; sbatteva sempre le porte e rovesciava i tavoli; qualsiasi cosa a portata di mano poteva essere trasformata in un'arma da lancio: posacenere, libri, cassette, le fotografie di famiglia incorniciate sulla sua scrivania che Harvey scagliava contro la testa di qualche sfortunato dirigente, solo per vederle infrangersi contro il muro, frantumarsi e lanciare schegge di vetro, perché, in realtà, raramente, se non mai, colpivano il bersaglio.*" Harvey Weinstein era incontrollabile: "*Quando perdeva il controllo, era capace di qualsiasi cosa...*" sembrava che si stesse gonfiando, come se la pressione barometrica fosse cambiata; si pensava che stesse per esplodere. E a volte esplodeva. Il suo viso diventava rosso, letteralmente, come la pietra. Non era come se stesse per lanciare sedie, ma piuttosto come se stesse per venire verso di te, per strangolarti".

---

[412] Neal Gabler, *An Empire of Their Own, How the Jews Invented Hollywood*, Confluences, 2015, pagg. 363, 364. Questo ci ricorda ciò che Louis-Ferdinand Celine scrisse nel 1937 in *Bagatelles pour un massacre (Bagatelle per un massacro)*, il suo famoso pamphlet: "Vuoi fare carriera? Bella? Vuoi essere lusingata! Dimmi... Vuoi essere la regina dell'universo ebraico!... Vuoi essere sovrana, piccola puttana?... La preferita del mondo? Va bene!...".

[413] Nell'ottobre 2017, *il New York Times* e *il New Yorker* hanno pubblicato decine di accuse di abusi sessuali contro Harvey Weinstein per molestie, abusi sessuali e persino stupro. Di conseguenza, è stato espulso dalla sua società e dall'Academy of Motion Picture Arts and Sciences e sua moglie ha chiesto il divorzio. Weinstein è stato arrestato e accusato di stupro a New York il 25 maggio 2018... Dalle accuse di Rose McGowan e Ashley Judd, più di 80 donne si sono aggiunte, denunciando ripetuti abusi sessuali da parte di Harvey Weinstein, che ha approfittato del suo potere e della sua influenza per abusare di loro. Questo scandalo ha portato alla nascita del cosiddetto movimento "*Me Too*", un movimento globale in cui migliaia di donne hanno denunciato situazioni di abusi e molestie sessuali. (wikipedia) (NdT).

I dipendenti della Miramax hanno sopportato molte umiliazioni: "I Weinstein hanno approfittato della loro instabilità, trasformandola nella routine del poliziotto cattivo/poliziotto buono che usavano per tenere i loro sottoposti spaventati e agitati. "Facevano impazzire tutti", dice Lipsky. "Da quando li ho conosciuti, il loro *modus operandi* era di calpestarti e poi di aiutarti a rialzarti. [414]Prima ti calpestavano e poi si scusavano"... C'erano persone che erano semplicemente troppo brave per lavorare lì e i Weinstein le torturavano".

I Warner, come tutti gli altri, nonostante le loro eccentricità, erano naturalmente buoni ebrei: "Jack Warner pretendeva che i suoi dipendenti ebrei donassero una percentuale del loro stipendio alla United Jewsih Welfare Found. Durante una raccolta fondi, li convocò nella caffetteria dello studio... "Warner entrò e, con nostro grande stupore, ha ricordato Alvah Bessie, brandì un manganello di gomma, che doveva essere un oggetto di scena di uno dei film antinazisti che stavamo girando...: "Raddoppiate tutti il vostro contributo qui e ora, o affrontate le conseguenze![415]"Era sufficiente che dicesse - ha ammesso il figlio Jack junior -: "Non tornerete a lavorare qui se non donerete all'United Jewish Appeal".[416]

Neal Gabler ha ricordato il ruolo di Edgar Magnin, "il rabbino delle star" all'interno del mondo hollywoodiano: "Definire qualcuno antisemita era il modo più sicuro per infangare la sua reputazione tra i dirigenti di Hollywood". Quando il direttore di produzione della RKO, George Schaefer, rifiutò l'offerta di Louis B. Mayer di acquistare il negativo del film. Mayer di acquistare il negativo del capolavoro di Orson Welles *Citizen Kane* (Mayer si era offerto di distruggere il film perché era vagamente e poco lusinghieramente basato sulla vita del suo amico William Randolph Hearst), Schaefer divenne improvvisamente vittima di una campagna di sussurri che lo accusavano di antisemitismo. Schaefer, deciso a scoprire la fonte, rintracciò le voci in uno stretto collega di Mayer. Naturalmente, tutto ciò non impediva agli ebrei di Hollywood di praticare la discriminazione alla rovescia - "Quei *goyim*!", gridava Harry Warner in segno di scherno, oppure "È un bravo ragazzo per essere un *goy*", poteva dire un ebreo - ma solo nel loro sancta sanctorum, quando erano al sicuro

---

[414] Peter Biskind *Sexo, mentiras y Hollywood, Miramax, Sundance y el cine independiente*, Anagrama, Barcellona, 2013, p. 92-96.
[415] Neal Gabler, *An Empire of Their Own, How the Jews Invented Hollywood*, Confluences, 2015, p. 421. [La versione francese nel testo indica tutti i loro dipendenti e non solo quelli ebrei. NdT].
[416] Basta chiedere a Mel Gibson.

tra i colleghi ebrei, e solo per passaparola.[417] Per il resto, i gentili venivano accolti e trattati con deferenza".

Anche l'attore americano Kirk Douglas ha dovuto adattarsi all'ambiente di Hollywood per fare la carriera che conosciamo.[418] Nella sua biografia, ricca di aneddoti su quel mondo, ha scritto: "Le persone cambiano quando arrivano a Hollywood... È la città in cui Cliff Robertson scoprì David Begelman come contraffattore e ladro, con il risultato che gli venne tributata una standing ovation in un ristorante di Hollywood, mentre Robertson fu inserito nella lista nera per quattro anni".

L'intellettuale ebreo americano Walter Lippman giunse a questa ovvia conclusione: "Gli ebrei ricchi, volgari e pretenziosi delle nostre grandi città americane sono forse la più grande disgrazia che sia capitata al popolo ebraico. Sono la fonte dell'antisemitismo.[419] Quando vanno in giro con le loro auto, con i loro gioielli e le loro pellicce, truccati e così rasati, quando costruiscono i loro *castelli* francesi e i loro *palazzi* italiani, stimolano l'odio latente contro la pura ricchezza nelle mani di persone superficiali; e questo odio si diffonde solo...".

I maestri di Hollywood erano certamente caricature di una certa forma di dominio ebraico. Anche Martin Gray, sopravvissuto all'Olocausto, aveva qualcosa da dimostrare al mondo. Dopo la guerra, si recò negli Stati Uniti, a New York, dove si riunì alla sua famiglia che, miracolosamente, non era stata sterminata. "Moltiplicai le mie attività, i giochi, le vendite, i servizi, gli spettacoli. Accumulai dollari. La sera crollavo a letto, esausto". Si dedicò quindi al commercio di antiquariato, in particolare di porcellana, acquistando febbrilmente tutto ciò che riusciva a trovare. Viaggiò in

---

[417] Neal Gabler, *An Empire of Their Own, How Jews Invented Hollywood*, Confluences, 2015, p. 410. ["Nel perseguire un ebraismo americanizzato, Magnin non parlava solo come un ebreo di San Francisco pienamente assimilato. Stava anche adattando e sancendo le opinioni della sua congregazione. Quello che gli ebrei tedeschi volevano, quello che gli ebrei di Hollywood volevano, era un modo per mantenere la loro ebraicità (non potevano farne a meno) senza essere troppo aggressivi o provocare i goyim... Mayer sosteneva che Edgar si sarebbe inserito in qualsiasi gruppo. Magnin si descriveva come "una persona democratica". Viveva a Beverly Hills, tra i magnati del cinema, in una hacienda spagnola che aveva progettato lui stesso, perché credeva che il periodo spagnolo fosse l'età d'oro dell'ebraismo... Tutto questo rendeva Magnin molto attraente per gli ebrei di Hollywood, che avevano rinunciato al dogmatico ebraismo ortodosso dei suoi genitori. Carl Laemmle, Harry e Jack Warner, Louis B. Mayer, Irving Thalberg, William Fox e una miriade di dirigenti cinematografici, registi e attori divennero membri del B'nai B'rith, ma Magnin ammise che non era l'opportunità di praticare la religione ad attrarli; semmai era l'opportunità di secolarizzare la religione". Neal Gabler, *Un impero tutto loro*, pagg. 410-412. (NdT]

[418] Kirk Douglas, *Il figlio dello straccivendolo* (1988), Cult Books, 2021, p. 129

[419] Neal Gabler, *An Empire of Their Own, How the Jews Invented Hollywood*, Confluences, 2015, p. 353.

Europa, il continente era appena uscito dalla guerra a pezzi: "Compravo senza contrattare; la fretta era la mia forza. *Il tempo è denaro*. Il lunedì partii per Francoforte e Berlino. Presto aggiunsi Londra al mio viaggio. Ho fatto acquisti, telefonato, saltato dal taxi all'aereo, dormito". Un giorno una donna gli disse: "Devi prenderti del tempo per vivere, Mendle. Non correre sempre. Impara a essere felice, Mendle. Non scappare sempre". Ma Mendle spiegò: "Ho preferito il lavoro alla pace che mi offriva. Forse, più tardi, una donna avrebbe potuto rallentare un po' la mia carriera; forse un giorno avrei potuto finalmente trovare il gusto del riposo." (pagina 347). "A Berlino il mercato stava diventando difficile... Tutti gli antiquari d'America erano piombati su Berlino, svuotando la città e l'intera Germania delle sue porcellane... - Comprate Tolek, comprate tutto, diceva al suo socio... E i dollari si accumulavano, e ogni mille dollari era un muro della mia fortezza che si alzava... Accumulavo i dollari, investivo, piazzavo... Ero già ricco, cittadino americano, importatore, produttore, con una filiale in Canada e un'altra all'Avana. Possedevo beni immobili, ho investito i miei soldi in borsa. Passavo da una capitale all'altra, le mie periferie si chiamavano Parigi e Berlino...".[420] E ancora: "Ero attivo, efficiente; non perdevo aerei o vendite... Incassavo, investivo, compravo, incassavo...". E così la Germania, un Paese sconfitto, fu saccheggiata da cima a fondo.

Anche la scrittrice Irène Némirovsky, che proveniva da una famiglia di banchieri, ci ha lasciato nei suoi libri i ritratti dei potenti così come li aveva visti nella sua Ucraina.[421] Nel suo romanzo *David Golder*, pubblicato nel 1929, raccontava la storia di un banchiere che, come suo padre, era emigrato a Parigi: "A Londra, a Parigi, a New York, quando si nominava David Golder, la gente pensava a un vecchio ebreo duro, odiato e temuto per tutta la vita, che aveva schiacciato chiunque avesse incrociato il suo cammino".

Golder frequentava alcuni suoi colleghi, banchieri e uomini d'affari di successo. Come questo Fischl: "Golder lo considerava quasi con odio, come una caricatura crudele: un ebreo grassoccio, dai capelli rossi e rosei, dall'aspetto comico, ignobile e un po' sinistro...". Spiega le sue traversie: "Sì, sono passato per i tribunali... Ma, come può vedere, non ho fatto peggio di altre volte", elenca Fischl con le dita. Austria, Russia, Francia. Sono stato in prigione in tre Paesi. Spero che sia finita e che mi lascino in pace. Spero che vadano all'inferno. Non voglio fare altri soldi, ormai sono vecchio...".

David Golder aveva avuto rapporti d'affari anche con un altro ebreo di nome Soifer: "Uscirono insieme, ognuno appoggiato al suo bastone. Golder camminava in silenzio mentre il suo compagno gli raccontava di un

---

[420] Martin Gray, *En nombre de todos los míos*, Plaza & Janés, Barcelona, 1973, p. 332, 347, 348, 349, 351, 352, 357. Si legga anche *La Mafia judía*.
[421] Irène Némirovssky, *David Golder*, Salamandra, Barcellona, 2006, p. 125

affare nel settore dello zucchero che si era concluso con una bancarotta fraudolenta.[422] Mentre citava le cifre e i nomi degli azionisti coinvolti, Soifer si strofinava le mani tremanti per la gioia".

Ecco che tipo di uomo era questo Soifer: "Soiler, un vecchio ebreo tedesco, una vecchia conoscenza della Slesia che avevo perso di vista... Venivo a giocare a carte con lui. Soifer, una volta rovinato dall'inflazione, aveva recuperato tutte le sue perdite speculando sul franco. Tuttavia, gli era rimasta una sfiducia permanente, che cresceva di anno in anno, nei confronti di un denaro che rivoluzioni e guerre potevano trasformare da un giorno all'altro in cartamoneta senza valore. A poco a poco, trasformò la sua fortuna in gioielli. In una cassetta di sicurezza a Londra conservava diamanti, magnifiche perle, smeraldi così belli che nemmeno la gloria nei suoi giorni migliori si sarebbe sognata di possedere... Tuttavia, era avara fino all'ossessione. Viveva come inquilino in un sordido appartamento ammobiliato in una tetra strada del quartiere di Passy. Non saliva su un taxi, anche se era pagato. "Non voglio abituarmi a ciò che non posso permettermi", diceva. In inverno, aspettava l'autobus sotto la pioggia per tutto il tempo necessario e, se non c'era posto sul secondo autobus, continuava ad aspettare finché non c'era. [423]Anni dopo, Soifer sarebbe morto solo, come un cane, senza amici, senza una corona di fiori sulla tomba, sepolto nel cimitero più economico di Parigi da una famiglia che lo odiava e che lui aveva odiato, ma alla quale aveva comunque lasciato una fortuna di oltre trenta milioni, compiendo così l'incomprensibile destino di ogni buon ebreo su questa terra".

All'inizio del XXI secolo, la volontà di potenza ebraica è visibile anche in un miliardario americano, Sam Zell, ma ce ne sono molti, molti di più. Il settimanale di sinistra *Marianne* del 7 aprile 2007 ha pubblicato questo breve articolo: "Sam Zell ha fatto fortuna acquistando edifici con vecchi affitti; riesce a surrogare i contratti di locazione grazie ai suoi legami politici e poi aumenta gli affitti e sfratta gli inquilini, soprattutto gli anziani. Ha appena comprato il *Los Angeles Times*, uno dei giornali più prestigiosi degli Stati Uniti". E *Marianne* commenta brevemente, ironicamente, ma senza indicare i veri protagonisti: "Viva il modello americano!" Che bastardi questi "americani", vero?[424]

Nel suo libro *Il paradosso ebraico*, pubblicato nel 1976, Nahum Goldmann aveva scritto: "La vita ebraica è composta da due elementi: accumulare denaro e protestare". Ma Roger Cukierman, ex presidente del Consiglio di rappresentanza delle istituzioni ebraiche in Francia, si indignava per questi pregiudizi e negava l'ovvio: ""Gli ebrei hanno i

---

[422] Irène Némirovssky, *David Golder*, Salamandra, Barcellona, 2006, p. 46-47, 144
[423] Irène Némirovssky, *David Golder*, Salamandra, Barcellona, 2006, p. 140-141
[424] Nahum Goldmann, *Le Paradoxe juif*, Stock, Paris, 1976, p. 67.

soldi!"".[425] Ancora una volta questi terribili pregiudizi antisemiti, così banalizzati che finiscono sempre per provocare le peggiori conseguenze".

Infine, a modo suo, anche Nahum Goldmann negò l'ovvio. A pagina 39 del suo libro, racconta un aneddoto straordinario, un colloquio con il ministro degli Esteri sovietico: "Signor Litvinov, due mesi fa ho incontrato il segretario di Stato vaticano, il cardinale Pacelli (il futuro Papa Pio XII), e monsignor Pacelli mi ha parlato della "potenza mondiale dell'ebraismo". Non lo biasimavo: è un cattolico, cosa ne sa della vita ebraica? Ma che lei, signor Litvinov, con la sua intelligenza ebraica, mi dica cose così assurde mi fa davvero arrabbiare". Non dimenticherò mai la sua reazione, scrive Goldmann. Rimase in silenzio per trenta secondi, poi si alzò, fece il giro del grande tavolo che ci separava e mi tese la mano: "Stringiamoci la mano, signor Goldmann; ho detto una cosa assurda.[426] Mi scusi".

Truffatori e trafficanti

Nel nostro precedente libro, *La mafia ebraica* (2008), abbiamo riassunto le principali truffe che hanno segnato la storia della Repubblica francese. Per quanto riguarda la Terza Repubblica, possiamo citare anche i seguenti casi: il caso Sacazan, che coinvolgeva 23 casi per un valore di 50-60 milioni, e che vedeva coinvolti Isaac Azan e i fratelli Levy. C'era anche il caso Lévy-Goldenberg, che all'epoca ammontava a 1 miliardo di franchi. Il caso Lloy de France-Vie, che ha rivelato l'appropriazione indebita di fondi da parte di Haas, stimata all'epoca a 7 milioni di franchi. Il caso del Crédit Français: quattro milioni di franchi sottratti da un certo Blumenfeld. Il fallimento della Gaumont Franco-Films Aubert: un deficit di 400 milioni di franchi causato dalle malversazioni di Heim e Goudchaux. Il fallimento della Banque des Coopératives: un deficit di 10 milioni di franchi (direttore: Gaston Lévy). Il caso del Crédit Franco-Belge (Sylvestre Blumenfeld); il caso della banca lussemburghese Wulf (Abraham Adler); l'affare austriaco Phoenix (Wilhelm Berliner); il caso dell'Union continental carbonera (Célestin, Ernest e Abraham Lévy). L'affare Pathé-Nathan, uno scandalo che fece scorrere molto inchiostro a partire dal 1934 e che portò a perdite per 600 milioni. [427]Pochi mesi prima, un altro produttore, l'ebreo tunisino Jacques Haïk, era fallito, lasciando un deficit di 103 milioni.

Ecco un altro famoso scandalo: Louis Louis-Dreyfus, il re del grano prima della guerra. Nel 1932, quando il raccolto era in eccedenza e i prezzi stavano crollando, acquistò a 75 franchi al quintale e accumulò enormi

---

[425] Roger Cukierman, *Ni fiers, ni dominateurs*, Edition du Moment, 2008, p. 97.
[426] Nahum Goldmann, *Le Paradoxe juif*, Stock, Paris, 1976, p. 39.
[427] Recensione di Henry Coston, aprile 1944, in *Je vous hais!*, p. 82, 83.

quantità. Con la complicità del ministro Queuille - futuro combattente della resistenza durante l'occupazione tedesca - fece votare il prezzo ufficiale a 115 franchi al quintale, il che gli permise di rifornire i mulini di Parigi, Pantin e Strasburgo, che appartenevano ai suoi correligionari Baumann, Bloch e Lévy, con un profitto di 40 franchi. Louis Louis-Dreyfus commerciava anche grano rumeno, che aveva naturalizzato come "marocchino", acquistato a 25 franchi al quintale in Romania e venduto a 115 franchi in Francia.

Durante la Seconda Guerra Mondiale, anche alcuni ebrei fecero molti soldi commerciando con i tedeschi. In *La mafia ebraica* abbiamo citato i due principali commercianti, "Monsieur Michel" e "Monsieur Joseph". Ma ci furono molti altri che fecero notizia all'epoca per il loro coinvolgimento nel mercato nero. Il documento dell'aprile 1944 intitolato "*Je vous hais!*" (*Vi odio!*), dal famoso grido di Léon Blum alla Camera dei Deputati, ne cita alcuni: Abraham e Lesel trafficavano chilometri di stoffa, quintali di farina e migliaia di scatolette di cibo in scatola (22 gennaio 1943). La signora Salomouchitch immagazzinava una grande quantità di stoffa (25 aprile 1942). Il signor Raphael Worms nascondeva in cantina una quantità di carbone sufficiente a rifornire un ospedale in inverno (27 febbraio 1942). Il capo della banda, Simin Abelansky, fu arrestato il 13 giugno 1942. Elie Taïeb vendette migliaia di tessere per il pane (8 marzo 1942). Joseph Hadjadj accumulò centinaia di chili di cibo per il mercato nero (20 maggio 1942). Il commerciante Rozenstern fu arrestato con 300.000 franchi in banconote. Una banda aveva venduto 15.000 tonnellate di cavoli marci conosciuti come "crauti ungheresi" (8 giugno 1942). Zahn e Grunberg furono arrestati per traffico di carte alimentari (27 novembre 1941). Marcel Weill aveva venduto 4.000 chili di lana a 434 franchi al chilo (1 dicembre 1941). Kroll e Kolcon furono arrestati per traffico di tessuti e pollame (1° dicembre 1941). Goldberg, Feder e Moszek vendettero cuoio rubato per un valore di diverse centinaia di migliaia di franchi (19 febbraio 1942). Lévy e Meyr trafficano pepe (26 giugno 1942). 700 pacchetti di stoffa, 15 pacchetti di lino e 2700 tavolette di cioccolato furono sequestrati nella casa di un certo Baumgarten. Steinmuller vendeva carte alimentari contraffatte. La polizia confiscò stoffe per un valore di 220.000 franchi a Jacob Pinto. Samuel Choima e Abraham Elefant avevano 269 paia di scarpe. Haïl e Lévy (arrestato il 23 aprile 1941) avevano venduto 700 chilometri di stoffa. In breve, più di 4.000 ebrei furono arrestati nella zona non occupata per il traffico sul mercato nero.[428] Bastava aprire un giornale.

È senza dubbio questo che ha ispirato il regista Kurt Hoffmann a realizzare il suo film cult in Germania, *Wir Wunderkinder (I bambini*

---

[428] Aprile 1944, in *Je vous hais!*, p. 89, 90

prodigio, 1958): Agli albori del nazismo, le circostanze separano tre giovani che hanno studiato insieme. Il primo, Stein, è costretto a fuggire perché ebreo. Il secondo, Hans Boeckel, perde il lavoro di giornalista perché si rifiuta di aderire al partito nazista. Il terzo, Bruno Tiches, un carrierista, si unisce al partito. I tre si ritrovano dopo la guerra: Stein torna indossando l'uniforme americana, Boeckel è un giornalista e il nazista Tiches si è arricchito a dismisura sul mercato nero.[429] Come è noto, sono stati i nazisti a trarre i maggiori vantaggi dal mercato nero.

Le truffe continuano a verificarsi regolarmente in tutti i Paesi democratici dell'Occidente. In Francia, nel dicembre 2008, abbiamo appreso che nell'ultimo anno sono state presentate centinaia di denunce per una truffa messa in atto da una rete franco-israeliana. Le indagini sono iniziate dopo la presentazione di due denunce a Dax (Landes) nel dicembre 2007. Le indagini hanno portato all'arresto di quattro persone in aprile e poi di una trentina in Israele all'inizio di dicembre, dove sono stati sequestrati anche 700.000 euro, gioielli di valore e veicoli di lusso. I truffatori utilizzavano fax o telefonate per offrire annunci ad artigiani, commercianti e associazioni su falsi servizi di elenchi elettronici. Dopo un primo periodo gratuito, le vittime, che avevano firmato un contratto di difficile lettura perché inviato via fax, ricevevano fatture esorbitanti. Per rescindere il contratto, dovevano inviare un "assegno di deposito" di importo variabile che veniva incassato da questa rete di truffatori. Per i 422 denuncianti dello scorso anno, le perdite variavano da 3.000 a 47.000 euro per vittima.

Ma questi criminali sono in realtà pesci piccoli rispetto a Bernard Madoff. Questo finanziere newyorkese era stato soprannominato "il Buono del Tesoro ebraico" dai membri della comunità ebraica americana per l'impressione di sicurezza che l'uomo e i suoi prodotti finanziari davano. In realtà, gli interessi che distribuiva ai suoi clienti non erano il risultato dei suoi investimenti: si limitava a raccogliere fondi da nuovi investitori e a distribuirli a quelli vecchi (schema piramidale). Nel dicembre 2008 la sua società è fallita, mandando in rovina decine di migliaia di risparmiatori. Ma in seguito avremmo appreso che i grandi squali dell'investimento non erano i perdenti di questa storia. Cinquanta miliardi di dollari sono scomparsi.[430] È stata la più grande truffa della storia dell'umanità.

---

[429] Ricordiamo che a tutti gli ebrei era stato impedito di lasciare la Germania: "Himmler ordinò la cessazione di ogni emigrazione ebraica dal Reich. L'ordine, emesso il 18 ottobre 1941, fu trasmesso a tutte le stazioni della Gestapo il 23". Saul Friedländer, *Il Terzo Reich e gli ebrei (1939-1945), Gli anni dello sterminio*, Galaxia Gutenberg, Barcellona, 2009 p. 387.
[430] Si legga Hervé Ryssen, *Israel's Millionaires*, OmniaVeritas, 2014: la frode della Carbon Tax, la frode dell'IVA, gli schemi piramidali alla Madoff, i *Junk Bond* e il fallimento delle Casse di Risparmio negli anni '80, la crisi immobiliare del 2008

L'enigma dell'antisemitismo

L'amnesia selettiva è uno dei sintomi della patologia isterica. Sigmund Freud, che aveva studiato il fenomeno dopo aver assistito alle lezioni del professor Martin Charcot alla Salpêtrière, scrisse nel 1916 a proposito dell'isteria: "Quest'ultima nevrosi è caratterizzata il più delle volte da vaste amnesie... Di norma, dettagli importanti scompaiono dal quadro completo di un ricordo recente di questo tipo, o sono sostituiti da distorsioni del ricordo. [431] Queste alterazioni della capacità di ricordare sono, come abbiamo detto, caratteristiche dell'isteria; nell'isteria si presentano come sintomi, stati (attacchi isterici) che di solito non lasciano alcuna traccia nella memoria".

In *Speranze planetarie* (2005), abbiamo sottolineato come la maggior parte degli intellettuali ebrei abbia negato il ruolo di primo piano svolto dai loro connazionali nella tragedia comunista, preferendo spesso, non senza una certa sfacciataggine - la famosa *chutzpah* -, atteggiarsi a vittime. Numerose prove e innumerevoli testimonianze non impediscono a certi ebrei di dire falsità monumentali. Il cacciatore di nazisti Simon Wiesenthal, ad esempio, ha persino cercato di farci credere che, all'epoca dell'invasione della Polonia nel 1940, i sovietici avevano perseguito una politica antisemita. Wiesenthal scrisse: "Ma gli ultimi "liberatori" avevano portato con sé l'NKVD, la loro polizia di sicurezza, che si mise ad arrestare gli ebrei "borghesi", i commercianti e i proprietari di fabbriche, così come l'"intellighenzia": medici, avvocati e insegnanti... A molti ebrei "borghesi" vennero consegnati i cosiddetti passaporti "Paragrafo 11" che li rendevano cittadini di seconda classe, esenti da privilegi, vietando loro di risiedere nelle grandi città o nel raggio di cento chilometri da un confine. Persero i loro buoni lavori e i loro conti bancari furono confiscati".

Alla fine del suo libro, Simon Wiesenthal riprende il suo lamento fuorviante: "Durante l'occupazione sovietica, dal settembre 1939 al giugno 1941, molti furono arrestati con l'accusa di essere "borghesi" o di essere membri dell'intelligence, o sionisti, o di possedere proprietà... Pochi mesi dopo, tutti gli ebrei in possesso di passaporti "Paragrafo 11" furono deportati in Siberia, dove molti di loro morirono". Tuttavia, si apprende che Wiesenthal aveva corrotto un commissario dell'NKVD, probabilmente ebreo, ed era così riuscito a ottenere passaporti legali per la moglie, la

---

(politica della FED, *Subprime*, CDO, CDS), ecc. ecc.
[431] Sigmund Freud, *Opere raccolte, volume 16 (1916-17), Lezioni di introduzione alla psicoanalisi (parte III)*, Amorortu Editores, Buenos Aires, 1991, pagg. 259-260.

madre e se stesso. ⁴³²Alla fine del libro, Wiesenthal si complimenta con il fatto: "Purtroppo, tra gli ufficiali sovietici c'erano dei commissari ebrei".⁴³³

In realtà, come sappiamo, gli ebrei vennero mandati al di là degli Urali per essere protetti e molti trascorsero la guerra nella soleggiata Tashkent, in Uzbekistan, una città turistica nota per la qualità della vita.

Wiesenthal ci ha anche raccontato il calvario degli innocenti ebrei ucraini all'arrivo delle truppe tedesche nel 1941, senza mai spiegare che gli stessi ebrei, all'epoca molto sovrarappresentati nel regime comunista e nei suoi servizi repressivi, avevano commesso massacri contro i nazionalisti ucraini: "Conosco ebrei che erano stati nelle carceri sovietiche, che erano riusciti a fuggire da esse e che poi erano stati assassinati dagli ucraini 'perché avevano assassinato i nostri'. ⁴³⁴Qualunque fosse la parte degli ebrei, si rivelava sempre quella dei perdenti". Gli ebrei, dobbiamo credere, sono sempre innocenti.⁴³⁵

Nel suo *Psicoanalisi dell'antisemitismo*, pubblicato nel 1952, Rudolph Loewenstein mostra le stesse lacune e si scaglia contro i "pregiudizi": "L'adesione al comunismo, scrive, è rimasta un fenomeno marginale tra il pubblico ebraico, contrariamente alla tenace leggenda del giudeo-bolscevismo mantenuta fino ad oggi dalla scuola di Ernst Nolte e dei suoi discepoli tedeschi e francesi".

Saul Friedlander, uno dei grandi storici dell'Olocausto, ha tuttavia riconosciuto il ruolo dei suoi colleghi ebrei nelle alte sfere del regime sovietico: "Non c'è dubbio che la percentuale di ebrei tra le élite sociali e culturali dell'Unione Sovietica fosse molte volte superiore alla loro quota di popolazione del Paese. Questa predominanza non era meno evidente nelle aree più sensibili dell'apparato statale. ⁴³⁶Secondo lo storico Yuri Slezkine, "nel 1934, quando l'OGPU fu trasformato in NKVD, gli ebrei "di nazionalità" costituivano il gruppo più numeroso tra i "comandanti principali" della polizia segreta sovietica (37 ebrei, 30 russi, 7 lettoni, 5 ucraini, 4 polacchi, 3 georgiani, 3 bielorussi, 2 tedeschi e 5 appartenenti ad altri gruppi). L'alto numero di leader bolscevichi di origine ebraica - soprattutto nella prima generazione - era un fatto evidente che, ovviamente, alimentava la propaganda antisemita, non solo nel Reich, ma in tutto

---

[432] Simon Wiesenthal, *Gli assassini tra noi*, Editorial Noguer, Barcellona, 1967, (pdf), p. 21, 173.
[433] Abbiamo visto le testimonianze di Samuel Pisar e Marek Halter in *Speranze planetarie* e *Psicoanalisi dell'ebraismo*.
[434] Simon Wiesenthal, *Gli assassini tra noi*, Editorial Noguer, Barcellona, 1967, (pdf), p. 173.
[435] Rudolph Loewenstein, *Psychanalyse de l'antisémitisme*, 1952, Presses Universitaires de France, 2001, p. 30.
[436] Yuri Slezkine, *Il secolo ebraico*, Princeton, 2004, p. 221.

l'Occidente.⁴³⁷ Persino Lenin - e questo, per ordine di Stalin, fu tenuto segreto di Stato - aveva un nonno ebreo".

Tuttavia, Saul Friedlander ha dato un'interessante interpretazione dei fatti: "Il punto cruciale che gli antisemiti non hanno colto, tuttavia, è il semplice fatto che gli ebrei sovietici, a tutti i livelli del sistema, erano prima di tutto cittadini sovietici, devoti alle idee e agli obiettivi dell'Unione Sovietica e inconsapevoli delle proprie origini.

In poche parole, i torturatori ebrei bolscevichi non erano più ebrei, perché erano atei bolscevichi. Abbiamo già evidenziato questi stessi trucchi di altri autori nei nostri precedenti lavori. ⁴³⁸ Si tratta del famoso ebreo "barbapapà", che si trasforma a seconda delle circostanze e non è mai un criminale.⁴³⁹ "Il 22 giugno 1941, continua Friedlander, trasformò molti di questi "ebrei non ebrei" - per usare la famosa espressione di Isaac Deutscher - in ebrei sovietici improvvisamente consapevoli delle loro origini e orgogliosi di essere ebrei... ⁴⁴⁰ In tutti i settori della società sovietica gli ebrei furono mobilitati al massimo per partecipare alla lotta antinazista". E anche in questo caso, si noti bene, non erano più carnefici o repressori, ma liberatori che lavoravano per rigenerare l'umanità.

Tuttavia, Saul Friedlander ha presentato un testo che offre un'interpretazione leggermente diversa delle cause dell'antisemitismo. Ha citato una lettera pastorale del cardinale August Hlond, la massima autorità della Chiesa cattolica in Polonia, datata 29 febbraio 1936. Il cardinale Hlond cercò di arginare la crescente ondata di violenza antiebraica: "È un fatto che gli ebrei stanno dichiarando guerra alla Chiesa cattolica, che sono immersi nel libero pensiero e costituiscono l'avanguardia dell'ateismo, del movimento bolscevico e dell'attività rivoluzionaria. È un fatto che gli ebrei hanno un'influenza corruttrice sulla morale e che le loro case editrici

---

⁴³⁷ Saul Friedländer, *El Tercer Reich y los judíos (1939-1945), Los años del exterminio*, Galaxia Gutenberg, Barcelona, 2009, p. 342. (Yuri Slezkine, *The Jewish Century*, Princeton, 2004, p. 245) Sulle origini di Lenin si legga anche *El Fanatismo judío*.

⁴³⁸ Barbapapà è il nome del protagonista, il nome della sua specie e il nome di una serie di libri per bambini scritti originariamente in francese negli anni Settanta. Barbapapa (Barbapapa in francese) è un personaggio rosa nato dalla terra in un giardino; può assumere qualsiasi forma, anche se è quasi sempre a pera, e si imbatte nel mondo degli umani nonostante cerchi di inserirsi. Il nome di Barbapapa deriva dal francese e significa zucchero filato (wikipedia, NdT).

⁴³⁹ Sono cresciuto in una città russa", ha dichiarato lo scrittore e giornalista Elya Ehrenburg in un discorso dell'agosto 1941. La mia lingua madre è il russo. Sono uno scrittore russo. Ora, come tutti i russi, difendo la mia patria. Ma i nazisti mi hanno ricordato un'altra cosa: mia madre si chiamava Hannah. Io sono ebreo. E lo dico con orgoglio. Hitler ci odia più di ogni altra cosa. E questo è un onore per noi". (citato in *The Jewish Century*, p. 288). (NdT).

⁴⁴⁰ Saul Friedländer, *Il Terzo Reich e gli ebrei (1939-1945), Gli anni dello sterminio*, Galaxia Gutenberg, Barcellona, 2009 p. 343.

diffondono la pornografia. È certo che gli ebrei commettono frodi, praticano l'usura e si occupano di prostituzione...". Tuttavia, il Cardinale è rimasto fermo sui principi tradizionali della Chiesa: "Ma siamo giusti. Una nazione può piacere di più o di meno, ma non dobbiamo odiarne nessuna. Nemmeno gli ebrei... Ci si può sottrarre all'influenza morale nociva degli ebrei, tenersi lontani dalla loro cultura anticristiana e soprattutto boicottare la stampa ebraica e le pubblicazioni amorali ebraiche.[441] Ma è vietato attaccare, picchiare, mutilare o uccidere gli ebrei".

Almeno qui abbiamo alcune linee di indagine che ci permetterebbero di capire le leve dell'antisemitismo. Ma tra gli intellettuali ebrei tutto questo viene evacuato dal campo della loro coscienza e, per usare una frase psicanalitica, "represso" nelle regioni oscure del loro subconscio.

È quindi semplicemente impossibile spiegare l'antisemitismo. Martin Gray, in *In nome di tutti i miei*, si interrogava su questo odio incomprensibile: "Perché sono così forti, perché sono i padroni e noi gli schiavi? Perché questo odio contro di noi? Perché la morte ovunque, minacciosa?".[442] I poveri ebrei erano "in mezzo a bestie rabbiose e folli...".

Prendiamo ad esempio Adolf Eichmann, un alto dirigente nazista: perché sentiva il bisogno di combattere l'ebraismo? Questa è stata la spiegazione di Simon Wiesenthal: "Ho commesso un errore cercando di trovare un motivo nella sua infanzia: non c'era nessun motivo e nessun odio. Era solo un perfetto prodotto del nazismo".[443] A quanto pare, l'antisemitismo è semplicemente una follia, che ha portato Wiesenthal a denunciare la paranoia delirante dei dignitari del Terzo Reich: "Hitler e i suoi scagnozzi erano convinti del potere universale e onnisciente *del Wettjudentum* (mondo ebraico)". Anche Saul Friedlander denunciò "le elucubrazioni di Hitler sugli ebrei".

In un libro pubblicato nel 2008, originariamente intitolato *Judaism for Dummies*, David Blatner, Josy Eisenberg e il rabbino Ted Falcon ci hanno

---

[441] In Brian Porter, *Making a Space for Antisemitism: The Catholic Hierarchy and the Jews in the early Twentieth Century*, p. 420, citato Saul Friedländer, *El Tercer Reich y los judíos (1939-1945), Los años del exterminio*, Galaxia Gutenberg, Barcelona, 2009 p. 64. [Sulla politica tradizionale della Chiesa cattolica nei confronti degli ebrei, si veda Hervé Ryssen, *Historia del antisemitismo* (2010), p. 64].

[442] Martin Gray, *En nombre de todos los míos*, Plaza & Janés, Barcellona, 1973, p. 39, 126. ["Era un vigliacco, spregevole; che apparteneva al mondo delle bestie rabbiose, che si uccidono perché sono dannose, e che io e i miei eravamo - indipendentemente da ciò che avevamo fatto... - io e i miei eravamo uomini con la faccia da uomini. E le bestie rabbiose non potevano sconfiggerci, anche se ci avessero ucciso. Avevo un solo rimpianto: non poter partecipare al grido di caccia quando, alla fine, li radunammo". Martin Gray, *In nome di tutti i miei*, Plaza & Janés, Barcellona, 1973, p. 115].

[443] Simon Wiesenthal, *Gli assassini tra noi*, Editorial Noguer, Barcellona, 1967, (pdf), p. 83, 82.

anche spiegato dottamente che l'antisemitismo è inspiegabile. Sentite questa: "Nessun altro gruppo umano ha sofferto così tanto nel corso della storia (senza scomparire) come il popolo ebraico. Tutti quei secoli di oppressione e di esilio sembrano insensati, frutto di un'incredibile ignoranza, di sospiri e di paura.[444] Come scrisse una volta Harry Cohen: "Ammettiamolo, l'antisemitismo non può essere spiegato: può solo essere raccontato"."

Soprattutto, bisogna capire che l'antisemitismo è una malattia. Infatti, il capitolo 16 era intitolato *Curare l'antisemitismo*. Gli autori riconoscono che già nell'antichità, ai tempi del paganesimo, i poveri ebrei erano "accusati" di separatismo: osservavano rigide regole alimentari, si sposavano solo tra loro, avevano un solo Dio, ecc. ecc. In seguito, le accuse furono elevate al livello di "delirio": i cristiani li accusarono di aver ucciso Dio, di avvelenare i pozzi, di praticare crimini rituali, e così via.

Ed ecco la luminosa spiegazione dei nostri tre rabbini: "In effetti, i loro vicini tendevano a proiettare su di loro ciò che temevano di più. Così, gli ebrei venivano talvolta accusati di essere il seme della rivoluzione e i promotori del comunismo, talvolta di essere orribili capitalisti; talvolta di essere prepotenti carrieristi e di insinuarsi ovunque, talvolta di vivere in isolamento; talvolta di essere avari, talvolta di spendere senza complessi...[445] Come si vede, concludevano i rabbini, l'esistenza ebraica ha dato origine a tutta una serie di fantasie e miti".

Nel suo *Psicoanalisi dell'antisemitismo* del 1952, Rudolph Loewenstein ha anche sottolineato le contraddizioni della propaganda antisemita: "Gli ebrei - ha scritto - erano raffigurati sia come capitalisti che si ingozzavano del sangue degli "ariani" sia come rivoluzionari comunisti. Perseguitandoli, le classi ricche e medie speravano di esorcizzare lo spettro di una rivoluzione minacciosa e di sbarazzarsi allo stesso tempo dei loro concorrenti. Gli operai credevano di liberarsi dal giogo dei loro sfruttatori".[446] E lo ripete 150 pagine dopo: "Agli occhi di alcuni gli ebrei sono legati ai capitalisti, agli occhi di altri ai comunisti".

Nel suo *Ritratto di un ebreo*, pubblicato nel 1962, anche Albert Memmi fingeva di non capire: "I dottrinari tedeschi affermavano, spesso nella stessa pagina, l'esistenza di un giudeo-capitalismo e di un giudeo-bolscevismo. Come possono le due cose andare insieme?... La convinzione che gli ebrei siano i padroni del denaro e quella che fomentino le

---

[444] Rabbi Ted Falcon, David Blatner, Josy Eisenberg, *Le Judaïsme pour les nuls*, First Editions, 2008, pag. 208.
[445] Rabbi Ted Falcon, David Blatner, Josy Eisenberg, *Le Judaïsme pour les nuls*, First Editions, 2008, p. 210.
[446] Rudolph Loewenstein, *Psychanalyse de l'antisémitisme*, 1952, Presses Universitaires de France, 2001, p. 103, 251.

rivoluzioni coesistono in molte menti senza interferire minimamente". Albert Memmi continuò il suo attacco: "I famosi Protocolli degli Anziani di Sion, come sappiamo, sono il prodotto di un odioso delirio, che richiede risposte diverse da quelle del ragionamento".

Nel suo libro *Hitler's Willing Executioners*, pubblicato nel 1996, anche il famoso studioso Daniel Goldhagen ha cercato di spiegare ai suoi lettori la follia dell'antisemitismo. L'Olocausto è stato, secondo lui, "l'evento più terribile del XX secolo e il più difficile da comprendere di tutta la storia tedesca... L'Olocausto e il cambiamento di sensibilità che ha comportato sono al di là di ogni spiegazione... Spiegare come sia avvenuto l'Olocausto è un compito arduo dal punto di vista empirico e ancora più arduo dal punto di vista teorico, al punto che alcuni hanno sostenuto che è inspiegabile", ha scritto nell'introduzione del suo studio.[447] "Le vicende dell'antisemitismo nella Germania del XIX secolo erano complesse al massimo grado".[448]

Andando a ritroso nella storia, si può notare che i tedeschi ne furono profondamente colpiti: "Il corpus della letteratura antisemita tedesca del XIX e del XX secolo (con le sue considerazioni insensate e immaginarie sulla natura degli ebrei, sul loro potere virtualmente illimitato e sulla loro responsabilità per quasi tutti i mali che il mondo ha sofferto) è così lontano dalla realtà che qualsiasi lettore sarà costretto a concludere che può essere solo il prodotto di autori che erano detenuti in un manicomio".

"Le credenze, come spesso accade, contengono elementi allucinatori... credenze stravaganti", scrive Goldhagen (pagina 72). Le accuse di crimini rituali, in particolare, persistettero fino ai tempi moderni. Tra il 1867 e il 1914, in Germania e nell'Impero austro-ungarico si tennero ancora dodici processi per crimini rituali. E, come disse Max Warburg, importante banchiere ebreo, la Germania "si era squalificata dai ranghi dei popoli civilizzati [*kulturvólker*] e aveva preso posto tra i ranghi dei Paesi in cui avvengono i pogrom [*pogrommländer*]" (pagina 120).

L'antisemitismo è ancora più inspiegabile perché Daniel Goldhagen non fa alcun tentativo di spiegarlo. Ad esempio, nel suo testo sul ruolo degli ebrei nel bolscevismo compare una sola frase, a pagina 193: "Poiché Hitler riteneva che gli ebrei fossero onnipotenti in Unione Sovietica, sarebbe stato più appropriato chiamare il bolscevismo "giudeo-bolscevismo" perché, secondo lui, il bolscevismo era un "mostruoso prodotto degli ebrei"". In queste condizioni, scrive Goldhagen, era normale considerare che "la brutalità dei tedeschi rimane in qualche modo insondabile".[449]

---

[447] Daniel Jonah Goldhagen, *Hitler's Willing Executioners, The Ordinary Germans and the Holocaust*, Taurus, 2019, p. 22, 23, 83.
[448] Daniel Jonah Goldhagen, *Hitler's Willing Executioners, The Ordinary Germans and the Holocaust*, Taurus, 2019, pag. 52.
[449] Daniel Jonah Goldhagen, *Hitler's Willing Executioners, The Ordinary Germans and*

Così, i tedeschi sono malvagi e crudeli per natura: "L'antisemitismo aiuta a spiegare la loro immensa crudeltà nei confronti degli ebrei che era quasi sempre volontaria, iniziata da ciascun individuo". Al contrario, gli ebrei erano perfettamente innocenti: "Inutile dire che gli ebrei di Germania non desideravano altro che essere buoni tedeschi, mentre gli ebrei dell'Europa orientale non avevano sperimentato in precedenza l'inimicizia verso i tedeschi, ma piuttosto il contrario, dato che ampie fasce di ebrei dell'Europa orientale erano germanofili". In realtà, era tutta colpa dei tedeschi e delle loro convinzioni deliranti, delle "loro micidiali fantasie razziali".[450] "La caratterizzazione degli ebrei da parte dei tedeschi e le loro convinzioni su di loro erano assolutamente fantastiche, il tipo di convinzioni che normalmente solo i pazzi hanno su altre persone".

---

the Holocaust, Taurus, 2019, pag. 491.

[450] Daniel Jonah Goldhagen, *Hitler's Willing Executioners, The Ordinary Germans and the Holocaust* (*I tedeschi comuni e l'Olocausto*), Taurus, 2019, p. 508-509, 551. Le bugie che gli intellettuali ebrei diffondono nei loro scritti sono tali che a volte ci si chiede se scrivano più per impressionare i loro simili che per ingannare i goyim. [Il libro di Goldhagen ha suscitato grandi polemiche e controversie, ed è stato duramente respinto da molti autori e storici: "Il libro è diventato un "fenomeno editoriale" e ha raggiunto la fama sia negli Stati Uniti che in Germania, nonostante la sua accoglienza sprezzante tra gli storici, che lo hanno condannato come astorico e, nelle parole dello storico dell'Olocausto Raul Hilberg, "totalmente sbagliato su tutto" e "senza valore"" (wikipedia). Si rimanda il lettore a questo articolo della rivista *Slate* dell'8 aprile 1998 che riassume la polemica dell'epoca: https://slate.com/news-and-politics/1998/04/goldhagen-s-willing-executioners.html. ("*The Attack on an Academic Superstar and How He Strikes Back*"). Il libro di Goldhagen era destinato a essere uno studio universitario, con pretese di scienza sociale. In effetti, è nato come tesi di dottorato ad Harvard. Da parte nostra, abbiamo sfogliato il libro e lo abbiamo trovato pedante e fatuo. Riportiamo un passaggio piuttosto significativo della mistificazione di Goldhagen: "In queste pagine presentiamo una sociologia della conoscenza, un quadro analitico per lo studio dell'antisemitismo (specificando le sue tre dimensioni di *origine, perniciosità* e *manifestazione*) e alcune nozioni fondamentali sul carattere dell'antisemitismo, perché questi elementi, *espressi o meno*, modellano le conclusioni di qualsiasi studio di questo fenomeno. L'importanza di delineare l'approccio utilizzato nello studio dell'antisemitismo è tanto maggiore in quanto i dati che forniscono la base per le conclusioni *non sono esattamente ideali* sotto diversi aspetti. Di conseguenza, le conclusioni devono essere difese *non solo sulla base dei dati e dell'uso che ne viene fatto, ma anche sulla base dell'approccio generale adottato* per comprendere le credenze e le cognizioni e l'antisemitismo. Va sottolineato che l'analisi qui condotta *non può essere definitiva, perché semplicemente non esistono i dati appropriati*. La *carenza di dati* è ancora più evidente perché il nostro scopo non è quello di indagare il carattere dell'antisemitismo solo tra le élite politiche e culturali, ma di misurarne la natura e la portata in tutti gli strati della società tedesca". Daniel Jonah Goldhagen, *Hitler's Willing Executioners, Ordinary Germans and the Holocaust*, Taurus, 2019, p. 75].

Anche Jean Michel Salanskis, accademico francese, si è messo alla ricerca della verità. Chiunque voglia davvero capire le radici del male antisemita dovrebbe leggere il potente lavoro di questo Jean-Michel Salanskis, matematico e professore di filosofia della scienza all'Università di Nanterre (Francia). Il suo libro, *Sterminio, diritto, Israele*, è stato pubblicato nel 2003 dalle Éditions des Belles Lettres. Per immergersi completamente nel pensiero dell'autore, è assolutamente necessario leggere il seguente estratto molto lentamente e con attenzione. Molto lentamente, anche parola per parola (attenzione alle virgole!, ndt), altrimenti si rischia di non capire nulla. Pronto?... Ecco qui:

"Il nazismo dichiarò insopportabile come tale un sottogruppo che, da un lato, apparteneva alla stessa classe, per l'astratta definizione giuridica a cui si riferiva, del grande gruppo nazionale democratico, e che, dall'altro, per il suo modo di abitare il democraticamente possibile, si era distribuito in tutte le opzioni di individuazione secondo i possibili sottogruppi contingenti e aveva così raggiunto lo status ottimale di indistinguibilità e di prossimità con tutte le altre componenti del popolo tedesco. L'ostracismo metafisico degli ebrei costituiva quindi un precedente molto grave, che di solito non ha altro significato per il soggetto sociale se non quello di dichiarare improvvisamente, da un giorno all'altro, l'abiezione di un altro co-sociale. In una certa misura, quindi, l'antigiudaismo si esprime nel rifiuto di un certo livello eticamente esigibile e assoluto di accettazione e di accoglienza dell'altro essere umano, per dirla con Levinas. [451] L'accettazione dell'altro essere umano co-sociale non può affatto consistere semplicemente, come si vede e si sente, nel principio meramente razionale dell'uguale considerazione a priori dei soggetti: richiede una certa apertura concreta e sentimentale, perché ciò che permette a coloro che sono stati ammessi di vivere facilmente è proprio una certa benevolenza quasi carnale, che si dissipa non appena si cade nell'esclusione". È chiaro, no?

Anche il grande Jean-Michel Salanskis ha scritto: "Vorrei quindi contrapporre un'unità perplessa del fatto ebraico a un'unità immaginaria-presunta dell'odio. La mia convinzione è che l'unità perplessa è la verità, e l'unità immaginaria-presunta dell'odio è il modo ordinario di nascondere questa verità. L'unità perplessa può essere raggiunta, o meglio sperimentata, attraverso una ricostituzione fenomenologica o meglio "etanalitica" del fatto ebraico.[452] La condizione per la rivelazione del fenomeno secondo le sue dimensioni, in questo caso particolare, non è altro che la sospensione

---

[451] Jean-Michel Salanskis, *Sterminio, loi, Israele. Ethanalyse du fait juif*, Les Belles Lettres, 2003, p. 86, 87.
[452] Jean-Michel Salanskis, *Sterminio, loi, Israele. Ethanalyse du fait juif*, Les Belles Lettres, 2003, p. 42.

del lavoro dell'odio, della proiezione immaginaria-presunta di odio della nocività ebraica".

I lettori devono sapere che Jean-Michel Salanskis è riuscito nell'impresa di non rallentare in nessun punto del suo libro. [453]In tutta modestia, non è l'ultimo dei nostri meriti quello di essere riusciti ad assaporare ognuna delle sue 350 pagine.

Per Rudolph Loewenstein, l'antisemitismo non è "né paranoico né fobico", ma "semplicemente una questione di criminologia". E continua la sua spiegazione, in chiave più classica: "Gli ebrei sono stati vittime del sadismo e dell'ambizione politica, e hanno potuto essere perseguitati, saccheggiati e uccisi impunemente. Spesso sono stati odiati per la loro vulnerabilità.[454] L'uomo è molto attratto dalla possibilità di soddisfare i suoi istinti di crudeltà su vittime indifese... Gli ebrei, una minoranza debole a cui è stato attribuito un 'potere oscuro e formidabile', hanno offerto ai leader nazisti il capro espiatorio che cercavano".

Inoltre: "Nel XIX e XX secolo, spiega Rudolph Loewenstein, furono soprattutto ragioni politiche ed economiche a portare alla persecuzione degli ebrei. [455]Il governo zarista li incolpava del malcontento generale e istigava pogrom volti a dirottare verso di loro l'ostilità che stava per scoppiare contro l'ordine costituito, contro un regime responsabile di una struttura sociale ed economica in disfacimento".

Lo storico François Fejtö era un marrano, cioè un ebreo che si era falsamente convertito al cattolicesimo e si era dichiarato "cittadino del mondo". Anche lui si lamentava amaramente: "Le moltitudini, sempre ingannate da promesse impossibili da mantenere, chiedono capri espiatori. L'ebreo ha svolto questo ruolo troppo spesso in passato". Tanto più che gli ebrei sono innocenti: "Perché Dio si accanisce contro gli innocenti?...[456] Noi siamo innocenti, nessuno può giustamente vietarci di toccare i frutti dell'albero della vita".

Simon Wiesenthal ci aveva già detto che se gli ebrei erano stati perseguitati per secoli poteva essere solo a causa della follia degli uomini: "Noi ebrei non abbiamo forse sofferto per migliaia di anni perché ci si diceva "colpevoli collettivi"? Tutti noi, compresi i non nati, colpevoli della crocifissione, delle epidemie del Medioevo, del comunismo, del

---

[453] Fortunatamente, l'opera di Jean-Michel Salanskis non è stata tradotta in inglese. A priori, il suo pensiero - un misto di ebraismo e scienza - sembra terrificante (NdT).
[454] Rudolph Loewenstein, *Psychanalyse de l'antisémitisme*, 1952, Presses Universitaires de France, 2001, pagg. 65, 103.
[455] Rudolph Loewenstein, *Psychanalyse de l'antisémitisme*, 1952, Presses Universitaires de France, 2001, p. 234.
[456] François Fejtö, *Dieu et son juif*, Ed. Pierre Horay, 1997, p. 67, 36, 49, 110. L'albero della vita è uno dei simboli cabalistici più importanti dell'ebraismo.

capitalismo, delle guerre avverse e dei trattati di pace avversi? Tutti i mali dell'umanità, dalla peste alla bomba atomica, sono "colpa degli ebrei".[457] Siamo gli eterni *capri espiatori*".

Va notato, tuttavia, che il "capro espiatorio" è un'immagine che si trova molto spesso nella Torah, essendo una figura cara agli ebrei. [458]Il "capro espiatorio" era quella bestia gravata da tutti i peccati di Israele che gli ebrei espulsero mandandola a morire nel deserto. Ancora un po' e potremmo pensare che gli intellettuali ebrei qui "proiettino" la loro colpa sugli "antisemiti".

L'inversione accusatoria

Il meccanismo della proiezione accusatoria è ben noto agli intellettuali ebrei. Nel suo libro *Psicoanalisi dell'antisemitismo*, pubblicato nel 1952, Rudolph Loewenstein scriveva: "Un meccanismo difensivo contro le pulsioni istintuali svolge un ruolo fondamentale nei problemi di cui ci occupiamo: è la "proiezione". Questo fenomeno, estremamente frequente sia nella psiche normale che in quella patologica, si osserva più chiaramente nella paranoia e in alcuni stati patologici correlati. Questi pazienti immaginano, ad esempio, che qualcuno li abbia incitati a commettere alcuni misfatti sessuali. In realtà, si tratta di azioni che hanno effettivamente commesso o voluto commettere e sono convinti della propria innocenza.[459] Attribuiscono agli altri il ruolo di tentatori o istigatori".

Secondo lui, gli "antisemiti" hanno le seguenti caratteristiche: "Sono inaccessibili alla valutazione, alla prova della realtà, all'evidenza dei fatti quando questi non si accordano con i loro pregiudizi e le loro idee preconcette.[460] Le passioni, i motivi e i meccanismi inconsci dell'antisemitismo, il loro odio e la loro paura, sono troppo potenti per cedere al ragionamento o ai fatti dell'esperienza".

Rudolph Loewenstein è stato direttore dell'American Psychoanalytic Association. È stato anche presidente della New York Psychoanalytic Society dal 1959 al 1961 e vicepresidente dell'International Psychoanalytic Association dal 1965 al 1967. Loewenstein sapeva quindi di cosa stava

---

[457] Simon Wiesenthal, *Los Asesinos entre nosotros*, Editorial Noguer, Barcellona, 1967, (pdf), p. 12. [Abbiamo sostituito "capri espiatori" nella traduzione spagnola con "chivos expiatorios" per seguire la traduzione francese e il senso del testo di Hervé Ryssen].
[458] O su una croce?
[459] Rudolph Loewenstein, *Psychanalyse de l'antisémitisme*, 1952, Presses Universitaires de France, 2001, pag. 79.
[460] Rudolph Loewenstein, *Psychanalyse de l'antisémitisme*, 1952, Presses Universitaires de France, 2001, pag. 64.

parlando. Per lui l'antisemitismo era chiaramente una malattia: "Le convinzioni deliranti sugli ebrei" non hanno alcun fondamento. "L'accusa di provare un piacere diabolico nello stuprare le donne ariane", ad esempio, era "parte di queste convinzioni deliranti". E ha ribadito: "Le convinzioni deliranti degli antisemiti riflettono la paura e le tendenze all'odio che provano nei confronti degli ebrei". Occorre quindi fare ogni sforzo per prevenire ulteriori "focolai di antisemitismo delirante", come quello che ha appena "colpito il mondo".

Il problema è che gli antisemiti sono pericolosamente malati: "La delirante tenacia con cui mantengono le loro idee più aberranti sugli ebrei, nonostante e contro ogni evidenza" è davvero "un enigma", come direbbe il saggista André Glucksmann. La "malattia antisemita" è ancora molto viva. Hitler, scrive Loewenstein, era evidentemente un "uomo malato".[461] "Hitler odiava e temeva il senso critico".

Nel loro libro del 2007 sulla lobby pro-Israele, John Mearsheimer e Stepehn Walt hanno citato Mortimer B. Zuckerman, presidente della Conferenza dei presidenti, che, dopo aver fatto riferimento a una "vergognosa epidemia di antisemitismo" nello *US News and World Report* dell'ottobre 2002, ha avvertito: "L'Europa è di nuovo malata".[462]

Nel marzo 2004, l'editorialista *del Boston Globe* Jeff Jacoby aveva "dedicato un articolo alla rinascita del "cancro dell'antisemitismo in Europa"". Questi dati hanno confermato che l'antisemitismo è essenzialmente una malattia, almeno nella mente degli ebrei.

Rudolph Loewenstein, dopo molti altri, ha voluto precisarlo: "I Protocolli degli Anziani di Sion sono un mito", un complotto "assurdo". I nazisti "mascherarono e nascosero i propri piani di dominio universale proiettandoli sui "Saggi di Sion"...[463] L'ebreo divenne il capro espiatorio del mondo intero e fu ritenuto responsabile di tutti i mali". "La xenofobia, ovvero l'odio e la paura degli stranieri, è un fenomeno, se non diffuso, almeno molto frequente", ha detto Loewenstein. E forse lo è ancora di più tra gli ebrei?

Alla fine del suo libro, ritorna sull'idea della necessaria lotta contro l'antisemitismo: "La ricerca della verità è parte integrante di questa lotta.[464]

---

[461] Rudolph Loewenstein, *Psychanalyse de l'antisémitisme*, 1952, Presses Universitaires de France, 2001, pagg. 71-98, 102.
[462] John J. Mearsheimer / Stephen Walt, *Le Lobby pro-israélien et la politique étrangère américaine*, La Découverte, 2007, p. 205.
[463] Rudolph Loewenstein, *Psychanalyse de l'antisémitisme*, 1952, Presses Universitaires de France, 2001, pag. 235.
[464] Rudolph Loewenstein, *Psychanalyse de l'antisémitisme*, 1952, Presses Universitaires de France, 2001, pagg. 107, 109, 113, 253.

Il presente lavoro intende contribuirvi". Con queste parole concludeva il suo libro.

Nel suo *Ritratto di un ebreo* del 1962, Albert Memmi metteva in evidenza proprio le carenze del pensiero antisemita - o dell'intellettuale ebreo, se preferite: "Più il non ebreo opprime l'ebreo, più lo accusa; più lo accusa, più si sente in colpa nei suoi confronti; più si sente in colpa, più deve dichiararlo malvagio, più deve schiacciarlo... Stiamo girando in tondo".

Più avanti nel suo testo, leggiamo: "L'antisemitismo accusa l'ebreo di molte macchinazioni e gli attribuisce tratti orribili. Ma un esame metodico di questi tratti mostra che non sono specifici, contraddittori o eccessivamente ingranditi. Questo ritratto-accusa non è altro che un'accusa: esiste solo nella mente dell'antisemita.[465] Lungi dall'illuminarci sull'ebreo, ci permette di dedurre la psicologia dell'antisemita".

Daniell Goldhagen ha scritto brillantemente: "L'antisemitismo non ci dice nulla sugli ebrei, ma molto sugli antisemiti e sulla cultura che li genera"; "L'antisemitismo attinge fondamentalmente a fonti culturali indipendenti dalla natura e dalle azioni degli ebrei, e gli ebrei sono quindi definiti dalle nozioni tratte dalla cultura che gli antisemiti proiettano su di loro"; "L'antisemitismo nasce all'interno della cultura degli antisemiti e non dal carattere delle azioni compiute dagli ebrei..."; "L'antisemitismo nasce all'interno della cultura degli antisemiti e non dal carattere delle azioni compiute dagli ebrei..."."; il "meccanismo alla base dell'antisemitismo è visto nel pregiudizio in generale, anche se le impressionanti vette immaginative a cui gli antisemiti si sono ripetutamente e abitualmente spinti sono infrequenti nei vasti annali del pregiudizio"."Gli studiosi dell'antisemitismo dovrebbero evitare la tentazione di fissarsi sulla manciata di salmi di una litania antisemita prevalente che sembrano avere una realtà risonante, anche se solo debolmente, e di vedere nelle azioni degli ebrei una qualche causa dell'antisemitismo, perché farlo significa confondere il sintomo con la causa".[466] Così, "le accuse allucinanti" degli antisemiti non sono altro che lo specchio dell'antisemitismo.

---

[465] Albert Memmi, *Portrait d'un juif*, Gallimard, 1962, p. 166, 242.

[466] Daniel Jonah Goldhagen, *Hitler's Willing Executioners, The Ordinary Germans and the Holocaust*, Taurus, 2019, p. 65-67. [Vale la pena di citare alcune delle altre riflessioni di Goldhagen: "Non è possibile dare alcuna spiegazione teorica adeguata alle periodiche esplosioni di espressione antisemita che fanno sì che l'antisemitismo appaia e scompaia in una società"; "Gli antisemiti tedeschi erano sempre stati un po' autistici nella loro visione degli ebrei. L'autismo stava peggiorando"; "(...)La volontà di un massacro generalizzato degli ebrei in tutti i paesi, nonostante l'assenza di qualsiasi precedente conflitto oggettivo con gli ebrei; questo, a causa delle idee fantastiche che avevano degli ebrei, richiedeva... lo sterminio totale..."Tale brutalità era, di norma, volontaria, e l'unico padrone per il quale veniva compiuta non era altro che le passioni

Nel cinema, questa inclinazione all'inversione è piuttosto comune.[467] Gli esempi non mancano:

Nel film *Monsieur Klein* (Francia, 1976) di Joseph Losey, Robert Klein, ricco mercante d'arte borghese e opportunista, approfitta dell'occupazione tedesca per acquistare quadri a basso costo da ebrei in difficoltà. Ma un giorno riceve a casa sua una copia del giornale *Informations juives*, anche se non è ebreo. Viene presto accusato di essere ebreo e deportato. Per confondere ulteriormente le acque, il regista ha scelto come protagonista Alain Delon, un attore dai tratti decisamente indoeuropei.

Dello stesso genere, *Luna Park* (Russia, 1991): a Mosca, i neonazisti seminano il terrore. Ebrei, omosessuali ed emarginati sono perseguitati senza pietà. Ma una notte Andrei scopre di essere di origine ebraica. Sconvolto, parte alla ricerca del padre, Nahoum Kheifitz, un vecchio artista, e tra i due nasce una forte amicizia. In questo modo, Andrej si umanizza. Il film è di Pavel Lounguine, il cui padre non era un neonazista.

La quarta dimensione è un famoso film di Steven Spielberg (USA, 1983): Il razzista Bill sarà intrappolato nella pelle di diversi personaggi perseguitati dai razzisti...

Per comprendere appieno gli intellettuali ebrei, basta leggerli con uno specchio. Ci si rende conto allora che sono incapaci di parlare di qualcosa di diverso da loro stessi.

Il 19 settembre 2007, *Le Monde* ha pubblicato un articolo di Michel Tubiana, presidente onorario della Lega dei diritti dell'uomo. In esso Michel Tubiana criticava la politica di immigrazione di Nicolas Sarkozy, che considerava troppo debole. Sentite questa: "Dalla creazione del Ministero dell'Identità Nazionale, sappiamo che gli stranieri non sono più solo uomini e donne, ma individui pericolosi che mettono in pericolo la coesione sociale, culturale ed economica del nostro Paese". Gli stranieri "sono diventati una sorta di prodotto corrosivo che dissolve la comunità nazionale attraverso la poligamia o il confronto tra Islam e Occidente". Tubiana ha ripreso il classico argomento dell'intellettuale ebreo moralizzatore: "Questa politica concentra le nostre paure e il nostro odio

---

del tedesco"; "Tale crudeltà, che era generalmente gratuita e non aveva alcun fine pragmatico e strumentale se non la soddisfazione e il piacere degli esecutori...L'unica spiegazione adeguata... è che un antisemitismo demonologico, della varietà razziale virulenta, fosse la struttura comune delle idee degli esecutori e della società tedesca in generale"; "Le convinzioni dei tedeschi sugli ebrei scatenavano passioni interiori distruttive e feroci che la civiltà normalmente reprime e doma"; "I tedeschi uccidevano gli ebrei con rabbia, si accanivano crudelmente contro di loro, li degradavano, li deridevano e ridevano di loro come demoni". *Hitler's Willing Executioners*, p. 71, 117, 510, 478, 479, 484, 489, 490].

[467] Si legga in *La mafia ebraica* (2008).

sugli stranieri, li trasforma in un pericolo e li considera inferiori". E continua: "La xenofobia di Stato si impone ed è diretta contro tutti gli allogeni o presunti tali. Il messaggio della Francia perde allora la sua universalità a vantaggio di una concezione dell'identità che esclude l'altro e ci racchiude in una Francia immobile, ritirata nella sua angoscia".

Anche in questo caso, si può solo notare che gli ebrei non smettono mai di incoraggiare l'immigrazione, anche se all'inizio del XXI secolo interi quartieri della capitale sono popolati da immigrati afro-maghrebini, e questi immigrati stanno già imponendo la loro legge in molte periferie delle grandi città francesi.

Il testo di Michel Tubiana presentava anche le caratteristiche molto specifiche dell'intellettuale ebreo che istintivamente trasferisce la sua colpa agli altri. In questo caso, "gli individui pericolosi che mettono in pericolo la coesione sociale" del Paese non sono gli immigrati, ma gli intellettuali e i decisori ebrei in primo luogo. È l'ebraismo il "prodotto corrosivo" che dissolve la comunità nazionale, non l'immigrato. E sono gli ebrei quelli che più ci incitano a "un confronto tra Islam e Occidente". E chi "considera gli altri inferiori", chi "esclude l'altro", chi "si chiude" e "si ritira nelle sue ansie", nelle sue "paure" e nei suoi "odi"? L'ebreo, naturalmente. Questo testo di Michel Tubiana ha mostrato ancora una volta la grande omogeneità dell'ebraismo intellettuale.

Nel 1978, lo scrittore Manès Sperber analizzava la questione in questo modo: "L'odio per gli ebrei - scriveva - mi è apparso molto presto come un delirio aggressivo di persecuzione... come una paura delirante degli altri, un'angoscia che l'odiatore cerca tuttavia di nascondere a se stesso. Nella sua ostilità monomaniaca, si convince di avere una superiorità insuperabile su coloro che odia, di doverli disprezzare, ma anche di temerli perché sono diabolicamente maligni". E ha aggiunto: "Sebbene questo odio sia talvolta il peggior pericolo per noi, è tuttavia la vostra malattia. È il male che vi affligge.[468] Senza dubbio ci ha causato indicibili sofferenze, ma noi continuiamo a superarlo senza fermarci".

Nel testo di Sperber, letto con uno specchio, dobbiamo innanzitutto capire che sono proprio gli ebrei a soffrire di "un delirio di persecuzione"; sono proprio gli ebrei a manifestare una "paura delirante degli altri" e una "ostilità monomaniacale" nei confronti del resto del mondo; sono gli ebrei a convincersi di godere di una "superiorità insuperabile" e ad essere "diabolicamente maligni"; e, infine, sono gli ebrei ad essere malati, profondamente malati. Il loro gusto per la provocazione, la loro insolenza, il loro bisogno morboso di provocare i goyim, sono parte della loro malattia.

---

[468] Manès Sperber, Être juif, Éd. Odile Jacob, 1994, p. 24, 31. Leggere in *Fanatismo ebraico*.

Potremmo quasi sospettare che vogliano provocare la punizione che sembrano aspettare e che sembra dare un senso alla loro esistenza. Certamente, secondo alcune interpretazioni (*midrashim*) dell'escatologia ebraica, il Messia verrà quando Israele sarà sottoposto a grandi tribolazioni, a grandi sofferenze. A questo punto, abbiamo la chiara impressione che gli ebrei ci chiedano aiuto.

Nel 1990 Alain Minc pubblicò un libro intitolato *La vendetta delle nazioni*. In *Psicoanalisi dell'ebraismo* ne abbiamo citato alcuni estratti, ma - e questo ci era sfuggito - ora ci sembra chiaro che, nella mente di Alain Minc, il titolo esatto era *La vendetta di Israele*. Rudolph Loewenstein scrisse che l'antisemitismo era "una criminologia"... Quanto a Jeff Jacoby, come abbiamo visto, parlò del "cancro dell'antisemitismo"...[469]

Bisogna anche leggere con uno specchio il direttore della stampa Jean-Jacques Servan-Schreiber, quando ha parlato della "mostruosa stupidità del sistema di sovranità nazionale" che "porta con sé guerra e odio come nuvole di tempesta". Anche in questo caso si tratta di una caratteristica inversione. Perché è l'ebraismo che sembra portare guerra e odio "come nuvole di tempesta".

D'altra parte, dobbiamo anche capire che per gli ebrei i loro diritti sull'intero pianeta sono legittimi, in quanto sono "il popolo eletto da Dio".

Nel 1990, uno scrittore minore, David Vogel, ha fatto dire a uno dei suoi personaggi: "E non dimenticate che noi ebrei dobbiamo combattere non solo contro un nemico specifico che ci minaccia oggi, ma soprattutto contro il male che ci ha perseguitato e torturato in tutte le generazioni e tra tutti i popoli. Questo odio gratuito contro di noi deve scomparire dalla faccia della terra.[470] Voglio essere sicuro che trionferemo su questo nemico".[471]

Come scrisse una volta Elie Wiesel: Non siamo forse in guerra con il destino, con il mondo intero? Edouard Valdman aveva la stessa caratteristica mentalità ebraica, che ragiona solo in base ai propri standard. Le nazioni, diceva, "proiettano sull'ebreo la paura che portano dentro di sé, la loro stessa incognita. Dobbiamo distruggere, perché abbiamo paura e non possiamo capire".[472] È così che l'umanità, attraverso il crimine contro l'ebreo fin dall'origine, non cessa di distruggere in sé la parte dello straniero, la parte dell'altro, non cessa di distruggere se stessa, semplicemente".

---

[469] Jean-Jacques Servan-Schreiber, *Le réveil de la France, mai-juin 1968*, Denoël, 1968, p. 88.
[470] David Vogel, *Todos marcharon a la guerra*, Xordica Editorial, Zaragoza, 2017, p. 154.
[471] Elie Wiesel, *Célébration hassidique II*, Seuil, 1981, pag. 182.
[472] Édouard Valdman, *Les Juifs et l'argent*, Edizioni Galilée, 1994, p. 68.

Anche in questo caso dobbiamo capire che è soprattutto l'ebreo a temere lo straniero, e non "le nazioni". Ed è l'ebreo che "proietta sulle nazioni la paura che porta dentro di sé", e non il contrario.

Tuttavia, se portiamo l'analisi del testo di Edouard Valdmann alla sua logica conclusione, siamo obbligati a chiarire la sua ultima frase. L'ebraismo è infatti "un crimine contro l'umanità" e "deve scomparire dalla faccia della terra". E l'escatologia ebraica può essere chiaramente compresa in questo modo:

Il Messia verrà solo dopo l'apostasia, dopo la scomparsa dell'ultimo ebreo. Il dramma della condizione ebraica appare qui alla luce del sole, nel riflesso dello specchio.

Non sorprende quindi che gli ebrei abbiano incontrato una certa resistenza nel corso della storia.[473] Lo storico ebreo Saul Freidlander aveva citato il discorso di Hitler ai veterani del partito dell'8 novembre 1941: "Ho conosciuto questi ebrei come incendiari del mondo (*Ich habe diese Juden als die Weltbrandstifter kennengelernt*)". Friedlander ha anche citato di sfuggita le parole di Goebbels, scritte da lui nei suoi quaderni il 7 ottobre 1940, durante l'offensiva in Polonia: "Questi ebrei non sono più esseri umani.[474] Sono predatori con un intelletto freddo, che devono essere resi inutili".

Anche il romanziere Louis-Ferdinand Céline era particolarmente indignato e voleva eliminare il serpente una volta per tutte: "È molto semplice: razzismo fanatico totale o morte! E che morte![475] Che lo spirito della mangusta ci animi, ci infiammi!".

In effetti, la maggior parte delle grandi menti europee sono state, in un momento o nell'altro, arruolate nelle file della resistenza "antisemita" o antiebraica, da Tacito e Cicerone a Shakespeare, Voltaire, Dostoevskij e Solzhenitsyn. E molti altri si sono espressi contro la follia dell'ebraismo. Anche Miguel de Cervantes fece dire al suo buon Sancho Panza: [476]"È ben vero che sono un po' malizioso, e che ho i miei certi barlumi da fante; ma

---

[473] Saul Friedländer, *Il Terzo Reich e gli ebrei (1939-1945), Gli anni dello sterminio*, Galaxia Gutenberg, Barcellona, 2009 p. 374, discorso annuale ai "vecchi combattenti" del partito dell'8 novembre 1941.

[474] Saul Friedländer, *Il Terzo Reich e gli ebrei (1939-1945), Gli anni dello sterminio*, Galaxia Gutenberg, Barcellona, 2009 p. 53.

[475] *Je Suis Partout*, 22 dicembre 1941, in *Ecrits de guerre*, Nouvelles Editions, Paris, 1990, pag. 26.

[476] *Don Quichotte*, Gallimard, Bibliothèque de la Pléiade, 1934, p. 475, in *L'Anthologie des propos contre les juifs*, di Paul-Éric Blanrue, Ed. Blanche, 2007 (Miguel de Cervantes y Saavedra, *Don Chisciotte della Mancia, Parte seconda, Capitolo VIII: dove racconta ciò che accadde a Don Chisciotte mentre si recava dalla sua signora Dulcinea del Toboso*).

il tutto è coperto e coperto dal grande mantello della mia semplicità, sempre naturale e mai artificiosa; e quando non ci fosse altro che credere, come credo sempre, fermamente e veramente in Dio e in tutto ciò che la santa Chiesa cattolica romana ha e crede, ed essere un nemico mortale, come lo sono, degli ebrei, se gli storici avessero pietà di me e mi trattassero bene nei loro scritti"."

Ma la questione non è tanto se questo o quel grande personaggio della storia o della letteratura fosse un "antisemita", quanto se l'ebraismo sia il "nemico mortale" del resto dell'umanità. Il progetto di "pace" e di unificazione mondiale promosso dall'ebraismo può essere realizzato solo attraverso la rovina di tutte le nazioni, i popoli e le religioni. Solo gli ebrei e il "regno di Davide" rimarranno allora sulla faccia della terra. Gli slogan apparentemente pacifici dell'ebraismo militante, come la tolleranza, i diritti umani, la democrazia e l'uguaglianza, sono in realtà armi da guerra terribilmente efficaci per sovvertire e distruggere le nazioni. Ma la "pace", parola costantemente sulla bocca degli intellettuali ebrei, è senza dubbio quella che non riescono a trovare dentro di sé.

PARTE TERZA

PSICOANALISI DEL GIUDAISMO

1. Deviazioni sessuali

L'ambiguità dell'identità ebraica si riflette spesso nella sua sessualità, a giudicare dalla produzione culturale dell'ebraismo. La sua instancabile propaganda attraverso i media ha avuto un impatto evidente sulle società occidentali, tanto che ogni anno, dagli anni '90, centinaia di migliaia di "gay" e travestiti sfilano per le strade delle capitali europee. L'onnipresenza di intellettuali ebrei in televisione, al cinema, nelle librerie, nelle mostre e nelle gallerie d'arte è l'unica spiegazione a questo fenomeno di aumento dell'omosessualità in tutte le società "democratiche". Si può girare il problema in tutti i modi: non c'è altra spiegazione.

Omosessualità militante

Nel suo libro del 1992, *Identità maschile*, Elisabeth Badinter ha attinto a Freud per convincerci che le tendenze omosessuali esistono normalmente nella maggior parte degli esseri umani. [477] Freud, scrive la Badinter, "afferma che non solo siamo tutti capaci di una scelta omosessuale, ma che tutti, "in un momento o nell'altro, l'abbiamo praticata, anche se, in seguito, alcuni l'hanno relegata nell'inconscio e altri si sono difesi mantenendo un atteggiamento energico contro di essa"". Ancora una volta, vediamo che si tratta di proiettare un problema particolare su un piano universale.[478]

---

[477] Sigmund Freud, *Un ricordo d'infanzia di Leonardo da Vinci* (1910), Idées / Gallimard, 1977, pag. 92, in Elisabeth Badinter, *La Identidad masculina*, Alianza Editorial, Madrid, 1993, pag. 132.
[478] S. Freud, "Su alcuni meccanismi nevrotici nella gelosia, nella paranoia e nell'omosessualità", 1922, in *Névrose, psychose et perversion*, PUF, 1973, pag. 281, in

Elisabeth Badinter ha anche affermato: "Sappiamo, grazie a Freud, che l'amicizia maschile ha come origine la sublimazione del desiderio omosessuale". Ma non siamo obbligati a crederci.

In effetti, il dottor Freud ha svolto un ruolo pionieristico nella normalizzazione dell'omosessualità.[479] Nel 1930 firmò la petizione per la revisione del Codice penale e l'abolizione del reato di omosessualità tra adulti consenzienti.

Lo conferma la psicoanalista Elisabeth Roudinesco: "Finché l'omosessualità è stata considerata una degenerazione", scrive, "la questione della sua integrazione nella norma non è stata posta seriamente.[480] Ma dal momento in cui Freud si è rifiutato di classificarla come un difetto e l'ha trasformata in una disposizione sessuale derivata dalla bisessualità, si è aperta la strada a tutte le questioni che vengono sollevate oggi". Quando l'omosessualità non fu più considerata una perversione sessuale, si aprì la strada a tutte le altre "anormalità".

Naturalmente, gli ebrei sono stati in prima linea nel movimento gay. Gli antisemiti "classici" li accusano giustamente di contribuire alla dissoluzione della società tradizionale. Ma la verità è che questa omosessualità militante, così presente nell'ebraismo, è soprattutto una manifestazione di un aspetto dell'identità ebraica.

Nel settembre 2006, Ted Pike, un nazionalista americano, ha citato i nomi dei leader delle principali associazioni "gay" degli Stati Uniti: Human Rights Campaign (Solomonese, Berman, Lieberman, Linsky, Perlman, Weiner, Schwartz); Human Rights Campaign Foundation Board (Oppenheimer, Rosen, Sharrin, Beesemyer, Bockelman, Ebert, Epstein, Fink, Freddman, Suber, Lappin, Zellner, Levin); Gay and Lesbian Alliance Against Defamation (Weinberger, Glukstern); ecc. Anche un altro nazionalista americano, David Duke, ha citato un intero elenco di leader nel suo lungo articolo del 5 agosto 2007 intitolato *From the Abyss*. Eccone solo tre: Larry Kramer, cofondatore di Act Up, un'organizzazione di attivisti gay; Alan Klein, cofondatore di Queer Nation e portavoce della Gay & Lesbian Alliance Defamation (GLAA); Israel Fishman, fondatore di Gay Liberation nel 1970, che in seguito divenne la Gay, Lesbian, Bisexual, Bisexual, and Transgendered Round Table, la prima organizzazione gay del mondo.

Prendiamo ad esempio la biografia del grande poeta americano Allen Ginsberg. Negli Stati Uniti è conosciuto soprattutto per *Howl and Other Poems*, pubblicato nel 1956. Si tratta di un lungo poema in prosa che

---

Elisabeth Badinter, *La Identidad masculina*, Alianza Editorial, Madrid, 1993, pag. 147.
[479] Elisabeth Badinter, *La Identidad masculina*, Alianza Editorial, Madrid, 1993, pag. 133.
[480] Elisabeth Roudinesco, *Pourquoi la psychanalyse*, Fayard, 1999, pagg. 168, 169.

racconta le sue esperienze, oltre che di una storia della Beat Generation, di cui fu uno dei membri fondatori. L'opera suscitò uno scandalo per il suo linguaggio crudo ed esplicito e fu temporaneamente ritirata dalla vendita per oscenità. Secondo le fonti consultate su Internet, Allen Ginsberg ha mosso guerra "contro i valori materialistici distruttivi e la politica americana". Nel 1961 Ginsberg pubblicò un altro libro importante, *Kaddish per Naomi Ginsberg*, iniziato nel 1957 in un caffè di Parigi, in cui raccontava "la malattia paranoica della madre e il loro rapporto angoscioso". Non passerà molto tempo prima che vi rendiate conto del significato di queste parole.

Negli anni Sessanta Ginsberg si recò in India alla ricerca di una guida spirituale, periodo che raccontò in *Indian Journals* (1970), e il buddismo tibetano rimase per lui un'importante fonte di ispirazione. Naturalmente, Ginsberg ricevette i più alti riconoscimenti letterari negli Stati Uniti: nel 1972, il suo *The Fall of America* ricevette il National Book Award for Poetry. Successivamente, il suo *Cosmopolitan Greetings: Poems 1986-1992* è stato finalista al Premio Pulitzer. "La poesia di Allen Ginsberg, spontanea e libera, è una miscela di modernismo, origini ebraiche e fede buddista".

L'autore di questa recensione ha dimenticato di sottolineare che Ginsberg è stato anche un pioniere del movimento gay e un membro attivo della North American Man Boy Alliance (Nambla), un'organizzazione di difesa della pedofilia che all'epoca era di moda nei circoli di sinistra. Nel 1994, l'International Lesbian and Gay Association decise di espellere la Nambla. Ginsberg spiegò all'epoca che "l'isteria anti-pedofilia gli ricordava l'isteria anti-omosessuale che aveva subito in gioventù", e che "scelse di difendere il diritto di libertà di parola dell'associazione".

La difesa dell'omosessualità sembra scaturire naturalmente dallo spirito ebraico. L'attore americano Kirk Douglas, che non era affatto omosessuale, ha raccontato nelle sue memorie gli inizi della sua carriera di attore. Quando era studente universitario, recitò in alcune opere teatrali. Una di queste si intitolava *Trio, il turbine della vita*. "Una commedia su un'insegnante lesbica che cerca di sedurre una delle sue giovani studentesse". [481] Kirk Douglas ha però riconosciuto: "Purtroppo l'argomento era troppo audace per l'epoca e siamo stati costretti a chiudere per motivi morali".

Anche l'industriale Henry Ford - costruttore di automobili - si era preoccupato di questi continui attacchi alla società tradizionale e aveva fondato un giornale, il *Deadborn Independent*, per denunciare il ruolo degli israeliti nel promuovere la devianza sessuale: "Il cinema è controllato dagli

---

[481] Kirk Douglas, *Il figlio dello straccivendolo* (1988), Cult Books, *2021*, p. 108-109

ebrei, non solo in parte, non al cinquanta per cento, ma interamente; con la naturale conseguenza che il mondo è ora in rivolta contro l'influenza banalizzante e demoralizzante di questa forma di intrattenimento.[482]... È il dono di questa razza creare problemi di natura morale in qualsiasi attività in cui raggiungono la maggioranza".

Questo accadeva quasi 100 anni fa, negli anni Venti. Cinquant'anni dopo, tutte le dighe di contenimento sono saltate e da allora produttori, registi e sceneggiatori ebrei si sono sbizzarriti a inondare i nostri schermi televisivi e le nostre edicole di omosessualità e pornografia.

Sono innumerevoli i programmi televisivi e le fiction che promuovono l'omosessualità, e questa propaganda è ovviamente coordinata da chissà quale conduttore.

Il 26 settembre 2007, ad esempio, il canale franco-tedesco Arte ha presentato una serata sul tema del "*ménage à trois*": alle 22.30, il documentario di Caterina Klusemann *"L'Amour à trois"* è stato seguito da un altro documentario *"Jamais deux sans trois"* - *Une famille postmoderne*. Il programma televiso riassumeva così l'intrigo: "A New York, due uomini che vivono insieme hanno una storia d'amore con una donna che darà loro due figli...". E questo è ciò che scrisse il giornalista: "Un documentario pertinente sull'evoluzione delle buone maniere...". La regista di questo attacco al modello di famiglia tradizionale era una certa Susan Kaplan.

Lo stesso giorno, alla stessa ora, Direct 8 ha proiettato *Coup de chance*, un film di Pierre Aknine (Francia, 1991): "François Kaplan, direttore di una compagnia di assicurazioni, muore in una caduta accidentale dopo aver saputo che la moglie lo ha lasciato per vivere con una donna...".

Lo stesso giorno, il canale pubblico France 2 ha trasmesso un nuovo programma prodotto e presentato da Karine Le Marchand: *Tabous*. Questo primo programma era dedicato all'omosessualità. Uno psichiatra, Serge Hefez, spiegava che tutto ciò è perfettamente normale e che dovremmo essere felici di vivere in una società così "aperta". Inutile dire che Serge Hefez era un membro della comunità.

Nel dicembre 2008, Arte ha trasmesso *Clara Sheller*, una serie televisiva di Alain Berliner (Francia, 2004). Nell'episodio *Une Femme peut en cacher une autre*, Clara si interroga su Gilles, che sospetta di frequentare un'altra donna. Il suo amico JP le dice che ha una relazione segreta con Pascal, un ragazzo che vive con la sua compagna. *Chrysantèmes pour Bernard* continua la storia di una donna. In *La porte de la tour bancale*, Gilles e JP non riescono a impegnarsi in una vera relazione. JP è ormai

---

[482] Neal Gabler, *An Empire of Their Own, How the Jews Invented Hollywood*, Confluences, 2015, p. 407.

sicuro che Gilles sia la persona che ama e non vuole più aspettare per essere felice. Grazie ad Alain Berliner, le famiglie francesi possono ora guardare due uomini a letto in *prima serata*.

Completiamo ora l'elenco dei film che banalizzano l'omosessualità, che abbiamo presentato nel 2007 in *Jewish Fanaticism*.

Les yeux brouillés, di Rémi Lange (Francia, 2000): Gli attori interpretano se stessi. Rémi vive da tre anni con Antoine e decide di farsi un altro amante. Ed ecco il commento di Bouniq-Mercier: "Il film acquisisce un'aura di autenticità che ci permette di considerare l'omosessualità come una relazione normale".

Faites comme si je n'étais pas là (Francia, 2000): Il diciassettenne Eric non sopporta il patrigno. Dalla sua stanza, spia i suoi vicini con il binocolo. Questi vicini hanno una morale molto libera, dato che Fabienne condivide il suo appartamento con Tom, un omosessuale. Il film è di Olivier Dahan.

Drôle de Félix, di Olivier Ducastel (Francia, 1999): Félix, gay e sieropositivo, vive a Dieppe con il suo amante Daniel, un insegnante. Il film presenta alcuni malvagi estremisti razzisti di destra.

Les Corps ouverts, di Sébastien Lifshitz (Francia, 1997): Rémi ha diciotto anni. Per alleviare la sua noia, partecipa a un'audizione. Marc, il regista, viene sedotto dal suo fascino e ne fa il suo amante. Sconcertato da questa esperienza omosessuale, Rémi offre il suo corpo in vari incontri, perdendosi e forse ritrovandosi. Un film "oscuro", ma anche "accattivante e certamente sincero", ha scritto Claude Bouniq-Mercier.

Pédale douce (Francia, 1996) è un film sul mondo dei club per gay e travestiti e sugli intrighi e gli equivoci che ne derivano. È stato diretto da Gabriel Aghion.

Mauvais genre, di Laurent Bénégui (Francia, 1996): Martial ha appena scritto il suo primo romanzo. È interessato a Camille, ma Camille preferisce le donne.

Gazon maudit di Josiane Balasko (Francia, 1994) è un altro film noto al pubblico francese. Racconta la storia di una lesbica che si intromette nella vita di una coppia, e il marito alla fine si ritira, accettando questo *ménage à trois*: "Una provocatoria commedia delle buone maniere che sfida molte idee preconcette sull'amore e sulla sessualità", ha scritto Bouniq.

Muriel fait le désespoir de ses parents, di Philippe Faucon (Francia, 1994): la diciassettenne Muriel prende coscienza della propria omosessualità quando incontra la luminosa Nora. La sceneggiatura è di Catherine Klein.

Le Journal de Lady M, di Alain Tanner (Francia-Belgio, 1993): Lady M, una cantante rock, incontra Diego. Scopre che lui vive con Noria, una bella donna nera, dalla quale ha una figlia. I tre iniziano a vivere insieme, ma presto Lady M si innamora di Noria e Diego abbandona le giovani donne alle sue amanti.

Due ragazzi, una ragazza, tre possibilità, di Andrew Flemming (USA, 1993): In un campus americano, Eddy, un ragazzo riservato, divide la stanza con Stuart, un flirt impenitente. Alex, una ragazza leggermente androgina, è la sua vicina di casa. A Stuart piace Alex, a cui piace Eddy, a cui piace Stuart. Alex porta i due ragazzi a fare i conti con una sessualità che non è così determinata come pensano. La sceneggiatura è di Alexandre Gruszynski.

Philadelphia (USA, 1993): Un giovane avvocato viene licenziato dal suo capo, ufficialmente per incompetenza. In realtà, è perché ha l'AIDS. Con l'aiuto del collega Joe Miller, lottano per difendersi. "Una marea di buoni sentimenti", ha scritto Jean Tulard a proposito dell'acclamato film di Jonathan Demne.

Si veda anche *Mensonge*, di François Margolin (Francia, 1992): Emma è sposata con Charles. Ben presto scopre l'ambivalenza sessuale del marito, che l'ha contagiata con l'AIDS. Non è bello. Sceneggiatura di Denis Saada.

Henry et June (USA, 1990): Nella Parigi del 1931, Anaïs Nin è annoiata dal marito. Quando incontra lo scrittore Henry Miller, ancora sconosciuto, scopre una Parigi sconosciuta di artisti e prostitute. Ha una relazione saffica con June, la moglie di Henry Miller. Questo è un film di Philip Kaufmann.

Tappati le orecchie (Regno Unito, 1987): Nel 1951, due studenti di un corso di teatro fanno i conti con la loro omosessualità. Vanno "perfettamente d'accordo", ma uno finisce per uccidere l'altro. "Una commedia sfrontata, provocatoria e umoristica", ci ha detto Claude Bouniq-Mercier. Il film è di Stephen Frears, un regista del tipo più isterico.

Le Chant des sirènes, di Patricia Rozema (Canada, 1987): Polly viene assunta come segretaria dall'affascinante Gabrielle, direttrice di una galleria d'arte, e rimane affascinata dal suo portamento. L'arrivo di Mary, una delle relazioni omosessuali di Gabrielle, turba per un attimo Polly. "Un film rinfrescante, poetico, umoristico e irresistibilmente affascinante", ha scritto Bouniq, le cui recensioni entusiastiche hanno confermato l'ebraicità del regista.

Cent franc l'amour, di Jacques Richard (Francia, 1985): Jéremy, un fotografo povero, si fa mantenere da Maurice, un antiquario omosessuale. Ma l'unica cosa che gli offre è l'amicizia, e di notte vaga da un sexy shop all'altro.

Another country, di Marek Kanievska (Regno Unito, 1983): un giornalista a Mosca ottiene un'intervista con Guy Bennett, una spia che ha lasciato l'Inghilterra. Negli anni '30, era un collegiale in una scuola dell'alta borghesia, ma fu umiliato pubblicamente dopo una relazione apertamente omosessuale. Decise di vendicarsi unendosi al suo amico Judd, che professava idee marxiste. "Un documento sulle scuole inglesi e sull'ipocrisia che regna nelle pratiche che le governano", si legge sulla *Guida del film*.

Pepi, Luci, Bom y otras chicas del montón (Spagna, 1980) è il primo film di Pedro Almodóvar: Pepi coltiva marijuana sul suo balcone. Luci, moglie esemplare di un poliziotto, scopre piaceri omosessuali e perversi con Bom, una cantante punk, mentre la fuma. Per una volta, Claude Bouniq-Mercier è critico: "L'immagine è sporca, la regia è scadente? Un film provocatorio che, oggi, manca di qualsiasi interesse".

Nel 1975, il regista "francese" Claude Miller ha realizzato un film intitolato *La meilleure façon de marcher.* Si tratta della storia dei monitori di un campo vacanze per bambini. Uno di loro è timido, taciturno e riservato e deve sopportare le prese in giro dei suoi compagni di classe. Un giorno, uno di loro (Patrick Dewaere) entra nella sua stanza senza bussare e lo scopre vestito da donna. Il segreto viene mantenuto fino alla fine della festa di Natale. Tutti si vestono per l'occasione e l'omosessuale represso si fa coraggio e si traveste da donna. In un'intervista filmata, Claude Miller ha spiegato apertamente di aver filmato il suo caso personale.

In *Cruising* (pattugliamento e incontri sessuali in gergo gay, ndt) (USA, 1980,), diversi omosessuali sadomasochisti vengono assassinati. Una giovane recluta, Steve Burns, viene incaricata di indagare negli ambienti gay del Greenwich Village. Il film è di William Friedkin.

Qualcosa di quasi perfetto (USA, 2000): Abbie (Madonna) non è mai stata fortunata in amore, ma ecco che rimane incinta di un omosessuale dopo una notte di bevute. Un film di John Sclesinger.

Zig-Zig è un film di Laszlo Szabo (Francia, 1974): Marie e Pauline, due cantanti di cabaret, si prostituiscono per comprare uno chalet in montagna. Scoprono di amarsi.

Bloody Mama (USA, 1970) racconta le malefatte della banda formata da Ma Baker e dai suoi quattro figli: Herman il sadico, Lloyd il drogato, Arthur il codardo e Fred l'omosessuale. Crimini, stupri e overdose. Alla fine vengono messi alle strette dalla polizia e combattono fino alla fine. Un film di Roger Corman.

Dimmi che mi ami, Junie Moon, di Otto Preminger (USA, 1969): Junie, una giovane donna sfigurata da un amante sadico, Arthur, un epilettico tormentato, e Warren, un omosessuale paralizzato a entrambe le gambe, decidono di lasciare l'ospedale dove sono in cura per vivere insieme in una casa di campagna. "Un piccolo gioiello di vera emozione, a tratti inquietante. Otto Preminger - afferma Guy Bellinger nella *Guide des Films* - conferisce al suo personaggio omosessuale una grande dignità".

Scene di caccia in Baviera (RFT, 1968): diversi abitanti marginali del villaggio sono perseguitati: un semplicciotto, uno storpio, una prostituta e, soprattutto, Abram, tornato a casa dopo essere stato condannato per omosessualità. I contadini bastardi lo uccideranno dopo averlo braccato come un animale selvatico. Il film è di Peter Fleischmann, che non ama molto i contadini.

In *The Vampire's Ball* (Regno Unito, 1967), il regista Roman Planski ritrae un vampiro biondo e omosessuale: la piccola vendetta di una brunetta bassa e svampita.

Negli anni Cinquanta bisognava stare un po' più attenti, perché i goyim erano ancora piuttosto reattivi e nervosi. Basta guardare *La contessa scalza*, del famoso Joseph Mankiewicz (USA, 1954): Maria Vargas ricorda la sua vita: era una ballerina di cabaret a Madrid quando un produttore di Hollywood la scoprì e la fece diventare una star. Incontra il conte Toralto-Favrini, che la sposa, ma di cui scopre l'impotenza. Ansiosa di dargli una posterità, si trovò un amante. Mankiewicz dichiarò: "Alla fine, il principe azzurro avrebbe dovuto rivelarsi omosessuale, ma non potevo arrivare a tanto".

La casa di bambù, di Samuel Fuller (USA, 1955): Sandy Dawson, omosessuale, ha creato un'associazione criminale di ex soldati a Tokyo.

Michael, di Carl Dreyer (Germania, 1924): Parigi, 1900, un pittore alla moda. "Un'opera che tratta una relazione omosessuale con sottigliezza e discrezione".

C'è una forte tendenza tra gli intellettuali ebrei a proiettare le loro nevrosi su un piano universale. Il romanzo di un certo Jean-Paul Tapie intitolato *Le Garçon qui voulait être juif (Il ragazzo che voleva essere ebreo)* ne è un buon esempio. Il libro è stato pubblicato nel 2004 dalla casa editrice "H et O": "Arthur non dormiva da molto tempo. O molto poco. Non capiva perché non dormisse. Forse aveva a che fare con il fatto che suo padre odiava gli ebrei e gli omosessuali? Eppure Arthur aveva una grande ammirazione per suo padre, che lo aveva reso un ragazzo sano e sportivo. Allora perché andare in Israele, perché andare nel kibbutz? In ogni caso, se qualcuno avesse pronunciato insulti contro gli ebrei, Arthur sapeva che si sarebbe alzato con orgoglio, che si sarebbe difeso e che molte persone intorno a lui, se non suo padre, avrebbero approvato".

Avete capito bene: Jean-Paul Tapie era evidentemente uno scrittore ebreo omosessuale che ha trasferito il suo caso personale in un goy. Un "genio".

Anche Jonathan Littel, in *Les Bienveillantes* (Prix Goncourt 2006), ha dipinto un quadro di grande sofferenza ebraica, attraverso un personaggio piuttosto insolito: un ufficiale delle SS durante la Seconda guerra mondiale che è omosessuale, pedofilo e ha rapporti sessuali con la sorella gemella: un copione tipicamente ebraico, come stiamo per vedere.

I consiglieri politici dei principi della Repubblica, nei media, sanno come vestire abilmente il discorso omosessuale militante per renderlo accettabile alla massa dei goyim, sempre un po' riluttanti ad accettare le nevrosi del popolo eletto. Sul settimanale *L'Express* del 18 ottobre 2004, l'imprescindibile Jacques Attali ha biasimato le dichiarazioni di alcune personalità politiche. Infatti, un politico italiano, Rocco Buttiglione, aveva dichiarato davanti al Parlamento europeo che l'omosessualità era "un peccato" e che lo scopo del matrimonio era "permettere alle donne di avere figli ed essere protette da un uomo". Questo è stato troppo per Attali, che si è indignato, proiettando il problema sugli europei: "Si sta mettendo tutto in moto, scrive Attali, per far sì che l'omofobia torni ad essere un'opinione rispettabile... La tragedia degli anni '40 ci ha mostrato che l'intolleranza verso le minoranze, qualunque esse siano, è il terreno di coltura delle dittature... Se l'Occidente vuole salvare i suoi valori dai nemici esterni, dovrà prima liberarsi dei suoi stessi demoni". Ma a questo punto dello studio, il lettore avrà capito che in gioco ci sono innanzitutto i demoni dell'ebraismo.

Le origini del femminismo

Le femministe lottano per l'uguaglianza tra i sessi, così come i marxisti un tempo ci assicuravano l'abolizione delle classi sociali e i democratici oggi ci promettono un mondo senza frontiere che riunirà un'umanità mista e pacifica. L'obiettivo è sempre quello di dissolvere le identità, siano esse sessuali, sociali o nazionali, e di coagulare le particelle atomizzate per unificare il mondo e lavorare per l'avvento di una "Pace" definitiva sulla Terra.

Nel suo discorso moscovita del 5 agosto 2007, intitolato *From the Abyss (Dall'abisso)*, il nazionalista americano David Duke ha ricordato il ruolo delle donne ebree nelle origini del femminismo negli Stati Uniti: "Le quattro più importanti leader del femminismo radicale dalla Seconda guerra mondiale sono state Betty Friedan, Bella Abzug, Gloria Steinem e Gloria Allred". E David Duke ha citato alcuni esempi di femministe ebree militanti a partire dagli anni Sessanta: [483][484]Heather Booth (diritti all'aborto

---

[483] Movimento giovanile sionista socialista.
[484] Abbiamo già affrontato la questione in *Psicoanalisi dell'ebraismo* e *Fanatismo ebraico*. [L'elenco può essere completato: Ernestine Rose (prima femminista ebrea, figlia di un rabbino e pioniera della prima ondata negli anni 1830-1870), Rebeka Bettelheim Kohut (una delle prime femministe, presidente del Congresso mondiale delle donne ebree nel 1923), Andrea Dworkin (scrittrice radicale, critica della pornografia, Shulamith Firestone (femminista radicale di seconda ondata, autrice di *Dialettica del sesso*), Ellen Willis (scrittrice e attivista, cofondatrice con Firestone del gruppo radicale *Redstockings* nel 1969), Ruth Bader Ginsburg (giudice della Corte Suprema degli Stati Uniti, avvocato e difensore dei diritti delle donne negli Stati Uniti), Shulamith Firestone (autrice del libro *"La dialettica del sesso"*) e Ruth Bader Ginsburg (autrice del libro *"La dialettica del sesso"*), e Shulamith Firestone (autrice *del libro "La dialettica del sesso"*).(giudice della Corte Suprema degli Stati Uniti, sostenitrice del femminismo per tutta la sua carriera), Judith Butler (filosofa e teorica del genere, molto influente nel femminismo di terza ondata e queer), Naomi Wolf (scrittrice femminista preminente e di successo) e altri].

e antidiscriminazione), Susan Brownmiller (autrice di *Against our will*, un libro sullo stupro); Blu Greenberg, Phyllis Chesler (membro dell'*Hashomer Hatzair* e pioniera della psicologia femminile), Judy Chicago (artista femminista), Sonia Pressman Fuentes (avvocato femminista e fondatrice del movimento *Now*), Nancy Miriam Hawley (scrittrice femminista sulla salute e la sessualità), Alix Kates Shulman (scrittrice femminista), ecc.

Anche in Francia le donne ebree furono in prima linea nel movimento. Elisabeth Badinter fu una delle sue principali rappresentanti nella seconda metà del XX secolo. Elogiava "il discorso lungimirante della femminista viennese Rosa Mayreder, che sostiene una sintesi tra maschile e femminile per quegli individui che si sono liberati dalle loro caratteristiche sessuali".

Elisabeth Badinter ha cercato di fare tabula rasa distruggendo le basi familiari della civiltà europea: "Ripensare la mascolinità è un'urgenza che gli americani hanno percepito prima di chiunque altro". [485] Fingeva di ignorare le origini di "un femminismo molto più radicale e potente di cui un giorno si dovranno cercare le cause storiche e psicologiche".

Ma passiamo ora all'interessante testimonianza di Gisèle Halimi, che è stata anche una delle figure più in vista del femminismo militante in Francia. Gisèle Halimi è nata nel 1927 in Tunisia e si chiamava inizialmente Zeiza Gisèle Elise Taïeb. Sposatasi in prime nozze con Paul Halimi, divorziò da lui e si risposò con Claude Faux, ex segretario di Jean-Paul Sartre, di cui era amica e avvocato.

All'inizio della sua biografia, *Le Lait de l'oranger* (Il latte dell'arancio), pubblicata nel 1988, Gisèle Halimi racconta la sua infanzia in Tunisia e come si sia ribellata alla posizione delle donne nella religione ebraica: "Per guadagnarsi il favore divino, i ragazzi dovevano pregare, scriveva. Le ragazze - non iniziate all'ebraico e semplici ausiliarie, quasi domestiche della religione - non dovevano peccare... Molto presto, forse all'età di dieci anni, quando iniziai la scuola secondaria al liceo Armand-Fallières, questo scambio mi sembrò sospetto.[486] Probabilmente fu allora che mio nonno materno mi spiegò che le donne, essendo impure, non potevano avvolgere i tefillin intorno alle braccia durante la preghiera del mattino. Inoltre, la loro funzione non era quella di pregare, ma di servire l'uomo affinché pregasse".

"Benedetto sia il Signore che non mi ha fatto donna". È così che ogni ebreo fedele inizia la sua preghiera e la sua giornata. Gisèle Halimi chiese al nonno: "E cosa dicono le donne? A questa domanda, mio nonno fece un

---

[485] Elisabeth Badinter, *La Identidad masculina*, Alianza Editorial, Madrid, 1993, p. 34, 21

[486] I tefillin sono involucri o scatole di cuoio contenenti passi della Torah che i pii ebrei legano alla fronte e al braccio sinistro con cinghie di cuoio durante le preghiere.

cenno in direzione della cucina dove mia nonna era scomparsa: "Una donna santa, ma non deve pregare. Infatti, se volesse, risponderebbe semplicemente: 'Sia benedetto il Signore che mi ha fatto come Lui ha voluto'.

Questo ruolo assegnatoci da Dio mi sembrava molto insignificante", continua Gisèle Halimi. Allora perché nascere donna dovrebbe essere la disgrazia dell'esistenza, una sorta di colpa da pagare, da riscattare? Per quanto mia madre esagerasse l'importanza della donna che, in casa, dispone gli oggetti di culto, porta all'uomo l'acqua per l'abluzione rituale appena si sveglia e si preoccupa di evitare i peccati dei figli, io mi ostinavo a pensare che Dio ci trattasse con indifferenza... In sinagoga, quando accompagnavo gli uomini della famiglia, ero obbligata, come tutte le donne, a salire sul balcone. Da lì, come spettatori muti, ammiravamo il cortile dove, intorno all'oro bizantino delle tavole della Legge, gli uomini e i ragazzi godevano del privilegio di rivolgersi direttamente a Dio... Questa segregazione mi pesava e alimentava il mio risentimento verso il Signore.[487] Quando andavo in classe, baciavo la mezuzah con crescente riluttanza".[488]

È un dato di fatto che, presso il popolo ebraico, le donne sono sempre state considerate esseri inferiori, e probabilmente non è un caso che la maggior parte delle arpie femministe sia di origine ebraica, e questo fin dall'inizio del XX secolo. Come i loro mariti, anche loro hanno una forte tendenza a proiettare la loro nevrosi ossessiva su un piano universale, invece di considerare l'origine comunitaria endogena della loro disgrazia.

Gisèle Halimi ha dovuto affrontare l'antisemitismo in tenera età. All'età di otto anni, la sua insegnante la terrorizzava per gioco: "Ero il suo bersaglio preferito per gli abusi. Mi infliggeva tutta una serie di umiliazioni e a volte mi picchiava. Perché lo faceva? Non lo capivo. Non lo capisco ancora... Quando suonava la campanella per la ricreazione, tremavo dall'ansia. L'arpia mi faceva avvicinare al bordo della pedana: "Resta lì", sibilava tra i denti. Senza dire una parola, le sue labbra sottili emettevano piccoli rumori nervosi che sembravano rutti e i suoi occhi verdastri scrutavano il parco giochi dove giocavano i miei compagni. Con le lacrime

---

[487] La Mezuzah (dall'ebraico מְזוּזָה, "stipite della porta") è un rotolo con scritti due versetti della Torah, di solito custodito in una scatola o in un recipiente attaccato allo stipite destro dei portici delle case e delle città ebraiche (NdT).
[488] Gisèle Halimi, *Le Lait de l'oranger*, Gallimard, 1988, Pocket, 2001, p. 28. Kirk Douglas aveva sei sorelle. Un giorno dovette lasciare la casa per andare al college. Il giorno dell'addio "gli occhi di mamma si riempirono di lacrime... Mi diede un bacio d'addio e a bassa voce disse in yiddish qualcosa che mi fece trasalire: "Un ragazzo è un ragazzo, ma una ragazza è un drek (merda)"". "Povera mamma, era rimasta sola con sei ragazze". Kirk Douglas, *Il figlio dello straccivendolo* (1988), Cult Books, 2021, p.47 e Kirk Douglas, *Le Fils du chiffonier*, 1988, Poche, 1989, p. 62.

agli occhi, mi unii a loro, finalmente libera. Nessuno di loro disse una parola. Tutti sapevano, ma nessuno di loro capiva le ragioni di questa crudeltà. Con il passare dei giorni, gli schiaffi mi lasciavano segni sempre più visibili, ma io restavo in silenzio. Una sera, quando l'insegnante neuropatico era stato più violento del solito, tornai a casa con segni rossi su tutto il viso. Chi ti ha schiaffeggiato, chi ti ha colpito? Mio padre pretese di sapere. Finì che gli raccontai tutto: "Quando mi manda in cortile, mi dice: "sporca ebrea" o "sporco moro", siete il diavolo, tutti voi, volete finirci...

Singhiozzai alla mia storia, come liberata: "È così brutto!" Non capivo ancora nulla. Mia madre mi rinfrescò il viso con un asciugamano bagnato.[489] "Ci credi? Una maestra! È pazza! Dovrebbero rinchiuderla nella Manouba!".

Ci si può permettere di dubitare di questa testimonianza. Conosciamo bene la propensione degli intellettuali ebrei a usare l'immaginazione in ogni modo possibile, soprattutto quando si tratta di raccontare le molestie o le persecuzioni subite in passato. Inoltre, ci sembra molto sospetto che un funzionario della Repubblica francese abbia potuto molestare uno studente in questo modo senza incorrere nelle più gravi sanzioni. Sappiamo che gli ebrei sono una popolazione particolarmente coccolata nella Repubblica, come si può vedere ogni volta che un ebreo è vittima della minima offesa: il ministro non esita mai ad andare a trovare la presunta vittima. Già nel 1866, gli ebrei di Francia sembravano in grado di mettere a tacere qualsiasi manifestazione di antisemitismo da parte di piccoli funzionari. Nel 1869, Roger Gougenot des Mousseaux notava la particolare preoccupazione del regime per i figli di Israele e citava questa notizia tratta dagli *Archives Israélites*: "Un ragazzo di sangue ebraico è stato offeso in una scuola "da uno dei suoi compagni, che non ha mancato di chiamarlo ebreo in ogni occasione. Il padre è andato a lamentarsi dal ministro dell'Istruzione pubblica e ha chiesto protezione. [490]Il ministro stesso si recò immediatamente nella scuola in questione; disciplinò l'insegnante di classe, che si era rifiutato di intervenire, e l'insegnante dovette scrivere una lettera di scuse al padre di famiglia, ferito nella sua religione".

Gisèle Halimi arriva a Parigi nel 1945, a diciotto anni, stupita dalla città. Andò a vivere a Clichy, con i genitori di uno degli amici di suo fratello - dei goyim. André G. era il segretario di una cellula comunista di Clichy. Con la sua gamba di legno, trascinava Gisèle Halimi alle riunioni politiche:

---

[489] Gisèle Halimi, *Le Lait de l'oranger*, Gallimard, 1988, Pocket, 2001, p. 62, 63. La Manouba: manicomio psichiatrico situato alla periferia di Tunisi, a La Manouba.

[490] Gougenot des Mousseaux. *L'ebreo, il giudaismo e la giudaizzazione dei popoli cristiani*, versione pdf. Tradotto in inglese dal professor Noemí Coronel e dalla preziosa collaborazione dell'équipe del Nacionalismo Católico Argentina, 2013 p. 238. 238, (*Archivi israeliti*, XXII, p. 991; 1866).

"I militanti si allontanavano con rispetto", scrive. André non aveva altro che tenerezza per "la sua figlia adottiva", finché Gisèle non pretese il denaro che lui le aveva affidato per iscriversi all'università. Gisèle si trovò di nuovo di fronte all'odio e vide, dietro il comunista, il volto arrossato del goy alcolizzato e antisemita:

"Improvvisamente si ribaltò sulla sedia e, usando solo la gamba e le mani, spinse via il piatto con il gomito. "Sono stufo, stufo di te e dei tuoi soldi... accidenti... chi ti credi di essere... sempre a chiedere di più... Basta così... Se non sei felice, puoi andartene, andartene e basta...!". Alzandosi in piedi, con gli occhi rossi, i baffi grigi coperti di saliva mi minaccia con il suo bastone: "Tutti uguali, gli ebrei... non pensano ad altro, ai soldi... sporca ebrea, tu e i tuoi fratelli, sanguisughe, ecco, siete le nostre sanguisughe. "Urla come un pazzo, con la bava agli angoli della bocca. Lo guardo impietrito: l'uomo di tutti quei discorsi generosi sull'uguaglianza, sul colonialismo e sul razzismo? È rimasto solo un pazzo pieno di odio che mi spinge verso l'uscita. Ma io devo fare il check-in, non fraintendetemi. Lui non capisce, io non capisco niente, sono testardo. Esci di qui", grida, "esci subito, non un minuto di più sotto il mio tetto, ebrea... esci... non voglio più vederti...". E mi spinge con il suo bastone verso la porta".

La povera Gisèle ebbe appena il tempo di raccogliere le sue cose. Poiché non conosceva nessuno a Parigi, pensò subito al fornaio, con il quale aveva preso confidenza. Il fornaio la presentò a un'anziana signora Darmour, che la accolse con piacere. Gisèle si iscrisse quindi alla Facoltà di Giurisprudenza. Una o due volte alla settimana, Madame Darmour riceveva la visita di Madame Delrue, una vedova. Gisèle fu molto sfortunata, perché si scoprì che Madame Delrue era anche un'orribile arpia antisemita. Ignorando che Gisèle fosse ebrea, si sfogava volentieri: "Madame Delrue mostrava numeri di *Je suis partout*, che contenevano, incorniciate a matita rossa, caricature antisemite. "Guardate quei nasi e quelle dita adunche... per impadronirsi del Paese... dominano i veri francesi, con la loro diabolica malignità e il loro denaro...".[491] A volte si lasciava trasportare e diceva: "Parassiti che devono essere schiacciati"".

Gisèle Halimi divenne un avvocato di spicco. Inizialmente comunista, si batté per l'indipendenza dell'Algeria e denunciò instancabilmente l'esercito francese, il colonialismo e i malvagi bianchi. Nel 1971 ha fondato il movimento femminista con Simone de Beauvoir e si è battuta con Simone Veil per il diritto all'aborto delle donne francesi. È stata anche una delle fondatrici del movimento globalista Attac. Nel 2006, come la maggior parte degli attivisti ebrei, è stata nominata Ufficiale della Legione d'Onore.

---

[491] Gisèle Halimi, *Le Lait de l'oranger*, Gallimard, 1988, Pocket, 2001, pagg. 82-88.

Il suo libro finì come era iniziato: nella sinagoga. Suo padre era già morto. Nella sinagoga di Nizza, lei e sua sorella Gaby decisero di stare con gli uomini, non nel balcone riservato alle donne. Ci fu un piccolo incidente quando fu chiesto loro di rimanere al loro posto: "Io e Gaby ci rifiutammo. Siamo uguali davanti a questo Dio che ci toglie il padre. Il rabbino discute, ma noi non ci muoviamo. Il rabbino si arrende.[492] La cerimonia si svolge come previsto, tranne che per questa eccezione". In breve, mentre il mondo dei goyim deve essere distrutto, "reinventando la società", come gli ebrei sono soliti dire, loro, invece, andranno per la loro strada fino alla fine.

La distruzione del patriarcato

La distruzione dell'unità familiare, base della società tradizionale europea, sembra essere un'altra ossessione degli intellettuali ebrei. Nel suo libro *L'identità maschile*, Elisabeth Badinter lo ha detto chiaramente: "La messa in discussione di certezze intime è sempre lunga e dolorosa... Ma questo compito di decostruzione non è mai casuale. È possibile solo quando il modello dominante ha dimostrato i suoi limiti. È il caso del modello maschile tradizionale, non al passo con l'evoluzione della donna e fonte di una vera e propria mutilazione di cui gli uomini cominciano a prendere coscienza.[493] Il vecchio uomo sta morendo per far posto a un altro uomo, diverso, che sta nascendo sotto il nostro sguardo e i cui limiti non sono ancora visibili". Nel 1917, i bolscevichi dicevano esattamente la stessa cosa.

Elisabeth Badinter cita il caso di Otto Gross, uno dei suoi coetanei, che nutriva un odio incommensurabile per la società europea: "Otto Gross invoca l'avvento di un matriarcato e l'abolizione della legge del padre... Il brillante Otto Gross era fragile come Weininger.[494] La sua vita è un ripetuto regolamento di conti con il padre e una costante manifestazione di odio per la virilità, e la sua opera è essenzialmente una critica del patriarcato e dei valori maschili tradizionali".

In Unione Sovietica, ad esempio, l'attivista femminista Aleksandra Kolontái, che prima della Seconda Guerra Mondiale era stata l'unica donna a ricoprire una posizione di rilievo nel Partito Comunista, fece dire all'eroina di uno dei suoi romanzi, *L'Amour libre-Trois générations* (*L'amore libero - Tre generazioni*): "Per me l'attività sessuale è semplicemente una necessità fisica. Cambio amante a seconda del mio

---

[492] Gisèle Halimi, *Le Lait de l'oranger*, Gallimard, 1988, Pocket, 2001, p. 438.
[493] Elisabeth Badinter, *La Identidad masculina*, Alianza Editorial, Madrid, 1993, p. 14.
[494] Elisabeth Badinter, *La Identidad masculina*, Alianza Editorial, Madrid, 1993, pag. 153.

stato d'animo. Al momento sono incinta, ma non so chi sarà il padre del mio futuro bambino; sono indifferente".

Questa ossessione si ritrova anche in Jacques Attali. Nel novembre 2007, Jacques Attali e il suo gruppo di editori hanno pubblicato il loro ennesimo libro, *Amours, Histoires des relations entre les hommes et les femmes*. La presentazione del libro recita: "Di società in società, sono state sperimentate tutte le forme possibili di relazione tra uomini e donne: la condivisione di donne, uomini o bambini; la poliandria, la poligamia, l'amore cortese, il matrimonio a lungo termine, il matrimonio fugace, il celibato, le relazioni multiple. Sono stati imposti divieti di ogni tipo, dall'incesto alla zoofilia, dalla pedofilia all'omosessualità, solo per citarne alcuni. Per contro, nessuno di questi divieti ha mancato di essere fortemente raccomandato da altre società, che esaltano il matrimonio tra fratello e sorella, padre e figlia, tra bambini. Le tecnologie odierne, con il loro potenziale di amore virtuale, clonazione e utero artificiale, aprono nuove vertiginose possibilità... Questo libro, illustrato con numerose foto rare, è un viaggio nella storia".

In questo testo vediamo la chiara volontà dell'intellettuale ebreo di distruggere il sistema familiare patriarcale europeo, offrendoci come modello alternativo tutti i mali generati ai margini di altre civiltà. [495] E ancora una volta vediamo come Jacques Attali sia letteralmente ossessionato dall'incesto, visto che ne parla in almeno altri quattro libri in maniera molto ambigua.

Nel cinema, i registi cosmopoliti preparano da tempo la liberazione delle donne dalle catene della famiglia patriarcale. Ecco alcuni dei film che hanno "liberato" le donne europee:

Une femme d'extérieur, di Christian Blanc (Francia, 2000): Françoise, infermiera trentacinquenne, scopre che il marito Jacques le è infedele. Lo caccia di casa e rimane sola con i suoi tre figli. Ben presto, la donna diventa indifferente a tutto. Trascura il lavoro, la casa e i figli, vive di notte e si concede incontri casuali. La sceneggiatura è di Roger Bohbot.

---

[495] Visto che Jacques Attali è così malizioso nei nostri confronti, siamo sinceri e non perdiamo tempo: un nostro amico, che qualche anno fa aveva lavorato nel reparto "sanità" del Ritz, nei sotterranei di questo grande albergo parigino, aveva visto diverse bellezze di Hollywood nude. Ci disse anche che un giorno aveva visto Jacques Attali nudo come un verme. Si era appena tolto la vestaglia, stava per entrare nella vasca da bagno e il suo p..., disse, era microscopico! Evidentemente questa storia ha suscitato molte risate nel nostro gruppo. In ogni caso, chi ha letto *Fanatismo ebraico* vedrà che quanto scritto dal dottor Valensin è spesso vero, almeno in certi casi.

Striptease, di Andrew Bergman (USA, 1995): Erin ha perso il lavoro all'FBI a causa del marito tossicodipendente e deve ballare in uno strip club per guadagnarsi da vivere.

Le Rocher d'Acapulco (Francia, 1995): Sandrine, commessa dei negozi Tati, vive in un albergo. Gérald, il vecchio fidanzato del fratello, la prende con sé e va ad Acapulco. La incoraggia a lavorare nel Minitel rosa e poi a diventare una prostituta. All'inizio riluttante, alla fine accetta. Il film è di Laurent Tuel.

In *La Séparation (*Francia, 1994), Pierre e Anne formano una coppia che lui crede unita fino al giorno in cui sente aprirsi una crepa. La loro separazione è inevitabile e Pierre rimane solo. Il film è di Dan Franck.

Consentement mutuel è un film di Bernard Stora (Francia, 1994): Una coppia divorzia consensualmente. Jeanne ottiene la custodia del bambino. Il padre fa di tutto per destabilizzare Jeanne. "Un pamphlet femminista", ha scritto Bouniq-Mercier *nella Guide des films.*

Legami, di Pedro Almodóvar (Spagna, 1989): dopo il suo rilascio da un centro psichiatrico, Ricki sogna di condurre una vita normale con Marina Osorio, un'attrice di film erotici con la quale aveva avuto una precedente relazione.

Mentiras piadosas (Messico, 1987): Israel gestisce un piccolo negozio a Città del Messico. Con la sua amica omosessuale Matilde, ha costruito un modello di Tenochtitlan, per il quale spera di ottenere un buon prezzo. Poi incontra Clara. Israel e Clara lasciano i rispettivi mariti per vivere insieme... "La famiglia tradizionale è esplosa, annientata, prigioniera della sua stessa miseria esistenziale", scrive Bouniq-Mercier. Un film di Arturo Ripstein.

Rendez-vous (Francia, 1985) è un film di André Téchiné, basato su una sceneggiatura di Olivier Assayas: Nina, una ragazza di provincia, arriva a Parigi con l'intenzione di fare teatro. Incontra Paulo, che si innamora di lei, ma è attratta da Quentin, che si esibisce in *una mostra* pornografica.

Femmes de personnes (Francia, 1984): tre donne lavorano nello stesso studio di radiologia. Isabelle è stanca del marito e cerca conforto in Julie, la receptionist. Cécile colleziona amanti in fuga. Adeline, la segretaria, rivede il suo primo amore e tenta il suicidio. Un film di Christopher Frank.

In *L'Amour en douce* (Francia, 1984), Marc, un giovane avvocato, abbandona la moglie per inseguire facili conquiste. Lei ha un amante che si dedica al bodybuilding, mentre Marc viene sedotto da una squillo. Il film è di Edouard Molinaro.

*Che cosa ho fatto per meritarmi questo? (*Spagna, 1984): Gloria vive con una suocera eccentrica, un marito macho e i suoi due figli: Toni, un piccolo spacciatore, e Miguel, una prostituta occasionale. Sopravvive solo grazie agli antidepressivi. Il film è di Pedro Almodóvar.

Coup de foudre, di Diane Kurys (Francia, 1982): Nel 1952, a Lione, Lena è annoiata dal marito Michel. Incontra Madeleine e lascia il marito. "Un film particolarmente interessante", secondo Claude Bouniq-Mercier.

Elle voit des nains partout, di Jean-Claude Sussfeld (Francia, 1981), è una parodia di Biancaneve. Biancaneve è ossessionata dal sesso. "Un film totalmente folle e iconoclasta che mescola allegramente i miti della nostra infanzia in un cocktail piccante e delirante", ha scritto Bouniq.

Je vous aime (Francia, 1980): Alice ha appena rotto con Claude. Ricorda quella vigilia di Natale in cui ha riunito gli uomini che aveva amato. "Claude Berri realizza il bellissimo ritratto di una donna libera e indipendente".

Violette Nozière, di Claude Chabrol (Francia, 1978): la storia si svolge negli anni Trenta. Per sfuggire alla mediocrità della sua vita familiare, Violette Nozière ha relazioni con studenti, si prostituisce e contrae la sifilide. Per amore di un gigolò, deruba i genitori e poi li avvelena. La sceneggiatura è di Odile Barski, Hervé Bromberger e Fréderic Grendel.

In *Une Histoire Simple* (1978) di Claude Sautet, Marie, che sta per compiere quarant'anni, è divorziata da Georges e ha un figlio di sedici anni. È l'amante di Serge ed è incinta di lui. Ma decide di abortire e di lasciarlo. La sceneggiatura è di Jean-Loup Dabadie.

Le regard (Francia, 1976): in un museo, la telecamera analizza attentamente le opere di Brueghel. Allo stesso tempo, in una camera d'albergo, la telecamera riprende una coppia che fa l'amore a lungo. Pornografia e arte. "Marcel Hanoun, come artista e poeta, ci insegna a guardare per capire meglio ciò che viene mostrato, per raggiungere la verità".

Une chante, l'autre pas, di Agnès Varda (Francia, 1976): Nella Parigi del 1962, Pauline sogna di diventare una cantante. Suzanne è incinta per la terza volta e si trova in difficoltà quando il padre si suicida. Pauline aiuta Suzanne ad abortire. Dieci anni dopo, Suzanne si occupa di pianificazione familiare, mentre Pauline si annoia con Darius, l'uomo iraniano che ama. È l'epoca delle manifestazioni femministe. La società francese crollò presto.

Histoire d'un péché (Francia, 1975): Eva, una giovane donna pia e riservata, ha vissuto a lungo con i suoi ricchi genitori e si è innamorata di un giovane uomo sposato. La donna ucciderà il figlio che ha avuto con lui. Un film di Walerian Borowczyk che trasgredisce ogni legge morale.

Attention les yeux, di Gérard Pirés (1975). Il signor Rotberger è un produttore cinematografico i cui film non funzionano. Per sbarcare il lunario, decide di produrre un film erotico con pretese intellettuali, ma il film si rivela un volgare film porno.

Segreti di un matrimonio (Svezia, 1973): Marianne e Johann sono sposati da dieci anni e il loro rapporto sembra solido. Ma Johann si innamora della giovane Paula e i due divorziano.

Histoires d'A. (Francia, 1973): una coppia preoccupata si reca in uno studio medico perché la giovane donna vuole abortire. Aspirano il feto e il gioco è fatto. La giovane donna ne esce sorridente e serena. Il film è di Charles Belmont.

Sex Shop di Claude Berri (Francia, 1972): Un libraio squattrinato trasforma la sua attività in un sexy shop. In una scena, un cliente gli (ci) spiega i benefici di tutte le perversioni: zoofilia, omosessualità, sadomasochismo, necrofilia. Il dialogo incoraggia esplicitamente il sesso con le ragazze a partire dai 12 anni. Inoltre, glorifica lo scambio di partner, l'adulterio, l'omosessualità e il femminismo. Claude Langmann, noto anche come Claude Berri, che interpreta il libraio, è nel film un uomo diventato impotente. Né ha resistito a mostrarci una coppia mista: una bionda e un nero. La distruzione dei goyim attraverso la miscegenazione è una vera e propria ossessione per loro.

Tali amici è un film di Otto Preminger (USA, 1971): dopo un'operazione, Richard Messinger, direttore di una rivista di New York, è in coma. Sua moglie Julie, che ha due figli, scopre la vita dissoluta del marito e le sue numerose relazioni amorose, soprattutto con le sue fidanzate. Un capolavoro. "Una commedia satirica che castiga duramente l'intellighenzia newyorkese, le sue manie sessuali e i suoi valori artificiali", ha scritto Guy Bellinger.

Panico a Needle Park (USA, 1971): Helen abortisce e fugge con Bobby, un tossicodipendente. Helen, a sua volta, si droga e lavora come prostituta di strada per guadagnare qualche soldo. Bobby aiuta talvolta il fratello maggiore Hank, un ladro, e finisce in prigione. Quando viene rilasciato, trova Helen nel letto di Hank. Bobby diventa uno spacciatore. Il film è di Jerry Schatzberg.

Taking off (USA, 1970): Jeannie, quindici anni e mezzo, scappa. I suoi genitori si uniscono all'Associazione dei Genitori dei Bambini Scappati. Per aiutarli a capire il comportamento dei loro figli, li introducono alla droga e al sesso. Un film di Milos Forman.

The Happy Ending (USA, 1969): Nary Wilson è sposata da sedici anni e ha tutto per essere felice. Ma un giorno crolla, lascia il marito e decide di ricominciare la sua vita da capo. Questo sì che è femminismo! Un film di Richard Brooks: questo sì che è ebraismo!

Les Amants, di Louis Malle (Francia, 1958): A Digione, Jeanne è annoiata da Henry e dallo stile di vita dell'alta borghesia cittadina. Per caso, incontra Bernard, un giovane anticonformista. In una calda notte d'estate, sperimenta con lui la pienezza dell'amore. Questo film, che incita all'adulterio, "rimane una pietra miliare nella liberazione delle buone maniere", ha scritto Bouniq. Il film ha vinto il Premio Speciale della Giuria alla Mostra del Cinema di Venezia.

Un'estate con Monica è un film di Ingmar Bergman (Svezia, 1952): Monica è incinta e sposa Harry, ma sogna ancora altri luoghi. Riprende la sua vita indipendente, lasciando Harry con il bambino. Un esempio da seguire per tutte le giovani donne veramente libere.

Detective Story (USA, 1951) è un film che condanna il puritanesimo. William Wyler, il regista, dichiara chiaramente di essere un sostenitore dell'aborto. Gli intellettuali ebrei sono sempre stati all'avanguardia in questo campo.

Si veda anche *New York-Miami* (USA, 1934) di Frank Capra: Una giovane ereditiera fugge dal suo ambiente familiare per raggiungere un aviatore che vuole sposare contro il parere del padre. Tuttavia, lo abbandona durante la cerimonia nuziale per incontrare il giornalista che ha appena conosciuto lungo la strada. Lo sceneggiatore è un certo R. Riskin: come amano interrompere le cerimonie religiose...

Lo scrittore austriaco Josef Winkler non è ebreo, ma il suo caso è emblematico: nato nel 1953 a Kamering, un villaggio della Carinzia, Winkler ha dovuto affrontare l'ostilità del mondo rurale che lo circondava. L'articolo su Internet di un certo Joel Vincent è stato molto rivelatore di questo potere patologico di disintegrazione: "Nel suo racconto, *Le Serf (Il servo)*, espone la brutalità e l'arretratezza mentale dei contadini, il loro odio per gli ebrei, gli omosessuali e tutto ciò che non è conforme ai rituali orchestrati dalla Chiesa cattolica. L'omosessualità di Winkler è vista come una grande provocazione, un modo per trasgredire l'ordine fallocratico stabilito, che egli vede come il simbolo stesso di suo padre e delle autorità religiose".

Come molti ebrei, anche Josef Winkler aveva un'immaginazione malata: "Winkler ci regala immagini di disperazione e di incubi, alcuni dei quali surreali: rane in uniforme che aspettano di essere mangiate dagli ufficiali, talpe che trasportano bare, piccioni che fanno il nido in barili di cannone, lui stesso che sembra un cane che brucia sul rogo. Anche i morti, desiderosi di vendicarsi della Chiesa, preferiscono marcire nel cimitero piuttosto che sfilare".

In *Le Cimetière des oranges amères* (*Il cimitero delle arance amare*), Winkler, in viaggio in Italia, torna alle sue visioni morbose: "Una suora con un Gesù Bambino di plastica inserito nel suo grembo; pesci travestiti da carcerati; un topo con la mitra vescovile che segue un carro funebre vuoto; una corona di crocifissione intrecciata da due suore con otto zampe di gallina; o suo padre che affila la falce con la costola di un ebreo ucciso".

Lo scrittore denuncia la Chiesa e le tradizioni ancestrali "intrise di devozione e superstizione": "Il libro si apre con una lunga litania, dedicata a Gesù, che ricorda le torture inflitte a tanti innocenti, e si conclude con l'auspicio di Winkler di veder rimpatriare nel cimitero delle arance amare tutte le vittime del potere della Chiesa: i due suicidi del suo villaggio, Jacob e Robert, due giovani omosessuali condotti a morte dai paesani... e tante altre vittime anonime delle peggiori torture. Winkler immagina anche la propria morte, "portata via da travestiti e omosessuali, nuda, in un lenzuolo macchiato di sangue di agnello", e sepolta a Napoli sotto un albero di limoni".

Il 16 novembre 2000, *Le Figaro* ha pubblicato un brillante articolo di Claude-Michel Cluny sulla pubblicazione del terzo romanzo di Josef Winkler, *Concert pour le temps dernier (Concerto per gli ultimi tempi)*, "brillantemente tradotto da Bernard Banoun". "Un romanzo bello e cupo come una tempesta di montagna", ha scritto Claude-Michel "Cluny, che colloca il suo autore "in prima fila nella nuova letteratura in lingua tedesca" (i lettori sanno ormai cosa significa questo elogio). Va ricordato che *Le Figaro* è un giornale "conservatore", anche se è vero che il suo proprietario all'epoca era il produttore di armi Serge Dassault, nato Bloch.

Nel quotidiano cattolico *La Croix* del 9 novembre 2000, Jean-Maurice de Montremy notava l'ascesa dell'"estrema destra" in Carinzia, la regione natale di Josef Winkler, "geograficamente chiusa in se stessa". E spiega compiaciuto: "In *Le Serf,* Winkler aveva già dipinto il villaggio carinziano che rivediamo in questo nuovo libro: un villaggio a forma di croce. Qui, sotto la guida di temibili sacerdoti, contadini testardi, spietati e silenziosi chiedono (e ottengono) il mantenimento di un ordine religioso sorto dalla notte dei tempi... Dai battesimi ai funerali, dalle messe alle processioni, il villaggio a forma di croce si ritrova sotto il sole di un Satana che usurpa il nome di Gesù". Questo nuovo romanzo racconta la storia dello scrittore Maximilien, che torna al villaggio. Come Josef Winkler, è omosessuale e ha un padre duro e dominatore.

Joël Vincent ha continuato la sua cronaca su Internet: "Molti altri in Austria hanno già denunciato la morale alienante della Chiesa. Thomas Bernhard, Elfriede Jelinek e Werner Scwab sono i contemporanei più virulenti. Altri, come Lilian Faschinger e Evelyn Schlag, hanno attaccato le istituzioni religiose sollevando il problema dell'identità femminile: attraverso l'erotismo, lo slancio vitale e la sensualità di giovani donne libere gettavano dubbi e confusione sui sacerdoti".

Mentre i primi tre autori citati sono certamente ebrei, gli ultimi due potrebbero non esserlo. In ogni caso, possiamo vedere chiaramente le convergenze tra la militanza omosessuale, il femminismo e le ossessioni dell'ebraismo.

Travestiti e transessuali

Per secoli, tutti gli osservatori del giudaismo hanno sottolineato la propensione ebraica per ogni tipo di devianza sessuale. È importante capire che non si tratta solo di un desiderio di pervertire le nazioni cristiane, come vorrebbe una certa vulgata antisemita un po' semplicistica, ma anche dell'espressione di una nevrosi caratteristica.

In *Fanatismo ebraico* abbiamo elencato alcuni dei film in cui il regista si diletta a mostrare omosessuali, transessuali e travestiti, e siamo stati costretti a riconoscere che la maggior parte di essi sono stati realizzati da registi ebrei.

Il 26 settembre 2007, il canale Arte ha trasmesso il film *Wild Side*, di Sébastien Lifshitz (Francia, 2003): Il film racconta la storia di Stéphanie, che in realtà è un travestito: "Lei" vive a Parigi, lavora come prostituta nel Bois de Boulogne e passa il resto del tempo con Djamel, un gigolò, e Mikhail, un russo dal volto ceceno che parla a malapena il francese e lavora come lavapiatti in un ristorante. I giovani hanno una storia d'amore a tre. Tutto in questo film è sordido. Le scene di omosessualità sono girate con grande compiacimento, e vi risparmieremo i dettagli.

Ma ecco la recensione dal sito di Arte channel: "Il nostro verdetto: Sébastien Lifshitz filma la ricerca della felicità di un gruppo di emarginati con grazia e tenerezza". Ed ecco la nostra: "Omosessualità, meticciato e travestiti: questo è chiaramente un film ebraico, diretto da un ebreo".

Il quotidiano *Direct Soir* del 2 ottobre 2007 ha pubblicato questa breve notizia a pagina 19: "José Dayan, che ha diretto *Les Rois maudits* per *France 2* e *Marie Octobre* per *France 3*, ha appena acquistato un documentario per *France Télévisions* sul tema dei transessuali. La messa in onda è prevista per il 2008".

In *Les Poupées russes* (*Bambole russe*, Francia, 2005), Cédric Klapish ci offre la continuazione di *L'Auberge espagnole* (*Un manicomio*). Il film presenta ancora l'omosessualità femminile (tra donne bianche), ma questa volta Klapish aggiunge la miscegenazione (uomo bianco e donna nera), il consumo di cocaina e una scena di travestitismo.

Fantasy è un film israeliano di Avi Hershkovitz e Sharon Hammou. Racconta la storia di due travestiti: uno è ebreo e l'altro è un arabo di Jaffa. Entrambi sono emarginati dalla società, rifiutati dalle loro famiglie ed emarginati nel mondo virile del Medio Oriente...

A Raiz do Coração (*La radice del cuore,* Portogallo, 2000): A Lisbona, durante i festeggiamenti per la festa di Sant'Antonio, i travestiti si uniscono all'esultanza popolare e vengono organizzate delle milizie per dar loro la caccia, con la conseguente morte di uno di loro. Il film è di Paulo Rocha.

Ma vie en rose (Francia, 1997): I Fabres, una coppia dinamica e affiatata, e i loro quattro figli si stabiliscono in un quartiere residenziale. Ludovic, il più giovane, si presenta a una festa vestito da ragazza. L'insistenza di Ludovic sul fatto che è una ragazza nel corpo di un ragazzo e la sua certezza che sposerà il fidanzato Jérôme finiscono per scandalizzare i vicini e rompere l'armonia della famiglia. Presi dal panico, i genitori decidono di portare il figlio da uno psicologo... In realtà, come avrete notato, era il regista Alain Berliner che avrebbe dovuto essere consultato.

Ed Wood, di Tim Burton (USA, 1994): La vita del peggior regista della storia del cinema: Edward Davis Wood Jr, un uomo che ama travestirsi da donna e vestirsi con maglioni d'angora.

La commedia "americana" *Junior* (1994) affronta il tema degli uomini incinta: le autorità interrompono i finanziamenti per la ricerca del dottor Hesse sulla gravidanza sicura. Il suo partner, il ginecologo Larry Arbogast, gli suggerisce di verificare di persona i benefici del suo trattamento. Alex accetta di inserire un ovulo fecondato, già chiamato Junior, nel suo addome. [496]"Incinta", Alex si trasferisce da Larry, la cui moglie Angela è anch'essa in attesa di un figlio.

Miss Doubtfire, di Chris Columbus (USA, 1993): I coniugi Hillard divorziano, ma il marito, che vuole rivedere i figli, si traveste da governante e viene assunto dall'ex moglie.

La Travestie, di Yves Boisset (1987), è la storia di un giovane avvocato di provincia, disprezzato e non amato. Si reca a Parigi e si traveste da uomo. Incontra successivamente una prostituta (che diventa la sua confidente), una donna della classe media (che seduce) e un insegnante macho. Dalla deriva dell'omicidio, finisce per alienarsi completamente. Yves Boisset è stato anche il regista di *Dupont Lajoie*, un film virulentemente antirazzista, cioè soprattutto anti-francese.

Levy et Goliath è un film di Gérard Oury (Francia, 1986): Moisés Levy è un ebreo tradizionalista di Anversa che ha rotto con il fratello Albert. Arrivato a Parigi, viene involontariamente coinvolto in un affare di droga che gli procura l'ostilità del capo di una banda, Golia. Viene salvato da un finto travestito, ma da un vero detective.

In *La ley del deseo* (Spagna, 1986) di Pedro Almodóvar, Tina, la sorella di Pablo, è "un transessuale pervertito dal padre".

El lugar sin límites è un film messicano del 1977. Il bordello è l'unica casa di uno sperduto villaggio che non appartiene al vecchio deputato Don Alejo. L'ha persa per una scommessa con la padrona di casa, che ha avuto una relazione con Manuela, un travestito. "Una sceneggiatura sovversiva che mette in discussione le basi tradizionali di una società maschilista e patriarcale", ha scritto Bouniq. Il regista messicano in questione è Arturo Ripstein, che, come abbiamo visto, ha diretto anche un film che normalizza l'omosessualità e denigra l'unità familiare.

---

[496] Sul tema dell'uomo incinto si legga *Fanatismo ebraico*.

La scala, di Stanley Donen (USA, 1969): Charlie e Harry, due omosessuali, vivono in coppia. Charlie è di cattivo umore perché deve affrontare un processo per travestitismo e incitamento alla depravazione.

Il maggiore e il minore, di Billy Wilder (USA, 1942): Una commedia con uomini vestiti da donne e poliziotti come signori. Non è l'unico film di Wilder in cui compaiono travestiti, anche se i suoi film sono indubbiamente molto più divertenti che aggressivi.

Una volta la rivista televisiva *Capital*, sul canale M6, ha realizzato un servizio sui piaceri della vita notturna a Istanbul, la capitale turca. I giornalisti si fermarono in un nightclub per travestiti, dove il gestore parlava francese, con un accento simile a quello di Roger Hanin, cognato del presidente Mitterrand...

Il 2 aprile 2007 abbiamo appreso che lo Stato di Israele ha richiamato il suo ambasciatore in El Salvador, Tzuriel Refael, trovato ubriaco e nudo nel cortile della sua residenza ufficiale. A Gerusalemme, il Ministero degli Affari Esteri ha confermato il richiamo, senza fornire ulteriori dettagli, ma la polizia salvadoregna ha dichiarato di aver trovato l'ambasciatore nudo, ubriaco, legato e imbavagliato, con una palla di gomma in bocca e accessori sessuali gettati accanto a lui.

Potremmo anche legittimamente chiederci se i famosi "travestiti brasiliani" non siano semplicemente ebrei brasiliani, che in effetti sono molto numerosi in quel Paese.

Prima della Seconda Guerra Mondiale, il precursore degli studi sui gay e sui travestiti fu un sessuologo di nome Magnus Hirschfeld (1868-1935). Fu lui a fondare il primo movimento politico "gay" nel 1897. Dopo aver studiato medicina, intraprese la carriera di ricercatore e, nel 1920, fondò a Berlino un istituto di sessuologia che divenne famoso a livello internazionale. All'epoca fu definito "l'Einstein del sesso". Omosessuale, ebreo e socialista, Magnus Hirschfeld dovette fuggire dalla Germania negli anni Trenta. Morì a Nizza nel 1935, dopo aver cercato invano di impedire la distruzione del suo istituto di sessuologia da parte del regime di Hitler.[497]

---

[497] Magnus Hirschfeld avrebbe avuto una grande posterità. Nel XXI secolo, il movimento LGBT ha conosciuto una sorprendente crescita esponenziale ed è diventato il nuovo baluardo dei valori democratici occidentali. A questo proposito, si possono citare alcuni congeneri contemporanei di Hirschfeld: Mara Keisling (attivista statunitense per i diritti dei transgender e direttrice esecutiva *del National Center for Transgender Equality*), Eliza Byard (direttrice esecutiva del *Gay, Lesbian & Straight Education Network fino a marzo 2021*). Straight Education Network fino a marzo 2021), Eli Erlick (attivista, scrittrice, accademica e donna trans e fondatrice del *Trans Student Educational Resources*), Dean Spade (avvocato, scrittore, attivista trans e professore associato di legge statunitense e fondatore del *Sylvia Rivera Law Project*), e Michael Silvermann e Jillian Weiss (fondatori e direttori esecutivi del *Transgender Legal Defense & Education Fund* dal 2003 al 2018). (NdT).

In un film a lui dedicato, Rosa von Prunheim ha rivelato la personalità di Magnus Hirschfeld, nonché la presenza del suo amico e angelo custode, il travestito Dorchen.

Concludiamo questo capitolo con Steven Cohen, un personaggio davvero colorato. Steven Cohen è un artista "sudafricano" che vive in Francia, omosessuale e attivista anti-apartheid. Gérard Mayen lo ha descritto brevemente su Internet: "Artista travestito, creatore di un'"arte vivente" che prende in prestito in egual misura la scultura, la danza contemporanea e la *performance*, Steven Cohen riflette sulla sua condizione testimoniale di omosessuale, ebreo e sudafricano. Con crudezza e violenza, esplora la sua complessa identità e mette a nudo la sua intimità. Con un eccezionale senso dell'immaginario e una sensibilità fuori dal comune, parla dei segni indelebili della storia sul corpo. Inquietante, eccessivo, ipersessuale e, allo stesso tempo, altamente politico, Steven Cohen affronta l'ebraismo, l'Olocausto e il lutto - un assolo profondamente commovente!".

In un lungo articolo intitolato *L'arte di Steven Cohen*, che qui riassumiamo e mettiamo in ordine, abbiamo scoperto la vera natura di questo artista "sudafricano". E infatti, vedremo qui che questo Steven Cohen è profondamente "commovente"; attenzione, andremo in crescendo:

Apprendiamo che le "*performance*" di Steven Cohen "esprimono questioni di identità legate all'ebraismo, all'omosessualità e alla razza". Cohen, che si descrive come un "ebreo queer freak", si è fatto un nome in Sudafrica e altrove con opere spesso controverse. Le sue creazioni si trovavano spesso nelle gallerie d'arte, ma anche in spazi pubblici come stazioni di taxi, ippodromi e municipi. Nel 1997 e nel 1998, Cohen e la sua compagna Elu, coreografa e ballerina, hanno prodotto una serie di opere di "arte vivente" che hanno presentato in una serie di eventi improvvisati in spazi pubblici.

In una delle sue "*performance*", i due "si baciarono su un podio di fronte a un tribunale dove si stava discutendo una legge anti-omosessuale". Le provocazioni di Cohen erano molteplici: nel 1998, ad esempio, "andò a ritirare l'assegno per il finalista del premio FNB Vita imbrigliato con banconote macchiate di sangue e con le mani legate dietro la schiena - un commento ironico sul rapporto dell'artista con i suoi mecenati".

Ancora più forte: Cohen ha fatto una visita improvvisata a una mostra di abiti da sposa, "la quintessenza della messa in scena sentimentale dell'eterosessualità". Era travestito da travestito, con un dildo nell'ano: "il personale di sicurezza lo ha rimosso rapidamente, partecipando così alla performance, prima di accompagnarlo alla porta".

Nei suoi spettacoli, Cohen mescolava danza e movimento, indossando costumi elaborati. Portava la Stella di Davide sul viso, sulla testa o sul petto, macchiata di sangue, suggerendo che gli era stata imposta con la violenza, "come il bestiame marchiato a fuoco". Era applicata sul naso e sul gallo, "una parte essenziale del corpo nell'ebraismo". Il *brit milah*, il patto di alleanza con il dio della Genesi attraverso la circoncisione, è il marchio che distingue l'ebreo dal gentile".

La sua mostra del 1997, *Concentration Camp*, includeva una fotografia di Cohen all'età di sei anni, in bikini da bambina, con trucco e codini: "Questo atto travestito di un bambino, un futuro artista, che posa orgogliosamente per il fotografo, è il punto di partenza di un viaggio che conduce direttamente dall'infanzia al suo lavoro di *performer*, utilizzando la tradizione gay del drag per sovvertirla".

In *Tradition* (1998), eseguito sulle note della commedia musicale yiddish *Fiddler on the Roof*, "Cohen è sospeso al soffitto come se danzasse nell'aria e spruzza un liquido scuro che emana dal suo ano sulla sua partner, Elu, che danza sotto di lui. In *Taste* (1999), utilizza il famoso inno alla vita *Lechaïm*. Il suo volto è coperto, privato della sua identità, da una maschera di lattice e porta in testa una grande stella di Davide in polistirolo, che lancia al pubblico in un gesto *di spogliarello*. Nello stesso momento, Cohen riceve un messaggio anonimo che gli intima di non deridere la Stella di Davide. Cohen si toglie quindi la parrucca e tira fuori dallo sfintere delle perline anali. Prosegue con un'emissione rettale di liquido nero in un contenitore di vetro antico; una parte del liquido viene versata in un bicchiere, che Cohen solleva alla salute del suo pubblico inorridito prima di berlo: *Lechaïm* [Salute! Egli dimostra così, spiega l'artista, che "l'accettazione della sigaretta per se stessi è un gusto acquisito".

"Nella maggior parte delle sue performance da solista, Cohen inserisce dildo o altri oggetti sessuali nel retto, dove li tiene per tutta la durata della performance, spesso fisicamente impegnativa, al termine della quale vengono rimossi cerimoniosamente dal suo assistente, Elu, nella maggior parte dei casi. Cohen glorifica l'ano sia per la sua abiezione che come fonte di piacere".

Sin dalle prime *esibizioni*, la Cohen ha indossato tacchi sempre più alti, che le hanno reso sempre più difficile camminare. "Nel 1999, con *Crawling...Flying*, i tacchi raggiunsero le dimensioni di corna d'orice, lunghe un metro, rendendo completamente impossibile camminare. Steven Cohen è stato costretto a gattonare, per cui si è esibito in luoghi pubblici, come davanti ai seggi elettorali dove gli elettori aspettavano in fila indiana per depositare le schede nell'urna durante le elezioni del 1999: un commento scherzoso su quelle code interminabili e sulla lunga marcia del Sudafrica che strisciava lentamente verso la democrazia. Nel 2000, ha presentato una delle sue opere teatrali al Gay and Lesbian Pride... Cohen, con i suoi tacchi d'orice, sembra trascendere i limiti del corpo e sfidare le leggi della gravità".

Cohen era andato a provocare anche i negri. Lo spettacolo *"Zoppicando nel rinascimento africano"* era iniziato alle 23 del 31 dicembre 1999. "Lo spettacolo si riferisce al concetto di "rinascimento africano" di Thabo Mbeki... L'ottuagenario nero Dhlamini, con un mappamondo in testa, cammina davanti a un Cohen zoppicante verso il futuro dell'Africa. Cohen ha fatto questo *spettacolo* in una capanna fatiscente. È stato acclamato come mago dal pubblico locale, ma anche insultato e chiamato *stabano* (ermafrodito). Non sorprende che fosse vestito da "drag eurocentrico", con il volto coperto da una maschera bondage e un pene nero eretto al posto della bocca; in realtà, un dildo sporgeva dalla bocca, in contrapposizione al suo pene bianco imbrigliato. Una protesi attaccata a un piede allungava la gamba del ballerino, ostacolandone i movimenti. "L'esecuzione di questo pezzo è un trionfo di esecuzione e di sforzo fisico, una lotta simile all'inserimento del corpo bianco dell'omosessuale ebreo nelle tradizioni patriarcali e omofobe dell'Africa".

"Il corpo ebraico, come ha sottolineato il professor Sander Gilman, è il luogo di molteplici deviazioni dall'immaginario della cultura occidentale. L'ebreo è l'altro essenziale, portatore di malattie, incestuoso, bestiale e cannibale. Il corpo dell'ebreo porta segni immutabili della sua identità: si supponeva che il naso denotasse l'ebreo, ma si pensava anche che il piede ebraico soffrisse di una deformità congenita. Le "deformità" apparentemente autoinflitte da Cohen (naso truccato, tacchi alti) si riferiscono a questi pregiudizi".

Sander Gilman ha sottolineato l'ovvia correlazione tra ebraismo e omosessualità, ma la sua diagnosi non ne ha spiegato le cause: "L'identità ebraica, ha scritto, pone un problema perché si esprime sia in un discorso di odio verso se stessi sia in un'ostinata autodifesa, sfruttata da Cohen per sovvertire ogni politica identitaria... A differenza dell'altro, colonizzato o orientale, per il quale il colore della pelle è un evidente marcatore razziale, l'ebreo non è così facile da identificare. Nel mondo bianco, l'ebreo rappresenta l'altro da sé, la cui minaccia è proprio legata al fatto di essere facilmente trascurato dalla società. Allo stesso modo, l'omosessuale è stato spesso presentato come una presenza segreta e sovversiva che minaccia la stabilità sociale dall'interno. In questo senso, le figure dell'ebreo e dell'omosessuale appaiono nell'opera di Cohen non solo come metafora dell'altro nel corpo sociale, ma anche come alterità interiore, il sé ibrido".

Stupratori e squilibrati

In *Jewish Fanaticism* (2007) abbiamo già visto numerosi casi di medici e psichiatri americani che hanno violentato i loro pazienti. In Francia c'è stato il caso di Gilbert Tordjman, un famoso sessuologo che è stato il fondatore e il "Papa" della sessuologia francese. Gilbert Tordjamn è stato processato nel marzo 2002 e quarantaquattro ex pazienti si sono presentati per testimoniare davanti al giudice, affermando di essere stati abusati da questo "specialista". Abbiamo anche ricordato, tra gli altri, il caso di Thierry Chichportich, il "massaggiatore delle star", soprannominato "l'uomo dalle dita d'oro" dall'élite cinematografica mondiale. Il 20 maggio 2006, Le Parisien ha riportato la notizia della sua condanna a 18 anni di carcere da parte del tribunale penale di Nizza per gli stupri di tredici giovani donne che aveva precedentemente addormentato.[498] Da allora si sono verificati molti altri casi.

Il 7 febbraio 2008, un ginecologo marsigliese, Patrick Azoulay, 48 anni, è stato condannato dal tribunale di Marsiglia a tre anni di reclusione e al divieto di esercitare la professione medica. Il ginecologo era stato accusato di violenza sessuale aggravata da cinque delle sue pazienti. Le sue vittime lamentavano massaggi alla schiena di dubbia efficacia, scene di onanismo, strofinamenti incongrui, trattamenti che non erano medici e che spesso si trasformavano in umiliazioni. Per molto tempo non hanno osato dire nulla. Il pubblico ministero ha chiesto una condanna a sette anni di carcere, tanto più che il dottor Azoulay era già stato condannato nell'ottobre 2002 a due anni di carcere, di cui uno senza condizionale, pena che non è mai stata eseguita. Patrick Azoulay non si è presentato in tribunale. Nel settembre 2003 era stato emesso un mandato di cattura nei suoi confronti e la sua posizione è rimasta sconosciuta. Secondo il quotidiano regionale *La Provence*, che ha citato una fonte giudiziaria, il medico era latitante in Israele da diversi anni.

---

[498] Vale la pena di ricordare il caso eclatante di Gérard Miller, famoso psicoanalista e professore universitario, onnipresente conduttore di talk-show e icona televisiva, "figura mediatica della sinistra", ironicamente soprannominato il "divan marquis" da *Libération* (il "divin marquis" era il marchese de Sade, ndt) e lo "strizzacervelli dai lustrini rossi" da *L'Express*. Miller è stato politicamente attivo nell'estrema sinistra tra gli anni '60 e '70, prima di allontanarsi da essa e avvicinarsi alla sinistra classica. Per anni, ha passeggiato liberamente, con le labbra serrate, sui set televisivi, dando perentoriamente lezioni agli ospiti e predicando l'ortodossia di sinistra. "Nel 2024, più di sessanta donne lo hanno accusato di comportamento inappropriato, aggressione sessuale e stupro, per lo più sotto ipnosi. La rivista *Elle* ha pubblicato i racconti di 41 donne, alcune delle quali minorenni all'epoca dei fatti, che hanno testimoniato il comportamento problematico di Gérard Miller tra il 1993 e il 2020. Tre di loro hanno denunciato uno stupro e quindici aggressioni sessuali. Le altre ventitré hanno parlato di tentativi di aggressione. Tutte hanno descritto lo stesso modus operandi: aggressioni commesse il più delle volte dopo le sedute di ipnosi. Il 19, quattro donne hanno denunciato in tribunale il comportamento inappropriato di Gérard Miller nei loro confronti. Il giorno successivo, una donna di 39 anni ha presentato una denuncia alla procura di Parigi per uno stupro commesso quando aveva 17 anni; secondo il suo avvocato, il reato non era ancora caduto in prescrizione. Il 23 febbraio, la procura di Parigi ha annunciato di aver aperto un'indagine preliminare sulla base di sei denunce. Il 29, France 2 ha trasmesso nel suo programma *Envoyé spécial* la testimonianza di tre donne che accusavano Miller". (fonte wikipedia) (NdT).

C'è anche il caso di Roger Chemoul, 61 anni. Il 26 novembre 2007 è stato condannato a 5 anni di carcere dal Tribunale di primo grado del Rodano. Roger Chemoul era stato processato per aver violentato nel 2003 un'infermiera che lavorava nella sua stessa casa di riposo, a Tarare. La sua difesa non ha convinto i giurati. Chemoul ha sostenuto di essere vittima di un complotto: "In realtà, era il dottor Champin, direttore della casa di riposo di Montvenoux, che voleva vendicarsi di me perché avevo fornito a *Lyon Mag* informazioni per il suo rapporto sullo scandalo delle case di riposo". Dopo aver rifiutato a lungo le avances di Roger Chempoul, l'infermiera ha infine ceduto perché lui era un suo superiore e minacciava di farle perdere il lavoro. Chemoul ha poi abusato di lei in due occasioni: una volta su un tavolo di mobilità e una seconda volta in piedi nel bagno di una stanza occupata da un malato. Ma all'udienza Roger Chemoul, sicuro di sé, ha negato i fatti, spiegando che il suo pene era troppo piccolo per permettere di fare sesso in piedi con la vittima. Questa linea di difesa è stata ripresa dal suo avvocato, Alain Jakubowicz, ma senza successo. Il pubblico ministero ha chiesto 7 anni di carcere.

Il 3 novembre 2007 il settimanale *Marianne* ha riportato il caso di André Hazout, un famoso ginecologo parigino che era anche un'eminenza internazionale nel campo della fecondazione in vitro. Il ginecologo avrebbe effettuato esami ginecologici piuttosto approfonditi. Una paziente ha raccontato che, durante il consulto, il ginecologo si era abbassato i pantaloni e l'aveva penetrata fino a quando non era squillato il telefono: "Si è allontanato per rispondere al telefono, sono rimasta scioccata", ha raccontato la paziente agli investigatori del dipartimento di investigazione criminale. Circa sei pazienti che si sono rivolti al suo studio con problemi di infertilità hanno presentato denuncia a partire dal luglio 2005, mentre molti altri non hanno potuto farlo a causa della prescrizione. Le prime denunce al Consiglio Medico risalgono al 1991. "Queste donne erano sterili e lui era la loro ultima speranza. Si fidavano completamente del medico", ha dichiarato uno degli avvocati delle vittime. "C'è stata solidarietà da parte del personale medico a scapito del corpo delle pazienti", ha affermato indignato un altro avvocato. Alla fine di ottobre 2007, lo specialista in FIV è stato messo sotto controllo giudiziario e gli è stato vietato di esercitare la professione medica.

Il 16 giugno 2003, il quotidiano *France Soir* ha riportato il caso di un rabbino di Perpignan. È stato accusato di stupro da una donna di 60 anni che ha dichiarato di essere stata vittima del rabbino per diversi mesi. Secondo il quotidiano *Le Midi Libre,* il caso è iniziato nel marzo 2000, quando la vittima, che stava cercando di avviare un'attività commerciale, ha incontrato il rabbino. Questi la costrinse subito ad avere rapporti sessuali non consensuali, minacciando di far fallire il suo progetto professionale. Secondo la 60enne, queste molestie sono durate fino al giugno 2001. Nel dicembre 2001 ha deciso di denunciare il suo aggressore per molestie sessuali e morali. Poi, nel marzo 2002, è stata presentata una seconda denuncia, questa volta per stupro. La donna aveva cercato di conservare le lenzuola sporche dello sperma del rabbino. Durante la custodia della polizia, il rabbino ha negato qualsiasi rapporto sessuale con la sessantenne, prima di ritrattare in presenza del giudice istruttore. La possibilità di analizzare il DNA dello sperma sulle lenzuola lo ha aiutato a recuperare la memoria.

Ancora una volta, possiamo constatare che le perversioni sessuali sembrano essere una specialità dei registi ebrei. Ecco *Swoon* di Tom Kalin (USA, 1992): nel 1924, Richard Loeb e Nathan Leopold, rampolli di famiglie benestanti di Chicago, sono due brillanti intellettuali ebrei diciottenni, legati da una relazione omosessuale. Rapiscono un ragazzo di quattordici anni, Bobby Franks, lo picchiano a morte e lo violentano. Il film è basato su una storia vera che all'epoca attirò l'attenzione internazionale. I due adolescenti furono condannati all'ergastolo. Richard fu ucciso e Nathan fu rilasciato trentatré anni dopo.

Anche nel cinema cosmopolita ci sono molte prostitute: *La Vie devant soi* è un film di Moshe Mizrahi (Francia, 1977): Nel quartiere di Belleville, Madame Rosa è un'anziana ebrea malaticcia, ex prostituta che accoglie i figli delle prostitute di strada. È particolarmente affezionata a Momo, un ragazzo arabo di quattordici anni che ha educato alla religione ebraica. La sceneggiatura è basata su un romanzo del famoso Romain Gary (Roman Kacew).

Cerimonia segreta, di Joesph Losey (Regno Unito, 1969): Leonora, una prostituta, visita la tomba della figlia. Viene seguita da una strana giovane donna, una ninfomane, che si abbandona a giochi perversi.

Repulsion (Regno Unito, 1965) è la storia di una ragazza nevrotica che cade in una follia omicida. Carole ha delle fobie. Ogni notte sogna che un uomo la stupri. Roman Polanski deve essersi ispirato a diversi casi familiari.

In *Belle de jour* (1966), del messicano Luis Buñuel: una donna della classe media trascorre le sue serate in una casa di appuntamenti. Ci sono un ginecologo masochista e un duca necrofilo. La sceneggiatura è di Joseph Kessel.

È chiaro che la necrofilia non lascia indifferenti alcuni registi. *L'orribile segreto del dottor Hichcock* è un film di Riccardo Freda (Italia-Regno Unito, 1962): Nella Londra del 1885, il dottor Hichcock torna alla sua casa padronale con Cynthia, la sua seconda moglie. Cynthia non sopporta l'atmosfera opprimente della casa. Una notte di tempesta, scopre la bara della prima moglie del marito. L'uomo si rivela essere un necrofilo. Usa i cadaveri dell'ospedale in cui lavora per soddisfare il suo sordido vizio.

L'ombra della notte è un film di Ole Bornedal (USA, 1998): un vecchio guardiano notturno rivela al suo sostituto all'istituto forense che un ex guardiano necrofilo violentava i cadaveri delle donne dell'istituto. Allo stesso tempo, un serial killer accoltella e fa lo scalpo alle prostitute. Presto accadono strani fatti nell'obitorio. La sceneggiatura è di Steven Soderbergh.

Santa Sangre (Messico, 1989) presenta nuovamente un serial killer di prostitute. Orgo gestisce un circo. Concha, la sua mistica moglie, gli brucia il pene quando scopre la sua infedeltà. Orgo si amputa entrambe le braccia prima di suicidarsi. Suo figlio Fenix, disturbato da queste atrocità, viene internato in una clinica psichiatrica. Fugge all'età di vent'anni e cade sotto il controllo di una madre possessiva che usa l'ipnosi per costringerlo a uccidere qualsiasi donna gli si avvicini. Il film è stato diretto da un vero messicano: Alejandro Jodorowski. "È un'opera di grande ricchezza visiva, inquietante, atroce e sublime, degna del miglior cinema surrealista. Può scioccare, ma non lascerà mai indifferenti", ha scritto Bouniq, che ha assegnato al film quattro stelle.

La Vie, l'amour, la mort è un film di Claude Lelouch (1968): François Toledo, operaio in una fabbrica di automobili, conduce una vita tranquilla con la moglie Janine. Si innamora di Caroline, che incontra in un albergo. Un giorno viene arrestato. Viene denunciato dalla suocera, che lo riconosce come assassino di prostitute. Durante gli attacchi di impotenza, le strangolava per compensare la sua umiliazione come uomo. [499]Sebbene il suo stato sia più adatto alla psichiatria che alla giustizia, viene condannato a morte e ghigliottinato.

La notte dei generali (Francia-GB, 1966): A Varsavia nel 1942, una donna è vittima di un sadico crimine. Secondo un testimone, si tratta di un crimine commesso da un generale tedesco. Il film è di Anatole Litvak.

Getta la mamma dal treno è una commedia di Danny de Vito (USA, 1987): Donner, scrittore e insegnante, odia la sua ex moglie, che è diventata famosa firmando un romanzo scritto da lui. Uno dei suoi studenti sogna di

---

[499] Jack lo Squartatore, che terrorizzò Londra nel 1888, era anche un assassino di prostitute. Il 14 luglio 2006, il serissimo quotidiano inglese *Times*, nella sua edizione online, ha parlato di questo caso, utilizzando gli appunti scritti a mano del poliziotto di Scotland Yard che ha condotto le indagini. L'agente in pensione, Donald Swanson, ha fornito il nome dell'uomo che riteneva essere Jack lo Squartatore: Aaron Kosminski, un parrucchiere ebreo di origine polacca che viveva a Whitechappel, nella zona est di Londra. La polizia lo aveva identificato e c'era stato anche un confronto positivo con un testimone. Ma questo testimone ha ritrattato quando ha saputo che anche il colpevole era ebreo. Kosminski era stato arrestato dopo aver minacciato la sorella con un coltello. Giudicato troppo malato di mente per essere interrogato, fu affidato alle cure del fratello in una casa di Scotland Yard a Brighton. In seguito fu internato in un manicomio, dove morì poco dopo. Per saperne di più sul caso, leggete *"La mafia ebraica"*.

uccidere la madre, che considera violenta: perché non scambiare i suoi crimini?

In *Rampage* (USA, 1987), uno psicopatico uccide sei volte in modo raccapricciante, rimuovendo ogni volta gli organi dai corpi delle sue vittime. Un film di William Friedkin.

La Classe de neige (Francia, 1998): Nicolas, un ragazzo timido e fragile, viene portato dal padre in una scuola di neve. Ben presto un ragazzo del posto scompare e si scopre che gli uomini trafficano in organi. Il film è di Claude Miller. Sul tema del traffico di organi, i lettori possono consultare il nostro precedente libro sulla *mafia ebraica* (2008).

In *Viridiana* (Spagna, 1961), Luis Buñuel rivela le sue fantasie sessuali (feticismo, condanna della castità) e riafferma il suo odio anticattolico (il crocifisso-coltello). Si assiste anche a un'orgia di mendicanti che parodia l'Ultima Cena. Il film è stato premiato al Festival di Cannes.

Du Sang pour Dracula, di Paul Morissey (Francia-Italia, 1974): Carenza di sangue vergine per Dracula: una specie sempre più rara a causa del rilassamento dei costumi. Si vede Dracula leccare il sangue delle mestruazioni.

In *Crime City* (USA, 1984), Abell Ferrara filma sadismo, droga, esibizionismo e voyeurismo. *Maniac* (USA, 1980) di William Lustig è la storia di un maniaco che fa lo scalpo alle sue vittime.

La notte di Halloween è un film di John Carpenter (USA, 1978): in una notte di Halloween, un giovane viene spinto in una frenesia omicida.

The Mad Bomber, di Bert Gordon (USA, 1972): Un uomo la cui figlia è morta per overdose punisce la società piazzando bombe in luoghi pubblici. Stupro, omicidio a sangue freddo, estorsione di confessioni, voyeurismo, esibizionismo e molto altro.

Les Heroïnes du mal (Francia, 1979): Marceline ama fare l'amore con il suo coniglio bianco. I suoi genitori glielo fanno mangiare in civet. Si vendica concedendosi carnalmente a un macellaio che finisce per impiccarsi davanti a lei. Poi sgozza i genitori con un coltello. Questa opera è di Walerian Borowczyk. Claude Bouniq-Mercier ha scritto: "Boro fa un passo avanti nella trasgressione dei tabù e nella ricerca del piacere, lontano da ogni morale repressiva. Inoltre, realizza un bel film con un'estetica delicata e raffinata".

Mister Frost è un film di Philippe Setbon (Francia, 1990): L'ispettore Detweiller arresta Mister Frost, un assassino di origine sconosciuta che rimane misteriosamente in silenzio. Due anni dopo, Mister Frost accetta finalmente di parlare con una giovane psichiatra, la dottoressa Sarah Day. Egli afferma di essere il diavolo. Sarah cede al suo fascino malvagio, la sua ragione vacilla e commette l'irreparabile: uccide il suo paziente. Questo film sembra una voragine per i desideri suicidi di alcuni.

Paedomaniaci

La pedomania nella comunità ebraica è molto più diffusa di quanto sembri. I media francesi e internazionali tacciono quasi completamente su questo fenomeno e proiettano il male sui preti cattolici. In realtà, il fenomeno è molto più diffuso all'interno della setta ebraica, e in particolare tra gli ebrei ortodossi. Dalla pubblicazione di *Psicoanalisi dell'ebraismo* nel 2006, il numero di testimonianze e di casi giudiziari che abbiamo documentato su questo tema è ormai così elevato che abbiamo deciso di non pubblicarli tutti.

Negli Stati Uniti è stato creato un sito web - *il centro di sensibilizzazione* - per registrare questi casi imbarazzanti. Le vittime si sono riunite nella Jewish Coalition Against Sexual Assault and Abuse (JCASA). Da circa dieci anni, questa associazione si batte contro la pedofilia negli ambienti religiosi ebraici in Israele, negli Stati Uniti e nel resto del mondo. A seguito di indagini, è stato pubblicato su Internet un primo elenco di 104 rabbini israeliani e americani, la maggior parte dei quali è stata perseguita per abusi sessuali su minori. Un secondo elenco di 267 nomi riguardava insegnanti e dirigenti di associazioni giovanili ebraiche. A questo è seguito un altro elenco di 93 casi di pedofilia, per lo più commessi da rabbini in Israele. Ma ogni settimana la stampa americana e israeliana riporta nuovi casi, al punto che non possiamo più pubblicare le informazioni sul nostro sito web.

Il caso di Eugène Abrams di Long Island, New York, illustra bene il fenomeno: nel 1974 è stato condannato a dieci anni di carcere per 77 stupri, atti di sodomia e incesto con bambini e oscenità con cinque ragazze, tra cui la sua. È stato anche condannato per aver gestito un giro di pornografia infantile a livello nazionale da Long Island e dalla Florida. Dopo dieci anni di carcere [solo, ndt], è stato nuovamente condannato per aver aggredito sessualmente una bambina di quattro anni e mezzo.

Un articolo di Elana Schor apparso sul quotidiano britannico *The Guardian* il 2 luglio 2008 ha messo in luce uno degli uomini più ricchi degli Stati Uniti, Jeffrey Epstein. Egli trascorreva regolarmente le vacanze con il principe Andrea e noleggiava il suo aereo privato a Bill Clinton, l'ex presidente degli Stati Uniti. Ma ha accettato una condanna a 18 mesi di carcere in Florida dopo essersi dichiarato colpevole di aver fatto avances sessuali a ragazze di 14 anni. Jeffrey Epstein, 55 anni, è stato obbligato a sottoporsi al test dell'HIV e a rivelare la sua diagnosi alle famiglie delle sue vittime. A metà degli anni Ottanta, Epstein, proprietario di una banca, aveva acquistato un'isola caraibica ed era noto nel mondo finanziario per la sua discrezione nei confronti dei clienti. [500] Le autorità della Florida

---

[500] Il caso Jeffrey Epstein è diventato uno dei maggiori scandali del decennio negli Stati

hanno iniziato a seguirlo nel 2005 in seguito alla denuncia di una giovane donna reclutata dal miliardario.

Goel Pinto, un giornalista gay cresciuto nella comunità ebraica ortodossa di Gerusalemme, è andato in esilio a Tel Aviv e ha rinunciato alla religione ebraica. In seguito ha dichiarato di essere stato violentato da bambino da un ebreo ortodosso in un *mikveh*, il bagno rituale che purifica i ragazzi. Secondo la legge ebraica - la *Halacha* - gli ebrei che denunciano tali aggressioni sessuali hanno lo status di "*moiser*" (informatore) e possono essere aggrediti o uccisi dopo una scomunica formale, l'*herem*. Il rabbino Nochum Rosenberg, che faceva parte della comunità chassidica di Brooklyn, New York, era noto per la sua azione energica in tutto il mondo. Si è anche battuto contro lo stupro dei bambini nelle comunità ebraiche ortodosse. Nel luglio 2008, durante una visita alla comunità londinese, è

Uniti. L'americano Dylan Howard è autore di un libro d'inchiesta: *L'affaire Epstein: Espionnage, caméras vidéos, prostitution de mineures et chantage*, Le Jardin des Livres, 2020. Riportiamo di seguito la nota introduttiva al libro tratta dal sito di Amazon: "Per la prima volta, presentiamo la vertiginosa vita del miliardario Jeffrey Epstein, il confidente di Bill Clinton, che per 20 anni, per conto dei servizi israeliani, ha ingannato migliaia di deputati, senatori, uomini d'affari, giornalisti, stelle del cinema, scienziati di fama, rettori e presidi di università, primi ministri, principi e principesse (tra cui il principe Andrea) e persino presidenti con la sua rete di giovani prostitute. Dalla sua ascesa come professore di matematica alla sua carriera fallimentare a Wall Street, lo seguiamo fino alla sua fama e alla sua caduta, compreso il suo incontro epocale con Ghilaine Maxwell, la figlia di un'altra grande spia del Mossad, Robert Maxwell, che comprava i media britannici per conto di Israele. Sebbene sostenesse di essere milionario grazie a Wall Street, in realtà Epstein era diventato un pappone specializzato in ultra-ricchi e onnipotenti, che chiedono solo una cosa: la totale discrezione. Invitava tutte le celebrità nelle sue varie proprietà di lusso, sia private che a Parigi, dove tutte le stanze erano dotate di sistemi audio e telecamere molto discrete. Fornendo loro regolarmente giovani ragazze, Epstein aveva creato la più grande rete pedofila internazionale, tanto che il suo aereo era soprannominato "Lolita Express" dai controllori di volo, un aereo su cui volavano regolarmente Bill Gates e Bill Clinton. Ha poi venduto i video ai servizi segreti. Arrestato per la seconda volta dalla polizia statunitense per "traffico di minori", è stato trovato morto in circostanze spettacolari nell'agosto 2019 nella sua cella del Metropolitan Correctional Center di New York. Un suicidio che ha fatto la gioia di tutte le celebrità i cui nomi comparivano nel suo famoso "Libro nero". Questa inchiesta, condotta dal grande reporter Dylan Howard e coadiuvato da altri due giornalisti americani, porta alla luce incredibili rivelazioni sulle attività di Epstein, della sua "Madame" Ghislaine Maxwell e sul modo in cui hanno ridotto in schiavitù queste giovani donne per gli ultraricchi, nonché sugli abusi che hanno subito. Questo libro è senza censure e contiene documenti inediti ottenuti dall'autore, che ha seguito la vicenda di Epstein fin dal suo primo soggiorno in carcere in Florida. Questo non ha impedito a Bill Gates, l'uomo che vuole vaccinare tutti gli abitanti del pianeta, di volare con lui sul "Lolita Express" almeno 4 volte, molto tempo dopo la sua uscita di prigione!". (NdT).

stato violentemente aggredito da un gruppo di ebrei chassidici. [501] Negli Stati Uniti, la setta Chabad-Lubavitch, uno dei principali rami del movimento chassidico, è stata rappresentata e protetta da Michael Chertoff, segretario alla Sicurezza interna degli Stati Uniti e stretto collaboratore del presidente americano George Bush.

Va notato che gli omosessuali sono statisticamente più inclini alla pedofilia rispetto agli eterosessuali. Lo dimostra un'indagine condotta a Los Angeles nel 1983 su 3.132 adulti. L'indagine ha rivelato che il 3,8% degli uomini e il 6,8% delle donne avevano subito abusi sessuali durante l'infanzia. Il 93% degli autori era di sesso maschile e il 35% di essi era omosessuale. Un altro studio condotto dai dottori Freund e Heasman del Clarke Institute of Psychiatry su 457 pedofili ha rivelato che il 34% di loro era omosessuale.

In Francia, il controllo dei media su questo tema è esemplare. Il caso di Leonid Kameneff ha suscitato un certo scalpore per la sua portata, ma l'ebraicità del protagonista principale non è mai stata rivelata. Negli anni '80 e '90, Leonid Kameneff ha diretto l'associazione "*L'école en bateau*" (*Scuola in barca*). L'ex capitano di mare accoglieva gli adolescenti sulla sua barca per soggiorni in mare per aiutare lo "sviluppo intellettuale, psicologico e sociale dei bambini". Ad ogni sessione, una dozzina di ragazzi di età compresa tra i 9 e i 16 anni si imbarcavano per una crociera educativa sotto l'autorità del capitano Kameneff e del suo secondo in comando. Nel corso degli ultimi vent'anni, trecento alunni sono stati istruiti a bordo.

Nel 1994, Kameneff è stato arrestato per la prima volta in Martinica, ma un difetto di procedura ha portato al ribaltamento del procedimento e il predatore è stato rilasciato dopo due mesi di carcere. L'uomo era accusato di aver violentato bambini di età inferiore ai 15 anni con abuso di autorità tra l'agosto 1979 e il 1992. Molti dei suoi ex allievi, all'epoca minorenni, avevano denunciato abusi sessuali. Una trentina di giovani che avevano navigato sulla nave scuola avevano denunciato, tra l'altro, sedute di massaggio o masturbazione collettiva, e quattordici di loro avevano intentato causa civile, poiché i fatti denunciati dalle altre vittime erano caduti in prescrizione.

Nel 2002, il caso è stato riaperto quando un uomo di 26 anni ha presentato una denuncia, dichiarando alla polizia di aver subito abusi sessuali da bambino. Successivamente sono state raccolte altre dichiarazioni. Nel gennaio 2006, la stampa ha riferito che "insegnanti e alunni conducevano sessioni di massaggi nudi, seguiti da carezze e talvolta da atti sessuali tra

---

[501] Su chassidismo e Chabad-Lubavitch leggi *Psicoanalisi dell'ebraismo* e vari casi in *La mafia ebraica*.

adulti e adolescenti nei letti a castello". La questione è stata oggetto di diversi servizi televisivi. Il caso è stato poi trasferito dalla Martinica alla metropoli. Delle 27 vittime identificate, dodici hanno deciso di sporgere denuncia contro Léonid Kameneff.

Il 25 maggio 2007 la magistratura francese ha emesso un mandato di cattura internazionale nei suoi confronti e nel gennaio 2008, all'età di 72 anni, Léonid Kameneff è stato arrestato in Venezuela ed estradato in Francia, dove è stato immediatamente incarcerato.

Il 16 aprile 2008, il settimanale *Minute* ha pubblicato un lungo articolo sull'argomento, ricordando un altro caso, quello del Corallo. Nell'ottobre 1982, uno scandalo balzò agli onori della cronaca quando diverse personalità pubbliche furono accusate di aver abusato di giovani disadattati al Coral, un centro creato nel 1975 da Claude Sigala vicino a Nîmes. Ma il caso non rivelò tutti i suoi segreti.

Nel febbraio 1997, il giudice Jean-Paul Vallat, indagando sullo scandalo delle intercettazioni della cosiddetta cellula antiterrorismo dell'Eliseo sotto il presidente François Mitterrand, scoprì i file nascosti di Christian Prouteau, ex capo dell'unità creata nel 1981. Lì ha trovato il dossier Coral, prova che il caso era seguito da vicino ai massimi livelli. Nell'aprile del 1997, il capitano Barril, che aveva lavorato sotto Christian Prouteau nel 1982, ha confermato questa ipotesi: "Ricordo che fummo avvertiti di interrompere le indagini sulla rete pedofila Coral a causa delle personalità coinvolte".

All'origine di tutta la storia di Coral, scrive il giornalista di *Minute*, c'era un certo Jean-Claude Krief. Nell'ottobre 1982 aveva scritto una confessione: "Mi chiamo Jean-Claude Kreif, sono nato il 1° giugno 1961 ad Argenteuil; figlio di genitori malati, sono stato in un istituto DDASS per tredici anni, dopodiché ho deciso di emigrare in Israele per occuparmi di bambini".

Tornato in Francia, Jean-Claude Krief viene introdotto al Coral da alcuni amici alla fine del 1981: "Ho trascorso le vacanze al Coral e ho scoperto che tutti erano pedofili e che scopare con i bambini non era un tabù. Scoprii anche che molte celebrità vi si recavano regolarmente per assecondare i propri istinti sessuali, naturalmente con bambini piccoli che non avevano famiglia né voce". E ha fornito un elenco di visitatori del Coral. Tra questi, un ministro in carica all'epoca, il figlio di un ex ministro, un alto magistrato, due scrittori famosi, due psichiatri, un giornalista, un musicista, due fotografi e... Léonid Kameneff, creatore della Boat School. Le accuse di Krief non sono mai state confermate e, per di più, l'uomo le ha ritrattate due mesi dopo, sostenendo di essere stato manipolato dalla polizia come agitatore di estrema sinistra. Krief è poi scomparso dalla circolazione. Per alcuni era morto. Per altri, era in Israele.

Sul Corallo è stato girato anche un film: *Visiblement, je vous aime* (Francia, 1995): Qui vivono psicotici e giovani delinquenti "in totale libertà e fiducia, per reinserirsi meglio nell'ambiente sociale", scrive Bouniq-Mercier su *Le Guide des films*. E conclude: "Un'opera generosa e affascinante sulla libertà e sul diritto di essere diversi". Il film è di Jean-Michel Carré, con una sceneggiatura di Claude Sigala, che interpreta se stesso.

Twinky è un film del cosmopolita Richard Donner (USA, 1991): un quarantenne americano autore di romanzi erotici vive a Londra. Incontra una studentessa sedicenne e vuole sposarla. Sarà un fallimento. Un fallimento prevedibile, come quello del film.

Anche alcuni registi indiani hanno condiviso le stesse ossessioni. *Split wide open* (India, 1999): Kepi è un fannullone di Bombay. Un giorno viene picchiato dagli scagnozzi di potenti gangster. È innamorato di Didi, una bambina di dieci anni, ma un giorno lei scompare, rapita da protettori per essere ceduta al piacere di ricchi pedofili. Il film è di Dev Benagal, un vero indiano a detta di tutti. Ma non ci ha detto nulla sulla vera natura di questi gangster, rapitori e ricchi pedofili.

Betty Fisher et autres histoires è un film di Claude Miller (Francia, 2001): Betty Fisher è una scrittrice di successo. Ha tutto ciò che le serve per essere felice, fino alla morte accidentale del figlio piccolo. Sua madre Margot, affetta da demenza, decide di rapire un bambino per sostituire quello scomparso.

The Believers (Stati Uniti, 1987). C'era da aspettarselo: a New York, bambini piccoli vengono rapiti e uccisi ritualmente. Lo psicologo Jamison scopre l'esistenza di una setta, la Santeria, che pratica una variante cubana del voodoo. Il film è diretto da John Schleisinger, che ovviamente non appartiene ad alcuna setta voodoo.

Sulla stessa scia, c'è anche *L'uomo di Kiev* (USA, 1969): A Kiev, nel 1911, ha luogo un orribile pogrom, di cui non si conosce il motivo (come al solito). Scampato al massacro, un artigiano ebreo viene in aiuto di un ricco borghese russo, che lo prende al suo servizio. Ma quando l'artigiano rifiuta le avances della figlia del suo capo, lei lo accusa di stupro. Ben presto, l'ebreo viene accusato anche dell'omicidio rituale di un bambino da parte di un prete cristiano fanatico. Viene orribilmente torturato in prigione e condannato a morte. Le democrazie occidentali intervengono e il mondo è sull'orlo della guerra, ancora una volta, per salvare un figlio di Israele. Fortunatamente, il povero ebreo sarà assolto da un crimine così orribile. Gli ebrei sono qui collettivamente scagionati dai crimini rituali di cui sono accusati in quasi tutti i paesi d'Europa e del Medio Oriente. Un film del regista John Frankenheimer.

Il collezionista è un film di William Wyler (USA, 1965): Un collezionista di farfalle rapisce una ragazza e la tiene in casa. Quando lei muore, lui ne sceglie un'altra.

L'inversione accusatoria è evidente anche nel film *Hannibal Lecter, Le origini del male* (2007) di Peter Webber, che rivela l'infanzia del famoso Hannibal Lecter, lo psicopatico assassino cannibale de *Il silenzio degli innocenti*: da bambino, durante la guerra in Lituania, vide la sorellina essere divorata sotto i suoi occhi da affamati soldati russi. Da adolescente, Hannibal cerca di vendicarsi e dà la caccia ai criminali, uno per uno, per mangiarne il cervello. Uno di loro è diventato un ristoratore in una regione francese e Hannibal assapora il destino che lo attende. Si siede a un tavolo e osserva la sua futura vittima. [502]Veniamo poi a sapere che il proprietario del ristorante, questo assassino di bambini, è anche un buon cristiano che vuole che i suoi figli vadano in chiesa.

Un altro esempio abbastanza tipico di inversione accusatoria è la commedia *Romance* del drammaturgo americano David Mamet, rappresentata a Parigi nel 2006. Un articolo di Pierre Karch, pubblicato su *L'Express* (versione online) il 30 maggio, presenta la commedia di David Mamet: "La sua ultima opera, *Romance*, denuncia l'ipocrisia del politicamente corretto. Ma lo fa attraverso la risata... In questa commedia di 75 minuti, rappresentata senza intervallo, non c'è rispetto per niente e nessuno. Gli ebrei deridono i cristiani, i cui preti sodomizzano i chierichetti, e i cristiani benedicono il cielo per non essere nati ebrei". La verità è che sono soprattutto gli ebrei ad avere la manifesta abitudine di sodomizzare i propri figli, come vedremo più avanti, e sono ancora gli ebrei a benedire quotidianamente Yahweh per non essere nati goyim o donne. Naturalmente, l'autore di quest'opera era anche un apologeta dell'omosessualità, come si legge nella recensione di Pierre Karch: "Il procuratore ha un amante, Bernard, che chiama Bunny... Il giudice ha trascorso una settimana sull'isola spagnola di Ibiza con l'usciere...". Il processo si trascina perché ognuno porta sul tavolo i propri problemi personali. "In uno dei suoi rari momenti di lucidità, il giudice, pedofilo e incestuoso, dichiara che siamo tutti colpevoli, perché questa è la posizione cristiana, quella del "mea culpa" e quella dell'uomo giusto che pecca almeno sette volte al giorno". Pierre Karch ha concluso che lo spettacolo è "un colpo da maestro".

L'opera teatrale *Blackbird* (2008) di David Harrower è piuttosto sospetta. Ecco cosa si può leggere su internet: "Può esistere l'amore tra una bambina di dodici anni e un uomo di quaranta? Uma aveva dodici anni all'epoca

---

[502] Sull'omicidio dei bambini cristiani, leggete il libro del professor Areil Toaff, pubblicato nel febbraio 2007 e intitolato *Pasque di sangue* (*Pasqua di sangue, gli ebrei dell'Europa orientale e le accuse di crimini rituali*). Il professor Toaff insegna all'Università Bar-Ilan di Gerusalemme. Leggi in *Fanatismo ebraico*.

della relazione con un vicino di casa quarantenne. Interrogata dalla polizia, era riluttante a denunciare l'uomo che considerava il suo amante". La messa in scena è di Claudia Stavisky, con una sceneggiatura in francese di Zabou Breitman e Léa Drucker: "L'attrice Léa Drucker cercherà di succedere a sua cugina Marie Drucker per il titolo di "*Femme en or*" 2008".

Tutte queste deviazioni sessuali sono espresse nel Talmud, il libro sacro dell'ebraismo, che contiene gli insegnamenti dei rabbini e che gli ebrei considerano ancora più importante della Torah. [503] Abbiamo già studiato questo tema nei nostri libri precedenti.

Ecco un riassunto del succo: Sanhedrin 54b-55a spiega come gli adulti possano abusare dei bambini piccoli. Finché non hanno raggiunto la maturità sessuale, non sono fisiologicamente capaci di avere rapporti sessuali, non sono considerati persone e quindi le leggi sulla sodomia non li riguardano. Molte pagine sono dedicate alla supervisione della pedomania e della "convivenza" con i bambini piccoli. Sanhedrin 55a afferma chiaramente che un ragazzo è considerato sessualmente maturo all'età di nove anni e un giorno, e una ragazza all'età di tre anni e un giorno.

Ted Pike è un ex direttore del National Prayer Network, un'associazione cristiana degli Stati Uniti. In un articolo intitolato *Pedofilia, lo sporco segreto del Talmud*, pubblicato nell'ottobre 2006, ha citato Shimon Bar Yochai, un famoso rabbino del I secolo d.C., uno dei principali contributori alla stesura *della Mishnah* e, secondo la Tradizione, l'autore del libro dello Zohar, la "bibbia" della Kabbalah: "A un proselito di età inferiore a tre anni e un giorno è permesso sposare un sacerdote senza essere considerato una prostituta (Yebamot 60b). Per una bambina, l'insegnamento di Bar Yochai è chiaro: i rapporti sessuali sono consentiti prima dei tre anni e il matrimonio con un rabbino a partire dai tre anni e un giorno (Sanhedrin 55b, ma anche Yebamot 57b, Sanhedrin 69a, 69b, Yebamot 60b).

Il nome di Shimon Bar Yochai è ancora venerato per tali arbitrati da molte congregazioni ebraiche ultraortodosse. La nota 60b di Sanhedrin rifiuta esplicitamente il diritto di qualsiasi rabbino di contestare la sua versione.

---

[503] Si legga in *Psicoanalisi dell'ebraismo*. Scrive Gérard Haddad nel suo saggio *Le fonti talmudiche della psicoanalisi*: "È certo, tuttavia, che l'interesse del pensiero ebraico per la sessualità occupa un posto centrale, per nulla embrionale. È, insieme all'arte midrashica [il commento e l'interpolazione orale del testo della Torah, ndt], il punto in cui i due sistemi di pensiero - l'ebraismo e la psicoanalisi - rivelano questa affinità, che deriva dalla finalità stessa dei due discorsi. La psicoanalisi è senza dubbio quella che si sforza di avvicinarsi il più possibile all'economia del godimento, questione che occupa proprio il posto primordiale nell'ebraismo, sforzandosi addirittura, secondo Lacan, di darne "la modalità di impiego". È sufficiente convincersene rileggendo il Libro dell'Ecclesiaste, - e tutto il Talmud sviluppa indubbiamente questo percorso". In Gérard Haddad, *Les Sources talmudiques de la psychanalyse* (1981), Desclée de Brouwer, Poche, 1990, p. 244-245.

Nella città israeliana di Meron, dove Bar Yochai nacque, si svolge ogni anno un grande pellegrinaggio in cui centinaia di migliaia di ebrei cantano e ballano per diversi giorni e notti di seguito per celebrare la memoria del rabbino benedetto. Shimon bar Yochai è tuttora riconosciuto come uno dei più grandi saggi talmudici e uno dei rabbini più influenti della storia. Nella traduzione inglese del Talmud del 1936 - la cosiddetta versione di Soncino - si legge semplicemente in fondo alla pagina che "i matrimoni, naturalmente, hanno avuto luogo molto prima di oggi". (Sanhedrin 76a). È vero che gli ebrei erano soliti far sposare i propri figli molto presto. [504]Nel suo romanzo del 1967, La casa di Jampol, Isaac Bashevis Singer lo conferma: "Nei tempi passati, le bambine di otto anni venivano già date in sposa".

Freud, come sappiamo, aveva studiato il *Malleus Maleficarum*, il "Martello delle streghe", pubblicato nel 1486. [505]Scrive Ernst Jones nella sua biografia del maestro: "Freud fu particolarmente colpito dal fatto che le perversioni sessuali che il diavolo praticava sui suoi tossicodipendenti erano le stesse che i pazienti raccontavano della loro infanzia, e gli venne in mente di suggerire che tali perversioni erano reliquie di un'eredità di un antico culto sessuale semi-religioso dei Semiti (24 gennaio 1897)".

---

[504] Isaac Bashevis Singer, *La casa di Jampol*, German25, p. 60. Si vedano altri esempi in *Psicoanalisi dell'ebraismo*.
[505] Ernst Jones, *Freud (I)*, Salvat Editores, Barcellona, 1985, p. 259.

2. La setta incestuosa

Gli ebrei sono stati ossessionati dall'incesto fin dalla notte dei tempi. Le testimonianze dirette sono piuttosto rare, poiché le persone colpite rimangono molto discrete al riguardo, e sono pochissime le vittime di incesto che sporgono denuncia contro i propri genitori. [506]Ma se leggiamo gli ebrei con uno specchio, ci rendiamo conto che questo problema è ancora una questione importante nella produzione culturale dell'ebraismo.

Tra padre e figlia

Barbara era una nota cantante francese degli anni '60 e '70. Dopo la sua morte, avvenuta nel novembre 1997, è stato rivelato che la donna, ebrea di origine ungherese, era stata violentata dal padre. Il segreto era stato tenuto nascosto per molto tempo, ma si disse che "lo rivelò sul palco a chi poteva sentire". In una delle sue canzoni, *Au coeur de la nuit,* alludeva a questo fatto. "Il lavoro analitico che si rifiutava di fare su un divano, lo faceva sul palcoscenico", scrive il settimanale *Marianne* del 1° novembre 2007: "Barbara tornerà in modo molto ellittico su questo trauma nella sua autobiografia, *Il était une fois un piano noir*: "Un pomeriggio sono scappata per sfuggire a mio padre. Non ne potevo più. Ho camminato, ho camminato. Raccontò tutto alla polizia, che gli consigliò di tornare a casa, poiché era minorenne. Ma anche se la confessione è breve, la ferita è rimasta incancrenita nelle sue canzoni più belle: *Da Nantes* (1963) ad *Aigle noir* (1970), la morte del padre nel 1959 accelera la trasformazione dell'artista... Questo dramma doveva essere esorcizzato". E il giornalista di *Marianne* continua: "Quasi dimentichiamo che questa donna ha usato questa ferita intima per rivoluzionare altri tabù. In una svolta totalmente assunta, quasi provocatoria, Barbara canta di relazioni amorose considerate incestuose dalla società. *Marie Chevenance* racconta la storia di un amore tra una ragazza molto giovane e un uomo di mezza età. "Ho sempre pensato che gli amori più belli fossero quelli incestuosi".

Sophie Jabès è una scrittrice "francese" nata a Milano nel 1958. Dopo un'infanzia e un'adolescenza a Roma, si trasferisce negli Stati Uniti e studia a Boston. Lì ha sviluppato la passione per il cinema ed è diventata

---

[506] Abbiamo evocato questa domanda cruciale *in Psicoanalisi dell'ebraismo* e *Fanatismo ebraico*.

produttrice televisiva. Ha pubblicato il suo primo romanzo nel 2003: *Alice la Saucisse*. Ecco un riassunto dell'altro suo romanzo, *Caroline assassine*, pubblicato nel 2004: Quando la madre le proibisce di leggere, Caroline decide di vendicarsi. Ha solo sette anni e ha già "un lavoro puro da fare": uccidere la madre e fuggire da una famiglia infernale. Nell'attesa che le offrano la migliore morte possibile, sogna il padre assente, che non conosce ma che sicuramente verrà a tirarla fuori da questo manicomio. Un giorno ritorna. Ma è peggiore degli altri. Alcolista e incestuoso.

Ed ecco il commento di Karine Henry su Internet: "Quella che potrebbe essere solo una tragedia è, credetemi, divertente, barocca e burlesca. Un vero gioiello nel mélange dei toni, un racconto romantico moderno senza eguali nella letteratura francese. La seconda parte di una trilogia sui nostri tabù".

Ecco un estratto dal meraviglioso libro di Sophie Jabés, *Caroline assassine*: "La bibliotecaria esitava. Aveva paura per Caroline. Temeva che avrebbe capito troppo e troppo in fretta. Temeva queste letture per una bambina di sette anni. La ragazza insistette. Lo pensi davvero? Sì, lo credo davvero. Caroline scoprì il male. L'affascinava. Cercò di guardarlo in faccia. Cercando di domare il suo terrore. La sua compassione era immensa... La scrittura la condusse verso le infinite possibilità. Attraverso le sofferenze di questi esseri letterari, si sviluppò un irresistibile desiderio di giustizia. Certo. È chiaro. Caroline sentiva di avere una missione da compiere, che solo lei avrebbe avuto la forza e il coraggio di portare a termine". Questo basterà. Non sarà sfuggita la bellezza dello stile: "un vero gioiello".

Nell'ottobre 2008, in Israele, si è verificato un evento sordido: Rose, una bambina francese di quattro anni, è stata trovata morta in un fiume. Suo padre, Benjamin, era un israeliano che aveva conosciuto Marie in Francia. Dopo la nascita di Rose, i due decisero di sposarsi e di vivere in Israele, ma Benjamin abusò della bambina e la coppia litigò per la custodia della bambina. Il padre tornò in Francia e Marie rimase in Israele, dove si innamorò di Roni, il padre di Benjamin. Con lui ebbe altre due figlie, all'epoca di uno e due anni. Marie aveva allora 23 anni e Roni 45. Abbiamo appreso che fu il nonno a uccidere Rose e a gettarne il corpo nel fiume.

Anche il romanzo di Fabrice Pliskin *L'ebreo e il mezzosangue (Le Juif et la métisse*, Flammarion, 2008) va letto con attenzione: David Lévy, studente universitario di sinistra specializzato in genocidi, conduce una vita familiare tranquilla, intrisa di multiculturalismo virtuoso e fantasie esotiche. Fino al giorno in cui il suo vicino di casa gli fa una strana proposta: terrorizzato dal pensiero di incontrare sua figlia, di cui ha appena scoperto l'esistenza, convince David ad andare all'appuntamento al suo posto. Sua figlia è Bintu, una focosa mezzosangue di ventidue anni con trecce finte, gambe infinite e una vitalità quasi diabolica. È tutto ciò che David non è:

un'ex campionessa di salto triplo, un'ambiziosa giocatrice di basket e consigliera comunale di destra, una studentessa con borsa di studio tanto abile nel frodare i sussidi sociali quanto nel rollare spinelli...".

Arthur Schnitzler è stato un noto scrittore ebreo austriaco vissuto a Vienna all'inizio del XX secolo. In uno dei suoi romanzi più famosi, *La signorina Else*, ritrae "una giovane donna chiaramente nevrotica e probabilmente isterica che, per salvare il padre dal disonore, si sottomette al desiderio del vecchio presentandosi nuda davanti a lui. Ma dopo averlo fatto, si suicida". Come sappiamo, nel 1928, l'unica figlia di Arthur Schnitzler si suicidò con un revolver a Venezia.

Sul sito della Società Psicoanalitica di Parigi, ad esempio, leggiamo un articolo di una certa Jacqueline Schaeffer: "L'ambiguità del tabù delle mestruazioni può servire da terreno innocente per la trasgressione incestuosa di un padre", scrive. Una paziente ebrea racconta che il padre condivideva il suo letto durante il periodo di impurità delle regole della madre. Un'altra paziente racconta che il padre divorziato la prendeva nel suo letto, quando comparivano i dolori mestruali, e le metteva la mano sulla pancia: 'È quello che facevo a tua madre quando aveva dolore'".

Ancora una volta, possiamo osservare questo fenomeno nel cinema: *Quattro minuti* (*Vier Minuten*) è un film tedesco di un certo Chris Kraus (2006): Da 60 anni Traude Krüger insegna pianoforte ai detenuti del carcere di Luckau, nell'ex Germania dell'Est. Quando incontra Jenny von Loeben, imprigionata per omicidio, si rende subito conto che si tratta di una giovane prodigio della musica. Affascinata da questo talento dimenticato, la zitella vuole prepararla per l'esame di ammissione al Conservatorio. Ma Jenny, violenta e suicida, resiste alla minima disciplina. Il film è stato salutato dalla critica come il miglior film tedesco dell'anno, e "questo virtuoso melodramma sulla musica, la prigione, le pesanti eredità e gli indicibili segreti scava nel profondo dell'anima germanica". E ancora: "Anche se si tratta di vecchi archetipi, il confronto tra la Lady di Ferro e la giovane ribelle (Hannah Herzsprung, una rivelazione) è affascinante. Per quanto riguarda una chiara tendenza al sovraccarico drammatico (era davvero necessario includere false confessioni, incesto, lesbismo e passato nazista in questa storia?), essa è fortunatamente compensata da una messa in scena davvero brillante. Il film rivela infatti che l'odio e la violenza della giovane donna sono radicati nel fatto che è stata vittima di un incesto. A poco a poco, si sviluppa una relazione saffica tra la ragazza e la sua insegnante...

In *Comme t'y es belle* (Francia, 2006), la regista Lisa Azuelos ritrae la vita quotidiana di amici sefarditi ricchi e benestanti a Parigi. Durante un pasto in famiglia, una ragazza parla innocentemente di un padre ebreo che avrebbe violentato i suoi figli, provocando immediatamente disordini a tavola.

Il film *Arsène Lupin* (Francia, 2004) racconta le avventure del famoso "ladro gentiluomo". Il regista Jean-Paul Salomé ha aggiunto alcuni dettagli: Arsène Lupin e sua cugina sono molto attratti l'uno dall'altra. Fanno sesso dal primo giorno in cui si incontrano e lei rimane incinta. Nel frattempo, Arsène frequenta una donna molto più grande di lui... che è andata a letto con suo padre (come si apprende alla fine del film) e che andrà a letto anche con il figlio di suo cugino. Il film è antimonarchico e anticattolico: i patrioti francesi della *belle époque* sono qui ritratti come pervertiti e membri di un'organizzazione cospirativa. Jean-Paul Salomé ha diretto anche *Femmes de l'ombre*, un film sulla Resistenza francese contro i nazisti.

Fiona (USA, 1998): Fiona è stata abbandonata da piccola dalla madre, una prostituta, e violentata dal padre adottivo. La sua unica via d'uscita è la prostituzione, dove entrerà anche in contatto con il mondo della droga. Un film di Amos Kollek.

Solo contro tutti (*Seul contre tous*, Francia, 1998), di Gaspar Noé: un macellaio cinquantenne, disoccupato e appena uscito di prigione, arriva a Parigi dopo aver picchiato la moglie incinta. Tutto ciò che gli resta è la figlia, che si trova in un istituto pubblico. Questo mostro con tendenze fasciste, omofobe e razziste ama incestuosamente sua figlia. Tutto in questo film è sporco: le strade vuote, i muri delle fabbriche, ecc. Gaspar Noé ha diretto anche *Carne*, nel 1991: un macellaio, abbandonato dalla moglie, cresce da solo la figlia, alla quale dedica il suo amore esclusivo. Quando crede che sia stata violentata, reagisce brutalmente ferendo selvaggiamente un arabo innocente. Grazie a Gaspar Noé.

L'ombre du doute, di Aline Isserman (Francia, 1992): La dodicenne Alexandrine subisce abusi sessuali da parte del padre. La madre si rifiuta di crederle. Alexandrine confessa tutto alla polizia, scatenando un dramma familiare. Claude Bouniq-Mercier ha scritto: "Il padre non è altro che un essere sfortunato e ferito, tanto vittima quanto colpevole".

Le Amiche del cuore (Italia, 1992): Claudia, Morena e Sabrina sono tre amiche d'infanzia della periferia romana. Claudia vuole fare la modella. Morena studia infermieristica e ne approfitta per rifornire la madre di droga. Sabrina trova l'amore con Lucio, che però la lascia quando viene a sapere della sua relazione incestuosa con il padre. Un film di Michele Placido, con la sceneggiatura di Angelo Pasquini.

Roma, Roméo (Francia, 1991): Così scrive Bouniq-Mercier in *Le Guide des films*: "Vent'anni dopo, David Waldberg torna a Roma per un incontro amoroso con la contessa Orsini. Lei è morta. Attraverso Quentin, David incontra un'artista francese disillusa, Clara Orsini, figlia della contessa. Prova la stessa passione per lei, rivive lo stesso amore e visita gli stessi luoghi con lei. Scopre che Clara è probabilmente sua figlia". Il film è di Alain Fleischer.

Nel 1978, Alain Fleischer dirige *Zoo Zéro* (Francia, 1978): "Eva, un'ex cantante, canta in un cabaret dove tutti i clienti sono membri della stessa famiglia. Lasciano il cabaret per girare in una città in rovina e devastata dalle epidemie. La famiglia viene presto decimata, tranne Eva. Eva arriva allo zoo gestito dal padre, chiamato Yahweh. Mentre un registratore riproduce una vecchia registrazione del *Flauto magico*, Eva e suo padre liberano gli animali. Si uniscono in un ultimo abbraccio prima di essere colpiti da un fulmine. Gli animali occupano il territorio degli umani". Claude Bouniq-Mercier ha aggiunto: "La qualità del suono e delle immagini si aggiunge alla bellezza formale di quest'opera difficile ed esoterica, che descrive una sorta di apocalisse per la nostra civiltà".

Twin Peaks, la famosa serie in trenta episodi di David Lynch (USA, 1990). A Twin Peaks, una piccola città americana, è stato commesso un terribile omicidio. La giovane Laura Palmer è stata trovata morta e nuda sulla riva di un lago. Ed ecco la soluzione dell'enigma: è stato il padre a violentare la propria figlia.

Ecco un breve riassunto di un episodio della serie medica *House* (episodio 13, stagione 2, *Skin deep*), che presenta un caso di ermafroditismo: la paziente è una quindicenne eroinomane e modella che soffre di vari disturbi e finisce nel consultorio del dottor House, il quale scopre che è stata vittima di un incesto da parte del padre, che è anche il suo manager. Scopriamo poi che è stata la figlia stessa a incoraggiare l'incesto e che, per avere successo, è andata a letto con tutti. Dopo alcuni colpi di scena, House scopre infine che la modella è in realtà... un uomo, poiché i suoi testicoli sono nascosti all'interno. Dobbiamo questo capolavoro a un certo David Shore. Abbiamo trovato alcune informazioni su di lui su Internet: David Shore è l'unico della sua famiglia a lavorare per la televisione. I suoi fratelli gemelli, Philip e Robert, sono rabbini.

La fille de 15 ans è un film di Jacques Doillon (Francia, 1988): Juliette, quindici anni, è innamorata di Thomas, un suo coetaneo. Willy, il padre di Thomas, li porta a Ibiza e si innamora di Juliette, che si concede a lui.

Jacques Doillon ha diretto anche *La Fille prodigue* nel 1981: Anne, in preda alla depressione, lascia il nuovo marito e raggiunge i genitori nella loro casa di Deauville. Si isola con il padre, allontanando la moglie e l'amante di lui. Il rapporto tra padre e figlia è ambiguo. A volte Anne si comporta come una vera bambina, capricciosa e coccolona, altre volte manipola il padre in modo machiavellico. Tra padre e figlia si sviluppa una strana tensione. Una notte, dopo un'altra discussione, perde la verginità tra le braccia del padre. Jacques Doillon è anche un antirazzista di professione.[507] Proprio come sua figlia, che si dedica al cinema... come suo padre.

Charlotte for ever, di Serge Gainsbourg (Francia, 1986): Stan, uno sceneggiatore alcolizzato, ha seri problemi con la figlia Charlotte, che lo incolpa della morte della madre in un incidente stradale. Un film sull'amore sfrenato di un padre per la figlia, con scene incestuose. Serge Gainsbourg ha scritto anche la canzone *Lemon Incest*.

Il colore viola è un film di Steven Spielberg (USA, 1986): La storia è ambientata nel cuore di una famiglia nera del profondo Sud americano. La miseria, l'ignoranza e la brutalizzazione bestiale hanno sostituito la schiavitù. L'eroina è una giovane ragazza nera soggiogata dal padre, che la violenta e ha due figli da lei. Viene venduta a un marito che la rende sua schiava, ma trova la forza di alzare la testa contro chi la sfrutta. Questa sceneggiatura di Alice Walker, una donna nera, ha evidentemente ispirato Steven Spielberg.

Hotel New Hampshire (USA, 1984): Win e Mary restaurano un edificio scolastico e lo trasformano in un albergo. Hanno diversi figli: uno dei ragazzi si rivela omosessuale, la ragazza viene violentata e c'è persino un incesto. Il film è di Tony Richardson.

Un moment d'égarement (Francia, 1977): due padri portano le loro figlie ventenni a San-Tropez. Uno di loro viene sedotto dalla figlia dell'altro. Un film di Claude Berri (Langmann).

Il faut vivre dangereusement, di Claude Makovski (Francia, 1975): Murdoc, un uomo d'affari, chiede a un detective privato di seguire Lorraine, una giovane donna di cui sostiene di essere geloso. Il detective scopre che la ragazza frequenta un bordello, dove ha una relazione con un ricco industriale di nome Badinget. Badinget e Murdoc sono due fratelli che si odiano e Lorraine è la figlia di Murdoc. La ragazza dorme qui con il padre e anche con lo zio. La sceneggiatura è di Nelly Kaplan, regista del film molto "cosmopolita" *La sposa del pirata*.

Contes immoraux (Francia, 1974) è una successione di racconti erotici. Uno di questi si intitola *Lucrezia Borgia*. Nel 1498, mentre Savonarola denunciava la morale dissoluta degli ambienti pontifici, Lucrezia Borgia

---

[507] Nel febbraio 2024, diverse attrici hanno accusato Jacques Doilon di stupro, aggressione e molestie sessuali, presumibilmente avvenuti tra il 1980 e il 2010. Il 6 febbraio 2024, l'attrice Judith Godrèche ha presentato una denuncia contro di lui per stupro di una minore di 15 anni da parte di un'autorità. Il regista è accusato di averla violentata in disparte e durante le riprese del film *La Fille de 15 ans*. Pochi giorni dopo la dichiarazione di Judith Godrèche, le attrici Isild Le Besco e Anna Mouglalis hanno a loro volta accusato Doillon di violenza sessuale e molestie in un'inchiesta del quotidiano *Le Monde*, per fatti avvenuti rispettivamente nel 2000 e nel 2011. (wikipedia, NdT).

aveva rapporti sessuali con il padre, papa Alessandro VI, e con il fratello, il cardinale Cesare Borgia. Bounique-Mercier assegna quattro stelle a questo film diretto da Walerian Borowczyk. Vere o false che fossero, queste presunte relazioni incestuose sollevarono all'epoca il sospetto che la famiglia Borgia fosse di origine marrana.

Il piacere della sua compagnia è un film di George Seaton (USA, 1961): Jessica idolatra suo padre, il volubile e cinico Pogo, che è sempre lontano da casa. Quando lui riappare, lei si propone di sedurlo. La sceneggiatura è di Samuel Taylor.

I mendicanti della vita, di William Wellman (USA, 1928): In preda al panico, Nancy uccide il padre, un individuo disdicevole che sta per violentarla. Scappa con un giovane vagabondo, si traveste da uomo e finisce in un campo ferroviario. Basato su una sceneggiatura di Benjamin Glazer.

Riportiamo di seguito la testimonianza di una donna ebrea di 56 anni trovata su Internet e pubblicata il 1° agosto 2007. L'abbiamo tradotta dall'inglese e riassunta. Questa donna ha dichiarato di essere stata vittima di incesto nella sua famiglia ebraica e di essere stata in cura da uno psicologo per tutta la vita. Da adolescente pensava di essere ebrea, ma poi ha scoperto che sua madre non era ebrea quando è nata. Dovette quindi completare la sua conversione e purificarsi in un bagno rituale per diventare ufficialmente ebrea. Si è sposata due volte e ha avuto un figlio dal nuovo matrimonio. Ma prima di questo secondo matrimonio, è rimasta sola per dieci lunghi anni: "Ho passato anni a dirmi che tutto andava bene, mentre la verità era che la mia mente era nel caos più totale. Vivevo in una sorta di confusione tra la verità e un mondo immaginario. Avevo incubi, come se stessi cadendo nel buio, e mi svegliavo prima di toccare terra...".

Quando era piccola, durante lo Yom Kippur, andava in sinagoga con Zada, il suo "nonno meraviglioso": "Ho chiesto a diversi miei amici, ma nessuno di loro aveva idea di cosa si dicesse all'interno. In sinagoga, mi mettevo accanto a Zada e giocavo con le frange del suo talit. Mi piaceva il canto, la tranquillità dei fedeli... Non sapevo cosa avesse fatto Zada con sua figlia. Non sapevo che l'incesto potesse essere trasmesso di generazione in generazione. Sapevo solo che quello che era successo a casa non doveva essere ripetuto a nessuno. Avevo quindici anni quando Zada morì. La vita fu stravolta.

Al suo funerale, scopre che Zeda è una Cohen. I Cohen sono un modello per il popolo ebraico. Essere un Cohen significa essere un discendente diretto di Aronne, il fratello di Mosè, che fu il primo sommo sacerdote del Tempio. Dalla distruzione del Tempio da parte degli eserciti romani di Tito nel 68 d.C., i Kohanim hanno mantenuto la purezza della stirpe. Ciò significa che un Cohen non può sposare una donna divorziata o convertita, perché la sua vita prima della conversione era impura. "Ho anche scoperto che non era mai stato sposato con Bess perché lei aveva già divorziato, il che non impediva loro di vivere insieme per vent'anni". I Kohanim devono anche evitare ogni contatto con i cadaveri per mantenere un alto grado di purezza.

Lo status di Cohen si trasmette ai membri maschi della famiglia. "Mio padre era un Cohen. Io sono una 'Bat Cohen', una figlia di Cohen, ha spiegato. Ma secondo la legge ebraica, non trasmetterò lo status di Cohen a mio figlio".

E qui racconta la sua tragedia: "Negli anni successivi alla morte della moglie, madre dei suoi quattro figli, Zada aveva dormito con la figlia maggiore come se fosse stata sua moglie. Anche mio padre ha abusato per anni delle sue due figlie. La vergogna dell'incesto mi ha accompagnato per tutta la vita. Dall'età di sette anni fino ai sedici sono stata continuamente violentata da mio padre. Non l'ho mai detto a nessuno. Adoravo mio padre. Lui diceva che è quello che si fa quando ci si ama, ma io non dovevo dirlo a nessuno. Oggi mi vergogno di provenire da una famiglia di Kohanim. Mia sorella disse che nostro padre aveva abusato di noi, ma nessuno le credette".

Queste cose dovrebbero essere tenute segrete: "Il giorno in cui portò a casa un fidanzato cattolico, mio padre si infuriò. Si strappò la camicia e la dichiarò morta, secondo il rito della *shivah*. Ordinò a me e a mia madre di non parlargli mai più. Quando un'altra zia mi chiese se mio padre avesse abusato di noi, io mentii per proteggerlo. In seguito, mia sorella si convertì al cattolicesimo all'età di 12 anni. Ora trascorrevo più tempo con i miei cugini. Andavo *allo shul* [sinagoga, ndlr] con loro. Ora voglio riprendere il mio cognome da nubile e non vergognarmene".

Ha aggiunto: "L'incesto esiste nelle famiglie ebraiche. Gli effetti a lungo termine dell'incesto infantile sono paura, ansia, depressione, rabbia, devianza sessuale, bassa autostima, tendenza all'assunzione di droghe e rapporti difficili con l'ambiente. Fin dal Talmud, nella comunità ebraica si sono verificati abusi incestuosi. [508]Non è una novità. Dobbiamo aprire le

---

[508] Rachel Lev, *Shine the Light, Sexual Abuse and Healing in the Jewish Community*, Northeastern University Press, 2002, p. 23. [Nota introduttiva del libro su Amazon: "Questo è un viaggio nelle storie, nei cuori e nelle menti di adulti ebrei sopravvissuti ad abusi sessuali e incesti. Rachel Lev, terapeuta e sopravvissuta all'incesto, fonde le proprie esperienze con quelle di altri sopravvissuti e riflette sui suoi rapporti personali con la comunità ebraica, una comunità che può favorire la negazione o essere un luogo di guarigione. "Shine the Light" pone l'accento sulla guarigione, che Lev ritiene possa avvenire attraverso l'espressione di sé, la creatività e, soprattutto, il sentirsi connessi anziché isolati. Il testo comprende testimonianze di prima mano, poesie e opere d'arte evocative. I 22 autori e artisti che vi hanno contribuito si riconoscono in uno spettro che va dal "semplice ebreo" al "chassidico" e rappresentano un'ampia gamma di professioni e contesti etnici. Gli abusi sessuali si verificano in tutti i gruppi religiosi e culturali, ma

nostre menti e i nostri cuori nella comunità ebraica per iniziare a comprendere i "sopravvissuti all'incesto", come i sopravvissuti all'Olocausto. [509]So di non essere sola".

In un romanzo breve intitolato *Il diario di Yael Koppman*, pubblicato nel 2007, una certa Marianne Rubinstein ha confermato gli effetti nocivi dell'incesto sulle ragazze, che possono essere portate a concedersi ogni esperienza possibile e immaginabile nel tentativo di dimenticare il trauma. La copertina del libro recita così: "La vita di una trentenne oziosa, che coltiva un rapporto travagliato con la madre, vive e condivide un appartamento con la sua migliore amica, colleziona uomini... [510]Discutiamo spesso, lui, piantato sul suo pianeta ermeticamente chiuso, e io sul mio, follia e ansia atavica ebraica, tutti stretti in un fascio".

Questa analisi è stata confermata anche da Isaac Bashevis Singer. Lo scrittore si era trasferito negli Stati Uniti nel 1935. In *The Death of Methuselah*, una raccolta di racconti scritti tra il 1971 e il 1988, un racconto intitolato *The Undertaker* narra la storia di Manya, un'ebrea polacca: "All'età di 19 anni, scrive Singer, aveva già avuto una serie di almeno venti amanti, tra cui il suo stesso padre, che potesse bruciare nella Gehenna.[511] Aveva anche avuto alcune esperienze lesbiche e, alla fine, aveva provato di tutto: sadismo, masochismo, esibizionismo, ogni tipo di perversione possibile".

Anche Aliza Schvarts è, ovviamente, una figlia di Israele. Questa studentessa d'arte dell'Università di Yale è diventata nota nell'aprile 2008 dopo aver realizzato, tra l'altro, un dipinto con il sangue delle mestruazioni o dell'aborto, un lavoro dell'ultimo anno intitolato *Untitled [Senior Thesis]*. Aliza Schvarts ha ovviamente una mente disturbata.

Ecco un aneddoto interessante trovato nel settembre 2008 sul sito *Les Intransigeants*: il narratore scrive che, qualche giorno prima, ha bevuto un drink con alcuni amici e ha chiacchierato con una ragazza che non conosceva. Lei gli parlò di un'ex amica, una donna ebrea che, a quanto pare, non era molto equilibrata mentalmente: "Lasciami indovinare... Era lesbica? - No, ma mi ha detto che era aperta a tutte le esperienze sessuali, solo per provarle"... Non ho resistito a fare la domanda finale sul grande

---

Lev spiega le particolari difficoltà della comunità ebraica nel riconoscere il problema, data la sua lunga storia di vittimizzazione e il suo bisogno di un'immagine positiva di sé. L'autrice rivela che l'ebraismo è ricco di risorse per la guarigione, esplorando la legge, la tradizione e i rituali ebraici che comprendono le riflessioni di rabbini, leader laici e sopravvissuti." (NdT)

[509] http://jewishincesthealing.blogspot.com/ L'autore fornisce un link al sito web dell'Awareness Center, che presenta effettivamente centinaia di casi di rabbini pedofili e incestuosi. TheAwarnessCenter.org/experience-god.html

[510] Marianne Rubinstein, *Le Journal de Yaël Koppman*, Wespieser, 2007, p. 83.

[511] Isaac Bashevis Singer, *La Mort de Mathusalem*, Nouvelles, Stock, 1989, pag. 153.

segreto condiviso dagli ebrei: "E non è che per caso ha avuto rapporti sessuali con membri della sua famiglia?
- Come hai fatto a indovinare? È incredibile, sei la prima persona che me lo dice! Non l'ho mai detto a nessuno prima d'ora. Ma come hai fatto a indovinare... In effetti, è stata toccata da suo padre! Un giorno è crollata tra le mie braccia e mi ha detto che si ricordava tutto. Era successo tutto quando aveva circa sei anni. Non sapeva più se aveva avuto rapporti sessuali o se era stato solo un toccamento... Aveva cancellato questi tristi eventi dalla sua memoria e li ricordava solo da pochi anni".

E l'autore di queste righe ha aggiunto: "Naturalmente, alcuni lettori mi rimprovereranno di non aver pubblicato alcuna prova di questa conversazione. Ma io giuro che la mia testimonianza è vera. Se dovessi dimostrarla o presentare delle prove, direi semplicemente questo: la mia religione mi proibisce di mentire".

Anche la Torah (l'Antico Testamento) presenta un esempio di incesto tra un padre e le sue figlie. La storia delle figlie di Lot, nipote di Abramo, è ben nota. Esse avevano fatto ubriacare il padre per copulare con lui (Genesi 19, 30-38). L'incesto è scusabile quando si tratta di procreare. [512] "Si suppone che la tribù israelita di Giuda discenda per due terzi da questo tipo di incesto - cfr. Genesi, 38; Numeri, 26, 19", ha scritto Maxime Rodinson, un intellettuale della comunità.

Freud si era evidentemente ispirato ai costumi della comunità ebraica per elaborare la sua teoria dell'"orda primitiva". [513]Solo nella comunità ebraica, infatti, il padre possiede tutte le donne, comprese le proprie figlie, e in nessun altro luogo.

Anche Elie Wiesel ha lasciato alcuni commenti ambigui sul tema dell'incesto. Nel suo libro intitolato *Celebrazione chassidica II*, pubblicato nel 1981, parla del "Besht", il fondatore del movimento chassidico in Polonia nel XVIII secolo, esprimendosi ancora una volta in modo ellittico: "C'era una vera amicizia tra padre e figlia, scrive Elie Wiesel, una sorta di complicità.[514] Si ha la sensazione che il Besht fosse più vicino alla figlia che alla propria moglie".

Tra padre e figlio

---

[512] Maxime Rodinson, *Peuple juif ou problème juif?*, La Découverte, 1981, Poche, 1997, p. 254.
[513] Leggi in *Psicoanalisi dell'ebraismo*.
[514] Elie Wiesel, *Célébrations hassidique II*, Seuil, 1981, p. 76. Sul movimento chassidico (mistico-cabalista), si veda *Psicoanalisi dell'ebraismo* e *Fanatismo ebraico*.

Eve Ensler è una drammaturga americana, autrice di un'opera teatrale femminista di grande successo, dal bellissimo titolo *I monologhi della vagina* (1996). Nel 2004 ha visitato Israele con il suo compagno Ariel Jordan. Un articolo del quotidiano israeliano *Haaretz* del 2 febbraio 2004 riportava che sia Eve Ensler che Ariel Jordan erano stati violentati dai loro padri da bambini. Ecco cosa si diceva di Jordan, che si era recato in Israele per rivedere la madre e i fratelli dopo 15 anni di assenza: "Jordan, psicoterapeuta e regista, è nato a Kfar Blum... Quando era israeliano, si chiamava Ilan Tiano. "Portare il nome di mio padre, che mi ha violentato dai tre ai quattordici anni, era al di là delle mie forze". Jordan ha incoraggiato Eve Ensler a ricongiungersi con la madre, che non vedeva da anni: "Dieci anni prima, Eve aveva già perdonato la madre per aver chiuso un occhio sui ripetuti abusi incestuosi del padre su di lei. "Ho deciso di smettere di essere una vittima", ha ripetuto l'attivista. Ecco la vera origine del femminismo.

Un articolo del quotidiano *Haaretz* del 13 dicembre 2006 riportava alcune statistiche interessanti. L'articolo riportava che in Israele, nel corso dell'anno, l'Associazione dei Centri per le crisi da stupro aveva ricevuto quasi 2.000 denunce riguardanti adolescenti tra i 13 e i 18 anni. Il 90% delle vittime era stato aggredito da qualcuno che conosceva, e il 60% dei casi che coinvolgevano bambini sotto i 12 anni erano relazioni incestuose. Con l'aumentare dell'età delle vittime, la percentuale di casi di incesto è diminuita, mentre quella di stupro è aumentata. Tra i giovani adolescenti, il 17% delle aggressioni è avvenuto in istituti scolastici e di questi l'11% in istituti religiosi. Il quotidiano *Haaretz* del 29 ottobre 2007 ha citato il Consiglio nazionale per l'infanzia in Israele, secondo cui le segnalazioni di atti di pedofilia sono in aumento. Il 30% di esse riguardava comunità ultraortodosse e più della metà dei 9.000 casi trattati nel 2006 riguardava minori. Va ricordato che nella stragrande maggioranza dei casi le vittime di incesto non sporgono mai denuncia.

Il documentario statunitense *Capturing the Friedmans* (USA, 2003) di Andrew Jrecki racconta una storia che ha fatto scalpore negli Stati Uniti. Nel 1987, Arnold Friedman fu accusato a Long Island, alle porte di New York, di aver violentato decine di ragazzi giovanissimi che si recavano a casa sua per le lezioni di informatica. Uno dei suoi figli, il diciottenne Jesse, fu accusato insieme a lui, mentre gli altri due figli e la moglie erano all'oscuro di ciò che accadeva in casa. In casa sono state trovate numerose riviste pedofile. L'avvocato dei Frideman ammise in seguito che il padre gli aveva confessato tutto: per anni aveva violentato il figlio Jesse, prima di violentare ragazzi minorenni. Fino al 51° minuto del film non era chiaro che si trattasse di una famiglia ebrea. Ma l'immagine finale mostrava la Stella di Davide sulla tomba del criminale.

War Zone (Regno Unito, 1999) è un film di Tim Roth. Tom scopre una relazione incestuosa tra suo padre e sua sorella. E questo è solo l'inizio. L'orrore finisce quando Tom e sua sorella accoltellano il padre. Tim Roth denuncia il silenzio che circonda questa violenza, soprattutto quando lui stesso ammette di essere stato abusato sessualmente dal padre. In *Little Odessa*, un film da non perdere, Tim Roth interpreta un killer di Brooklyn. Il suo rapporto con il padre è estremamente violento. Tim Roth appare anche in *Reservoir Dogs* di Quentin Tarentino, interpretando l'uomo ferito che si rivela essere la talpa sotto copertura.

Festen è un film di Thomas Vinterberg (Danimarca, 1998): In occasione del suo sessantesimo compleanno, un padre riunisce tutti i suoi parenti nella sua casa padronale. Ci sono i suoi tre figli: Mickael, il più giovane, un alcolizzato fallito; Hélène, la pazza, che è venuta con il suo compagno, un uomo nero; e Christian, il maggiore, che sta ancora soffrendo per il suicidio della sorella gemella Linda. Mentre brindano al padre, Christian rivela un terribile segreto: gli atti incestuosi che il padre ha commesso con uno dei suoi figli.

Nel film cult *Essi vivono* (USA, 1988), il protagonista, John Nada, scopre grazie a speciali occhiali che una piccola parte della popolazione è composta da alieni dall'aspetto perfettamente normale. Essi formano un'élite che governa il mondo attraverso la menzogna. Nada è stato vittima di un padre violento. Il film è di John Carpenter.

Alejandro Jodorwsky è un autore "cileno". Nel 1996 ha pubblicato un romanzo intitolato *L'Arbre du dieu pendu*. È la storia fantastica della famiglia dell'autore, che all'inizio del XX secolo lascia i ghetti russi per approdare a Valparaiso. In fuga dai pogrom, la famiglia Levi, ribattezzata nel frattempo con il nome polacco più goy di Jodorowsky, lascia l'Ucraina per mancanza di denaro per approdare casualmente a Valparaiso e diventare cilena. Il 16 marzo 1996, il quotidiano "di riferimento" *Le Monde* elogiava questo capolavoro "chassidico-talmudico" e presentava i personaggi: "Teresa Groismann, la terribile nonna, maledice il dio degli ebrei che le ha portato via il figlio e decide di diventare un'addestratrice di pulci goy. Suo marito Alexander, il calzolaio, è abitato da un rabbino caucasico che predica la carità sprecona". C'è anche "Abraham, l'apicoltore incestuoso; Salvador Arcavi, il domatore che impara a leggere i tarocchi negli occhi dei suoi leoni... tutti loro ci accompagnano in una girandola di avventure straordinarie che li portano dai ghetti russi al Cile della Grande Depressione". E il giornalista ha concluso dando il meglio di sé: "Una scrittura maliziosa e ironica. Un grande romanzo barocco che delizierà chiunque ami farsi raccontare storie". Restava solo da vedere come finiva la storia: con chi aveva rapporti incestuosi questo "Abramo": con sua figlia, suo figlio o sua sorella? In effetti, nell'ebraismo si coltivano relazioni "transgender". Un giorno dovremo anche scoprire cosa è successo veramente tra Franz Kafka e suo padre.

Tra una madre e il suo bambino

Nel novembre 2007, il Teatro Nazionale di Bretagna, nelle città di Rennes e Quimper, ha ospitato l'11° festival *Mettre en Scène*, un incontro internazionale di registi e coreografi. Il critico letterario Mari-Mai Corbel ha scritto nella sua presentazione dell'evento: "Due autori hanno scelto testi espliciti sul significato del legame incestuoso per esprimere la follia del nostro tempo". Il primo è stato *Incendies*, una pièce di Wajdi Mouawad (un "libanese"), diretta da Stanislas Nordey. Secondo i critici, si tratta di una "riattualizzazione contemporanea della tragedia edipica". Oltre al mito di Edipo", ha scritto Mari-Mai Corbel su Internet, "possiamo anche riconoscere, sullo sfondo, *La pluie d'été* di Marguerite Duras", dietro i due protagonisti che sono i gemelli Jeanne e Simon. All'inizio, Jeanne e Simon conoscono il padre solo attraverso la leggenda che la madre racconta loro: quella di un uomo amato appassionatamente ma perduto, un eroe ucciso in battaglia. "Laurent Sauvage, fedele partner nelle produzioni di Stanislas Nordey, interpreta questa desolata incarnazione dell'assente tanto desiderato, condensando le figure di amante, figlio e padre, diventando padre e fratello dei suoi figli". Anche i padri sono fratelli. Per dirla senza mezzi termini: il figlio maggiore è andato a letto con la propria madre.[515] Abbiamo già visto qualcosa di simile nell'opera di Elie Wiesel.

Sentite questa: "L'incesto è presente anche in Duras, ma tra i figli... Il nome di battesimo "Simon" evoca anche un ebraismo profondo e antico, che è l'argomento da cui emergono le parole di Marguerite Duras... Con questa reminiscenza di Duras, Wajdi Mouawad fa rivivere il clima di angoscia e di minaccia che grava sull'ebraismo". Il discorso di fondo è tipicamente ebraico: "Jeanne e Simon sono presentati come inconsciamente minacciati, nello stesso modo in cui procede l'antisemitismo, dall'Inquisizione al nazismo: un'ossessione fantasmatica per la purezza etnica originaria. Da qui l'odiosa repressione dell'origine ebraica da parte del cristianesimo e dell'islam, e di conseguenza l'imbastardimento di tutti i popoli".

L'altro spettacolo era *Le Sang des rêves* (*Il sangue dei sogni*), diretto da Patricia Allio, tratto dal romanzo *Sang et stupeur au lycée* (*Sangue e stupore al liceo*) di Kathy Acker: "Patricia Allio ha scelto di dare uno sguardo diverso, quasi sadico, all'incesto. La figura della madre è eliminata, come spesso accade con Sade. Il personaggio di Janey sa di essere

---

[515] Leggi in *Fanatismo ebraico*.

innamorata del padre, mentre lui non è inconsapevole di ciò che sta facendo prendendola in moglie".

Come abbiamo visto, la cantante Barbara aveva subito abusi dal padre. Ma ha anche cantato dell'incesto tra una madre e suo figlio. In *Si la photo est bonne*, un giovane viene condannato per aver abusato della madre. In realtà, sarebbe piuttosto la madre ebrea ad aver abusato del figlio. Questo è anche chiaramente suggerito, ad esempio, nel film *Prendre femme* di Roni Elkabetz (Francia, 2005).

Jacques Attali parla ambiguamente di incesto in almeno quattro dei suoi libri. Nel suo secondo romanzo, *Le premier Jour après moi* (*Il primo giorno dopo di me*), pubblicato nel 1990, Attali racconta la visione di un uomo appena morto che immagina di essere ancora vivo. Stranamente, usa le lettere maiuscole ogni volta che parla di "Lei". Non è mai chiaro se si tratti di sua madre o della sua amante. A pagina 10, ad esempio, dice: "Lasciare Sarah, dirle che non verrò mai più qui; partire, tornare in Europa, rivedere Ella". A pagina 14: "Lei capirà che tra me e Sarah è tutto finito". Alla pagina successiva: "Lei riderà, mi getterà le braccia al collo e mi dirà: "Ti amo"". E a pagina 171: "Molto più tardi, dopo molti controlli, capii che lei era mia madre... E che quella notte aveva sconvolto la vita di mio padre..."[516] Fino alla vigilia della sua partenza per le Celebes, pochi mesi dopo il suo arrivo nel mondo". Insomma, ancora una volta vediamo che Jacques Attali è ossessionato dalla questione dell'incesto.

In *The Khazar Empire and its Heritage* (1976), l'ex ebreo Arthur Koestler sosteneva che gli ebrei dell'Europa orientale discendevano dalla tribù dei Khazar, provenienti dal Caucaso settentrionale e insediatisi nell'attuale Ucraina, i cui re si convertirono all'ebraismo nell'VIII secolo.[517] Nell'*Enciclopedia Ebraica* si legge che Heinrich Gratez, un grande storico e teologo dell'ebraismo del XIX secolo, a pagina 141 della sua *Storia degli Ebrei*, afferma che "i Khazar professavano una religione [immorale e] rozza, che si combinava con la sensualità e la lascivia".

Aldo Naouri è pediatra e autore del libro *Adultères* (Odile Jacob, 2006). Alice Granger ha scritto una breve recensione di quest'opera su Internet, che riassumiamo qui di seguito. I suoi commenti illustrano molto bene l'ingenua stupidità di molti goyim, che non capiscono che gli intellettuali ebrei parlano solo di loro stessi e proiettano sistematicamente le loro nevrosi su un piano universale. Alice Granger non ha capito che per loro

---

[516] Jacques Attali, *Le premier Jour après moi*, Fayard, 1990, p. 171. ("La voir": v.(La). NdT).
[517] Heinrich Graetz, *History of the Jews IV*, Philadelphia, The Jewish Publication Society of America, 1894, p. 141. [H. Graetz, *Histoire des Juifs III*, A. Dularcher, Paris, 1888, p. 325].

l'incesto non è qualcosa di teorico e che la "madre" a cui si riferisce Aldo Naouri è soprattutto la madre ebrea.

Ascoltate le elucubrazioni di questa Alice Granger: "Aldo Naouri scruta, nelle storie che ama raccogliere, dettaglio dopo dettaglio, la violazione della legge che vieta l'incesto. Constata l'abuso quasi sistematico di questa legge e si chiede perché sia così fragile. La sua risposta è: "È il rapporto tra ogni madre e il suo bambino. Un rapporto che si presta a derive incestuose".

Alice Granger ha continuato: "In questo libro sull'adulterio, il posto della madre è centrale. La madre incestuosa. La madre che non vuole far mancare nulla al proprio figlio. Aldo Naouri scrive: "Nessuna madre può frenare spontaneamente la sua propensione incestuosa"...".

Ora, se non vi dispiace, tuffiamoci nelle acque torbide e nauseabonde della psicoanalisi: pronti? Ecco qui:

"Ci sarebbe come un'istanza che, più forte di lei, la spingerebbe a non poter far altro che tessere un grembo virtuale intorno al suo bambino, che non penserebbe ad altro, con passione, facendo sì che il suo bambino abbia molta paura, paura del suo potere di togliergli tutto, dato che lei ha il potere di dargli tutto, questo sia per il ragazzo che per la ragazza. Allora il ragazzo si metterà a sedurre la madre per fare in modo che lei lo tenga, che sia il suo fallo, che abbia meno paura di lei, che non lo ami più, e la ragazza finirà, nella sua strategia, per rivolgersi al padre, seducendolo, ma così facendo avrà di nuovo paura della madre che sta cercando di portarle via il suo uomo. Il ragazzo che seduce la madre avrà paura di essere castrato dal padre. La ragazza che seduce il padre teme che la madre smetta di amarla perché si è posta come rivale del padre. Un periodo di latenza, seguito da un violento sconvolgimento nell'adolescenza, quando il ragazzo spera di incontrare una ragazza che assomigli a sua madre: così, in questo caso, la madre, come "prima", rimane intatta, la ragazza sarà "seconda"! La ragazza, identificata con la madre, si aspetterà di incontrare un ragazzo che assomigli al padre, e così potrà inserirsi nella madre come le bambole russe, di generazione in generazione. In questa catena logica, come ci ricorda Aldo Naouri, l'istanza materna rimane davvero centrale"!

E la povera Alice Granger conclude: "Quindi insisto su quanto detto da Aldo Naouri: nessuna madre può frenare spontaneamente le sue tendenze incestuose".

La serie televisiva statunitense *Queer as folk* è durata cinque stagioni. Segue le avventure di una dozzina di personaggi della comunità gay: uomini, donne e i loro amici. "È super grintosa", ci ha scritto Julien. "Li si vede sempre nudi... È sorprendente che sia vietato solo ai minori di 12 anni, mentre i film erotici in Francia, vietati ai minori di 16 anni, sono molto meno audaci di questo... In breve, la serie difende l'adozione da parte di coppie omosessuali, le orge e la libertà sessuale. Essere gay è molto di moda. I gay sono tutti simpatici, divertenti, tolleranti, moderni, belli, sportivi (i migliori, ovviamente), artisti... C'è anche una propaganda multirazziale (una coppia di genitori bianchi e neri). C'è anche un episodio in cui una delle eroine (lesbica ed ebrea), i cui nonni tedeschi sono stati deportati, spiega alla sua amica gay, che vuole sposare un uomo, che dovrebbe trovare un ebreo, poiché stanno cercando di dimenticare "la relazione incestuosa che hanno avuto con la madre" (stagione 5, episodio 9, intorno al minuto 5). In effetti, il finocchio finisce per trovare un ebreo, ma, ovviamente, quest'ultimo scopre che non è circonciso e gli spiega che non può andare a letto con un goy... Questa serie è stata trasmessa in Francia sui canali *Paris Première* e *Pink TV*...". Julien, il nostro corrispondente, conosceva bene l'intera vicenda e ci ha spiegato: "Gli sceneggiatori e produttori sono Ron Cowen e Daniel Lipman".

Anche la serie *Nip/Tuck* (USA, 2005) ha presentato un caso di incesto tra un figlio e sua madre, nell'episodio numero 13 (seconda stagione). La relazione incestuosa viene proiettata sugli scozzesi. L'episodio 14 è ancora più esplicito: "Dalla parte dei McNamaras: Adrian va a trovare Julia e le confessa di essere andato a letto con sua madre in numerose occasioni...". La serie è stata diretta da Michael Robin, con una sceneggiatura di Sean Jablonski e Jennifer Salt.

Un altro corrispondente internet ci ha inviato la recensione del film *RRRrrrrr!!!* di Alain Chabat del 2004, che ci dimostra ancora una volta che gli ebrei sono davvero preoccupati per queste storie di incesto: 37.000 anni fa, nella preistoria, due tribù vicine vivevano in pace... più o meno a un soffio di distanza l'una dall'altra. Mentre la tribù dei capelli puliti viveva in pace, tenendo per sé il segreto della formula dello shampoo, la tribù dei capelli sporchi piangeva. Così il capo dei capelli sporchi decise di inviare una spia per rubare la ricetta. Ecco cosa vide il nostro corrispondente: "La tribù dei capelli puliti è scura, intelligente, simpatica, cool e... riccia, mentre la tribù dei capelli sporchi - i biondi - è composta da persone stupide. Tuttavia, uno di quelli con i capelli puliti era un po' diverso: aveva i capelli biondi, probabilmente era un "bruno che odia se stesso"! Dopo molti colpi di scena, abbiamo scoperto che questo finto moro vorrebbe andare a letto con la madre mora "quando papà muore"".

Captivity di Roland Joffé (USA, 2007) è la storia di due fratelli che catturano donne famose per torturarle e ucciderle. Si scopre poi che la loro madre li ha costretti a rapporti incestuosi quando erano piccoli. Lo sceneggiatore è Larry Cohen.

Du Poil sous les roses è un film di Agnès Obadia (Francia, 2000): la quattordicenne Roudoudou sogna di avere un seno grande e di perdere la verginità con un affascinante sconosciuto incontrato su un treno. Il quindicenne Romain e il suo amico Francis credono che le loro madri siano diventate lesbiche. Si propongono di sedurle, sperando di perdere la verginità con loro. "I dialoghi sono crudi, al limite dell'osceno, ma mai volgari... Un film stimolante, non adatto ai prudenti", ha scritto Claude Bouniq-Mercier in *Le Guide des films* de Jean Tulard.

The Hustlers, di Stephen Frears (Regno Unito, 1989): Lilly, quarantenne, lavora per un allibratore che occasionalmente truffa. Roy, suo figlio, è un piccolo truffatore che si guadagna da vivere con truffe molto scadenti. Quando si innamora di Myra, nasce una rivalità tra le due donne, perché Lilly è una madre possessiva e innamorata del figlio.

Il film semi-erotico di Paul Schrader *La Féline (*1982) è una stramba storia di pantere nere che diventano uomini: Irena si riunisce al fratello Paul a New Orleans. Nei giorni successivi, una misteriosa pantera uccide una prostituta (anche in questo caso si tratta di un'ossessione). L'animale si rivela avere uno strano legame con Paul e Irena. Si parla del segreto della razza. "A causa della maledizione, siamo una razza incestuosa, altrimenti ci metamorfizziamo... Abbiamo bisogno di sangue per vivere". La sceneggiatura è di Alain Ormsby.

La Luna, di Bernardo Bertolucci (Italia, 1979): a Parma, un adolescente abbandonato a se stesso cerca di far sì che la madre, una diva, si interessi a lui. "Il tema dell'incesto è quindi il tema principale di questo film".

Una raccolta di racconti di Isaac Bashevis Singer del 1973, intitolata *Una corona di piume*, comprendeva un racconto intitolato *La danza*, in cui l'autore tornava sul tema dell'incesto: A Varsavia, intorno al 1920, Matilda Bloch è un'ex ballerina che vive in povertà. Proviene da una famiglia di ebrei chassidici e ha divorziato da tempo da un marito che la picchiava. Lui partì per Parigi e finì per suicidarsi. Da allora, Matilda vive da sola con il figlio, che non fa nulla nella vita. Un giorno offre al narratore, anch'egli indigente, un posto per dormire. Così si legge: "Mathilda mi diede la sua stanza e disse che avrebbe dormito sul divano del soggiorno". Il narratore si sveglia nel cuore della notte e rimane sconvolto da ciò che vede: "La porta del soggiorno era socchiusa. Alla luce di un candeliere rosso, madre e figlio stavano ballando, entrambi scalzi, lui in pantaloni e lei in camicia da notte. Potevo distinguere il collo ossuto di Izzy, il suo pomo d'Adamo prominente, la sua schiena ingobbita. Mi sembrava che sia la madre che il figlio avessero gli occhi chiusi. Nessuno dei due emetteva un suono, come se stessero danzando nel sonno. Rimasi lì per almeno dieci minuti, forse molto di più. Sapevo di non avere il diritto di spiare i miei ospiti in quel modo, ma ero bloccato lì. Molto probabilmente stavano ballando il valzer, anche se avevo difficoltà a identificare la loro danza. Senza musica, nel silenzio più assoluto. [518]Trattenni il respiro e non mi mossi, sbalordito.

---

[518] Isaac Bashevis Singer, *La Couronne de plumes*, 1973, Stock, 1976, p. 303.

Madre e figlio avevano una relazione incestuosa? Avevano entrambi perso la testa?".

Elisabeth Badinter ha spiegato che tutto questo è perfettamente naturale: "Il legame erotico tra madre e figlio non si limita alla soddisfazione orale. Attraverso le sue cure, la madre si preoccupa di risvegliare la sensibilità del bambino, iniziandolo al piacere e insegnandogli ad amare il suo corpo. Una buona madre è naturalmente incestuosa e pedofila.[519] Nessuno osa metterlo in dubbio, ma tutti - compresa la madre stessa e il bambino - vogliono dimenticarlo".

Anche Sigmund Freud, nelle sue *Lezioni introduttive alla psicoanalisi* del 1916, ragiona esclusivamente in termini di costumi della sua comunità: "Si dimentica che se la tentazione incestuosa trovasse davvero ostacoli insormontabili in natura, non ci sarebbe mai stato bisogno di proibirla, né con leggi implacabili né con costumi. La verità è esattamente il contrario.[520] Il primo oggetto su cui si concentra il desiderio sessuale dell'uomo è sempre di natura incestuosa - la madre o la sorella - ed è solo a forza di divieti molto severi che questa inclinazione infantile può essere repressa".[521]

Nell'Antico Testamento, le leggi che vietano l'incesto sono molto esplicite (Levitico XVIII). Tuttavia, si narra che Ruben, il figlio maggiore di Giacobbe, avrebbe commesso un incesto con Bilhah, la concubina di suo padre (Genesi XXXV, 22).

In un libro intitolato *Le donne israeliane*, Lesley Hazleton, un'ebrea che ha vissuto a Gerusalemme e a New York, ha tracciato un interessante parallelo tra l'incesto tra gli ebrei e l'*aliyah*, il ritorno e l'insediamento degli ebrei della diaspora in Israele. Il ritorno a Sion, ha spiegato, è come "il ritorno di un figlio a sua madre in un'unione sessuale... Il risultato di questa unione tra i figli e la loro madre sarebbe la rinascita del figlio, che darebbe anche nuova vita a sua madre salvandola dalle ingiustizie e dalle sofferenze vissute nella diaspora, e le restituirebbe l'innocenza e la luce come madre e datrice di vita". Lesley Hazleton ha poi spiegato che i pionieri del sionismo erano eccitati, in senso sessuale, dall'idea di tornare alla culla della loro storia per ingravidare la loro madre mistica, Sion.

Daniel Sibony è uno di quei piccoli "intellettuali francesi" che abbondavano in Francia alla fine del XX secolo.[522] In un libro intitolato

---

[519] Elisabeth Badinter, *La Identidad masculina*, Alianza Editorial, Madrid, 1993, p. 67.
[520] Sigmund Freud, *Lezioni introduttive alla psicoanalisi (1915-1917), Lezione XXI: Sviluppo della libido e delle organizzazioni sessuali*, Opere raccolte, EpubLibre, trad. Luis López Ballesteros y de Torres, 2001, p. 3140.
[521] Leggere *Psicoanalisi dell'ebraismo* e *fanatismo ebraico*.
[522] Daniel Sibony, *Le Racisme ou la haine identitaire*, Christian Bourgeois éditeur, 1997, p. 84.

Razzismo o odio identitario, pubblicato nel 1997, ha scritto di nascosto tra due paragrafi: "Il razzista inciampa sul divieto di incesto". Daniel Sibony è stato anche autore di un altro libro intitolato *Le Peuple psy (Il popolo psicologico)*. Forse voleva dirci qualcosa su una comunità di psicopatici?

Tra fratelli e sorelle

Nel romanzo *Les Bienveillantes* di Jonathan Littell, vincitore del Premio Goncourt nel 2006, il protagonista è un ufficiale delle SS gay che vuole diventare donna ed è follemente innamorato della sorella gemella Una. Sentite questa: "Prese un fallo di ginepro scolpito e mi prese come uomo, davanti al suo grande specchio che rifletteva impassibile i nostri corpi intrecciati... Mi usò come donna, finché ogni distinzione fu cancellata e io le dissi: 'Io sono tua sorella e tu sei mio fratello' e lei rispose: 'Tu sei mia sorella e io sono tuo fratello'" (p. 814).

Si trattava ovviamente di una proiezione, tipica dell'intellettuale ebreo. Ecco un estratto di un'intervista all'autore, pubblicata dal quotidiano *Le Figaro* il 29 dicembre 2006:

"Cosa diresti del tuo narratore oggi, quali sentimenti ti ispira?

- Jonathan Littell: È difficile dire qualcosa di buono su un uomo così spregevole...

- Sì, ma hai vissuto con lui per molto tempo.

- Jonathan Litell: "Potrei dire che sono io".

In *Les Malveillantes - Enquête sur le cas Jonathan Littell* (Scali, 2006), il saggista Paul-Eric Blanrue ha giustamente scritto: "Aue è uno specchio. Innanzitutto dell'autore, che si riflette in lui scrivendo in prima persona e lasciandogli in eredità alcune delle sue peculiarità. Come Littell, Aue è nato il 10 ottobre; come Littell, ha trascorso parte della sua vita nel sud della Francia e all'estero, e ha vissuto la separazione dei suoi genitori...".

Colette Mainguy, giornalista di *Le Nouvel Observateur, ha* pubblicato nel 2001 un romanzo intitolato *La Juive (L'ebrea)*. Ecco una recensione trovata su Internet: "Nona in una famiglia di dieci fratelli, alle prese con fratelli incestuosi, una sorella maggiore che ammira ma che la manipola, una sorella minore anoressica che la fa sentire in colpa, un padre violento o ambiguo e una madre evirata, l'autrice racconta l'indicibile sofferenza di una bambina maltrattata. Nell'estate del suo dodicesimo compleanno, la sorella maggiore Beth, la sua aguzzina, trova in lei un "profilo ebraico". Naturalmente, questa situazione è il punto di partenza di una grave nevrosi: "Da quel momento in poi, Colette si convince di essere una straniera, una "Anne Franck" isolata in una famiglia ariana. Tutta la sua adolescenza si trasformò in una lotta e in un tormento, tra il desiderio di rompere ogni legame con questa famiglia e l'impossibilità di staccarsi dal clan. Questo libro è un resoconto violento e spesso inquietante di quello che può essere il peggior tipo di tirannia: la famiglia".

Ancora una volta, l'autore proietta la sua nevrosi sui nazisti. La quarta di copertina del libro recita: "Nell'estate del mio dodicesimo compleanno, nacqui ebreo da madre ariana e sorella kapò in un campo di concentramento. Prigioniero numero 9. Ero il nono figlio di una famiglia di dieci persone. Cinque femmine e cinque maschi. Ho riscoperto la mia ebraicità dopo cinque anni di psicoanalisi. Da tanto tempo facevo sogni germanici ricorrenti. I tedeschi mi inseguono. Mi mitragliano e poi muoio sotto un telone in un camion che attraversa il Vercors. Vengo arrestato durante i rastrellamenti di ebrei; rimprovero mia madre di avermi abbandonato in un campo; sono un giornalista e racconto com'è la vita del ghetto prima che mi ci rinchiudano; faccio una fellatio ai nazisti, la Gestapo bussa alla mia porta. Io scappo sempre. I miei nascondigli sono sempre cantine buie, sordidi armadi o labirinti terrificanti; una notte affronto mia sorella Beth. È il capo della Gestapo in un campo di concentramento".

Il numero di marzo 2008 della rivista *Lire* è stato dedicato alla letteratura ebraica. A pagina 26, un articolo presenta lo scrittore Henry Roth. In un libro autobiografico intitolato *Un trampolino di pietra sull'Hudson* (1995), il protagonista, Ira Stigman, presenta lo stesso Henry Roth. Ecco cosa diceva la rivista: "Ira confessa l'indicibile e si immola letteralmente confessando la sua relazione incestuosa con la sorella Mimmie". Naturalmente, Henry Roth rimase profondamente traumatizzato dalla sua dura vita: "Dovette affrontare di nuovo l'antisemitismo, le vessazioni e gli insulti maligni...".

Hermann Ungar è stato uno scrittore ceco nato in una famiglia di industriali ebrei. Visse a Berlino, dove frequentò i suoi coetanei Joseph Roth e Franz Werfel. In uno dei suoi romanzi, *I mutilati (Die Verstümmelten*, 1923), Hermann Ungar racconta la storia di Franz Polzer, un impiegato miserabile e paranoico che cade sotto il dominio della prepotente padrona di casa, Clara Porges, che alla fine lo costringe a diventare il suo amante. Proprio come era stato picchiato dal padre quando era più giovane, non riesce a liberarsi da questa relazione perversa e si mortifica con atteggiamenti di autoflagellazione. Ciò che si legge su Internet è abbastanza esplicito: "Questa disposizione masochistica sembra risalire al trauma di una scena originaria, in cui, scoprendo i legami incestuosi tra il padre e la zia, conserva la visione paurosa della sua striscia "tra i capelli neri a destra e a sinistra". Da quel momento in poi, il sesso femminile, questo particolare tipo di "striscia", provoca in lui non solo un'"amara repulsione" ("il pensiero di questo corpo nudo che non era chiuso, della sua orribile cavità aperta come carne scoperta", lo tormenta), ma anche l'idea fissa di ripetere l'incesto del padre. A questa ossessione...

si aggiunge un'omosessualità latente, in particolare nei confronti del suo amico d'infanzia, il ricco ebreo Carl Fanta".

Qui l'odio ebraico per se stessi è portato al massimo: "Carl, uno storpio senza gambe a cui presto verrà amputato un braccio, è deciso a ostentare le sue atrofie e a tormentare Dora, sua moglie, la cui "santa" abnegazione lo disgusta. Ciò che rimane di lui nella sua putrefazione è una disperata determinazione a "rimanere vivo, anche solo per cattiveria"... "Sono sdraiato qui come un serbatoio di letame e puzzo. Ma non sto morendo", si schernisce Carl...". E poi, cosa è stato fatto con gli arti mozzati di Carl? chiede Franz, inorridito... È questo il terrore che trasuda da questo romanzo sanguinoso: finire come le viscere maleodoranti degli animali macellati che i macellai gettano in una fossa. Scartati". Hermann Ungar morì di appendicite acuta all'età di 36 anni.

Anche nel cinema ci sono molti riferimenti all'incesto, se si presta attenzione. Il film di Michel Lichtenstein *Denti* (2008) si basa su una sceneggiatura molto originale: Dawn, una studentessa normodotata, fa del suo meglio per reprimere ogni desiderio sessuale. È un membro attivo di un gruppo che sostiene la castità fino al matrimonio. Ma questa astinenza viene messa a dura prova. Prima il bel Tobey, di cui si innamora. Poi dalle ripetute provocazioni di Brad, il fratellastro sessualmente estroverso. La vita di Dawn viene brutalmente stravolta il giorno in cui scopre con orrore che, in caso di attacco, la sua vagina può diventare un'arma di difesa grazie ai numerosi denti affilati che ne rivestono l'interno! Nel film sono presenti alcune scene *gore*, come quella in cui il fratello incestuoso della bella carnivora viene evirato (con pezzi di pene sparsi sul pavimento). *Denti* è, a quanto pare, "una deliziosa vendetta del genere femminile contro l'imperante rozzezza maschile".

Désengagement è un film del regista israeliano Amos Gitaï (2007): un franco-israeliano e un olandese-palestinese si incontrano nel corridoio di un treno. Chiacchierano e condividono una sigaretta. "I due personaggi si abbracciano e, così facendo, aboliscono i confini", ha scritto Yasmina Guerda su Internet. Il pubblico viene poi trasportato ad Avignone. Ecco cosa dice la recensione: "Un padre è morto. La figlia Ana è quasi estasiata e parla di lasciare il marito al fratellastro Uli, giunto da Israele per il funerale. Fin dall'inizio, l'atmosfera è pesante. È soffocante. Sentiamo il disagio di Ana che canta, si agita, ridacchia come una bambina e sfiora l'incesto con il fratello".

Stèphane Kurc è il regista di *Terre de lumières* (Francia, 20008), un pesante telefilm in quattro episodi. Abbiamo visto solo il quarto episodio, intitolato *La Terre des secrets*, trasmesso in televisione nel settembre 2008. La storia è ambientata in una città marocchina durante l'occupazione. La caratterizzazione dei personaggi rivela l'impronta cosmopolita: ci sono, naturalmente, gli ebrei, perseguitati senza motivo; la povera ebrea è interpretata da una bella bionda dai tratti nordici, tanto per depistare gli incauti. Gli arabi, invece, sono fieri e dignitosi, mentre i francesi si dividono in due categorie. Una donna francese, ad esempio, è incinta di un bambino arabo e abbandona gradualmente il marito francese, che disprezza. Alla fine del film, la donna dà alla luce il piccolo Hassan, che alleva da sola, poiché il padre arabo preferisce combattere contro i cattivi per l'indipendenza del suo Paese.

Un'altra donna francese ha due figli da un ex soldato - l'eroe del film - che è stato ferito ed è scomparso dieci anni fa. Accolto dai beduini, si convertì all'Islam e andò a combattere contro i suoi stessi connazionali. Per questo fu imprigionato e condannato a morte per tradimento dalle autorità di Vichy. Sua figlia, che lo riconobbe, riuscì a liberarlo grazie al fratello, il capo della polizia, un collaborazionista moderato rispetto agli altri bastardi della polizia francese - a parte i gollisti dell'epoca, naturalmente.

Nel frattempo, gli americani sono sbarcati in Marocco e hanno liberato il paese. Il finale del film conferma ulteriormente l'ebraismo del regista Stéphane Kurc: veniamo a sapere (risparmiamo i dettagli) che il capo della polizia, da soldato, aveva tentato di uccidere l'amante della sorella durante una missione nel Djebel... perché era segretamente innamorato di lei; innamorato della sua stessa sorella! Quindi, ancora una volta, si trattava di una storia di incesto che un regista ebreo aveva proiettato e imposto ai suoi personaggi goyim.

In ogni caso, è chiaro che Stéphane Kurc non ama molto i francesi, altrimenti non avrebbe insistito nel mettere le loro mogli tra le braccia degli arabi, nel fare di un francese convertito all'Islam un eroe, nel dividere le loro famiglie e nel farli sentire sistematicamente in colpa. Durante la liberazione del Marocco compare anche un'altra coppia francese: la moglie viene a sapere che il marito ha collaborato. Lo disprezza al punto di puntargli contro una pistola carica, prima di esprimere il suo disgusto per lui, anche se in realtà non era altro che il disgusto di Stéphane Kurc per i francesi autoctoni. L'interminabile colonna sonora tetra rende questo insopportabile catorcio francamente insopportabile. Ma l'abbiamo visto fino alla fine... beh, quasi fino alla fine.

Nel film *Il patto dei lupi* (Francia, 2001), Christophe Gans ritrae lo stupro di una sorella da parte del fratello. Il film è anche molto antirazzista: un indiano picchia dei contadini francesi in pieno XVIII secolo!

Poi c'è *Select Hôtel* (Francia, 1996): nel quartiere di Pigalle, il Select è un bordello. La ventenne Nathalie sopravvive come può: tossicodipendente e prostituta, si affida all'amore protettivo del fratello Tof, giovane delinquente. Bouniq-Mercier ha scritto: "Un'opera potente e inquietante, cruda e ruffiana, atrocemente oscura eppure luminosa". Il film è di Laurent Bouhnik.

In *Kika* (Spagna, 1993), commedia di Pedro Almodóvar, un uomo ossessionato dal sesso ha l'abitudine di andare a letto con la propria sorella. Evaso di prigione, va a trovarla nell'appartamento dei suoi padroni, dove lavora come cameriera, e ne approfitta per violentare la padrona di casa...

Il giardino di cemento (Regno Unito, 1992): Una modesta famiglia vive in una cupa e isolata abitazione di periferia. I genitori muoiono uno dopo l'altro e i quattro figli rimangono soli. Jack prova un amore incestuoso per la sorella. Il film è di Andrew Birkin.

La mujer del puerto (Messico, 1991): El Marro, un marinaio, incontra una bella prostituta, Perla, in un cabaret del porto e se ne innamora. La madre di Perla, Tomasa, riconosce in lui il figlio da cui è stata separata in circostanze tragiche. Da quel momento, l'amore incestuoso tra Perla e suo fratello sembra destinato a fallire. Un film di Arturo Ripstein (ancora lui!).

On ne meurt que deux fois (Francia, 1982): Charles, un giovane studente di buona famiglia che vive da solo a Parigi con la sorella isterica e possessiva, si mette alla ricerca dell'ex amante del padre. In un cabaret di Pigalle, scopre una ragazza adolescente, Clémentine, di cui si innamora. La ragazza si rivela essere la sua sorellastra. Un film di Caroline Roboh.

L'invitation au voyage, di Peter del Monte (Francia, 1982): Lucien non riesce ad accettare la morte della sorella gemella, fulminata nella vasca da bagno. Nasconde il corpo della sorella in una custodia per contrabbasso, la attacca al portabagagli della sua auto e si mette in viaggio. Infine, brucia il corpo della sorella. La storia di un "amore folle e incestuoso".

Chère inconnue (Francia, 1979), basato su una sceneggiatura di Bérénice Rubens: Gilles è un paraplegico che può muoversi solo su una sedia a rotelle. Louise, sua sorella, si prende cura di lui con dedizione, ma soffre della sua solitudine emotiva. Vivono in una casa isolata sulla costa della Bretagna, dove solo Yvette, la panettiera, viene a rompere la monotonia. Louise mette un annuncio su un giornale locale alla ricerca dell'anima gemella. Ben presto, dalle informazioni fornitele dal corrispondente, si rende conto che a rispondere è proprio suo fratello. Quando Gilles vuole incontrarla, Louise ingaggia una commediante. Il film è di un certo Moshe Mizrahi, che non è certo bretone.

Caligola, di Tino Brass (Italia-Regno Unito, 1977): Caligola, dopo l'assassinio di Tiberio, viene nominato imperatore di Roma. Consigliato dalla sorella Drusilla, con la quale ha una relazione incestuosa, diventa presto un tiranno sanguinario. Caligola si credeva Dio e gradualmente cadde nella follia. Quando la sorella muore, si dispera. La sceneggiatura è di Gore Vidal.

Mio Dio, come sono caduta in basso! di Luigi Comencini (Italia, 1974): alla fine del XIX secolo, Eugenia, una giovane nobile siciliana, sposa Raimondo, un ricco borghese. Ma la prima notte di nozze riceve un telegramma che le rivela che il marito è suo fratello. Come risarcimento, si lascia violentare dal suo autista...

La grande borghesia (Italia, 1974) è un film di Mauro Bolignini: alla fine dell'Ottocento, Tulio, fratello di Linda, militante per le sue idee socialiste, ama la sorella con un amore quasi incestuoso.

Au long de la rivière Fango, di Catherine Sigaux (Francia, 1975): Jérémie e Bild, due cavalieri, arrivano in una comunità che vive sulle rive del fiume Fango. È stata fondata da Mathilde, una donna che ha lasciato il marito e il figlio per sfuggire alla società urbana e acquistare questa terra. Tutti vivono felicemente separati dal mondo, senza pensare al lavoro o al denaro. Bild crede di essere il figlio abbandonato di Mathilde, mentre Jérémie è attratto dalla figlia Maurine. Quando Bild muore, Jérémie scopre di essere il figlio di Mathilde e che Maurine è quindi sua sorella. Il film presenta anche diversi luoghi comuni contro il capitalismo.

Il rapimento di Bunny Lake (Regno Unito, 1965): Ann Lake si è trasferita a Londra con la figlia illegittima Bunny e il fratello. Un giorno, la ragazza scompare dalla scuola. La polizia arriva a dubitare dell'esistenza della ragazza, poiché tutte le prove sono scomparse. Ann sembra soffrire di problemi psichiatrici. "Ann potrebbe avere una relazione incestuosa con suo fratello?". Un film del famoso Otto Preminger.

Sandra (Italia, 1965): Sandra, il cui padre è morto durante la deportazione, ha sposato un accademico americano. Viene a sapere dal fratello che è stata la madre a tradire il padre. Tra fratello e sorella si sviluppa una sorta di incesto. Il film è di Luchino Visconti.

Mort d'un tueur, di Robert Hossein (Francia, 1963): Massa, un gangster, ha trascorso diversi anni in prigione dopo una denuncia. Torna a Nizza per vendicarsi. Sua sorella Maria, che lui ama da una losca storia d'amore, è diventata l'amante di Luciano, l'uomo che lo ha tradito.

Come in uno specchio (Svezia, 1961): Karin si è trasferita su un'isola per trascorrere le vacanze con il marito Martin, medico, il fratello Frederik e il padre, scrittore vedovo sempre in viaggio. Soffre di problemi mentali e pratica l'incesto con il fratello minore. Il film è dell'inimitabile Ingmar Bergman.

Royal Wedding, di Stanley Donen (USA, 1951): Tom ed Ellen Bowen sono fratelli e formano una coppia di ballerini alla moda. Si rendono conto della profondità dei loro sentimenti. La sceneggiatura è di Alan Jay Lerner.

Scarface (USA, 1931) è la storia di un gangster innamorato di sua sorella. Il film fu diretto da Howard Hawks, con una sceneggiatura di Ben Hecht e Seton Miller. Nel 1983, Brian de Palma ha diretto un'altra versione, basata su una sceneggiatura di Oliver Stone e interpretata da Al Pacino.

Freud aveva letto le opere di Conrad Ferdinand Meyer, il grande scrittore svizzero, e aveva sempre avuto una grande predilezione per questo autore.⁵²³ Nel suo libro del 1964 *Il giudice (Die Richterin)*, Marthe Robert spiega a piè di pagina nel suo lavoro sulla *Rivoluzione psicoanalitica*: "Si tratta indubbiamente di un rifiuto romanzato di un ricordo dei rapporti dello scrittore con la sorella... Da un lato, questo romanzo adula la megalomania; dall'altro, è una difesa contro l'incesto".

Sander Gilman, dell'Università di Chicago, ha condotto lui stesso una ricerca sull'argomento. In *Sibling incest, madness, and the jews (Incesto tra fratelli, follia ed ebrei)*, ha descritto come gli ebrei nell'Europa del XIX e dell'inizio del XX secolo fossero spesso associati a certe forme di devianza sessuale. ⁵²⁴Ha notato che "la consanguineità all'interno della comunità ebraica aveva favorito l'idea che l'incesto tra fratelli e sorelle fosse una pratica comune in quella comunità".

Anche il prolifico romanziere yiddish Isaac Bashevis Singer, vincitore del Premio Nobel per la letteratura, proiettava spudoratamente il suo senso di colpa sui cristiani. Nel suo romanzo *Krochmalna n. 10* si può leggere: "In Argentina, Perù, Bolivia, Cile e altrove, le figlie vengono violentate dai padri, i fratelli vanno a letto con le sorelle e una madre fa sesso con il proprio figlio. Non sempre le persone vengono arrestate per questi crimini.⁵²⁵ Vanno dal prete, si confessano e, con un po' di acqua santa, li assolve". Ancora una volta, si tratta di una classica inversione accusatoria.

Anche la storia di Davide nella Bibbia non è molto morale secondo i nostri standard europei. Il suo adulterio con Betsabea è seguito dall'omicidio del marito di lei, Uria. Il suo figlio maggiore, Ammon, commise un incesto con una delle sue sorelle. Ammon fu ucciso da suo fratello Absalom, che, riconquistato il favore del re, iniziò a tramare contro suo padre, muovendogli guerra e prendendosi le sue concubine.

Nel 2008, un programma di History Channel (*Banned from the Bible*) si è occupato della Bibbia e della selezione dei testi sacri. Tra i libri non conservati nella versione canonica c'era il Libro dei Giubilei, che sarebbe stato scritto in ebraico per completare la storia della Genesi (intorno al 100 a.C.). Il testo biblico menzionava solo due figli di Adamo ed Eva: Caino e Abele. Gli studiosi ebrei si sono quindi chiesti chi potesse aver sposato Caino, dal momento che non c'erano donne. Il Libro dei Giubilei aveva chiarito la questione affermando che Adamo ed Eva avevano avuto tre figli e sei figlie. Pertanto, l'umanità si era sviluppata attraverso relazioni incestuose tra fratelli e sorelle. Un rabbino ha spiegato nel documentario che gli ebrei dell'epoca non potevano accettare l'idea che Adamo ed Eva non fossero gli unici (e quindi forse non i primi) e, soprattutto, erano

---

⁵²³ Marthe Robert, *La Révolution psychanalytique*, Tome I, Payot, 1964, p. 137.
⁵²⁴ Journal *Taxonomy and deviance*, 1998, vol. 65, n. 2, p. 401-433, New School University, New York, NY (1934).
⁵²⁵ Isaac Bashevis Singer, *Le petit monde de la rue Krochmalna*, Denoël, 1991, p. 54.

rassicurati dal sapere che gli ebrei - il popolo di Dio - non avevano dovuto sposare stranieri di sangue impuro.

Sicuramente dovremmo leggere con uno specchio anche il testo di un piccolo libro di una quarantina di pagine, scritto da un certo André Benzimra e pubblicato nel 2007: *Il divieto di incesto secondo la Cabala*. Il libro, pubblicato da una piccola casa editrice, era riservato ai membri della comunità. André Benzimra spiegava che le Scritture avevano messo a tacere "l'incesto che il primo popolo ha dovuto commettere per popolare la terra. Questo perché si voleva togliere un argomento a chi non poneva freni o barriere alla ricerca del proprio piacere".

Apprendiamo che Rebecca potrebbe essere stata la sorella di Isacco: "Per quanto riguarda la discendenza di Abramo, c'è una leggenda nascosta nella Bibbia che Bahir 78 rivela, non senza ricorrere al metodo cifrato di procedere per allusioni di allusioni. Questo testo afferma che Abramo aveva una figlia e suggerisce che questa non fosse altro che Rebecca, la stessa che avrebbe sposato suo figlio Isacco. La prima affermazione si basa in particolare su un passo del Talmud. La seconda si basa su alcune incertezze circa l'origine di Rebecca: in tutto Genesi XXIV viene presentata come figlia di Bethuel, figlio di Nahor. [526]Tuttavia, nel versetto XXIV, 48, viene incidentalmente indicata come figlia dello stesso Nahor, fratello di Abramo... Dio ha bisogno di una figlia, la sua *Shechinah*, per trasmettere la sua influenza e le sue benedizioni, così come Abramo aveva bisogno di una figlia per generare la sua posterità spirituale... Il fatto che Rebecca fosse la sorella e la moglie di Isacco è, inoltre, un ulteriore segno della sua parentela con la *Shechinah* celeste, che sintetizza vari legami familiari con coloro che le sono legati. Così la Sapienza (altro nome della *Shechinah*) fu successivamente madre, moglie e figlia di Salomone, perché Salomone imparò tutto da lei, visse nella sua intimità e infine si elevò al di sopra di lei".

E André Benzimra continua: "Sì, la discendenza di Abramo viene solo dal seme di Abramo. Ma tutta questa storia è stata tenuta segreta per non dare credito all'idea che, dopo la storia d'amore tra Isacco e Rebecca, l'incesto sia permesso a tutti. Fu tenuta segreta anche a Isacco stesso: per questo motivo Rebecca fu allevata lontano da lui fino al momento di celebrare le nozze.[527] In seguito, probabilmente, gli fu rivelata la verità e la necessità di sposare questa sorella lontana".

Abramo ebbe quindi una figlia, che "non era altro che Rebecca, la futura moglie di suo figlio Isacco. Senza l'unione dei figli di Abramo con le loro

---

[526] Nelle note, alla fine del libro, si legge: "Betuel e Nahor erano senza dubbio i genitori di Rebecca". In altre parole, Betuel andò a letto con la propria madre.
[527] André Benzimra, *L'Interdiction de l'inceste selon la Kabbale*, Archè Edizioni, Milano, 2007, pagg. 13, 7-9.

sorelle, l'umanità non avrebbe adempiuto al mandato divino di crescere e moltiplicarsi, e sarebbe morta appena arrivata sulla terra".

Prima di Abramo, Adamo stesso era obbligato a dare le proprie figlie ai suoi figli: "Gli scritti intertestamentari menzionano sorelle gemelle che erano unite ai figli di Adamo e attraverso le quali potevano riprodursi".

L'incesto è quindi una questione cruciale nella storia dell'ebraismo (e dell'umanità!). Secondo la tradizione cabalistica, scrive Benzimra, i misteri dell'incesto sono ancora più importanti di quelli relativi a qualsiasi altra questione: "Il capitolo relativo all'incesto è la quintessenza di tutte le Scritture, dice lo Zohar III, 81a".[528] Infatti, come vedremo, la questione dell'incesto è strettamente legata, da un lato, alla questione dell'Ordine regnante nel Cosmo e, dall'altro, alla dottrina di Dio nei suoi aspetti più elevati".

Nelle note a piè di pagina, Benzimra ha anche evocato "l'unione di Dio con la comunità di Israele (Zohar, III, 7b)", che qui è sua sorella: "Levitico XX, 17: "Se un uomo sposa sua sorella, è una grazia (*khessed*). [529]L'uomo designa Dio; sua sorella designa la Comunità di Israele".

Come si vede, l'incesto è una vera e propria ossessione per gli ebrei, una questione quasi centrale. Madre e figlio, padre e figlia, padre e figlio, fratello e sorella, zii e nipoti... È quello che chiamiamo famiglie consanguinee, dove tutti si incastrano come tubi, di generazione in generazione. Non c'è dubbio che sarebbe urgente un'indagine ufficiale su larga scala su questo problema e, da parte nostra, non siamo lontani dal pensare che, nell'interesse degli stessi ebrei, i bambini dovrebbero essere separati dai genitori fin dalla prima infanzia per proteggerli e interrompere il processo di generazione incestuosa. Questo era forse l'obiettivo dei kibbutz in Israele, dove l'accento era posto sulla vita in comune.

In ogni caso, è chiaro che non si tratta più della nozione di "popolo eletto", ma di una diagnosi medica pertinente. Freud aveva indubbiamente capito che l'origine dell'ebraismo non era religiosa, ma sessuale. Ma non ebbe il coraggio di rivelare al mondo intero che il famoso "complesso di Edipo" era in realtà solo il "complesso di Israele", e preferì proiettare la nevrosi dell'ebraismo sul resto dell'umanità. Gli intellettuali ebrei vanno sempre letti con uno specchio. Sempre.

---

[528] André Benzimra, *L'interdizione dell'incesto secondo la Kabbale*, Archè Edizioni, Milano, 2007, p. 25, 12

[529] André Benzimra, *L'interdizione dell'incesto secondo la cabala*, Archè Edizioni, Milano, 2007, p. 33. Nella Bibbia si legge: "L'uomo che prende in moglie sua sorella... è un'ignominia". Tuttavia, "*Khessed*" (pronunciato *Chessed* in inglese) ha un doppio significato per gli ebrei: è "ignominia" e "tenerezza"; su questi aspetti cabalistici e sulla *Sechinah* (la Comunità di Israele), si legga *Psicoanalisi dell'ebraismo*.

3. Il mito del complesso di Edipo

Il padre della psicoanalisi basò le sue teorie sullo studio della patologia isterica, il che ovviamente non fu casuale. Basandosi su casi personali e sullo studio dei suoi colleghi viennesi, dimostrò che l'incesto era la causa principale dell'isteria, prima di capovolgere improvvisamente il problema e "proiettarlo" su un piano universale: nacque così il misterioso "complesso di Edipo".

Lo sviluppo della psicoanalisi

Il professor Jean Martin Charcot fu il precursore degli studi sull'isteria alla fine del XIX secolo. Nel 1882 aprì all'ospedale Salpêtrière di Parigi quella che sarebbe diventata la più grande clinica neurologica d'Europa. Professore rinomato, attirò studenti da tutto il mondo. Sotto la sua influenza, le malattie mentali iniziarono a essere analizzate sistematicamente e l'isteria cominciò a essere distinta da altri disturbi della mente. Charcot rimase convinto che la causa fondamentale dell'isteria fosse una degenerazione ereditaria del sistema nervoso e fu il primo a utilizzare l'ipnosi come mezzo di trattamento, con l'obiettivo di scoprire una base organica dell'isteria.

Sigmund Freud frequentò le lezioni del dottor Charcot dall'ottobre 1885 al febbraio 1886. In *Vita e opere di Sigmund Freud*, Ernst Jones, che è stato il primo biografo importante di Freud, ha spiegato:

"Ciò che colpì maggiormente Freud negli insegnamenti di Charcot fu la sua concezione rivoluzionaria del problema dell'isteria... L'isteria, fino a quel momento, era considerata o una questione di simulazione, o al massimo di "immaginazione" (che in fondo sarebbe più o meno la stessa cosa), che non era in alcun modo degna di occupare il tempo di un medico rispettabile, oppure un disturbo particolare dell'utero che poteva essere trattato - e spesso lo era - con l'asportazione del clitoride. L'utero spostato poteva anche essere riportato al suo posto con la somministrazione di valeriana, il cui aroma gli è sgradito. Fu quindi grazie a Charcot che, quasi da un giorno all'altro, l'isteria divenne una malattia del sistema nervoso del tutto rispettabile... Egli compì uno studio sistematico e approfondito delle manifestazioni dell'isteria, uno studio che permise una diagnosi più precisa della malattia, e allo stesso tempo dimostrò il carattere isterico di molte condizioni a cui veniva attribuita un'altra natura. Insistette anche sul fatto che l'isteria poteva colpire anche il sesso maschile, il che non dovrebbe più sorprendere nessuno, dal momento che era inclusa tra le malattie del sistema nervoso".[530]

Il professor Charcot dimostrò inoltre "di poter provocare con l'ipnotismo, in soggetti predisposti, sintomi isterici, paralisi, tremori, anestesia, ecc. che coincidevano, anche nei minimi dettagli, con i sintomi dell'isteria spontanea, così come apparivano in altri suoi pazienti e come erano stati descritti dettagliatamente nel Medioevo, quando venivano attribuiti alla possessione demoniaca".

Charcot aveva osservato che l'isteria colpiva soprattutto gli ebrei. In *Psicoanalisi dell'antisemitismo*, pubblicato nel 1952, Rudolph Loewenstein scrive: "Nelle sue *Lezioni del martedì* alla Salpêtrière, Charcot aveva fatto numerose allusioni alle genealogie patologiche delle famiglie ebraiche, applicando a un paziente la diagnosi di "neuropatia itinerante", una trasparente allusione alla tradizione di instabilità, vagabondaggio e nomadismo attribuita agli ebrei (la tendenza all'isteria era legata alle persecuzioni medievali).[531] A Freud, che cominciava a esprimere qualche dubbio sulla dottrina dell'eziologia ereditaria e sulla teoria della "famiglia neuropatica", che era diventata cara a un maestro di cui era stato allievo nel 1885 e nel 1886, Charcot rispose senza mezzi termini il 30 giugno 1892: "Ebbene, si scopre, soprattutto nelle famiglie ebree, che l'esplorazione è facile".

Contemporaneamente, nel 1894, Cesare Lombroso, un ebreo italiano, pubblicò a Torino *L'Antisemitismo e la scienza moderna*, un'opera in cui si proponeva di confutare le tesi secondo cui "l'ebreo" era dotato di una natura diversa. Tuttavia, Lombroso riprese la tesi di Charcot secondo cui gli ebrei soffrivano di specifici disturbi mentali (isteria o atassia locomotoria). Ma cercò la causa nelle persecuzioni e nella storia, non in una natura deviata.

Anche il dottor Charcot aveva il presentimento che l'isteria potesse essere causata da traumi di natura sessuale. Freud era naturalmente molto interessato a studiare questa patologia, per il semplice motivo che se ne sentiva direttamente coinvolto.[532] Alla Salpêtrière, scrive Ernst Jones,

---

[530] Ernst Jones, *Vida y obra de Sigmund Freud, volume I*, Anagrama, Barcellona, 1981 (edizione ridotta), p. 230-231.

[531] Michel Bonduelle, *Charcot, un grand médecin dans son siècle*, Paris, Editions Michalon 1996, pagg. 269-275, in Rudolph Loewenstein, *Psychanalyse de l'antisémitisme* (1952), Presses Universitaires de France, 2001, pag. 18.

[532] Ernst Jones, *La Vie et l'œuvre de Sigmund Freud, tome 1*, 1953, PUF, 1958, p. 274. "Il secondo aneddoto si riferisce a una spiegazione che Charcot diede al suo assistente Brouardel, in modo molto enfatico - e che Freud ebbe modo di ascoltare - secondo cui in certi disturbi nervosi si trattava sempre della *chose génitale*."Ernst Jones, *Vita e opere di Sigmund Freud, volume I*, Anagrama, Barcellona, 1981 (edizione abbreviata), p. 250.

"sentì Charcot affermare categoricamente al suo assistente Brouardel che certi casi di disturbi nevrotici erano sempre attribuibili "alla cosa genitale"".

In seguito Freud dimostrò, sulla base di quanto aveva osservato nella comunità ebraica, che la patologia isterica aveva origine nella pratica dell'incesto. Elisabeth Roudinesco, nel suo libro del 1999 *Perché la psicoanalisi?* ha spiegato che la parola "psicoanalisi" era apparsa nel 1896 in un testo scritto in francese dallo stesso Sigmund Freud: "Un anno prima, insieme all'amico Josef Breuer, Freud aveva pubblicato i suoi famosi studi sull'isteria, in cui raccontava il caso di una giovane ebrea viennese affetta da una strana malattia di origine psicologica, in cui le fantasie sessuali si manifestavano attraverso contorsioni del corpo. La paziente si chiamava Bertha Pappenheim e il suo medico, Breuer, che la curava con il metodo catartico, le diede il nome di Anna O". Sotto ipnosi, la paziente rispondeva alle domande del medico. Breuer osservò che i sintomi scomparivano gradualmente. La cura si basava sulla parola. Il messaggio essenziale che rimaneva era che la parola ascoltata e condivisa portava alla guarigione. Il fatto di verbalizzare la sofferenza, di trovare le parole per esprimerla, rendeva possibile, se non la guarigione, almeno la presa di coscienza della sua origine e quindi il suo superamento.

Anna O era una giovane donna molto intelligente e attraente, ma soffriva di vari disturbi nervosi, paralisi, contratture, problemi di linguaggio e di vista, tutti comparsi dopo la morte del padre. Nel suo libro del 1964, *La rivoluzione psicoanalitica*, Marthe Robert racconta: "Breuer la trovò una volta in preda a un travaglio isterico, logico risultato di una gravidanza immaginaria che era passata inosservata e che si era verificata in risposta alle cure di Breuer.[533] Benché profondamente angosciato, Breuer la calmò ipnotizzandola e poi, sudato freddo, lasciò la casa". Elisabeth Roudinesco ha osservato, tuttavia, che la paziente non era stata guarita: "Consultando gli archivi, gli storici moderni hanno dimostrato che il famoso caso di Anna O., presentato da Freud e Breuer come il prototipo della guarigione catartica, non ha in realtà portato alla guarigione della paziente. In ogni caso, Freud e Breuer decisero di pubblicare la storia di questa donna e di presentarla come caso princeps per meglio rivendicare, nei confronti dello psicologo francese Pierre Janet, la priorità della scoperta del metodo catartico. Quanto a Bertha Pappenheim, pur non essendo guarita dai suoi sintomi, divenne un'altra donna. [534]Femminista militante, pia e rigida, dedicò la sua vita agli orfani e alle vittime dell'antisemitismo senza mai menzionare il trattamento psicologico a cui si era sottoposta in gioventù, che l'aveva trasformata in un mito".

---

[533] Marthe Robert, *La Révolution psychanalytique, tomo I*, Payot, 1964, pag. 118.
[534] Elisabeth Roudinesco, *Pourquoi la psychanalyse*, Fayard, 1999, pagg. 29, 30.

Nel 1896, Freud abbandonò definitivamente l'ipnotismo e passò al metodo delle "libere associazioni". Ernst Jones scrisse che una volta una paziente, la signora Emmy von N., aveva rimproverato Freud per averla interrotta chiedendole dei suoi pensieri. Secondo Jones, questo segnò l'inizio della psicoanalisi: "La creazione di questo metodo è una delle due grandi imprese della sua vita scientifica.[535] L'altra è la sua autoanalisi, grazie alla quale imparò a esplorare la prima vita sessuale del bambino e, all'interno di questa, il famoso complesso di Edipo".

Nel 1896, Freud sostenne categoricamente che la causa specifica dell'isteria andava ricercata in un disturbo della sessualità. Tredici casi analizzati gli avevano permesso di giungere a questa conclusione. L'isteria, sosteneva, era causata da un grave incidente di natura sessuale passiva verificatosi prima della pubertà. Era nei bambini di tre o quattro anni che questo episodio produceva gli effetti maggiori.[536] "L'età preferita per un episodio del genere era di tre o quattro anni, e Freud supponeva che, verificandosi dopo gli otto o dieci anni, non portasse a una nevrosi", scrive Jones.[537]

E aggiunge: "Fino alla primavera del 1897 egli continuò a credere fermamente nella realtà di questi traumi infantili, tanto potente era l'effetto degli insegnamenti di Charcot sulle esperienze traumatiche e tanto sicura era la sicurezza con cui venivano riprodotti dalle associazioni dei pazienti".

Ciò che Ernst Jones scrisse successivamente è molto istruttivo, una volta che ci si rende conto che riguardava solo la comunità ebraica: "Dal maggio 1893, quando lo annunciò per la prima volta a Fliess, fino al settembre 1897... egli sostenne l'opinione che la causa essenziale dell'isteria è la

---

[535] Ernst Jones, *Vida y obra de Sigmund Freud*, volume I, Anagrama, Barcellona, 1981 (edizione abbreviata), p. 242.

[536] Ernst Jones, *Vita e opere di Sigmund Freud*, volume I, Anagrama, Barcellona, 1981 (edizione ridotta), p. 263. Si noti che questa età corrisponde a quella fissata dai maestri del Talmud. [Alla base di ogni caso di isteria si devono trovare una o più esperienze sessuali premature, che corrispondono ai primi anni dell'infanzia e che possono essere ravvivate dal lavoro analitico anche quando sono passati interi decenni". *Vita e opere di Sigmund Freud*, pagg. 263-264. (NdT)]

[537] Ernst Jones, *Vita e opere di Sigmund Freud*, volume I, Anagrama, Barcellona, 1981 (edizione ridotta), p. 265. ["Se passiamo in rassegna l'evoluzione delle opinioni di Freud sulla sessualità e sull'infanzia fino all'epoca dell'autoanalisi, prendendo come base sia le sue pubblicazioni sia la sua corrispondenza con Fliess, dobbiamo giungere alle seguenti conclusioni. La sua comprensione del problema fu molto più lenta e graduale di quanto spesso si pensi. Alcune cose che oggi sono chiare, all'epoca erano piuttosto oscure. Doveva necessariamente partire dalla visione convenzionale dell'innocenza infantile e, quando si imbatté nei racconti sciocchanti della seduzione da parte degli adulti, preferì anch'egli la visione convenzionale secondo cui ciò rappresentava una stimolazione precoce". *Vita e opere di Sigmund Freud*, volume I, pagg. 319-320. (I, p. 319-320].

seduzione sessuale di un bambino innocente da parte di una persona adulta, di solito il padre. L'evidenza del materiale analitico sembrava inconfutabile. Mantenne questa convinzione per quattro anni, sebbene fosse sempre più sorpreso dalla frequenza di questi presunti episodi. Cominciò a constatare che, in un'alta percentuale, i padri erano i protagonisti di questi attacchi incestuosi. Peggio ancora, si trattava di solito di episodi di natura perversa, con la bocca o l'ano come punto di elezione. [538]Dall'esistenza di alcuni sintomi isterici in suo fratello e in diverse sue sorelle (non in lui stesso, si badi bene) dedusse che anche suo padre avrebbe dovuto essere accusato di tali atti".

Sul sito web dedicato alla psicoanalista Françoise Minkowska, quest'ultima ha confermato: "Sigmund Freud arrivò a credere che quasi tutti i pazienti che curava o osservava all'epoca avessero in realtà subito abusi sessuali o maltrattamenti durante l'infanzia e che i loro disturbi fossero essenzialmente dovuti a questi traumi. I loro ricordi e le loro testimonianze si sovrapponevano con una regolarità sconcertante che sconvolse profondamente il giovane medico e teorico.[539] Ne parlava nei suoi appunti ed esprimeva il suo stupore e le sue domande, soprattutto nella sua corrispondenza, in parte nascosta dagli archivi freudiani e recentemente riportata alla luce da Jeffrey Moussaief Masson".

Tuttavia, nel 1897, dopo la morte del padre, avvenuta alla fine di ottobre del 1896, Freud abbandonò la teoria della "seduzione" e adottò quella della "fantasia": la donna isterica non era più stata oggetto di incesto da bambina, ma era ora lei a fantasticare sul padre! Il padre era assolto, libero da ogni sospetto. I genitori non erano più colpevoli. Ora si doveva presumere che i figli fossero innamorati del loro genitore di sesso opposto e desiderassero relazioni incestuose con lui. [540]Ernst Jones ha scritto qui: "Nel febbraio successivo alla morte del padre, Freud menzionò il fatto che lo aveva accusato di atti di seduzione, e tre mesi dopo annunciò il proprio sogno incestuoso, che pose fine, disse, ai suoi dubbi sulla questione della seduzione".

Nelle lettere del 3, 5 e 15 ottobre 1897, Freud racconta i progressi della sua autoanalisi e apparentemente riconosce l'innocenza del padre. Ernst Jones era soddisfatto di questa spiegazione: "Aveva già capito che suo padre era innocente e che aveva proiettato su di lui le proprie idee. [541]I

---

[538] Ernst Jones, *Vida y obra de Sigmund Freud, volume I*, Anagrama, Barcellona, 1981 (edizione ridotta), p. 320-321.
[539] Cfr. Jeffrey M. Masson, *The Assault on Truth: Freud's Suppression of the Seduction Theory - Le réel escamoté: Le renoncement de Freud à la théorie de la séduction*, Edizioni Aubier, 1984.
[540] Ernst Jones, *Freud (I)*, Salvat Editores, Barcellona, 1985, p. 246.
[541] Ernst Jones, *Freud (I)*, Salvat Editores, Barcellona, 1985, pag. 247.

ricordi infantili di desideri sessuali verso la madre erano nati dal vederla nuda". Jones scrive inoltre, a sostegno della tesi freudiana: "Freud aveva scoperto la verità del caso: [542]che, a prescindere dai desideri incestuosi dei genitori nei confronti dei figli e persino da atti occasionali di quella natura, ciò che era veramente in questione era l'esistenza, come questione generale, di desideri incestuosi dei bambini nei confronti dei loro genitori, e in particolare nei confronti del genitore di sesso opposto... I desideri e le fantasie incestuose sarebbero stati prodotti più tardi, probabilmente situati tra gli 8 e i 12 anni e che si riferivano al passato, mascherandoli dietro lo schermo della prima infanzia"."

Ecco scritto in tutte le sue lettere: la nascita della sessualità infantile e del complesso di Edipo.

Françoise Minkowska conferma questa analisi: "Poco meno di un anno dopo, nel 1897, Freud smise di credere alla sua ipotesi nevrotica, cioè al trauma originario, e in breve tempo sviluppò il complesso di Edipo, che d'ora in poi avrebbe sostituito vantaggiosamente la "teoria della seduzione" sviluppata a forza di osservazioni negli anni precedenti". Ma Françoise Minkowska ha giustamente fatto notare che "Freud non è stato molto generoso nello spiegare le ragioni di un tale ripensamento. Ma perché? Un estratto di una lettera che Freud inviò a Fliess il 21 settembre 1897 cita il motivo esplicito di questa inversione di rotta: 'La sorpresa di constatare che in ogni caso il padre doveva essere accusato di perversione, senza escludere la mia'". Nella stessa lettera, Freud aggiungeva: "Una tale generalizzazione degli atti commessi contro i bambini non sembrava affatto incredibile".

"Poco credibile": questa era l'unica ragione invocata da Freud per la sua svolta teorica. Scrive Françoise Minkowsak: "Possiamo capire la sorpresa, la necessità di cautela scientifica e il timore di una simile conclusione, ma questa reticenza bastava da sola a invalidare un'ipotesi che era il risultato di molteplici osservazioni e controlli incrociati".

Tutti gli psicoanalisti accettarono questa idea - o finsero di accettarla - per spiegare il passaggio dalla teoria della seduzione alla teoria della fantasia. Ernst Jones era chiaramente soddisfatto della spiegazione di Freud,

---

[542] Ernst Jones, *Freud (I)*, Salvat Editores, Barcellona, 1985, p. 244-245. [Il massimo che ammise fu che i bambini piccoli, anche di 6-7 mesi (!), avevano la capacità di registrare e cogliere, anche se in modo imperfetto, il significato degli atti sessuali degli adulti a cui avevano assistito o che avevano sentito (2 maggio 1897). Tali esperienze diventavano significative solo nel momento in cui la loro memoria veniva ravvivata, anni dopo, da fantasie, desideri o atti di natura sessuale. Non c'è dubbio, quindi, che per un periodo di circa cinque anni Freud abbia considerato i bambini come oggetti innocenti di desideri incestuosi, e che solo molto lentamente - e senza dubbio a costo di notevoli resistenze interiori - sia arrivato a riconoscere quella che da allora è diventata definitivamente nota come sessualità infantile". *Freud (I)*, Salvat Editores, p. 245].

e abbiamo cercato invano i commenti del biografo sul cambiamento di idea del fondatore della psicoanalisi. Nel 1897 Freud "ammise il suo errore", scrive Jones.[543]" Il 1897 fu l'anno culminante della vita di Freud".[544]

Marthe Robert, dal canto suo, non aveva sospettato nulla e si è lasciata andare all'ammirazione: "La lettera del 3 ottobre 1897 segna una data storica, scrive: contiene la prima allusione alla scoperta più sensazionale di Freud: quella che gli ha dato la chiave del dramma segreto di ogni infanzia, un dramma a lungo dimenticato e tuttavia fatale, che egli ha chiamato complesso di Edipo dal nome dell'eroe greco".

Per Melanie Klein era tutto molto chiaro: "Freud era convinto che i ricordi delle pazienti isteriche, la riproduzione di scene di seduzione infantile, non fossero basati su esperienze reali ma su fantasie.[545] In effetti, questa osservazione... segna una svolta decisiva nella teoria psicoanalitica".

Anche Elisabeth Roudinesco sostenne la tesi freudiana, stando bene attenta a non fare alcun riferimento alle particolarissime usanze della comunità ebraica: Freud, scrisse, "sviluppò tra il 1895 e il 1897 la sua famosa teoria secondo la quale la nevrosi aveva origine in un vero e proprio abuso sessuale. Si basava sia sulla realtà sociale che sull'evidenza clinica. Nelle famiglie, e talvolta anche per strada, i bambini sono spesso abusati dagli adulti. Il ricordo di questa brutalità è così doloroso che tutti preferiscono dimenticarlo, ignorarlo o reprimerlo. Ascoltando le donne isteriche che all'inizio del secolo gli raccontavano queste storie, Freud si accontentò dei loro discorsi e sviluppò la sua prima ipotesi: quella dell'inibizione e della causalità sessuale dell'isteria. Poiché sono state effettivamente sedotte, Freud ritiene che le isteriche soffrano di disturbi nevrotici. Di conseguenza, cominciò a dubitare dei genitori in generale, e di Jacob Freud in particolare, ma anche di se stesso: non aveva forse avuto desideri colpevoli nei confronti della figlia Mathilde?".

Elisabeth Roudinesco aggiunge: "Fu grazie al contatto con Wilhelm Fliess che Freud abbandonò la sua teoria della seduzione. Sapeva che non tutti i padri erano stupratori, ma allo stesso tempo riconosceva che le donne isteriche non mentivano quando affermavano di essere vittime di seduzione. Come spiegare queste due verità contraddittorie? Freud si propone di farlo partendo dall'ovvio. Si rese conto di due cose: primo, che molto spesso le donne inventano gli attacchi in questione senza mentire o fingere; secondo, che quando l'evento si verifica, non spiega lo scoppio della nevrosi. Freud sostituì la teoria della seduzione con quella della fantasia, e nello stesso

---

[543] Ernst Jones, *Vida y obra de Sigmund Freud*, volume I, Anagrama, Barcellona, 1981 (edizione ridotta), p. 320, 268.
[544] Marthe Robert, *La Révolution psychanalytique*, tomo I, Payot, 1964, pag. 143.
[545] Mélanie Klein, Paula Heimann, *Développements de la psychanalyse*, Presses Universitaires Françaises, 1966, 1991, pag. 166.

processo risolse l'enigma delle cause sessuali: esse sono fantasmatiche, anche quando c'è un trauma reale, perché la realtà della fantasia non è la stessa della realtà materiale. L'abbandono del trauma come unica causalità va di pari passo con l'adozione di un inconscio psichico.[546] Infatti, la teoria freudiana della sessualità presuppone l'esistenza primaria di un'attività sessuale pulsionale e fantasmatica".

Nel 1895 Freud pubblicò il suo primo libro, *Studi sull'isteria*. Il libro aveva una tiratura di 800 copie e in tredici anni Freud era riuscito a vendere solo 626 copie. In seguito, il clamore mediatico generale trasformò il personaggio in un genio dell'umanità.

Freud aveva indubbiamente subito forti pressioni da parte del suo entourage e dei membri di spicco della sua comunità per non rivelare le usanze ebraiche. Secondo Françoise Minkowska, il suo primo obiettivo era quello di scagionare i propri genitori, e in particolare il padre: "Naturalmente, non avremo mancato di notare con stupore che Freud includeva il proprio padre tra coloro che egli stesso considerava "pervertiti". In realtà, la ragione emotiva più profonda di questo improvviso cambiamento è probabilmente che le osservazioni iniziali di Freud lo portarono ad accusare il proprio padre, che era morto da poco, nell'ottobre del 1896, come dimostra anche questo estratto di una lettera inviata al suo buon amico Dr. Wilhelm Fliess: "Purtroppo, il mio stesso padre era uno di quei pervertiti. È lui la causa dell'isteria di mio fratello e di alcune delle mie sorelle minori. La frequenza di tali relazioni mi fa spesso riflettere".

"La notte successiva al funerale del padre", continua Françoise Minkowska, "Freud fece un sogno carico di sensi di colpa in cui lesse un cartello: 'Per favore, chiudete gli occhi'. Chiudere gli occhi su cosa? Freud può chiudere gli occhi sul padre defunto, naturalmente, ma può anche chiudere gli occhi sul senso di colpa del padre defunto, si suppone".

In breve, scriveva ancora una volta molto correttamente lo psicoanalista, "il complesso di Edipo formulato da Freud nel 1897 eliminò bruscamente e quasi completamente la responsabilità e la colpa degli adulti nella genesi dei disturbi psicologici". La colpa era d'ora in poi dell'"Edipo", cioè della fantasia sessuale sviluppata dal bambino e proiettata sul genitore di sesso opposto. La causa dei disturbi psicologici veniva ora spostata sul complesso di Edipo, un complesso che poteva rimanere irrisolto per ragioni piuttosto misteriose.

Ma Françoise Minkowska dimenticò la sua responsabilità materna. A quarantadue anni Freud continua la sua autoanalisi.[547] Nel libro di Marthe Robert, *La rivoluzione psicoanalitica*, troviamo un passaggio interessante:

---

[546] Elisabeth Roudinesco, *Pourquoi la psychanalyse*, Fayard, 1999, p. 86, 87.
[547] Marthe Robert, *La Révolution psychoanalytique, Tome I*, Payot, 1964, p. 41.

"Egli scopre allora dentro di sé... i suoi sentimenti ostili verso il padre, la sua tenerezza incestuosa verso la madre, i suoi desideri di morte, la sua inafferrabilità... La sua riluttanza a divulgare il segreto del mondo oscuro in cui è appena entrato è tale che, nelle lettere all'unico amico a cui confessa i risultati della sua analisi, racconta i suoi ricordi di sua madre che scrive in latino".

Ne *L'interpretazione dei sogni*, Freud aveva scritto: "Forse era riservato a tutti noi dirigere verso la madre il primo impulso sessuale e verso il padre il primo sentimento di odio e il primo desiderio distruttivo. I nostri sogni lo testimoniano. Il re Edipo, che ha ucciso il padre e preso in sposa la madre, non è che la realizzazione dei nostri desideri infantili. [548] Ma più felicemente di lui, è stato possibile per noi, nella tarda infanzia, e finché non abbiamo contratto una psiconevrosi, distogliere i nostri impulsi sessuali dalla madre e dimenticare la gelosia che il padre ci ha ispirato... Come Edipo, viviamo nell'ignoranza di quei desideri immorali che la natura ci ha imposto, e nello scoprirli vorremmo distogliere lo sguardo dalle scene della nostra infanzia".

In realtà, fu lo stesso Freud a preferire "distogliere lo sguardo", per non rivelare al mondo l'oscuro segreto dell'ebraismo. Evidentemente, aveva subito forti pressioni da parte dei suoi colleghi mentre sviluppava le sue teorie sulle origini dell'isteria. Inventando la teoria del complesso di Edipo, nascose la realtà dell'incesto nelle famiglie ebraiche e scagionò i genitori ebrei. E nel processo ha cancellato le tracce, proiettando questa specificità ebraica su un piano universale attraverso un eroe greco.

La psicoanalisi in questione

La psicoanalisi ha completamente ignorato i reali abusi subiti dai bambini, in particolare dai bambini ebrei. Abusi e atteggiamenti prevaricatori sono stati addirittura ampiamente giustificati da alcuni specialisti e non specialisti con il pretesto di pratiche e teorie d'avanguardia durante gli anni Settanta, come ha fatto, ad esempio, la famosa psicoanalista Françoise Dolto, una donna cresciuta in una famiglia cattolica. In un'intervista rilasciata alla rivista femminista *Choisir la cause des femmes* nel 1979, rispose:

"*Choisir*": Ma ci sono casi di stupro, non è vero?

- Françoise Dolto: Non esiste lo stupro. Esiste il consenso.

---

[548] Sigmund Freud, *La Interpretación de los sueños I*, Biblioteca Nueva, Madrid, p. 294-295, e in Marthe Robert, *La Révolution psychoanalytique, Tome I*, Payot, 1964, p. 171.

-Quando una ragazza viene da voi e vi dice che, da bambina, suo padre ha avuto rapporti sessuali con lei e che lei ha sentito che si trattava di uno stupro, cosa le dite?

-F. Dolto: Non sentiva che si trattava di uno stupro. Capiva semplicemente che il padre la amava e che si consolava con lei, dopo che la moglie non voleva fare l'amore con lui... Nell'incesto padre-figlia, la figlia adora il padre ed è felice di poter sfidare la madre.

- *Choisir*: Secondo lei, non esiste un padre vizioso o perverso?

-F. Dolto: È sufficiente che la figlia si rifiuti di dormire con lui, dicendo che non si fa, perché lui la lasci in pace.

-*Choisir*: Ma può insistere?

-F. Dolto: Niente affatto, perché sa che la bambina sa che è proibito. E il padre incestuoso ha paura che la figlia ne parli. [549]In genere la figlia non dice nulla, almeno non subito".

"Quando si conosce il notevole impatto che una psicoanalista come Françoise Dolto ha avuto su molti educatori e genitori, scrive Françoise Minkowska, si rabbrividisce al pensiero delle conseguenze di tali commenti. L'impatto è ancora maggiore per i pazienti che hanno dovuto rinunciare ai propri ricordi ed emozioni infantili sotto la pressione di un terapeuta restio ad ascoltare la verità. In questo caso è importante anche rendersi conto di come le difese psichiche sviluppate da una vittima di incesto possano essere in parte manipolate nel corso di un trattamento conforme ai dogmi dell'analisi classica. Infatti, la maggior parte dei ricordi di scene traumatiche si manifesta alle vittime solo sotto forma di sintomi fisici, disturbi sessuali, ansie criptiche, fantasie, sogni o regressioni estranee a un trauma che il soggetto ha ricordato consapevolmente. È quindi facile per un terapeuta dire a un paziente che queste immagini ed emozioni sono fantasie edipiche, irreali e senza supporto storico nella vita del paziente, nella misura in cui questi ricordi censurati sono effettivamente vissuti, in modo difensivo, come irreali dalla psiche del paziente".

E Minkowska conclude: "L'obiettivo finale di un'analisi è stato a lungo, e spesso lo è ancora, quello di liberare i genitori e gli adulti da ogni responsabilità per il bambino, da ogni colpa per il male fatto al bambino, o di perdonarli immediatamente e poi incolpare l'analizzando stesso, ponendo la causa ultima del male vissuto in un inspiegabile "complesso di Edipo mal risolto". La maggior parte dei professionisti rimane fedele ai dogmi della teoria freudiana e non permette al paziente di rievocare i propri ricordi senza metterne in dubbio la realtà o darne un'accoglienza negativa

---

[549] *Choisir la cause des femmes*, autunno 1979. L'intervista a Françoise Dolto faceva parte del rapporto *Les enfants en morceaux (Bambini in pezzi)*, uno studio di Annie Brunet, Béatrice Jade e Christine Pecqueur. Intervista citata in *Le Viol du Silence (La violazione del silenzio)* di Eva Thomas.

(cosa che i pazienti stessi non hanno problemi a fare)... È inoltre evidente che la stragrande maggioranza della letteratura psicoanalitica specializzata è spesso silenziosa o criptica riguardo all'incesto, che viene considerato nient'altro che una fantasia infantile. Questa cecità, la negazione o la messa in discussione dei traumi subiti, è purtroppo ancora oggi frequente, viene praticata quotidianamente in terapia e viene ancora insegnata agli studenti delle facoltà di psicologia. Così, la frequenza dell'incesto rimane un argomento tabù tra gli psicoanalisti: oggi sappiamo che solo una frazione infinitesimale degli abusi viene denunciata. Questo perché il bambino è sempre incapace di difendersi e non è quasi mai libero di parlare". Françoise Minkowska ha aggiunto: "Oggi sappiamo che i bambini possono ammalarsi non solo per reprimere desideri o impulsi nascosti, ma anche semplicemente per amore, per proteggere i loro aguzzini, che spesso sono i loro stessi familiari o l'ambiente circostante. Tuttavia, questi discorsi rimangono confidenziali e poco conosciuti da un pubblico che altrimenti ha una certa familiarità con la classica tesi di Edipo". [550] Ma ciò che Françoise Minkowska non ha menzionato è che i "carnefici" in questo caso sono spesso soprattutto ebrei.

Tuttavia, fin dall'inizio del movimento psicoanalitico, alcuni terapeuti e teorici presero sul serio le parole dei pazienti che condividevano con loro emozioni e ricordi intimi: Sándor Ferenczi e Wilhelem Stekel, in particolare, divennero dissidenti del movimento psicoanalitico.

Sándor Ferenczi è stato considerato per un certo periodo l'erede spirituale del padre della psicoanalisi. Fu emarginato proprio perché era riluttante a mettere in discussione la realtà dei traumi riportati dai suoi pazienti. Alcuni dei suoi testi e discorsi, come *La confusione delle lingue tra adulti e bambini*, descrivevano le conseguenze psicologiche degli abusi sessuali e incestuosi. Ferenczi affermò: "Il complesso di Edipo può benissimo essere il risultato di atti reali commessi da adulti... L'obiezione che si tratti di fantasie del bambino, cioè di bugie isteriche, sta perdendo forza a causa del numero considerevole di pazienti in analisi che confessano essi stessi di aver aggredito dei bambini".

Ma queste considerazioni vennero liquidate e dimenticate dal movimento psicoanalitico, allora in pieno svolgimento. Gli analisti che volevano aderire al movimento dovevano confermare le tesi principali incorporando il complesso di Edipo.

---

[550] Un sito web (theawarnesscenter.org) specializzato in segnalazioni di rabbini pedofili ha stimato che 1,3 milioni dei 5,5 milioni di ebrei negli Stati Uniti hanno subito abusi sessuali. Ciò significa che un ebreo su quattro sarebbe stato violentato da bambino; in proporzione, è come se 75 milioni di americani fossero stati violentati. Leggi in *Psicoanalisi dell'ebraismo*.

La consapevolezza è arrivata più tardi, nella seconda metà del XX secolo. Françoise Minkowska se ne è rallegrata: "Sono ormai parecchi i terapeuti, psicoanalisti e non, che riconoscono la realtà del trauma infantile nella genesi dei disturbi psicologici e vi dedicano tutta la loro attenzione. Tra gli specialisti più noti che si sono espressi chiaramente su questo tema ci sono Alice Miller e, più recentemente, Susan Forward".

In *Perché la psicoanalisi*, Elisabeth Roudinesco ci ha fornito una panoramica dei cambiamenti avvenuti nell'interpretazione della psicoanalisi: "La storiografia revisionista apparsa a partire dal 1978 è stata inizialmente molto creativa, ha scritto. Ricercatori che si dichiaravano eredi del grande storico Henri F. Ellenberger produssero opere notevoli, in particolare Frank Sulloway, autore di un'opera monumentale sulle origini del pensiero freudiano (*Freud, Biologist of the Mind: Beyond the Psychoanalytic Legend*). Questi storici hanno giustamente messo in discussione i canoni della storia ufficiale, ereditati da Ernst Jones e soprattutto da Kurt Eisler, il principale organizzatore, dopo la seconda guerra mondiale, dell'Archivio Sigmund Freud presso la Biblioteca del Congresso di Washington. [551]Ma dopo alcuni anni di lotta senza quartiere contro l'ortodossia freudiana, il movimento revisionista divenne così anti-freudiano da abbandonare gli studi accademici e gettarsi fanaticamente nel dibattito delle idee".

Elisabeth Roudinesco ha così denunciato Peter Swales, che già nel 1981 "sosteneva - senza la minima prova, naturalmente - che Freud aveva avuto rapporti sessuali con la cognata Minna Bernays". L'avrebbe messa incinta e poi costretta ad abortire.

In Francia, la psicoanalisi fu attaccata sia dai comunisti che dalla Chiesa cattolica. Nel 1972, Pierre Debray-Ritzen, psichiatra infantile e medico ospedaliero, pubblicò *La Scolastique freudienne*, che riscosse un notevole successo. Per Elisabeth Roudinesco, la sua posizione era "fanatica quanto quella del suo omologo americano", Adolf Grünbaum. Sul versante comunista, le ostilità cessarono tra il 1965 e il 1970, grazie a Louis Althusser, che revisionò le posizioni ortodosse.

Negli anni Ottanta si assiste a una "deriva scientista": "Nel 1980, Kurt Eisler, direttore dell'Archivio Sigmund Freud, e Anna Freud decisero di affidare la pubblicazione completa delle lettere di Freud a Wilhelm Fliess a un accademico americano debitamente formato dall'Associazione Psicoanalitica Internazionale (IPA). Jeffrey Moussaief Masson prese nota dei fascicoli e, scrive Roudinesco, li interpretò in modo selvaggio, con l'idea che contenessero una verità nascosta, un segreto vergognoso. Sostenne così, senza la minima prova, che Freud aveva abbandonato la

---

[551] Elisabeth Roudinesco, *Pourquoi la psychanalyse*, Fayard, 1999, pag. 118.

teoria della seduzione per vigliaccheria. Non osando rivelare al mondo le atrocità commesse da tutti gli adulti con tutti i bambini, Freud avrebbe inventato la nozione di fantasia per mascherare la realtà traumatica degli abusi sessuali che sono all'origine delle nevrosi. Pertanto, Freud sarebbe stato semplicemente un falsificatore".

Nel suo libro del 1984, *L'assalto alla verità*, che è stato uno dei libri psicoanalitici americani *più venduti* della seconda metà del secolo, Jeffrey Masson ha nuovamente accusato Freud e gli ortodossi della teoria della fantasia di essere gli alleati di un potere basato sull'oppressione: la colonizzazione delle donne da parte degli uomini e dei bambini da parte degli adulti.

Logicamente, le femministe dovrebbero nutrire un odio imperituro nei confronti di Sigmund Freud, che trasferì la colpa dai padri alle figlie, per evitare di evocare il grande tabù dell'ebraismo. [552] Anche la famosa giurista femminista Catharina MacKinnon adotterà l'idea della menzogna freudiana e nel 1992 Judith Herman pubblicherà un libro in cui rivede la storia dell'isteria in vista di una rivalutazione del trauma. Sulla scia di questo scandalo, il movimento revisionista americano iniziò a distruggere la dottrina freudiana e la reputazione dello stesso Freud, che "era tornato a essere un medico diabolico colpevole di relazioni abusive all'interno della sua stessa famiglia".

Eppure dobbiamo a Freud l'aver sollevato la questione dell'incesto, che era il grande segreto nascosto di Israele. Non restava che presentare questa "scienza psicoanalitica" in uno specchio per capire che, in fondo, *l'ebraismo era la malattia che la psicoanalisi aveva cercato di curare.*

---

[552] Elisabeth Roudinesco, *Pourquoi la psychanalyse*, Fayard, 1999, p. 114, 115, Catharina MacKinnon, *Feminism unmodified, Discouses on Life and Law*, Harvard University Press, Cambridge, 1987. Judith Herman, *Trauma e recupero*, New York, Basic Books, 1992.

4. L'inversione accusatoria

Abbiamo già notato nel corso di questo studio, e nei nostri libri precedenti, la forte inclinazione degli intellettuali ebrei a proiettare la propria colpa sugli altri e ad accusare gli avversari di agire in questo modo. Il fenomeno dell'inversione accusatoria è infatti molto classico nell'ebraismo intellettuale. Pertanto, dobbiamo sempre leggere con uno specchio ciò che gli ebrei scrivono per capire che qualsiasi cosa dicano degli altri è in realtà un'espressione di ciò che hanno dentro di sé. Da qui, tutto diventa molto semplice.

La genesi incestuosa di un genocidio

Nel suo *Psicoanalisi dell'antisemitismo*, pubblicato nel 1952, Rudolph Loewenstein, come Sigmund Freud, proiettava le tendenze incestuose dell'ebraismo sull'intera umanità: "Nelle società civilizzate di oggi - diceva - i rapporti sessuali tra figli e genitori e tra fratelli e sorelle sono severamente vietati. Tuttavia, sappiamo che questi divieti non impediscono l'esistenza di desideri incestuosi più o meno ben repressi. [553] Gran parte delle nevrosi umane si basano proprio sui conflitti psichici ad essi associati".

Un certo Roger Zagdoun, psicanalista di professione, è stato molto più caricaturale, se possibile. Nel 2002 ha pubblicato un libro di 274 pagine sulle origini del fenomeno Hitler. Il titolo del suo libro era piuttosto rivelatore: *Hitler et Freud, un transfert paranoico o la genesi incestuosa di un genocidio* (*Hitler e Freud, un transfert paranoico o la genesi incestuosa di un genocidio*, Edizioni L'Harmattan). Ecco cosa si può leggere su Internet a proposito di questo intellettuale ebreo: "Lo psichiatra e psicoanalista Roger Zagdoun getta uno sguardo unico sul tragico episodio del nazismo e, più specificamente, sulla Shoah. Seguendo il lavoro di Freud sulla psicologia delle masse, Roger Zagdoun applica la teoria psicoanalitica allo studio delle collettività umane, sviluppando i concetti di Soggetto Collettivo, Inconscio Collettivo e Nevrosi Collettiva. In questo lavoro, utilizza questi concetti per analizzare il delirio collettivo nazista".

---

[553] G. Kurth, *Le Juif et Adolf Hitler*, Psa. Quart. XVI, 1947, in Rudolph Loewenstein, *Psychanalyse de l'antisémitisme*, 1952, Presses Universitaires de France, 2001, p. 121.

Sentite questa: "Il Soggetto collettivo tedesco ha vissuto una rivolta della repressione del desiderio inconscio di incesto, che è un desiderio di ritorno al nulla prima della nascita. Ha messo in moto questo desiderio dopo averlo proiettato sulla minoranza costituita dagli ebrei... La tesi di Roger Zagdoun è che la Shoah è stata più di un omicidio, è stata un annientamento, che l'autore interpreta come il ritorno di una fantasia incestuosa collettiva repressa, quella della Germania". Roger Zagdoun analizza l'Olocausto come l'atto delirante di un gruppo di psicopatici paranoici, e il nazismo come il prodotto storico di una Germania depressa dopo la sconfitta del 1918".

La rivista ebraica *Passages* ha pubblicato un'intervista all'immortale autore de *Il transfert paranoico*. In essa, Bertrand Delais ha intervistato il già citato Roger Zagdoun: (Aspetta).

"Roger Zagdoun: Ciò che mi sembra importante nel caso di Hitler è che, in un contesto edipico, egli vuole uccidere il padre. Vuole ucciderlo come padre-antenato, e l'ebreo è l'antenato del cristiano. [554] È un omicidio culturale.

-Bertrand Delais: Lei arriva a descrivere la Germania del dopoguerra come una personalità storica in preda a un dilemma, con un delirio paranoico da un lato e una depressione dall'altro, che lei contrappone a questo funzionamento paranoico. Cosa possiamo dire di questa opposizione che lei stabilisce tra deliri paranoici e tendenze depressive?

-Roger Zagdoun:... È la questione della proiezione e dell'interiorizzazione descritta da Freud... Mi sembra molto importante anche la questione della proiezione e dell'interiorizzazione della colpa. La persona paranoica proietta il suo senso di colpa all'esterno, è sempre colpa di qualcun altro, non è mai colpa sua e in nessun caso. Il depresso, invece, la assume. La colpa è loro. In effetti, le posizioni paranoiche e depressive si susseguono nello sviluppo del bambino... Da una madre depressa deriva un figlio paranoico, un figlio depresso. Per la madre, il figlio è il complemento della sua personalità, è ciò che non ha e ciò che non è, o ciò che non vuole essere. Il bambino si identifica con qualcosa del desiderio della madre che è ciò che le manca. Diventa il suo opposto, come il dito di un guanto rovesciato. La madre paranoica proietta il suo senso di colpa inconscio sul bambino, che diventa depresso e interiorizza questa proiezione perché è ciò che la madre desidera. Al contrario, la madre depressiva interiorizza il senso di colpa, cosicché il bambino diventa

---

[554] Ecco cosa ha detto a sua volta Rudolph Loewenstein: "Il conflitto tra gli ebrei e Cristo, avvenuto più di diciannove secoli fa, riflette nell'immaginazione più o meno consapevole dei cristiani i loro antichi conflitti con il padre, e diventa il simbolo inconscio del complesso di Edipo". (*Psychanalyse de l'antisémitisme*, 1952, Presses Universitaires de France, 2001, p. 86).

paranoico perché ha una madre che si offre alla sua proiezione e gli permette di proiettare il suo senso di colpa, che poi sposta sugli altri per proteggerla.

-Bertrand Delais: Lei ha citato l'idea della paranoia tedesca. Ma secondo lei, le ragioni sono storiche - il Trattato di Versailles - o culturali, per esempio il romanticismo tedesco come espressione di una depressione?

-Roger Zagdoun: È innegabile che il Trattato di Versailles sia stato troppo duro con i tedeschi. Per quanto riguarda la crisi economica del 1929, fu davvero la prima grande depressione del mondo occidentale. E la Germania fu colpita più duramente del resto d'Europa. La società tedesca funzionava come una madre depressa che abbandona il figlio e lo trasforma in un paranoico... Da un lato, c'è stata una depressione che ha innescato una paranoia reazionaria, così i tedeschi sono usciti dalla depressione post-Versailles e dal crollo del 1929 con un sistema paranoico che ha preso la forma del fascismo. La proiezione è un elemento molto importante perché un gruppo esca dalla depressione. I depressi trovano un paranoico che li guida, e gli schiavi trovano padroni in attesa che i carnefici trovino vittime. Ma, d'altra parte, se una madre depressa ha un figlio paranoico, credo anche che una società depressa produca una società paranoica, come mutazione della personalità, proprio come una madre dà alla luce un figlio con una personalità opposta alla sua. Quando la Germania stava costruendo la sua unità, e se torniamo indietro ai regni precedenti, la Baviera era governata da un re malinconico e suicida. La malinconia bavarese poteva produrre solo paranoia e un Hitler che la incarnasse. La malinconia bavarese ha prodotto un Hitler wagneriano e paranoico.

-Da Claude Levi-Strauss sappiamo che ciò che distingue le società umane è soprattutto la proibizione dell'incesto. Inoltre, il nazismo aveva una particolarità che lo distingueva da qualsiasi altro regime fascista: la preparazione metodica e organizzata della Soluzione Finale, la Shoah. Anche lei ha questa singolare opinione: la Shoah è l'incesto. Che cosa intende dire? È il peso del proibito che viene significato in questo modo?

-Roger Zagdoun:... faccio il collegamento tra la Shoah e l'incesto proprio guardando le cose dall'angolazione dell'incesto. Il bambino non può voler penetrare nella vagina da cui proviene. Quindi la pulsione di morte non è biologica, ma è il ritorno di un desiderio represso di incesto. Il bambino non può desiderare la vagina da cui proviene, ed è l'emarginazione di questo pensiero sessuale che crea originariamente l'inconscio. In realtà, Freud ha dimostrato perfettamente il funzionamento e la realtà dell'inconscio, ma non ne ha mai definito la causa. Il pensiero sessuale del bambino maschio in relazione alla madre è, infatti, sinonimo di morte, perché rappresenta un ritorno al nulla, perché significa tornare al luogo da cui proviene: è, quindi, l'impensabile, perché la morte non può essere pensata. E questo è l'inizio della creazione di uno spazio psichico per i pensieri scartati, il luogo della repressione originaria. E se accettiamo l'idea che l'incesto è prima di tutto l'incesto del bambino, il bambino, diventato padre, proietta il suo desiderio di incesto sulla figlia. Vuole annientarsi nella figlia come voleva annientarsi nella madre".

Questo è ciò che gli psichiatri chiamano il fenomeno delle "generazioni incestuose".

E su questo Zagdoun proietta ancora una volta il proprio senso di colpa: "Gli ebrei erano in realtà l'oggetto del desiderio inconscio di annientamento della Germania, come una figlia incestuosa che voleva annientare il padre, da cui la Shoah, annientamento in ebraico".

Il diabolico ebreo

Norman Mailer è stato uno scrittore "americano" che nel corso della sua carriera ha beneficiato di tutti gli altoparlanti che la "comunità mediatica internazionale" mette a disposizione dei membri della "iperclasse", come la chiama Jacques Attali. Il suo ultimo romanzo, pubblicato nel 2007, si intitola *Un castello nella foresta*. È un libro sull'infanzia di Adolf Hitler. Questa è la recensione del quotidiano *Le Monde* dell'11 agosto 2007:

"A 84 anni, il celebre autore americano sembra poter dimostrare con questo libro di non aver perso nulla della sua audacia... Il romanzo copre il periodo 1837-1903, la vita del padre di Hitler. Quando Alois morì, Adolf aveva 14 anni ed era uno scolaro mediocre. Fin qui, tutto normale. Mailer non si accontenta di un resoconto storico in terza persona, ma racconta le origini e l'infanzia dell'uomo forse più malvagio che abbia mai camminato sulla terra. Ha scelto di affidare la narrazione a un demone. Un demone subalterno inviato da Satana: Dieter, un uomo delle SS che lavorava sotto Heinrich Himmler".

Dieter possiede informazioni segrete sulle origini di Adolf Hitler. Racconta la sua infanzia e descrive la sua famiglia, mostrando come il dittatore "sviluppò le sue ossessioni". In un passaggio Norman Mailer fa parlare Alois Schiklgruber, il padre del giovane Adolf; Alois si trova in una taverna di Braunau (Austria) e mostra apertamente il suo odio per la Chiesa mentre beve la sua birra:

"Sapete che nel Medioevo le prostitute erano più rispettate delle suore? Avevano persino una loro corporazione! Ho letto di un convento in Franconia che puzzava così tanto che il Papa dovette indagare. Perché? Perché la corporazione delle prostitute della Franconia si lamentava della concorrenza illegale delle suore.

- Andiamo", dicono all'unisono due bevitori.

- È vero. È vero. È assolutamente vero. Herr Lycidias Koerner può mostrarle il testo. Hans Lycidias annuì lentamente, pensieroso. Era un po' troppo ubriaco per sapere con certezza chi dovesse favorire la sua autorità.

- Sì", disse Alois, "il Papa dice: 'Mandate un monsignore a scoprirlo'. Le chiedo: cosa dice il rapporto del monsignore? Che metà delle suore sono incinte. Questo è il dato di fatto. Così il Papa indaga a fondo nei suoi monasteri. Orge. Orge omosessuali.

Lo disse con tale forza che ebbe il tempo di bere a lungo dal suo boccale. -Il che non deve sorprendere", disse Alois, dopo aver preso una boccata d'aria fresca. Ancora oggi, la metà dei sacerdoti è ancora in crisi. [555]Lo sappiamo".

Naturalmente, tutti avranno capito che era Norman Mailer a esprimere il proprio odio per la Chiesa cattolica. Il romanziere suggerì anche che Hitler fosse nato da un matrimonio incestuoso, poiché Alois, suo padre, sarebbe stato anche lo zio di sua moglie Klara Poelzl. Il piccolo Adolf era appena nato e "il Maestro", come lo chiamava il demone Dieter, aveva già scoperto una recluta promettente: "Mentre il Maestro non era spesso favorevole all'allattamento al seno, poiché la sua assenza poteva stimolare brutte energie che avremmo poi utilizzato, era più tollerante nei casi di incesto di primo grado. Quindi voleva che la madre fosse vicina al bambino - tanto meglio per noi! (Un mostro è molto più efficace quando può fare appello all'amore materno per sedurre nuove relazioni)".

Mailer continua, scatologicamente, attraverso la voce del suo diabolico personaggio: "I drammi escretori offrono anche dei vantaggi. Il sedere di un bambino sporco manda un segnale: la madre è una nostra potenziale cliente. Anche il contrario è utile. Klara è un esempio eccellente in questo senso. Ha sempre tenuto una casa pulita. Il suo alloggio alla locanda Pommer era allora immacolato come una casa gestita da diverse brave cameriere. I mobili brillavano.[556] Così come il minuscolo ano di Adi, che sua madre teneva immacolato come un opale, piccolo e splendente, cosa che approvavo anch'io: un figlio incestuoso deve sempre essere consapevole dell'importanza dei suoi escrementi, anche se si riduce a un minuscolo buco del culo che viene sempre lucidato".

Nel settimanale *L'Express* del 4 ottobre 2007, François Busnel ha intervistato il "grande scrittore americano": "Non c'è spiegazione umana per l'orrore di ciò che ha fatto Hitler, spiega Norman Mailer... Hitler era debole, come dicono tutti i testimoni. Era un fallimento totale, anche dal punto di vista emotivo... È stato scelto dal diavolo tra diversi candidati. E il diavolo - in modo del tutto logico - ha nominato un diavolo per vegliare su di lui dal momento in cui è stato creato da suo padre Alois".

---

[555] Norman Mailer, *El castillo en el bosque*, Editorial Anagrama, 2007, Barcellona, p. 103.
[556] Norman Mailer, *El castillo en el bosque*, Editorial Anagrama, 2007, Barcellona, p. 100.

François Busnel ha continuato la sua intervista con Norman Mailer: "Lei è favorevole alla teoria dell'incesto...". Al che Norman Mailer ha risposto: "Storicamente, è una possibilità molto reale. Il padre di Hitler, Alois, sposò una donna che sappiamo essere sua nipote e che possiamo temere fosse sua figlia... Immagino che il diavolo fosse presente la notte in cui Hitler fu concepito...". Per me l'infanzia di Hitler è una saga metafisica".

Non era la prima volta che Norman Mailer invocava la presenza del diavolo per spiegare eventi storici o contemporanei. Ecco cosa scrisse nel 2003 in un libro intitolato *Perché siamo in guerra*: "Ecco perché sono propenso a pensare, ha scritto Mailer, che la migliore spiegazione dell'11 settembre sia che quel giorno il diavolo ha vinto una grande battaglia. [557]Sì, Satana è stato il pilota che ha guidato quegli aerei verso quell'atroce risultato". In esso, Norman Mailerm denunciava anche la terribile influenza esercitata intorno al presidente degli Stati Uniti George Bush da tutti i cristiani fondamentalisti che avevano portato l'America in guerra contro l'Iraq. Tutti sanno infatti che sono i cristiani i responsabili di tutte le guerre che l'Occidente ha fatto negli ultimi 150 anni, e non certo gli ebrei, che sono sempre innocenti. In ogni caso, possiamo credere che Satana fosse vicino a Norman Mailer e seguisse molto da vicino il suo pensiero. [558]Forse lo ha addirittura preceduto.

Per il resto, vediamo ancora una volta che l'intellettuale ebreo non fa altro che trasferire le proprie colpe ai goyim in una classica inversione accusatoria. Non lo si sottolineerà mai abbastanza: gli intellettuali ebrei devono sempre essere letti con uno specchio. Si capisce allora perché molte di queste associazioni culturali sovvenzionate accomunino sistematicamente "razzismo, antisemitismo e pedofilia" come crimini da bandire per sempre dalla società.

Il 15 novembre 2007, il settimanale *Le Point* ha pubblicato un articolo di Emmanuel Carcassonne in omaggio a Norman Mailer, morto recentemente il 10 novembre 2007. Norman Mailer era apparentemente considerato un faro della letteratura, un genio superpotente, una luce ebraica nell'oscurità della gentilità goy. Rispetto alla sua immensa opera, William Shakespeare e Victor Hugo erano diventati minuscoli. L'America ha perso il suo re democratico", ha scritto Emmanuel Carcassonne.

Ma ascoltiamo le ultime parole di Norman Mailer, che, prima di morire, riuscì ancora a distillare un po' del suo veleno, mentre correggeva con il

---

[557] Norman Mailer, ¿*Por qué estamos en guerra*, Editorial Anagrama, 2003, Barcellona, p. 121.
[558] Joseph Roth, un altro "scrittore geniale", vissuto in Germania all'inizio del XX secolo, ci aveva già svelato in modo velato la natura "diabolica" di certi intellettuali ebrei (I Sabbatieri), proiettando però il male sugli antisemiti, che secondo lui incarnavano l'Anticristo (si legga in *Psicoanalisi dell'ebraismo*).

suo editore un libro di interviste sulla questione di Dio: "Per scioccare la gente, avrei potuto fare degli amanti di Giovanni Battista e di Gesù Cristo", dichiarò.

"Stava cercando un titolo e ci chiese a bruciapelo: "Tutti i preti sono bugiardi", non è male, vero? E Mailer aggiunse: "Il mio editore pensa che attaccare il fondamentalismo religioso venderà meglio dei miei romanzi". Per cambiare registro letterario, Norman Mailer avrebbe potuto attaccare anche il fanatismo ebraico. Avrebbe così mostrato - in modo semplice e genuinamente provocatorio, naturalmente - come Mosè, molto prima di Freud, fosse stato palpeggiato dalla sua stessa madre, e come i rabbini avessero ingrandito a posteriori la storia di quella famiglia isterica.

I malati diventano medici

È chiaro che Freud fu colpito dal male che aveva tanto attirato la sua attenzione. Ernst Jones, il primo biografo di Freud, aveva scritto: "Secondo ogni probabilità, pochissime manifestazioni nevrotiche erano evidenti nel suo comportamento nei confronti di tutti coloro che lo circondavano, con la sola eccezione di Fliess. Le sue sofferenze, tuttavia, erano a volte molto intense, e durante quei dieci anni ci devono essere stati pochissimi e isolati momenti in cui la vita valeva molto ai suoi occhi... È tuttavia negli anni che segnano il culmine della sua nevrosi - dal 1897 al 1900 - che Freud produce la parte più originale della sua opera... Freud riconosceva, naturalmente, la sua nevrosi e nella corrispondenza usa più volte questo termine per descrivere il suo stato.[559] Sembra che non ci fossero sintomi fisici di "conversione", e senza dubbio in seguito avrebbe considerato questo stato come un'isteria d'angoscia.[560] Consisteva essenzialmente in estremi sbalzi

---

[559] I sintomi della "conversione" sono disturbi psicosomatici. Nel film *Hollywood ending* (2002), ad esempio, Woody Allen interpreta un regista ebreo nevrotico e ipernervoso che diventa improvvisamente cieco durante le riprese del suo film. Il suo psicanalista gli assicura che si tratta di un disturbo temporaneo.

[560] Ernst Jones, *Freud (I)*, Salvat Editores, Barcellona, 1985, pagg. 231-232. [Le uniche forme di localizzazione della sua angoscia erano gli attacchi occasionali di paura di morire (*Todesangst*) e di angoscia di viaggiare in treno *(Reisefieber)*... Nei periodi di depressione non riusciva a scrivere né a concentrare i suoi pensieri (tranne che sul suo lavoro professionale). Allora lasciava passare ore di inattività, dominate dalla noia, passando da una cosa all'altra, divertendosi ad aprire nuovi libri, a contemplare mappe dell'antica Pompei, a giocare a solitario o a scacchi, ma incapace di concentrarsi su qualcosa per lunghi periodi di tempo. In una parola, una sorta di paralisi irrequieta. A volte soffriva di attacchi durante i quali c'era una marcata restrizione del grado di coscienza, uno stato difficile da descrivere, in cui sentiva come un velo che dava luogo a uno stato mentale quasi crepuscolare (6 dicembre 1897). Era visibilmente incline a lamentarsi con Fliess dei suoi stati d'animo infelici. È molto sorprendente notare questo

d'umore... I suoi stati d'animo oscillavano tra periodi di *euforia*, eccitazione e fiducia in se stesso, da un lato, e, dall'altro, periodi di grave depressione, dubbio e inibizione".[561]

Freud stesso parlò della sua eccessiva impressionabilità e della sua inclinazione a lamentarsi: "Ho un grande talento per le lamentele", disse una volta, e arrivò a dichiarare che negli ultimi quattordici mesi aveva conosciuto solo tre o quattro giorni di felicità". A quanto pare, Freud era un uomo emotivamente instabile e sicuramente durante la sua vita soffrì di diversi disturbi fisici di cui si lamentava, anche se di solito li superava: "Durante la sua vita, Freud soffrì di frequenti attacchi di mal di testa che lo rendevano incapace di tutto e che erano del tutto refrattari a qualsiasi trattamento.[562] Non si sa ancora se questi disturbi fossero di origine organica o funzionale... Questi fastidiosi disturbi, tuttavia, lo fecero soffrire molto meno di quelli di origine psicologica, che lo tormentarono per i primi vent'anni della sua vita adulta".[563] "Nonostante sia dotato di una costituzione robusta, negli ultimi due anni non ho goduto di buona salute", scriveva all'amata moglie.

La madre gli scrive in una lettera del 27 giugno 1886: "Prima di tutto, riacquista un certo grado di calma e tranquillità, che attualmente ti manca in misura così deplorevole. Non avete motivo di questo malumore e di questa disperazione, che rasentano la patologia.[564] Metta da parte tutti questi calcoli e torni, prima di tutto, a essere un uomo ragionevole".[565]

---

fatto, così strano per il vero Freud. Negli anni successivi dovette sopportare molte cose: infelicità, afflizioni e gravi sofferenze fisiche. Ma soffrì tutto questo con il più grande stoicismo". *Freud (I)*, p. 232].

[561] Ernst Jones, *La Vie et l'œuvre de Sigmund Freud, tomo 1*, 1953, PUF, 1958, p. 188.
[562] Ernst Jones, *Freud (I)*, Salvat Editores, Barcellona, 1985, p. 144. ["Nel 1923 seppe di avere un cancro alla mascella. Subì trentatré operazioni, tutte molto dolorose, e per sedici anni dovette vivere nel dolore, spesso terribilmente intenso". *Freud (I)*, p. 25].
[563] Ernst Jones, *Freud (I)*, Salvat Editores, Barcellona, 1985, p. 144. ["Poiché la mia persona è diventata più importante, anche per me, da quando ti ho conquistato, penso più di prima alla mia salute e non voglio logorarmi. Preferisco mettere da parte le mie ambizioni, fare meno rumore nel mondo e avere meno successo, piuttosto che danneggiare il mio sistema nervoso. Finché dovrò rimanere in ospedale, vivrò come i *goyim* [i non ebrei, ndt], con modestia, imparando le cose ordinarie e non cercando di fare scoperte o di approfondire le cose". *Freud (I)*, p. 145].
[564] Ernst Jones, *Freud (I)*, Salvat Editores, Barcelona, 1985, p. 129.
[565] "L'articolo di Freud sui ricordi dello schermo (*Ueber Deckerinnerungen*, 1899), contiene un delizioso e notevole dialogo tra Freud e "un uomo di trentotto anni, di formazione accademica", che aveva superato "una leggera fobia attraverso la psicoanalisi"".
Su https://web.archive.org/web/20210922055220/http:/www.lacanianworks.net/?p=7604.

A proposito del misterioso signor Y, citato in un breve articolo intitolato *Ueber Deckerinnerungen (1899)* (*A proposito dei ricordi dello schermo*) inserito ne *L'interpretazione dei sogni*, Ernst Jones scrisse: "Le precauzioni da lui prese non impedirono ad alcuni di noi di rendersi conto che il paziente di cui parlava non era altri che lui stesso". Jones cita un'altra lettera del 14 novembre: "Ti ho detto che il mio paziente più importante ero io stesso.[566] È stato dopo il mio viaggio che è iniziata la mia autoanalisi".[567] E ancora: "In una lettera del 2 marzo 1899, apprendiamo che l'analisi gli aveva fatto molto bene e che era evidentemente molto più normale di quattro o cinque anni prima".

All'inizio della sua carriera, Freud aveva elogiato i benefici della cocaina, che lo aiutava ad affrontare il suo malessere: "La depressione, come tutte le altre manifestazioni nevrotiche, diminuisce il senso di energia e di virilità: la cocaina lo ripristina...[568] Due anni dopo, sarebbe stato disprezzato per aver introdotto, grazie alla sua propaganda indiscriminata a favore di una "innocua" droga miracolosa, quello che i suoi detrattori chiamavano "il terzo flagello dell'umanità"".

Mikkel Borch-Jacobsen, coeditore de *Il libro nero della psicoanalisi*, aveva condotto un'ampia ricerca biografica su Freud utilizzando gli archivi a cui aveva accesso. Alcuni di questi archivi sono rimasti curiosamente protetti dallo sguardo degli storici che hanno messo in dubbio le qualità scientifiche del lavoro di Freud. In effetti, Freud aveva una chiara tendenza a costruire teorie basate sui propri problemi.[569] Borch-Jacobsen ha fatto riferimento a Mitchell per dimostrare che la teoria edipica era il prodotto della repressione della propria isteria da parte di Freud.[570] È quanto scrive l'antropologo Illel Kieser El Baz nel suo libro del 2007 *Incesto e pedocriminalità, crimini contro l'umanità*:

"Manipolò le confessioni dei suoi pazienti e pubblicizzò ampiamente guarigioni che, in realtà, erano spesso immaginarie. In questo modo interpretava i suoi risultati (o la loro mancanza) e persuadeva i suoi pazienti.

---

[566] Ernst Jones, *La Vie et l'oeuvre de Sigmund Freud, tomo 1*, 1953, PUF, 1958, pag. 28.
[567] Ernst Jones, *Freud (I)*, Salvat Editores, Barcellona, 1985, pag. 247.
[568] Ernst Jones, *Freud (I)*, Salvat Editores, Barcellona, 1985, p. 88.
[569] "Egli stesso si riferiva al dono inestimabile e praticamente magico della speciale venerazione di sua madre: "L'uomo che è stato l'indiscusso favorito di sua madre conserva nella vita l'atteggiamento di un conquistatore, quella fiducia nel trionfo che spesso porta al vero trionfo"; come Freud scriverà in seguito: "Quando un uomo è stato l'indiscusso favorito di sua madre, riesce a conservare per tutta la vita un sentimento di vincitore, quella fiducia nel successo che spesso porta al vero successo". Ernst Jones, *Freud (I)*, Salvat Editores, Barcellona, 1985, pagg. 20-21, 34.
[570] Illel Kieser El Baz, *Inceste et pédocriminalité, crimini contro l'umanità*, Fondation littéraire Fleur de Lys, 2007.

Era particolarmente abile nel mascherare i fallimenti terapeutici come progressi scientifici. "L'ho pensato, quindi deve essere vero", diceva Freud, citato da Jung nella sua corrispondenza".[571]

Anche Ernst Jones gli fa eco: nel 1900, prima di prendere le distanze, Fliess lo accusa di essere un "lettore di pensieri" e, inoltre, di "leggere i propri pensieri nei pazienti".

Il fondatore della psicoanalisi aveva certamente qualcosa da nascondere. Nella prefazione a *The Life and Work of Sigmund Freud*, Jones scrive: "Freud prese misure meticolose per mantenere segreta la sua vita privata, soprattutto nei primi anni. In due occasioni distrusse completamente la corrispondenza, gli appunti, il diario e i manoscritti".[572] Nel 1885, all'età di 29 anni, bruciò tutte le sue carte private e scrisse alla sua fidanzata: "Non posso crescere, né morire, senza preoccuparmi di chi verrà a rovistare tra queste vecchie carte". Freud aveva confessato a Fliess che il padre aveva abusato del fratello e della sorella, ma è molto probabile che anche lui fosse vittima del padre incestuoso. Il caro amico di Freud, Wilhelm Fliess, con il quale il fondatore della psicoanalisi era stato in corrispondenza per molti anni, era a sua volta un padre incestuoso, come avrebbe testimoniato in seguito il figlio Robert Fliess.

I membri della cerchia che Freud aveva creato intorno a sé sembravano soffrire della stessa malattia.[573] Il famoso psichiatra infantile Bruno Bettelheim ha scritto: "Quelli più vicini a Freud, come Ferenczi, il più intimo di tutti, erano purtroppo noti per essere terribilmente nevrotici".[574]

Wilhelm Stekel era stato prima un paziente del padre del movimento psicoanalitico, prima di diventarne discepolo: "Il collega a cui Freud attribuisce l'iniziativa del primo raggruppamento è Wilhelm Stekel, un medico affetto da gravi disturbi nevrotici che, verso il 1901 o il 1902, si era rivolto a lui per essere curato".

In un omaggio alla psicoanalista Melanie Klein, intitolato *Sviluppo della psicoanalisi* e pubblicato nel 1966, Paula Heimann riprende la tesi freudiana del desiderio infantile di incesto. I deliri malati di questi ebrei neuropatici si manifestavano qui alla luce del sole, attraverso lo specchio: "Al momento del complesso di Edipo classico pienamente sviluppato", scrisse l'autrice, "i divieti sono diretti contro i desideri passionali per un genitore e contro la rivalità omicida per l'altro, come Freud aveva scoperto per primo. Nella fase anale, le pulsioni sadico-anali e nella fase orale, le pulsioni sadico-orali sono proibite dal tipo di Super-Io corrispondente.[575]

---

[571] Ernst Jones, *Freud (I)*, Salvat Editores, Barcellona, 1985, p. 237.
[572] Marthe Robert, *La Révolution psychoanalytique*, tomo I, Payot, 1964, p. 152, 29
[573] Bruno Bettelheim, *Le Poids d'une vie*, 1989, Robert Laffont, 1991, p. 67.
[574] Marthe Robert, *La Révolution psychoanalytique*, tomo I, Payot, 1964, pag. 216.
[575] Mélanie Klein, Paula Heimann, *Développements de la Psychanalyse*, Presses

Possiamo ricordare qui che Abraham ha richiamato l'attenzione sull'inibizione della voracità nella prima infanzia e che Ferenczi ha introdotto la nozione di "moralità sfinterica"... Mentre il bambino, nelle sue sensazioni genitali, sperimenta impulsi maschili a penetrare la madre (complesso di Edipo diretto), la sente anche come rivale rispetto alle sue mete ricettive femminili, che sono dirette sia verso il padre sia verso la madre dotata del pene del padre". Senza dubbio, anche questa Paula Heimann era stata vittima di incesto.

La psicoanalisi freudiana aveva ovviamente avuto effetti perversi. Dopo Freud, numerosi terapeuti e teorici psicoanalitici svilupparono tesi che ponevano i desideri perversi del bambino al centro della malattia psichica e del problema dell'incesto. Freud aveva già descritto i bambini come "polimorfi perversi", identificando desideri sessuali violenti e selvaggi in molti dei loro gesti e atteggiamenti normali.

Melanie Klein, da parte sua, aveva sviluppato la teoria del "neonato crudele", desideroso di divorare sadicamente il seno materno, ed era riuscita a localizzare il complesso di Edipo nei primi mesi di vita del bambino. Così, tutta una serie di atteggiamenti infantili potevano essere interpretati non in base a ciò che manifestavano (tristezza, gioia, rabbia, paura, ansia, eccitazione, curiosità, ecc.), ma in base a strategici capricci o manovre edipiche volte a soddisfare inevitabili desideri e rivalità sessuali.

"Se Freud è stato il primo a scoprire il bambino represso nell'adulto, ha scritto Elisabeth Roudinesco, Melanie Klein è stata la prima a rivelare ciò che era già represso nel bambino: l'infante... I kleiniani oppongono così al modello edipico classico un modello pre-edipico, riferendosi all'universo angoscioso di una grande simbiosi con la madre: un mondo selvaggio, inaccessibile alla legge, non più consegnato al dispotismo paterno ma alla crudeltà del caos materno. Melanie Klein aveva probabilmente una mente disturbata.[576] Il professor Debray-Ritzen pensava che fosse semplicemente pazza.

Sabina Spielrein fu un'altra di quelle pazienti che in seguito divenne medico. Era nata a Rostov-sul-Don nel 1885 da una coppia di ebrei benestanti e istruiti. Sia il nonno che il bisnonno erano stati rispettati rabbini. Ma durante l'adolescenza Sabina Spielrein soffrì di disturbi schizofrenici, una grave isteria accompagnata da sintomi schizoidi. Nell'agosto del 1904, i genitori la portarono a Zurigo per curarla all'ospedale Burghölsli. Lì divenne paziente di Jung e i due divennero amanti.

Universitaires de France, 1966, 1991, pagg. 128, 156.
[576] Elisabeth Roudinesco, *Pourquoi la psychanalyse*, Fayard, 1999, p. 159, 128.

Jung e Freud si scambiarono una corrispondenza su Sabina Speilrein. La seconda lettera di Jung, datata 23 ottobre 1906, recitava così: "Tratto regolarmente un'isterica secondo il suo metodo. Un caso difficile, una studentessa ventenne di origine russa, malata da sei anni. Il primo trauma si è verificato tra il terzo e il quarto anno. Vide il padre frustare il sedere nudo del fratello maggiore. Un'impressione profonda. In seguito non poté fare a meno di pensare di aver defecato in mano al padre. Tra il quarto e il settimo anno ha cercato convulsamente di defecare sui propri piedi, un piede sotto di sé, il tallone premuto contro l'ano, e ha cercato di defecare impedendo la defecazione. Spesso ha trattenuto le feci in questo modo per quindici giorni! Non ha idea di come sia arrivata a comportarsi in questo modo... I sintomi principali sono l'idea di defecare sul padre? Le sarei molto grato se potesse dirmi in poche parole cosa pensa di questa storia".

Sabrina Spielrein sposò un ebreo russo di nome Pavel Scheftel nel 1913. Nel 1925, quando la psicoanalisi non era più ufficialmente accettata nella Russia sovietica, la Spielrein lasciò Mosca e si trasferì a Rostov. Lì il marito cominciò a soffrire di disturbi psicotici, di cui morì nel 1930.[577] Sabrina Spielrein si trasferì quindi a Zurigo, dove divenne medico curante di disturbi mentali: "Una pensatrice originale le cui idee avrebbero in seguito svolto un ruolo importante nel sistema freudiano", scrisse Bruno Bettelheim.

Janusz Korczak, il cui vero nome era Henryk Goldszmit, era il rampollo di generazioni di studiosi ebrei. Fece carriera all'Istituto pedagogico di Varsavia nella prima metà del XX secolo e si distinse per il suo lavoro a favore dei bambini: "Sono figlio di un pazzo e voglio essere il Karl Marx dei bambini", aveva dichiarato. Aveva solo undici anni quando suo padre iniziò a soffrire di gravi problemi mentali che alla fine resero necessario il suo ricovero in un ospedale psichiatrico.

Pubblicò ilsuo primo romanzo nel 1905, *I bambini della strada*, seguito nel 1928 da *Re Mattia I*. È la storia di un ragazzo che diventa re alla morte del padre. La sua prima preoccupazione è quella di riformare il regno per il bene di adulti e bambini. Il piccolo re non è altro che Korczak stesso, incarnato in un bambino che combatte coraggiosamente contro tutte le ingiustizie del mondo.

Il libro di Korczak riflette le ossessioni "antirazziste" dell'ebraismo: il re adulto che attua le riforme decise dal piccolo re è, infatti, un re nero.[578] "Solo i re neri sono i veri amici di Mattia, e sono pronti a sacrificare la loro vita per lui, mentre i re bianchi, nonostante le loro belle promesse, finiscono per tradirlo abominevolmente".

---

[577] Bruno Bettelheim, *Le Poids d'une vie*, 1989, Robert Laffont, 1991, p. 92-113, 83, 84
[578] Bruno Bettelheim, *Le Poids d'une vie*, 1989, Robert Laffont, 1991, p. 250-259.

Anche il romanziere Isaac Bashevis Singer ha vissuto la "malattia ebraica". Nel 1935 aveva lasciato la moglie e il figlio di cinque anni a Varsavia per gli Stati Uniti. La sua biografa, Florence Noiville, non ha però fornito alcuna spiegazione in merito. Ma ecco cosa scrisse di lui: "Ardore, passione, orgoglio, vergogna, disperazione? All'inizio degli anni Trenta, tutte queste sensazioni si intrecciano in Singer a tal punto che si chiede se sia pazzo o posseduto da un *dybbuk*. Soffre di incubi, legge libri di psichiatria e approfondisce le opere di Freud, Jung e Adler per capire come possa passare dalla depressione all'euforia estrema in pochi secondi. Ancora una volta si sente un doppio, convinto che dentro di lui coesistano un giovane pieno di ambizioni e un altro, malinconico, che si dà "agli ultimi piaceri prima di essere sepolto"...[579] "Un giorno, scrive Singer, in un libro o in una rivista, mi sono imbattuto nell'espressione "sdoppiamento di personalità", che si applicava perfettamente al mio stato".

Bashevis era il nome di battesimo della madre: "Questo pseudonimo, ancora una volta, è un omaggio a questa donna che lui ammira tanto". Suo padre, invece, era un insignificante ebreo chassidico. Quanto alla sorella, Hinde, era epilettica fin dall'infanzia.[580] Soffriva anche di gravi attacchi d'ansia, che in seguito si trasformarono in follia persecutoria.

Isaac Bashevis Singer rimase sempre un ebreo consapevole della sua "missione". Nel 1944 scrisse al figlio: "La vittoria sul nemico si avvicina sempre di più". Era anche "spaventosamente avaro", scrive Florence Noiville. Suo figlio Israel era venuto a trovarlo a New York dopo vent'anni di assenza: "Un dollaro al giorno era tutto ciò che dava a Israel. Quest'ultimo, stupefatto, non osava chiedere nulla. Ben presto, conclude, sentii di non appartenere a questo posto, accanto a mio padre". Non sapeva cosa fare di me. Non aveva tempo. Non aveva soldi".

Nel 1967, Isaac Bashevis aveva pubblicato un romanzo intitolato *La casa di Jampol*: la storia si svolge nella Polonia prebellica. L'ospedale Bonifratov era un manicomio per pazzi. Tra di loro c'erano, scriveva Isaac Bashevis Singer: "... i pazzi pacifici che passavano il giorno a sognare; i furiosi, che dovevano essere legati con la camicia di forza; i malinconici, sprofondati in una tristezza invincibile; i paranoici, convinti di aver ereditato immense fortune, di possedere grandi tesori sepolti o di appartenere alla famiglia reale... Tra i pazienti ebrei c'era un numero incredibile di Messia. Le donne erano più inclini degli uomini ai disturbi erotici.[581] La follia era fondamentalmente una malattia mentale, ma era più strettamente legata di altre malattie a fattori sociali, culturali e religiosi".[582]

---

[579] Florence Noiville, *Isaac B. Singer*, Stock, 2003, p. 91, 72

[580] Florence Noiville, *Isaac B. Singer*, Stock, 2003, p. 82, 175

[581] Isaac Barshevis Singer, *La casa di Jampol*, German25, pagg. 295-296.

[582] François Fetjö, *Dieu et son juif*, Éditions Pierre Horay, 1997, pag. 112.

Lo storico François Fejtö si è spinto a esprimere il problema in questi termini: "Sembra naturale che sia "il più malato dei popoli" ad aver prodotto tanti grandi medici, così come è anche "il più accusato dei popoli" ad aver prodotto tanti avvocati per dichiararsi non colpevole, anche nei casi più disperati". Infatti.

5. La liberazione dell'ebreo

A livello individuale, l'isteria è comune nella comunità ebraica, dove l'incesto sembra essere praticato più che in qualsiasi altra comunità. Ma la verità è che tutto nell'ebraismo intellettuale corrisponde alle manifestazioni dell'isteria: istrionismo, egocentrismo, fabulazione, amnesia selettiva, doppiezza, paranoia, grande fragilità emotiva, senso della missione, ecc...

La prigione ebraica

Ci sono molti ebrei che soffrono per l'appartenenza alla setta e che vorrebbero trovare in se stessi la forza di liberarsi, di abbattere le mura della loro prigione per entrare a far parte dell'umanità. L'ambivalenza costitutiva dell'identità ebraica può essere interpretata come un'oscillazione dell'identità, un pendolo tra il peso della genealogia e il desiderio di normalità.

Gli intellettuali ebrei militanti e i rabbini, custodi della tradizione, vedono naturalmente le cose da un'altra angolazione e parlano qui di negazione, tradimento e "odio di sé". Ecco, ad esempio, cosa scriveva il filosofo Bernard-Henri Lévy in *Récidives* nel 2004:

"Ho conosciuto ebrei che si vergognavano del loro essere ebrei. Abbiamo tutti conosciuto famiglie in cui, come Bloch in *Alla ricerca del tempo perduto,* arrossivano quando sentivano la parola ebreo a tavola. Ho avuto amici che, come Bloch, di cui Proust racconta che ha trascorso la giovinezza, e anche la maturità, "ripulendo il suo essere e quasi il suo volto da tutto ciò che poteva rivelare la sua ebraicità", facevano di tutto per nascondere, l'uno un accento, l'altro una famiglia, il terzo questo o quello stigma che poteva indicare che non apparteneva alla Francia eterna. Per non parlare dell'estrema sinistra dei miei vent'anni, quella dei militanti ebrei delle grandi organizzazioni trotzkiste o maoiste, che si facevano un punto d'onore di cancellare, se non tutte le tracce ebraiche, almeno tutte le preoccupazioni ebraiche: l'universalismo rivoluzionario, pensavano, era a quel prezzo! Tutto questo non mi riguardava.[583] Per quanto posso ricordare, non ho mai partecipato a una simile forma di abnegazione ebraica".

---

[583] Bernard-Henri Lévy, *Récidives*, Grasset, 2004, p. 389.

È comprensibile che non sia facile nascere ed essere ebrei e che l'ebraismo possa essere vissuto come una vergogna da alcuni ebrei, che fanno di tutto per nascondere le proprie origini per essere accettati dai goyim e integrarsi tra loro. Ma non dobbiamo perdere di vista il fatto che, per secoli, gli ebrei hanno praticato la tradizione marrana del travestimento, che consiste nel muoversi consapevolmente dietro una maschera per sovvertire le nazioni dall'interno. Se il "Bloch" di Marcel Proust può essere sincero, il rivoluzionario comunista citato da Bernard-Henri Lévy è un esempio molto dubbio. Infatti, l'ideologia comunista corrispondeva esattamente al fanatismo egualitario di Israele e alle sue speranze messianiche universali. Relegando le tradizioni religiose ebraiche nell'armadio, l'ebreo comunista non faceva altro che perseguire gli obiettivi del popolo ebraico in una veste diversa e secolarizzata.[584]

La storia di "Giuseppe il sognatore", raccontata dal romanziere "inglese" Israel Zangwill, è un'altra illustrazione della lacerazione identitaria della personalità ebraica e del desiderio di alcuni ebrei di abbattere le mura della "prigione ebraica": nella Roma del 1600, Giuseppe de Franchi era chiaramente un ebreo angosciato. Il suo popolo languiva nei ghetti, rifiutando ostinatamente la cultura cristiana che allora fioriva magnificamente in tutti i settori. Dopo aver riflettuto a lungo, alla fine accettò l'evidenza e decise di convertirsi: "Quando saremo cristiani, le porte del ghetto cadranno", disse. Ma sua madre e sua sorella non erano dello stesso avviso: "Cristiani", ripetevano inorridite Rachel e Miriam.

Dopo essersi convertito al cristianesimo, Giuseppe fu emarginato dalla sua comunità e scomunicato. Cominciò a predicare ai suoi ex compagni ebrei e cercò anche di convincere il Papa a convertire gli ebrei. Durante il carnevale di Roma, quando si svolgeva la famosa corsa degli ebrei, esortò appassionatamente la folla di cristiani ad amare gli ebrei. Ma si lasciò trasportare dalle sue appassionate esortazioni, arrivando a insultare il Papa: "Lui, il vicario di Dio? Dovrei essere io il vicario di Dio. Dio parla attraverso la mia bocca". Egli non è "né l'imperatore spirituale né il vicario di Cristo, ma l'Anticristo stesso".

Frate Giuseppe legò rapidamente il pallio al suo crocifisso e, agitando il pezzo di stoffa rossa sopra la testa, esclamò: "- Ecco il vero vessillo di Cristo, il simbolo del martirio dei nostri fratelli! Come vedete, il suo colore è quello del sangue che Egli ha versato per noi. Coloro che sono con Gesù mi seguano!".

Naturalmente, il povero Giuseppe suscitò l'indignazione e la rabbia dei cristiani. Fu catturato dai soldati e imprigionato. "L'unico dubbio era se

---

[584] L'espressione è di Jean Daniel (Bensaïd), letta in *Psicoanalisi dell'ebraismo*.

sarebbe stato considerato uno stupratore o una spia. In ogni caso, meritava la pena di morte".

D'altra parte, per i suoi ex correligionari, parenti e amici, Giuseppe rimase un traditore: "Gli ebrei si rallegrarono della vendetta compiuta sul rinnegato". Giuseppe fu bruciato sul rogo. "Nella casa di Manasse, padre di Giuseppe, c'era grande gioia. Erano stati ingaggiati dei musicisti per celebrare la morte del rinnegato, come voleva la tradizione". Dove erano stati sepolti i suoi resti, c'era un mucchio di pietre. "Erano state lanciate da pie mani ebraiche, a simboleggiare, secondo l'Antico Testamento, che il rinnegato avrebbe dovuto essere lapidato".

Giuseppe non era riuscito a liberarsi completamente dalle grinfie dell'ebraismo. Naturalmente, Israel Zangwill si dilettava a raccontare questa storia al suo pubblico ebraico, per fargli capire che è impossibile uscire dalla prigione ebraica.[585]

Questo era anche l'obiettivo, ad esempio, del film di Henri Bean *The Believer* (USA, 2001). A New York, Danny Balint è un giovane skinhead, ultraviolento e furiosamente antisemita. Non vuole avere nulla a che fare con la sua famiglia, con questa "gente", con questa religione inetta. È un neonazista determinato che indossa con orgoglio la sua maglietta con la svastica. Finché, naturalmente, il giorno in cui il suo conflitto d'identità riemerge e lo spinge inesorabilmente al suicidio.[586] È un film imperdibile che evoca quello che viene comunemente definito "odio di sé", che in realtà non è altro che una salutare consapevolezza della natura fondamentalmente ostile dell'ebraismo nei confronti del resto dell'umanità. Dato che il regista stesso appartiene a questa comunità, non sorprende che il tentativo di Danny di liberarsi dalla tirannia dell'ebraismo sia destinato al fallimento. È importante capire che il film si rivolge in primo luogo agli ebrei stessi, per metterli in guardia da tali tentazioni. Il messaggio del film può essere riassunto come segue: "È inutile cercare di abbandonare l'ebraismo, non ci riuscirete".

The New Generation di Frank Capra (USA, 1929) aveva lo stesso obiettivo: nel quartiere ebraico di New York, un giovane ebreo ambizioso, che ha sfondato come antiquario, rinnega i suoi genitori e il suo nome. Ma alla fine si riconcilia con la sua famiglia. La sceneggiatura era di S. Levien: non si può uscire dall'ebraismo.

Il romanziere Isaac Bashevis Singer ha pubblicato un racconto che illustra perfettamente il punto: *La corona di piume*. È la storia drammatica di una donna ebrea di uno shtétlj polacco che ha lasciato l'ebraismo e ha

---

[585] Leggi in *Psicoanalisi dell'ebraismo*.
[586] Leggete il capitolo sull'"odio di sé" in *Psicoanalisi dell'ebraismo*.

sposato un cristiano, ma che inevitabilmente torna alla sua comunità d'origine per morire.

Gli intellettuali ebrei, che si lamentano incessantemente del razzismo di cui i loro concittadini ebrei sono vittime fin dalla notte dei tempi, mantengono anche regolarmente il mito di un ebraismo immutabile, che non può mai dissolversi nelle nazioni. Secondo loro, un ebreo che avesse dimenticato la sua ebraicità la vedrebbe inevitabilmente risorgere prima o poi, anche a distanza di generazioni. Questo è ciò che potremmo definire "il mito dell'ebreo in incubazione".

In *Psicoanalisi dell'ebraismo* abbiamo visto un esempio di questa ossessione ebraica in un racconto di Pierre Paraf intitolato *Il generale von Morderburg*: il figlio di questo generale prussiano, sposato con una figlia di Israele, anch'essa diventata ufficiale, non aveva idea delle sue origini ebraiche. Tuttavia, era diverso dagli altri ed era misteriosamente attratto dagli ebrei. E accadde ciò che doveva accadere: riscoprì la sua ebraicità. Il romanziere sviluppa anche un tema caro agli intellettuali ebrei: la vendetta contro i goyim.

Ecco un altro esempio tratto dal libro *Quelques juifs et demi-juifs* di André Spire, pubblicato nel 1928. Anche in questo caso, la storia tende a stabilire l'idea che, in un ebreo, l'ebraismo non può mai essere definitivamente dimenticato; che può rimanere inconsciamente sepolto per molto tempo, ma che in ogni caso riapparirà alla luce del sole, anche a distanza di diverse generazioni.[587] André Spire ha riassunto il romanzo *L'Imagerie du Cordier* di un ebreo provenzale di nome Armand Lunel:

Isacco, i cui genitori erano fuggiti dall'ebraismo renano alla fine del XVIII secolo, fu accolto dalle suore di Carpentras. Grazie allo zelo di un predicatore di nome Nicolò, fu battezzato ed educato al cattolicesimo. Il suo nome era ora Lucas-Mateo Peccavi. In seguito sposò la nipote di Nicolò e divenne un onesto commerciante di Carpentras. Il suo unico difetto era quello di essere antisemita. Nel 1815, all'epoca della Restaurazione, si espresse apertamente contro gli ebrei della città, e per tutto il XIX secolo i figli dei Peccavi furono buoni cattolici, crebbero all'ombra favorevole del vescovado e furono sposati dal loro vescovo. Due generazioni dopo, all'alba dell'affare Dreyfus, il nipote di Lucas-Mateo Peccavi, Agostino, furiosamente antisemita come il nonno, divenne naturalmente il leader degli anti-Dreyfusards. Ma qui l'immaginazione di Armand Lunel cambiò il corso degli eventi. Improvvisamente la storia della famiglia Peccavi fu svelata e ovunque si sussurrò che Agostino l'antisemita non era in realtà altro che uno sporco ebreo. Per Agostino Nicolo-Peccavi la situazione era ovviamente drammatica, perché, si

---

[587] *Nouvelle Revue Française*, 1926.

potrebbe dire, aveva scoperto di essere ebreo positivo! Fu una terribile catastrofe. I suoi clienti andarono a rifornirsi altrove e i suoi affari diminuirono rapidamente.

Il periodo di incubazione era finito: "Sconfitto dalla sua anima ebraica repressa... Nicolò Peccavi, ingannato, rovinato, ferito, fu abbandonato dai suoi compatrioti, cristiani ed ebrei".[588] "Come il suo bisnonno, Mémucan, il mercante di amuleti saraceni finì in un commercio itinerante, disprezzato e instabile, commissario comunale, facchino alla stazione di Carpentras".

Nel suo libro, André Spire presenta anche l'esempio di Otokar Fischer, "poeta nazionale ceco ed ebreo". Era nato nel 1883 a Kolin (Boemia) da genitori ebrei "completamente distaccati dall'ebraismo". "I suoi genitori lo hanno protetto da ogni contatto con gli ebrei" e in seguito ha sposato una donna cristiana "di pura razza slava". Ma non ci si libera così facilmente del "virus": "pensava di poter essere uno scrittore slavo nazionale", scrive André Spire. E anche in questo caso le sue origini dovevano emergere.

Otokar Fischer pubblicò diverse raccolte di poesie tra il 1911 e il 1921, finché un giorno gli capitarono tra le mani alcune poesie ebraiche. Fu una rivelazione per lui e, "come Henri Heine, si sentì di nuovo ebreo, un poeta ebreo". Nel 1923 pubblicò un'altra raccolta di poesie, intitolata *Les Voix* (*Le voci*), che, come scrisse André Spire, rivelava "quei movimenti oscuri che possiamo reprimere per un certo periodo dal campo della nostra coscienza, ma che ci osservano senza sosta nella parte più profonda di noi, nel nostro stesso midollo".

Non era più solo un poeta ceco: "Era un poeta ebreo che aggiungeva una voce ceca ai molti accenti di questa moderna poesia ebraica che, da San Francisco agli Urali e al Caucaso, dal Libano alle rive del Giordano, risuonava in tre continenti, nelle lingue e nelle letterature di venti Paesi". Otokar Fischer era così diventato un campione dell'unificazione del mondo, della mescolanza dei popoli, della scomparsa delle nazioni e della "Pace" sulla Terra, affinché Israele trionfasse alla fine.[589]

Così, intellettuali e rabbini ebrei fanno di tutto per far capire agli ebrei che è del tutto inutile e illusorio voler lasciare la comunità, e che prima o poi saranno travolti dalla forza magnetica e quasi soprannaturale dell'ebraismo, di "quest'anima ebraica, come ha scritto André Spire, alla quale è impossibile rinunciare, anche se avessimo la bassezza di volerlo fare, di rinunciare".

Anche la leggenda di Mosè serve a mantenere il mito. Mosè, un bambino, fu abbandonato in una cesta che galleggiava sulle acque del Nilo. Fu salvato dalla figlia del faraone, Baita, che scoprì il bambino, lo accolse e lo

---

[588] André Spire, *Quelques Juifs et demi-Juifs*, Grasset, 1928, p. 27-32.
[589] André Spire, *Quelques Juifs et demi-Juifs*, Grasset, 1928, pagg. 37-41.

fece crescere a palazzo.⁵⁹⁰ Da adulto, "cominciò ad abbagliare il re e i suoi cortigiani", scrive Elie Wiesel. Più tardi, anche lui tornerà alla comunità a cui apparteneva.

Queste storie sono state scritte proprio per incoraggiare gli ebrei a rimanere nell'ovile, perché da quando sono usciti dai ghetti, gli intellettuali ebrei non hanno avuto altra scelta che constatare che centinaia di migliaia di loro concittadini hanno scelto di lasciare la prigione ebraica e di dimenticare definitivamente l'ebraismo.

In queste condizioni, l'antisemitismo è molto utile, quasi indispensabile, perché aiuta a serrare i ranghi e a riunire la comunità. François Fetjo la mette così: "Non abbiamo forse vissuto separati da tutte le nazioni al punto da attirare l'odio universale? È l'odio delle nazioni che ha garantito la conservazione degli ebrei.⁵⁹¹ È la persecuzione che li ha trattenuti, la segregazione che ha indurito il cuore contro i colpi del destino".

Si tratta anche di attirare nell'ovile dell'ebraismo qualsiasi individuo che scopra per caso una goccia di sangue ebraico nelle sue vene. Augustin Peccavi, per esempio, non era più un ebreo, perché era un antisemita, ed è assolutamente impossibile essere entrambe le cose allo stesso tempo, a meno che non si sia un ebreo infiltrato, il che solleva il problema del *marranismo*. Solo l'immaginazione del romanziere lo aveva riportato all'ebraismo, perché non si conoscono esempi nella storia di antisemiti che improvvisamente venerano il popolo eletto dopo aver scoperto un lontano antenato ebreo. Anzi, il risultato di una simile scoperta nel proprio albero genealogico predisporrebbe soprattutto a una radicalizzazione dei sentimenti antisemiti. Hitler, ad esempio, disse di Reinhard Heydrich, un alto dignitario nazista: "Mi fido di lui, perché so che vuole uccidere il sangue ebraico che è in lui". E se Heydrich fosse stato un ebreo, come si dice, lo sapremmo.

L'ebreo suicida

Non sorprende quindi che, con simili carcerieri, alcuni ebrei abbiano preferito rifugiarsi nel suicidio piuttosto che rimanere prigionieri di questa setta di pazzi deliranti, i cui obiettivi di "pace universale e definitiva" nascondono malamente un progetto di sottomissione dell'umanità. Per quanto ne sappiamo, non esistono statistiche al riguardo, ma gli esempi che abbiamo trovato in letteratura suggeriscono che la comunità ebraica è di gran lunga la più suicida del mondo.

---

⁵⁹⁰ Elie Wiesel, *Célébrations biblique*, Éditions du Seuil, 1975, p. 142.
⁵⁹¹ François Fetjö, *Dieu et son juif*, Éditions Pierre Horay, 1997, pag. 65.

Nei nostri libri precedenti abbiamo già citato i casi di alcune note figure letterarie: il famoso Stefan Zweig si tolse la vita in Brasile nel 1942, e i nazisti non c'entravano nulla. Lo stesso vale per il filosofo Walter Benjamin, che si suicidò nel 1940 a Port-Bou dopo aver attraversato il confine spagnolo. Sempre durante la guerra, il rivoluzionario Ernst Toller, che aveva svolto un ruolo importante nella rivoluzione comunista in Baviera nel 1918, si suicidò. Si impiccò a New York. Vanno ricordati anche i drammaturghi tedeschi Kurt Tucholsky, che si suicidò nel 1934 dopo aver preso dei sonniferi, e Ludwig Fulda, che si suicidò nel 1939. Il romanziere "austriaco" Ernst Weiss si suicidò nel 1940 tagliandosi i polsi nella vasca da bagno. Nello stesso anno, il compositore Gustave Brecher si tolse la vita in Belgio gettandosi in mare.

Gli intellettuali ebrei hanno l'abitudine di incolpare i nazisti come capro espiatorio.[592] Se gli ebrei si suicidano, è colpa loro e solo loro. In realtà, gli ebrei non hanno aspettato i nazisti per suicidarsi.

Il fenomeno esisteva già prima della guerra: il filosofo "italiano" Felice Momigliano si suicidò nel 1924. Il fisico e filosofo viennese Ludwig Boltzmann si impiccò nel 1906. Il filosofo austriaco Otto Weininger si sparò al cuore nell'ottobre 1903.

Nel 1928, come abbiamo visto, l'unica figlia del romanziere austriaco Arthur Schnitzler si suicidò a Venezia, colpita da un revolver. Aveva diciannove anni. Il figlio maggiore del poeta austriaco Hugo von Hofmannsthal si suicidò all'età di ventisei anni, sempre con un revolver. Così come le due figlie di Karl Marx. La figlia del rabbino capo Weil si è gettata dalla Torre Eiffel.[593] Albert Memmi ha citato anche "l'eroe di Israel Zangwill a Had Gadya, lasciandosi trasportare dalle acque del Tamigi", e "l'Adamo di Ludwig Levisohn".

All'inizio del XX secolo, Kafka evocò la stranezza e la disperazione patologica dei suoi compagni di classe ebrei nella scuola tedesca di Praga.[594] "Molti di loro, ha detto, si sono suicidati durante i suoi anni da studente".

Esaminiamo anche l'opera di Yossef Haim Brenner. Brenner era un romanziere nato in Ucraina nel 1881. Con i suoi primi due romanzi, *In Winter* (1904) e, soprattutto, *Around the Point* (1905), si fece un nome. Nel 1905 si trasferisce a Londra, dove collabora al settimanale *Jewish Chronicle*. Nel 1909 si stabilì definitivamente in Palestina, dove pubblicò numerosi saggi su scrittori ebraici e tradusse in ebraico la letteratura russa, in particolare *Delitto e castigo* di Dostoevskij. Nel 1921 fu assassinato da rivoltosi arabi a Giaffa. Ecco cosa si legge su Internet: "L'elemento

---

[592] Sui suicidi si veda anche *Psicoanalisi dell'ebraismo* e *Fanatismo ebraico*.
[593] Albert Memmi, *La Libération du Juif, Portrait d'un Juif II*, 1966, p. 230.
[594] Marthe Robert, *D'Œdipe à Moïse*, 1974, Agorà, 1987, p. 18.

autobiografico è evidente in molti dei suoi romanzi. Come lui, i suoi eroi sono persone sradicate, incapaci di accettarsi e di sfuggire a un destino forgiato dalla pesante eredità del ghetto. I due eroi di *Around the Point* soccombono alla disperazione; uno si suicida, l'altro si rifugia nella follia". E ancora: "*Lutto e fallimento*, il suo ultimo romanzo, è la lunga confessione di un uomo malato e tormentato che, non essendo riuscito a realizzarsi attraverso il lavoro fisico, sprofonda lentamente in una vita senza gioia".[595]

Anche il romanziere Romain Gary si è suicidato nel 1980, così come il filosofo Albert Caraco nel 1971. Anche il noto scrittore "italiano" Primo Lévi si è suicidato nel 1987, dopo aver testimoniato per tutta la vita le sue esperienze nei "campi di sterminio". Anche Jerzy Kosinski, un altro "testimone" favolista, si è suicidato nel 1991, assumendo barbiturici. Lo storico dei campi di sterminio Joseph Wulf si è tolto la vita nel 1974.

Nel 1970, il pittore Rothko pose fine alla sua carriera nella pittura astratta tagliandosi le vene. In quell'anno il poeta ebreo-tedesco Paul Celan si getta nella Senna. La madre dello scrittore israeliano Amos Oz si suicidò nel gennaio 1952, all'età di 39 anni.[596] Jean Daniel, un importante direttore di giornale, raccontò la sua infanzia in Algeria e parlò di suo cugino David, che si suicidò all'età di 20 anni.[597] E, come sappiamo, c'era una vera e propria bomba nell'entourage di Elie Wiesel.

Boris Fraenkel è stato uno dei fondatori dell'Organizzazione Comunista Internazionale (OCI), una delle tante sette trotskiste. Ebreo tedesco, nato nel 1921 a Danzica, arrivò in Francia nel 1938 e introdusse la letteratura freudiana-marxista di Herbert Marcuse e Wilhelm Reich, oltre alle opere rivoluzionarie di Leon Trotsky. Boris Fraenkel era un uomo nell'ombra. Ma è balzato improvvisamente agli onori della cronaca nel 1995, quando ha rivelato il passato trotskista dell'ex primo ministro socialista Lionel Jospin. Era stato lui a introdurlo al trotskismo negli anni Sessanta: "È stata un'occasione straordinaria per penetrare nell'alta amministrazione pubblica", ha dichiarato a *Le Nouvel Observateur*. Fraenkel è rimasto nell'ombra fino alla fine della sua vita. Si è suicidato domenica 23 aprile 2006 gettandosi nella Senna.

Mourir à trente ans (Francia, 1982) è un film di Romain Goupil che segue la vita di Michel Recanati, leader trotzkista del maggio 1968 che si suicidò nel 1978. Il 18 novembre 2008, il quotidiano francese *Libération* ha pubblicato la testimonianza di un ex maoista, anch'egli ebreo, che ha affermato che negli anni Settanta ci sono stati molti suicidi di militanti del suo gruppo: circa quindici su un totale di trentacinque.

---

[595] Sul filosofo-profeta Albert Caraco si legga *Fanatismo ebraico*.
[596] Jean Daniel, *Le Refuge et la source*, Grasset, 1977, Folio, 1979, p. 108.
[597] Leggi in *Speranze planetarie*.

Anche Bruno Bettelheim si è suicidato. Il famoso psichiatra infantile aveva diretto la scuola ortogenetica di Chicago per circa trent'anni. Aveva lavorato in particolare sull'autismo infantile e ricordava sempre che l'80% dei suoi allievi lasciava la scuola ortogenetica guarito. Sosteneva di aver curato centinaia di schizofrenici. Tuttavia, come ha scritto Jacques Bénesteau nel suo libro *Mensonges freudiens* (*Bugie freudiane*) del 2002, "solo una minoranza dei 220 pazienti di questo istituto era schizofrenica". Tuttavia, la piccola comunità mediatica internazionale lo aveva trasformato in una star che suscitava l'ammirazione delle folle.

Nel mondo medico, tuttavia, era noto soprattutto per la sua brutalità. Era un "vero bastardo", ha dichiarato lo psicoanalista Kenneth Colby sul *Washington Post* del 26 agosto 1990. "Una delle peggiori persone che la psicoanalisi abbia mai prodotto". Su *Newsweek*, il 10 settembre 1990, Darnton lo definì "Beno Brutalheim". Il suo famoso libro, *Gli usi dell'incanto*, pubblicato nel 1976, era un palese e indiscutibile plagio di un libro di Julius Heuscher. In *Bugie freudiane*, Jacques Bénestau ha scritto: "Era un tiranno, ma anche, come riveleranno le ricerche biografiche di Paul Roazen nel 1992 e di Richard Pollak nel 1997, un mitomane e un mistificatore". Si calò nel ruolo di combattente della resistenza ebraica e si prese la libertà di fare la morale ai suoi compagni presumibilmente passivi durante la guerra, accusandoli di essere stati complici dei loro carnefici. "Sarebbe stato catturato durante un tentativo di fuga, in un aereo con i motori accesi, e torturato per tre giorni", ha scritto Jacques Bénesteau. In realtà, "non aveva lasciato il territorio austriaco, ed era più che altro occupato a ottenere un diploma indispensabile per una carriera accademica a cui pensava dal 1926".

Oltre alle sue falsificazioni sulle condizioni di detenzione, affermò di essere stato studente all'Università di Vienna per quattordici anni: "Esagerò solo dieci anni per coprire il periodo durante il quale, senza interruzioni, sostituì effettivamente il padre, morto nel 1926, in un'attività di commercio di legname.[598] Dichiarò di essere dottore in filosofia, storia dell'arte e psicologia, con *lode*, ma nel maggio 1937 ottenne solo un diploma in estetica del paesaggio (presumibilmente ispirato al freudianesimo) senza alcuna distinzione". Bruno Bettelheim si è suicidato nel marzo 1990 soffocandosi in un sacchetto di plastica...

Il 15 novembre 2007, il quotidiano francese *Libération* ha dedicato un articolo a una certa Olivia Rosenthal, in occasione della pubblicazione del suo ultimo libro, *On n'est pas là pour disparaître*. Vincitrice del 10° premio Wepler-Fondation la Poste, Olivia Rosenthal, 42 anni, ha dichiarato: "I

---

[598] Jacques Bénesteau, *Mensonges freudiens*, Éditions Mardaga, Bruxelles, 2002, p. 328-334.

protagonisti dei miei libri sono spesso persone che hanno un contatto alterato con la realtà... In *Mes Petites Communnautés*, nel 1999, ho evocato il rapporto tra due sorelle. Qui si trattava soprattutto del suicidio di mia sorella... Mi chiedo come sarebbe stata la mia vita se mia sorella non si fosse gettata dalla finestra". In effetti, ci sarebbe piaciuto sapere perché la sorella di Olivia Rosenthal si è suicidata: forse una storia di incesto?

In ogni caso, tutti questi suicidi sono proprio la prova della loro umanità. Ma nell'interesse dell'umanità, sarebbe preferibile che gli ebrei testimoniassero piuttosto che rifugiarsi nella morte. Per Françoise Minkowska, la psicoanalisi ha mantenuto la sua efficacia terapeutica. La psicoanalisi, ha spiegato, rimane una delle teorie più efficaci "per scoprire i traumi infantili". Lo psicoanalista deve solo "mettersi alla prova con la realtà dell'incesto".

Se vogliono guarire se stessi e l'umanità, gli ebrei devono iniziare a parlare apertamente dell'oscuro segreto dell'ebraismo, per iniziare finalmente "una cura attraverso le parole".

Dimenticare l'ebraismo

Nonostante la loro potenza finanziaria, nonostante tutti gli onori, alcuni finanzieri hanno finito per suicidarsi, come spinti da un destino fatale. Nel 1996, Amschel Rothschild, 41 anni, si impiccò nella sua stanza d'albergo a Parigi. Suo nonno, Charles, si era già tagliato la gola con un rasoio. Nel 2000, un discendente della famiglia, Raphael, fu trovato morto dopo una festa a New York.

Lo storico François Fetjö ha riconosciuto che alcuni ebrei potevano essere spinti da un'insaziabile sete di oro: "Siete stati i primi a praticare questa caccia al profitto, al potere del denaro, i primi a riconoscerlo come principio dinamico di progresso e di trasformazione". E ha continuato, confermando le parole di Irène Némirovsky: "Abbiamo scambiato il Cantico dei Cantici con le grida della Borsa. Ora siamo capitalisti... Compriamo castelli. Siamo potenti. Entriamo nel governo e nel Jockey Club. Abbiamo cavalli e amanti... E ancora... Ricchi, potenti, ora cacciatori invece che cacciati, spesso sfruttatori invece che sfruttati, amici del re invece che suoi nemici, non siamo felici. Un'inquietudine ci rode dentro. Una vergogna segreta, un rimorso. Come se la semplice felicità non fosse alla nostra portata... Il nostro potere è rispettato. Allora perché questa inquietudine, questo senso di insoddisfazione... Da dove viene questa sensazione di impotenza che ci tormenta?" François Fetjö si chiede: "Siamo innocenti, non abbiamo la coscienza pulita? Purtroppo no, la nostra coscienza non è pulita. Abbiamo una coscienza colpevole. Ma di chi è la colpa? Chi disturba la nostra pace, chi litiga con noi? Di chi è la colpa se, in piena febbre creativa, in piena crescita, nel cuore stesso della felicità, improvvisamente ci sentiamo di nuovo alienati, divisi in noi stessi, estranei a noi stessi?[599] "

Ammise quindi di sentirsi impotente a rispondere a questa domanda. Per lui, come per altri intellettuali ebrei, l'ebraismo rimaneva un mistero: "Ci troviamo chiusi in un circolo vizioso, scriveva... Sconfitti e malati, temiamo le risate degli altri... [600]L'ebreo è chiuso, come in una cittadella, come in un santuario, nella sua fedeltà alla Legge, ai testi della Legge".

Nel suo *Ritratto di un ebreo*, Albert Memmi, ebreo tunisino e non credente, si concede anche qualche confidenza: "La condizione ebraica, l'ho vissuta innanzitutto come una condizione di sventura... Non ci sono ebrei felici? Aie, sono tentato di rispondere: no!... In realtà, non conosco molti ebrei che siano felici di essere ebrei. Ebrei che sono felici nonostante siano ebrei, forse". E ha continuato: "L'ansia è un segno della natura ebraica... Pochissimi di noi sapevano, ad esempio, stare seduti tranquillamente al sole, stesi sull'erba o sognando su una poltrona, come vedevo fare con invidia ai non ebrei. Non riuscivamo a stare fermi. Ogni fine settimana salivamo in macchina e percorrevamo un centinaio di chilometri; pranzavamo male da qualche parte e poi, con il tempo di fumare una sigaretta, ripartivamo con il pretesto di prendere un caffè a trenta chilometri di distanza, o di vedere qualche sito famoso a cui davamo un'occhiata distratta, per poi accorgerci che si stava facendo buio e che era ora di tornare a casa, cioè di risalire in macchina e ripartire...la verità è che eravamo a nostro agio solo in movimento... [601] Ho trovato la stessa inquietudine, forse aggravata, tra gli ebrei d'Europa".

Nel secondo volume, pubblicato nel 1966 e intitolato *La liberazione dell'ebreo*, Albert Memmi scrive: "L'ebreo non vive, sopravvive. Non è un essere normale, ma un fantasma storico". E osservava "un'innegabile correlazione tra nevrosi ed ebraismo". "Essere ebrei è una malattia mentale?", titolava quasi seriamente un'importante rivista ebraica qualche anno fa. Fortunatamente, non tutti gli ebrei sono psicologicamente fragili... Ma è troppo: il numero di disturbi psicologici, certamente nevrosi più che psicosi, è certamente molto più alto tra gli ebrei che tra i non ebrei. Anche tenendo conto del fatto che sono più propensi a farsi curare, cioè che si dichiarano più malati. Uno psichiatra che ha esercitato per vent'anni in Tunisia mi ha riassunto la sua esperienza come segue: "La malattia specifica degli ebrei è l'ansia e, correlativamente, la depressione". E non avrei avuto bisogno di molte ricerche per essere d'accordo con lui.[602] Certo, non avevo molti esempi di calma e serenità nel mio ambiente".

---

[599] François Fetjö, *Dieu et son juif*, Éditions Pierre Horay, 1997, p. 104, 72, 73, 75.
[600] François Fetjö, *Dieu et son juif*, Éditions Pierre Horay, 1997, pagg. 102, 93, 47.
[601] Albert Memmi, *Portrait d'un juif*, Gallimard, 1962, pagg. 30, 38, 39.
[602] Albert Memmi, *La Libération du Juif, Portrait d'un Juif II*, Gallimard, 1966, pag.

Il famoso psichiatra ebreo Bruno Bettelheim ha passato tutta la vita a cercare, invano, di capire questo fenomeno: "Ho dedicato la maggior parte della mia vita a studiare perché certe persone accettano di sprofondare nella malattia mentale invece di lottare per la libertà del loro spirito. [603]Mi sono anche occupato molto del problema posto da quei milioni di ebrei che non si sono rannicchiati di fronte alla morte, ma si sono astenuti dal lottare per la loro vita".[604]

Anche Elie Wiesel aveva scritto: "Appartengo a una generazione traumatizzata che ha sperimentato la solitudine e l'abbandono".

Ma il trauma degli ebrei, come tutti sappiamo, non risale alla Seconda guerra mondiale. Gli ebrei erano già traumatizzati da tempo. Infatti, l'edizione del 1904 dell'*Enciclopedia Ebraica*, pubblicata molto prima della Seconda Guerra Mondiale, affermava: [605] "Le psicosi acute nei neonati sono più frequenti tra gli ebrei che tra i non ebrei". E anche questo: "Gli ebrei sono più inclini alle malattie del sistema nervoso rispetto ai non ebrei.[606] Anche l'isteria e la nevrastenia sono più frequenti".

In un articolo sull'espulsione degli ebrei dalla Spagna nel 1492, pubblicato su *Le Monde* il 2 agosto 2007, Henri Tincq ha sottolineato come gli spagnoli siano rimasti traumatizzati dall'evento. E non senza ragione sottolineava il "paradosso", un termine molto usato dagli intellettuali ebrei: "Un'ondata di antisemitismo senza ebrei travolgerà la Spagna, incapace di scacciare i suoi fantasmi". Un paradosso senza precedenti, scriveva Henri Tincq: più la Spagna parcheggia, caccia e brucia i suoi ebrei sul rogo, più si corrode nell'ossessione di sapere chi sono i veri o i falsi ebrei, i veri o i falsi convertiti. Dietro ogni volto, in chiesa o per strada, si insinua il dubbio: questa persona che si dichiara cristiana è davvero cristiana, non è forse un "cripto-giudeo" che osserva segretamente il sabato, cucina secondo le regole della *kashrut*, celebra le feste ebraiche e compie la pulizia funebre secondo il rito ebraico? Era nato un trauma che avrebbe afflitto la società spagnola per tre secoli... La purezza del sangue divenne oggetto di terrore sia per il convertito che viveva sinceramente il suo cattolicesimo sia per il cattolico di facciata che rimaneva fedele alla **Legge di Mosè**. Erano soggetti allo stesso regime di sospetto, alla stessa minaccia dell'Inquisizione. Ogni convertito era un ebreo e quindi un potenziale nemico della fede cattolica. Era l'inizio di una nevrosi: la contaminazione ebraica ed eretica avveniva attraverso il sangue, il latte e il seme".

25, 230.
[603] Bruno Bettelheim, *Le Poids d'une vie*, 1989, Robert Laffont, 1991, p. 325.
[604] Elie Wiesel, *Discours d'Oslo*, Grasset, 1987, p. 14.
[605] *Enciclopedia Ebraica*, Vol. VI, 1904, p. 556, 603-604
[606] *Enciclopedia Ebraica*, Vol. IX, 1905, p. 225.

Evidentemente, Henri Tincq capovolse la situazione e proiettò in modo molto classico il suo disagio su altri, perché in realtà furono gli ebrei a essere letteralmente traumatizzati dall'energica reazione spagnola e dalla loro espulsione dalla Spagna.

Ecco cosa scriveva ad esempio Esther Benbassa nel 2007, nel suo lavoro intitolato *Sofferenza come identità*: "L'esilio degli ebrei di Spagna, Sicilia e Sardegna, la conversione forzata di tutti gli ebrei del Portogallo, l'espulsione dalla Navarra, dalla Provenza e dal Regno di Napoli, crearono un immenso trauma soggettivo paragonabile a quello dell'Olocausto".[607] E ancora: "L'espulsione dalla Spagna rimarrà per molti un trauma originale costitutivo dell'esperienza ebraica in Oriente".

L'espulsione dalla Spagna sollevò interrogativi tra gli intellettuali ebrei, che non riuscivano a capire perché il "popolo eletto" fosse trattato in questo modo:[608]

"Lo shock psichico e spirituale dell'espulsione e la sua schiera di dolori, che colpirono i sefarditi per diverse generazioni, furono, se non l'unico fattore, almeno uno dei tanti che contribuirono ad alimentare, per tutto il XVI e XVII secolo, una potente corrente mistica e messianica di origini diverse".[609]

In effetti, lo "shock psichico" aveva incendiato i cervelli e la diaspora sefardita aveva visto nascere in mezzo a sé diversi autoproclamati messia, come David Reuveni e Salomon Molcho nel XVI secolo, e soprattutto il famoso Sabbatai Zevi, che fu all'origine di un formidabile movimento messianico.

Tuttavia, la nevrosi ebraica aveva altre fonti oltre a questo trauma. Rudolph Loewenstein era consapevole di alcuni problemi che minavano la setta ebraica e osservava "importanti disturbi psicologici" in molti ebrei. Un capitolo del suo libro è infatti intitolato *Psicoanalisi degli ebrei*. Per comprendere il trauma degli ebrei, spiegava Rudolph Loewenstein, bisognava andare più indietro nella storia:

"È vero che l'evento traumatico più grave per loro è stata la distruzione del Secondo Tempio e la distruzione di Gerusalemme nel 70... La perdita di Gerusalemme e della Palestina fu per gli ebrei ciò che la perdita di un genitore amato o di una casa felice è per l'individuo.[610] Il risultato per gli ebrei fu uno stato di lutto permanente".

---

[607] Esther Benbassa, *La Souffrance comme identité*, Fayard, 2007, p. 82, 89.
[608] Esther Benbassa, *La Souffrance comme identité*, Fayard, 2007, p. 91.
[609] Sui Sabbati, i Donmeh, i Frankisti e la Cabala messianica, si veda *Psicoanalisi dell'ebraismo*.
[610] Rudolph Loewenstein, *Psychanalyse de l'antisémitisme*, 1952, Presses Universitaires de France, 2001, pagg. 211-213. Si veda anche in *Psicoanalisi dell'ebraismo*. Ricordiamo qui la diagnosi medica della patologia isterica: "I pazienti

Nel Medioevo, gli ebrei subirono un secondo grande trauma: prima le persecuzioni della prima crociata, poi la vita nei ghetti, che ovviamente non li favorì: "Dal XIV al XVIII secolo, questa interiorizzazione si intensificò al punto che, per molti di loro, ebbe conseguenze patologiche. L'isolamento intellettuale portò a una predisposizione alle nevrosi e ai disturbi nevrotici del carattere".[611]

Infatti, gli ebrei vedono la loro storia come un susseguirsi di traumi: "Se il grande trauma subito dal popolo ebraico in seguito alla perdita della Palestina non era sufficiente a creare tutti quei tratti che sono considerati tipici degli ebrei, l'accumulo di traumi dovuti, nel corso dei secoli, alle persecuzioni del Medioevo e al regime di internamento nei ghetti, ha lasciato un'impronta molto più profonda nella loro psiche".

Per Rudolph Loewenstein, questa è l'origine della nevrosi ebraica: "Se tra gli ebrei c'è un numero relativamente alto di nevrotici, è dovuto proprio a questo processo".[612] Per lui, si trattava semplicemente di una conseguenza dell'aggressività degli altri contro gli ebrei, che venivano sempre perseguitati senza motivo: "Nella loro lotta per la sopravvivenza, aggiungeva, gli ebrei acquisirono alcune caratteristiche nevrotiche che diedero ai persecutori qualche pretesto in più".

François Fetjö ha mostrato un po' più di franchezza, evocando furtivamente "il nostro "complesso di Edipo"". Ma non vi si sofferma troppo, come se soffrisse di vertigini di fronte al vuoto. Venti pagine più avanti, si avvicina nuovamente al precipizio e preferisce rivolgersi a Dio: "Non è un caso che un ebreo sia all'origine della psicoanalisi", scrive. Questo dramma oscuro e carnale che si svolge tra padre e figlio - questo dramma intessuto di amore, rivalità, aggressività e peccato - l'ebreo vi è particolarmente sensibile, perché ha un rapporto familiare molto strano con Dio. Lui che ha sempre sofferto di un complesso di Edipo nei confronti di Dio".[613]

Perciò era meglio limitarsi alla valutazione generale dei benefici della psicoanalisi: "Aiutandoci a comprendere questa situazione, a dipanare le nostre crisi di crescita, a domare i nostri mostri interiori, la psicoanalisi può liberarci da gran parte della nostra angoscia, restituirci un po' della nostra innocenza originaria, della nostra libertà".

---

di Freud erano spesso in uno stato di lutto reale e/o di delusione amorosa permanente" (in Psicoanalisi dell'ebraismo). (in *Psicoanalisi dell'ebraismo*).
[611] Rudolph Loewenstein, *Psychanalyse de l'antisémitisme*, 1952, Presses Universitaires de France, 2001, p. 220, 221.
[612] Rudolph Loewenstein, *Psychanalyse de l'antisémitisme*, 1952, Presses Universitaires de France, 2001, pagg. 226-235.
[613] François Fetjö, *Dieu et son juif*, Éditions Pierre Horay, 1997, p. 91, 109, 113.

Freud aveva capito che le origini dell'ebraismo erano di natura sessuale prima di fuggire in fretta dal precipizio a cui si era avvicinato troppo. Un autore minore come Michel Herszlikowicz è, per quanto ne sappiamo, uno dei pochissimi intellettuali ebrei che hanno osato avvicinarsi e guardare nell'abisso.[614] Nel suo *Filosofia dell'antisemitismo* ha scritto, anch'egli furtivamente, come se fosse spaventato da un passo così audace: "La psicoanalisi supera l'antisemitismo quando cerca un'origine non ebraica del popolo ebraico".[615]

Ma in realtà la psicoanalisi è più simile alla *giudeoterapia*. Il tutto, ripetiamolo ancora una volta, si può riassumere in queste dieci parole: *L'ebraismo è quella malattia che la psicoanalisi pretendeva di curare.*

François Fetjö, da buon ebreo, aveva tuttavia un'incrollabile fiducia nel futuro.[616] Presto, ne era certo, il Messia sarebbe venuto a liberare gli ebrei dal male che li rodeva dentro: "I più angosciati, i più tormentati di tutti i popoli, siamo anche i più ottimisti, i più certi della guarigione finale".

Albert Memmi era anche fiducioso che il Messia avrebbe portato la guarigione agli ebrei: "Un giorno porterà la pace a questo popolo tormentato...". Per quanto mi ricordo, scriveva, trovo sempre il Messia, il *Mashiach*, metà personaggio, metà evento, familiare e misterioso, senza volto, ma capace di parole e azioni straordinarie: Quando verrà il *Mashiach*? Egli (letteralmente il salvatore, l'unto del Signore), ci inonderà di benedizioni, rianimerà i morti, si vendicherà dei nostri nemici, ci restituirà a Gerusalemme... [e sarà la fine del giogo delle nazioni che pesava sulle nostre vite".

Albert Memmi rifiuta quindi di vedere le vere cause della disgrazia degli ebrei e incolpa l'eterno capro espiatorio dell'"antisemitismo": "A questa condizione intollerabile, all'ostinazione di una persecuzione mostruosa, l'ebreo non può che opporre senza sosta un passato di gloria e un futuro di trionfo, che lo rassicurano e intimidiscono i suoi aggressori. Contro l'insistenza di un'accusa incomprensibile, non può che ripetere instancabilmente la sua difesa, fino al delirio, fino all'abbrutimento del corpo e della mente".[617] Tale era il "tormentato destino di questo popolo".

Gli ebrei sono il "popolo eletto da Dio": questa è l'unica spiegazione possibile dell'unicità dell'ebraismo. Tutto il resto deve essere espulso dalla coscienza dell'ebreo, "represso", per usare una terminologia psicoanalitica.

---

[614] Michel Herszlikowicz, *Philosophie de l'antisémitisme*, PUF, 1985, p. 154.
[615] Il termine appartiene a Pierre Guillaume (1940-2023), militante dell'ultrasinistra e revisionista.
[616] François Fetjö, *Dieu et son juif*, Éditions Pierre Horay, 1997, p. 92.
[617] Albert Memmi, *La Libération du Juif, Portrait d'un Juif II*, Gallimard, 1966, p. 133, 130, 136.

Ne *Le porte della Legge*, pubblicato nel 1982, il rabbino capo Ernest Gugenheim ha ricordato gli eventi fondanti della mitologia ebraica. Nel deserto del Sinai, Dio strinse un'alleanza con Israele e Mosè ricevette le tavole della Legge. "Lì, nella solitudine del deserto, nel profondo silenzio che lo riempie, Dio e Israele celebrano il loro matrimonio mistico. Ti farò mia sposa per sempre..." (Osea, II, 19). (Osea, II, 19-20). E Gugenheim aggiunge: "Gli angeli stessi rimangono immobili e silenziosi nel momento in cui Dio si unisce a Israele. Poi dona alla sua giovane sposa l'atto che consacra la loro unione, la Torah divina, perché la custodisca preziosamente, come la pupilla dei suoi occhi, e non gli sia mai infedele... [618] Da quel momento in poi, la comunità di Israele è indivisibilmente unita a Dio".

La comunità ebraica, dobbiamo capirlo, è una donna: la sposa di Dio.

Ritroviamo questa immagine in François Fetjö, che esordisce lamentando le disgrazie di Israele: "Che siamo calunniati, che siamo depredati, che siamo perseguitati, che i nostri figli ci vengono strappati dalle braccia e massacrati, che siamo i più perseguitati di tutti gli uomini e i più umiliati, non è Lui il responsabile, ma i goyim, i gentili, quelli che non conoscono Dio, quelli che non sanno cosa sia l'amore di Dio. E così, imperturbabile, attraverso secoli di vergogna e disgrazie, l'ebreo è rimasto saldo, [l'ebreo] non ha rotto il contratto. [619] È rimasto in piedi come una moglie abbandonata dal marito".

André Neher ci ha dato le seguenti spiegazioni: "La Bibbia paragona l'Alleanza conclusa tra Dio e Israele a un matrimonio, il che permette a Mosè, ai profeti e ai cantori del Cantico e dei Salmi di descrivere la storia di questa Alleanza come quella dell'Amore, che attraversa le fasi più diverse e commoventi: il risveglio, il primo incontro, il corteggiamento, l'unione, la nascita dei figli, ma anche la gelosia, i litigi, la separazione, il divorzio, la vedovanza e, infine, un ritorno appassionato e la riconciliazione. In questa prospettiva, Israele è il partner femminile di Dio".

La creazione dello Stato di Israele nel 1948 potrebbe quindi essere integrata nell'escatologia religiosa ebraica. Questa ambiguità radicale, che consideriamo la caratteristica principale dell'ebraismo, è stata ripresa da André Neher quando ha scritto: "In un'altra prospettiva, più aderente alla realtà", ha scritto, "Israele è l'essere virile. Quale sarà allora la partner femminile di questo uomo-Israele? Proprio *Erets*, la Terra, che aspetta di essere amata e promessa in sposa? Questa Terra non è stata "conquistata" da Israele, contrariamente a quanto potrebbe far pensare la storia nazionale con i suoi racconti di guerra dei tempi di Mosè e Giosuè. A lungo

---

[618] Ernest Gugenheim, *Les Portes de la Loi*, Albin Michel, 1982, p. 41.
[619] François Fetjö, *Dieu et son juif*, Éditions Pierre Horay, 1997, p. 47.

"promessa", è stata "offerta" da Dio a Israele.[620] Dio affida questo gioiello, questa perla di grande prezzo, da Lui custodita, e chiede a Israele di essere il fedele compagno di questa sposa senza pari".

L'ebraismo è quindi, in un certo senso, ermafrodita. L'ebreo insediato in Israele è l'ebreo maschio, custode e marito della Terra Promessa, mentre la comunità ebraica della diaspora è una donna che deve generare il Messia: è il "parto del Messia", scrivono invariabilmente gli intellettuali ebrei quando parlano della venuta del Messia.

Ricordiamo qui quanto già visto in *Psicoanalisi dell'ebraismo*: ogni disgrazia che colpisce la comunità, ogni cataclisma, viene paragonato dai rabbini e dagli intellettuali ebrei alle "doglie del parto" del Messia - l'*Hevlei Mashiah*, in ebraico.

Elie Wiesel, ad esempio, fa dire a uno dei suoi personaggi, un ebreo chassidico polacco, all'epoca della Rivoluzione francese: "Perché non prendere l'iniziativa e affrettare la liberazione... Gli ebrei hanno più che mai bisogno del Messia? Poiché è così vicino, perché aspettarlo passivamente, perché non andargli incontro? Indubbiamente i tempi sono maturi e i tempi sono maturi. Queste guerre, queste convulsioni sono le *Hevlei Mashiah*, i tormenti e le angosce della liberazione messianica.[621] Tutti i sintomi, tutti i segni sono qui".

Tuttavia, nessun intellettuale ebreo si è reso conto che questo "mistero" dell'ebraismo, come questa ambiguità, è di natura tipicamente isterica. La missione ebraica, la fabulazione, l'amnesia selettiva, l'egocentrismo, l'emotività esacerbata, la megalomania, ecc. rivelano lo stesso quadro clinico. Anche la "scelta divina" è una manifestazione della patologia studiata dal dottor Freud. Quanto alla "nascita del messia", essa non corrisponde ad altro che alla classica gravidanza nervosa della donna isterica cui fanno riferimento gli psichiatri. La "comunità" ebraica è quindi una donna isterica che immagina di poter partorire un messia. Non ringrazieremo mai abbastanza il fondatore della psicoanalisi per averci aperto gli occhi, sapendo che bastava leggere i suoi libri con uno specchio.

Gli ebrei non sono certo affascinati dalla bellezza del mondo. La loro inclinazione alla militanza permanente, alimentata dall'ossessione messianica, semplicemente impedisce loro di vedere il mondo così com'è. Il fatto è che, dopo tremila anni di storia, la loro produzione artistica è rimasta insignificante e mediocre. Quelli che ci hanno provato negli ultimi decenni, trasgredendo le prescrizioni bibliche ("non fare idoli"), non ci hanno offerto altro che deformità, che corrispondono all'essenza stessa della loro natura squilibrata. Le loro sculture sono tutte più contorte l'una

---

[620] André Neher, *L'Identité juive*, 1977, Petite Bibliothèque Payot, 2007, pag. 123.
[621] Elie Wiesel, *Célébration hassidique II*, 1981, p. 124, 125.

dell'altra; i loro dipinti, atrocemente deformi. Ecco perché, evidentemente, si sono rifugiati nell'arte astratta.

Lo scopo dell'arte ebraica non è quindi quello di snaturare o contaminare deliberatamente l'arte europea o "ariana", ma di riflettere uno spirito, un universo mentale e un immaginario che è molto proprio della "comunità". Questo dovrebbe essere visto non tanto come un desiderio di "pervertire" il bello, quanto come l'espressione della sua nevrosi. L'antisemitismo nasce da questa incomprensione della profondità dell'anima ebraica e sente come un'aggressione quella che può essere percepita anche come una richiesta di aiuto. Naturalmente, c'è anche un elemento di malizia nella produzione letteraria dell'ebraismo, che persegue la sua "missione" storica contro ogni previsione.

La domanda è se l'ebreo possa liberarsi dal suo male e quindi liberare anche l'umanità. La copertina del libro di Albert Memmi *La liberazione dell'ebreo* recita: "Albert Memmi respinge tutte le false soluzioni al dramma ebraico: cambio di nome, intermarriage, assimilazione, conversione al cristianesimo, universalismo laico, rivoluzione socialista, ritorno alla religione ebraica e ai valori tradizionali".

Fin dalla prima frase del libro, Albert Memmi si chiede: "Esiste una via d'uscita dalla condizione ebraica? Nel corso della sua storia, l'ebreo ha quasi sempre sperato in una soluzione al suo problema, sia nell'assimilazione sia nel mito del "prossimo anno a Gerusalemme"".[622] Ma era pessimista: "Credo poco alla possibilità di guarire da una malattia così lunga".

Nel 1898, il romanziere "inglese" Israel Zangwill scrisse in *Sognatori del Ghetto*: "Il popolo eletto, davvero! [623]Era esaurito dal grande sforzo dei secoli, dalla lunga serie di unioni consanguinee, da tanti periodi di persecuzione, da tanti costumi, lingue e nazionalità adottate".

Fu in questo periodo che Theodor Herzl e altri iniziarono a incoraggiare gli ebrei a stabilirsi in Palestina. Evidentemente, l'obiettivo non era solo quello di creare uno Stato ebraico, ma anche di curare la nevrosi ebraica con il ritorno alla terra e al lavoro manuale. Il maresciallo Philippe Pétain aveva già detto: "La terra, non mente". Pochi intellettuali hanno compreso ed espresso le vere motivazioni di Theodor Herzl e dei fondatori del sionismo.

Albert Memmi vedeva chiaramente il ritorno alla terra come la soluzione migliore al problema ebraico: "Poiché è impossibile per l'ebreo vivere pienamente tra gli altri, l'ebreo deve essere rimosso dal mezzo degli altri (o, naturalmente, fuso con loro, se l'assimilazione fosse stata possibile)...

---

[622] Albert Memmi, *La Libération du Juif, Portrait d'un Juif II*, Gallimard, 1966, p. 12, 13.
[623] Israël Zangwill, *Rêveurs de ghetto*, Éditions Complexe, 2000, p. 287.

L'ebreo deve diventare un popolo come gli altri, una nazione come gli altri... Oppresso come un popolo e vivendo come un popolo, l'ebreo deve essere liberato come un popolo", scriveva. [624] "Questa liberazione nazionale dell'ebreo si chiama Stato di Israele... Solo Israele porrà fine alla negatività dell'ebreo e libererà la sua positività".

A differenza dei rabbini, Albert Memmi accettava l'idea che un ebreo potesse voler abbandonare l'ebraismo: "L'assimilazione deve essere una via d'uscita legittima per qualsiasi ebreo che lo desideri", scriveva. Ma è lo Stato di Israele che dovrebbe liberare la comunità: "È l'esistenza di una nazione ebraica che permetterà finalmente la dissolvenza indolore dell'ebraismo".[625] Infatti, la sfortuna e il mito si sono frapposti: con una nazione ebraica, la sfortuna cesserà e il mito della missione in tutto il mondo sarà sfatato... Solo Israele, infine, restituirà la nostra dignità".

Lo scrittore Arthur Koestler visse per diversi anni in Palestina prima di impegnarsi anima e corpo nell'URSS e nel comunismo internazionale. I grandi processi di Mosca e la sua esperienza personale nella guerra civile spagnola lo portarono poi a rifiutare il marxismo e a emigrare in Inghilterra durante la Seconda guerra mondiale. Nel 1941 pubblicò *Lo zero e l'infinito*, un libro di grande impatto internazionale in cui denunciava gli eccessi del sistema sovietico. Quando, alla fine della guerra, *Lo zero e l'infinito* fu tradotto e pubblicato a Parigi, i comunisti francesi si scagliarono contro di lui, diffamandolo e ricoprendolo di improperi e sterco. Il giornale *L'Humanité-Dimanche* aveva pubblicato una mappa di Fontaine-le-Port, alla periferia di Parigi, segnando la posizione esatta della casa in cui Koestler viveva e notando che "lo Stato Maggiore della Guerra Fredda si riuniva lì", dove "si addestravano le milizie armate".

Nel 1952, Koestler riponeva ancora tutte le sue speranze nel movimento sionista. Nella sua autobiografia, *Blue Arrow*, scrive: "(...) Ero diventato insofferente, e davvero allergico, a tutte le pretese di appartenere a una razza eletta... Più imparavo a conoscere l'ebraismo, più mi scoraggiavo; e più ero ferventemente sionista.[626] Lo Stato ebraico era l'unica cura per

---

[624] Albert Memmi, *La Libération du Juif, Portrait d'un Juif II*, Gallimard, 1966, p. 243, 248, 243, 253.
[625] Albert Memmi, *La Libération du Juif*, Gallimard, 1966, p. 243-259.
[626] Arthur Koestler, *Freccia nel blu (Autobiografia), Vol. 1* (1952), Alianza Editorial, Madrid, 1973, p. 151. ["Per secoli e secoli i bambini ebrei sono stati educati nella Yeshiva, la scuola talmudica, dove i loro intelletti erano nutriti da esercizi scolastici basati su commenti a commenti a commenti a commenti alla Bibbia... Il rito mosaico era degenerato in un complicato sistema di "interpretazioni" il cui scopo era quello di superare le leggi originali. Per generazioni agli ebrei è stato insegnato nelle scuole talmudiche a interpretare *il sì* come il *no*, e a capire il bianco dove c'era scritto nero; finché alla fine questa tecnica è diventata un riflesso mentale condizionato. Fino a che punto questa corruzione mentale in materia di religione fosse una conseguenza della

quella malattia che non riuscivo né a nominare né a definire, ma che mi sembrava intimamente connessa alla peculiarità ebraica di non avere né patria né bandiera".[627] E aggiungeva: "Non sono sicuro che gli ebrei di Palestina siano meno nevrotici degli ebrei di qualsiasi altro luogo; ma certamente sono meno consapevoli della loro nevrosi, e se lo sono non se ne curano... Questa può essere considerata una grossolana generalizzazione, ma l'aspetto e la mentalità straordinariamente "non ebraici" della generazione nativa sembrano permetterlo".

Il suo libro *La tredicesima tribù*, pubblicato nel 1976, tentava di dimostrare che gli ebrei ashkenaziti dell'Europa centrale erano né più né meno che i discendenti dei khazari, una tribù turco-mongola convertitasi all'ebraismo nell'alto Medioevo. Non si trattava certo di una tesi che avrebbe ricevuto un'accoglienza molto favorevole nel mondo ebraico. All'epoca, Koestler sembrava essere riuscito ad abbandonare definitivamente l'ebraismo.

Senza dubbio, anche molti ebrei desiderano fuggire dalla prigione ebraica. Non è un compito facile, dato il peso dell'eredità, dell'atavismo e dell'immaginario creato da generazioni di romanzieri e rabbini che hanno consapevolmente costruito le mura della loro prigione.[628] Jean Daniel, direttore di un importante settimanale di sinistra francese, riteneva che l'ebraismo dovesse poter essere "abbandonato senza sforzo". Ma poneva una condizione difficile da accettare: "Se l'antisemitismo scomparisse, scriveva, se diventasse solo paragonabile alla xenofobia generalizzata che

---

pressione sociale che costringeva gli ebrei a vivere al di fuori della legge, e fino a che punto la mentalità talmudica agisse a sua volta sul modello della loro condotta sociale, non è facile dirlo. Il risultato, in ogni caso, fu un circolo vizioso, un *perpetuum mobile* che generava antisemitismo, collegando persecuzione ed evasione in un ritmo alternato e monotono... Non avevo idea della mia repulsione per una forma di culto che sembrava consistere nel prendere in giro il Signore e la propria coscienza. Conoscevo le pratiche degli ebrei ortodossi durante la festa di Pessach, quando la Legge impone di mangiare pane azzimo e di non avere in casa stoviglie che siano state a contatto con il lievito. *"In casa sua"*, dichiarano i saggi, significa *"in suo possesso"*. Pertanto, la cosa da fare alla vigilia è andare a casa di un vicino non ebreo e stipulare con lui un contratto nominale; vendergli le stoviglie, partendo dal presupposto che le ricomprerà da lui, dopo la Pessah, per la stessa somma. Non è necessario portare le stoviglie a casa del vicino; possono rimanere dove sono perché, non essendo più di proprietà, il Signore si ritiene soddisfatto... Allo stesso modo, accendere un fuoco durante il sabato è un peccato; ma pagare un servo non ebreo per commettere quel peccato è l'usanza ortodossa accettata. Gran parte del rituale ebraico sembra consistere in tali sotterfugi e degenerare in manovre per aggirare la Legge". Arthur Koestler, *Freccia nel blu (Autobiografia)*, Volume 1 (1952), Alianza Editorial, Madrid, 1973, p. 150-151. (NdT)

[627] Arthur Koestler, *Flecha en el Azul (Autobiografia)*, Vol. 1 (1952), Alianza Editorial, Madrid, 1973, p. 216-217.
[628] Jean Daniel, *La Blessure*, Grasset, 1992, p. 258-260.

certi popoli, comunità e gruppi suscitano a intermittenza, potrei scegliere liberamente se affermare o meno la mia appartenenza, o meglio la mia adesione, all'ebraismo".

In breve, considerando che l'antisemitismo rafforza l'identità ebraica, agli ebrei dovrebbe essere lasciata piena libertà di azione nella speranza di un'ipotetica assimilazione.

Molti ebrei non hanno sentito il bisogno di fare tali richieste e hanno semplicemente abbandonato l'ebraismo senza guardarsi indietro. Nonostante gli sforzi dei rabbini, l'ebraismo è, di fatto, perfettamente solubile nelle nazioni. Certo, non è facile lasciare l'ebraismo e la maggior parte degli ebrei convive con la propria ambivalenza e identità lacerata per il resto della vita. Ma è possibile ed è molto più comune di quanto si possa pensare.[629]

Come disse Robert Munnich nel 1979, in un libro di interviste a personalità ebraiche: "Se vuoi vivere più comodamente, puoi sempre scappare, smettere di essere ebreo: cambiare il tuo cognome, avere un'intermarriage e finire per dimenticare che sei un ebreo".

Nahum Goldmann ha anche detto: "Se un ebreo non vuole più essere ebreo, se rinnega l'ebraismo, se non dà ai suoi figli un'educazione ebraica o non li battezza, allora può cessare di essere ebreo.[630] È per questo che tanti ebrei sono scomparsi nel corso dei secoli; altrimenti oggi ce ne sarebbero centinaia di milioni".

Ecco perché, nonostante tutto, dobbiamo amare gli ebrei: per aiutarli a uscire dal loro isolamento. Non è facile quando li si conosce; ma non è facile nemmeno essere ebrei.

Ricordiamo qui le sagge parole del gentiluomo Roger Gougenot des Mousseaux, che nel 1869, al tempo dell'"emancipazione" degli ebrei in Europa, scriveva: "Quasi tutti questi uomini sono perduti, ma non sono cattivi. Alcuni di loro ci sono addirittura simpatici, e la loro natura è eccellente; troviamo solo detestabili le loro dottrine". Un ambiente pietoso, un'educazione viziata, una certa povertà di intelligenza che li rende insensibili al mondo li hanno resi ciò che sono [e ciò che tanti altri sarebbero diventati al loro posto]. Allo stesso modo, guardiamoci dal disprezzarli o odiarli; e, tranne che per un motivo molto particolare, è sufficiente [compatirli], anche se non resta che combatterli.[631] Questo

---

[629] André Harris, Alain Sédouy, *Juifs et Français*, Grasset, 1979, Poche, p. 252, citato in *Jewish Fanaticism*.
[630] Nahum Goldmann, *Le Paradoxe juif*, Stock, Paris, 1976, p. 81, 82.
[631] Roger Gougenot des Mousseaux, *L'ebreo, il giudaismo e la giudaizzazione dei popoli cristiani*. Tradotto in spagnolo dal professor Noemí Coronel e dalla preziosa collaborazione dell'équipe del Nazionalismo cattolico. Argentina, 2013. p. xxxviii

movimento di compassione fraterna è [veramente] l'unico ispirato da colui che chiamiamo *ebreo*; e non ci stancheremo mai di riperterlo".

Naturalmente, Gougenot des Mousseaux si riferiva solo agli individui e non alla "dottrina" del giudaismo. A quel tempo, alcuni osservatori avevano già previsto le catastrofi che avrebbero colpito l'Europa e l'umanità nel secolo successivo. Sarebbe stata l'epoca dei grandi cataclismi, dei totalitarismi e delle guerre mondiali, prima dell'avvento dell'era atomica. I morti non si sarebbero più contati in decine di migliaia, ma in decine di milioni. Il materialismo si sarebbe presto diffuso in tutto il mondo, inaridendo le culture tradizionali, dissolvendo le nazioni, sradicando gli individui e gettandoli in enormi e caotici flussi migratori. Si diceva che grandi pandemie sarebbero ricomparse sulla Terra durante l'era delle catastrofi ecologiche. L'umanità non aveva mai conosciuto simili pericoli. Il messianismo ebraico, soprattutto, avrebbe assunto la forma di un'instancabile propaganda planetaria, pervadendo l'intero sistema mediatico. Presto - *"era scritto"* - una grande "Pace" avrebbe regnato nel mondo, tutti i conflitti sarebbero scomparsi e l'umanità sarebbe stata finalmente unificata, guidata da Saggi che sarebbero stati riconosciuti da tutti come il "popolo eletto" di Dio.

Il contagio isterico si sta diffondendo ovunque, su tutti i fronti, in tutte le nazioni, in tutte le case, minacciando tutte le culture, tutte le religioni, tutte le identità. Nulla sembra poter fermare questa frenesia cosmopolita unificante, antirazzista, materialista e in definitiva distruttiva. Il messianismo rappresenta quindi una seria minaccia per l'intera umanità. Ma se guardiamo più da vicino, ci rendiamo conto che la "Pace" universale, totale, assoluta e finale sognata dai profeti di Israele è soprattutto la Pace che gli ebrei non riescono a raggiungere al loro interno. Usando uno specchio, possiamo leggere queste parole banali: "Crimine contro l'umanità". Ed è ancora una volta lo specchio che ci permette di raddrizzare e dare un senso all'escatologia ebraica:

Il Messia verrà solo dopo l'apostasia, dopo la scomparsa dell'ultimo ebreo. Questa è la tragedia esistenziale di ogni ebreo su questa terra. Investito della missione di salvare l'umanità, non ha altra scelta che lavorare per distruggerla o per distruggere se stesso.

Parigi, febbraio 2009
Seconda edizione, marzo 2019

Altri titoli

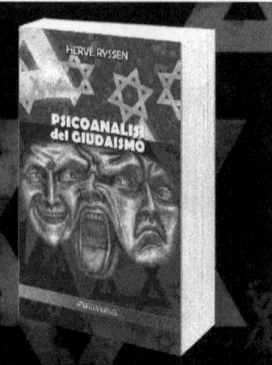

LO SPECCHIO DEL GIUDAISMO

www.ingramcontent.com/pod-product-compliance
Lightning Source LLC
Chambersburg PA
CBHW071313150426
43191CB00007B/605